From a Leading To
the Boundary betw

A Study on the Urbanization Process of
the Fahua Area in Shanghai

从城西首镇到华洋之界

上海法华地区城市化进程研究

胡 端 —— 著

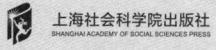

上海社会科学院出版社
SHANGHAI ACADEMY OF SOCIAL SCIENCES PRESS

图书在版编目(CIP)数据

从城西首镇到华洋之界：上海法华地区城市化进程研究 / 胡端著 .— 上海：上海社会科学院出版社，2023
 ISBN 978-7-5520-3834-7

Ⅰ.①从… Ⅱ.①胡… Ⅲ.①城市化—研究—上海—近代 Ⅳ.①K295.1

中国国家版本馆 CIP 数据核字(2023)第 220606 号

从城西首镇到华洋之界：上海法华地区城市化进程研究

著　者：胡　端
责任编辑：蓝　天
封面设计：黄婧昉
出版发行：上海社会科学院出版社
　　　　　上海顺昌路 622 号　邮编 200025
　　　　　电话总机 021-63315947　销售热线 021-53063735
　　　　　http://www.sassp.cn　E-mail：sassp@sassp.cn
排　　版：南京展望文化发展有限公司
印　　刷：上海万卷印刷股份有限公司
开　　本：890 毫米×1240 毫米　1/32
印　　张：13.125
字　　数：314 千
版　　次：2024 年 1 月第 1 版　2024 年 1 月第 1 次印刷

ISBN 978-7-5520-3834-7/K·708　　　　定价：80.00 元

版权所有　翻印必究

目 录

绪论 ……………………………………………………………… 1
    第一节　问题意识与选题意义 ………………………………… 1
    第二节　研究区域、时段与概念 ……………………………… 10
    第三节　学术史回顾 …………………………………………… 20
    第四节　研究思路与框架 ……………………………………… 39

第一章　法华成镇之前的乡村聚落史 …………………………… 42
    第一节　兼具河、寺之利的聚落形塑 ………………………… 43
    第二节　法华巷:"因寺名巷"与"缘寺成巷" ……………… 57
    第三节　法华成市成镇的年代考辨 …………………………… 62

第二章　"城西首镇":乾嘉年间法华镇的"原生型"城市化 …… 71
    第一节　"城西首镇"地位的构建 …………………………… 72
    第二节　法华镇"原生型"城市化的内涵与局限 …………… 85
    第三节　"原生型"城市化视野下的聚落、家族与科举 …… 98

第三章　"原生型"城市化道路的阻断 ………………………… 130
    第一节　外部兵燹:太平天国战争的冲击与契机 …………… 131
    第二节　内部困境:李漎泾水利功能的衰退 ………………… 138
    第三节　"中心—边缘"的镇村格局逐渐逆转 ……………… 146

第四章 法华地区近代城市化转型的驱动力 …… 154
- 第一节 新式交通与近代市政的楔入：来自租界的扩张 … 155
- 第二节 华界自治运动之下的法华乡市政建设 …… 175
- 第三节 单一棉布业结构的多元化转型 …… 194

第五章 "华洋之界"的形成：法华地区近代城市化转型的新内涵 …… 204
- 第一节 土地利用的非农化与乡村景观变迁 …… 205
- 第二节 四乡劳动力的转移与产业工人的形成 …… 230
- 第三节 华洋设学与法华乡教育近代化 …… 236
- 第四节 权力格局新秩序：地方自治下的绅治、官治与新式社会组织 …… 283
- 第五节 风俗教化的新变：以《乔氏宗谱》中的家规礼法为中心 …… 294

第六章 "华洋之界"的城市化问题与社会治理 …… 303
- 第一节 殖民性、民族性与近代性之间："华洋之界"的越界筑路交涉案 …… 304
- 第二节 城市化扩张中的殡葬危机及其应对：以家墓、义冢为中心 …… 329
- 第三节 社会失序与治理：烟、赌、盗、杀等治安问题 …… 346

结语 …… 365
- 第一节 近代法华镇城市化转型成败探讨 …… 365
- 第二节 "内外双循环结构"：法华地区城市化盛衰机制

　　　　解析 …………………………………………………… 369
　　第三节　江南市镇两类城市化模式的利弊与启示 ………… 375

参考文献 ……………………………………………………… 379

图表目录索引 ………………………………………………… 403

图片目录索引 ………………………………………………… 404

后记 …………………………………………………………… 409

绪　论

第一节　问题意识与选题意义

自 20 世纪 50 年代江南市镇研究成为中国区域史与社会经济史的一个崭新学术领域以来，不同时期的海内外学者对近代之前江南地区的传统市镇投入了极大的心力，取得了丰硕的成果，达成了不少学术共识。其中一个较为普遍的观点认为"进入明清两代，中国传统式的城市已经发展到极限而宣告停顿……明清两朝城市经济发展的重心不在传统城邑，而在工商业市镇"[1]。迨至近代，中国城市经济发展的重心又发生转移，不在市镇而在通商口岸。于是，通商口岸成为研究热点，传统市镇则受到冷遇。[2] 这种随着城市发展重心的位移而出现"舍此顾彼"的研究取向，固然有合乎情理之处，但也造成了一种学理上的断裂。其实，近代以后的通商口岸城市，尽管在风格面貌上与传统中国"古都型"的城市迥异，与明清市镇的形成演变过程也大异其趣，但它们之间仍有清晰的学术脉络可连，贯穿其间的乃是"城市化"问题。

---

[1] 赵冈、陈钟毅：《中国经济制度史论》，联经出版事业公司 1986 年版，第 165—167 页。
[2] 任放：《传统市镇的近代转型（1860—1936）以长江中下游地区为中心》，华中师范大学出版社 2003 年版，第 1 页。

作为一种世界性的社会现象，城市化的发端与城市文明的兴起（亦称"城市革命"①）关系密切。由于城市文明形态与演进方式的不同，东西方国家的城市化在生长机制与发展路径上存在着不小差异。目前公认的是，西方国家"真正的城市化"是伴随着工业革命之后工业化城市的出现而兴起的，而中国直到近代历史结束也没有爆发工业革命，工业总产值只占工农业总产值的10%左右，②但这并不意味着中国近代以前就没有发生"城市化"。也就是说，从西方城市化经验得出来的以"工业革命"为界线的历史分期并不完全适用于中国城市化，中国历史上的城市化有其特定的内涵，这就要从城市化的本原意义开始探讨。

所谓"城市化"，其本义是指人类城市发展到一定阶段，开始摆脱乡村的束缚或对乡村的依赖，开始独立于乡村，并相互形成一个城市体系，产生可持续发展的机制，进入持续发展状态，最终取代乡村成为人类活动的主要场所和人类社会发展的中心这一过程，③也就是马克思所说的"乡村城市化"④。从这个意义上说，中国在工业革命以前城市化进程已经开启，大致以唐宋坊市格局的变化为分界线，有

---

① "城市革命"的概念与理论，由20世纪英国著名考古学家戈登·柴尔德（V. Gordon Childe）提出。他把城市作为文明出现的重要标志之一，意图"把城市放在历史甚或史前史的地位上，视城市为开创了社会进化的新经济时代'革命'的结果和标志"，为古代社会和文明的发展提出了"新石器时代革命"（第一次革命）和"城市革命"（第二次革命）的概念。并从考古数据中推论出城市起源的十项标准要求：(1) 在有限的区域中集中了较多的人口；(2) 手工业专门化；(3) 剩余产品由中央权力机关支配；(4) 存在公共祭祀建筑；(5) 社会等级差异明显；(6) 采用文字；(7) 科学研究发轫；(8) 自然主义艺术出现；(9) 存在对外贸易；(10) 栖居方式不再依血缘关系而定。参见 V. Gordon Childe, "The Urban Revolution", *The Town Planning Review*, NO. 21 (1950), pp. 3-17。
② 陆仰渊、方庆秋：《民国社会经济史》，经济出版社1991年版，第1页。
③ 王瑞成：《近世转型时期的城市化——中国城市史学基本问题初探》，《史学理论研究》1996年第4期。
④ 中共中央马克思恩格斯列宁斯大林著作编译局译：《马克思恩格斯全集》第46卷（上），人民出版社1979年版，第480页。

学者称为"中世纪的城市革命"(Medieval Urban Revolution)。①

宋代以前，中国传统城市主要以行政机能为主体，始终保持作为帝王—官僚的政治中心—军事堡垒的基本属性，②自中央至地方行政都市均是如此。即使是城市手工业、商业，也以消费性质为主，政治意义盖过经济意义。这种"以权力为主要凝聚力，以行政中心为主要城市形态，以供给、消费、统治为城乡主要联系方式"③的城市虽然可以有一定程度的发展，少数城市甚至能达到百万人口以上的巨型规模，但总有一个发展极限难以突破，且呈现出十分明显的盛衰波动性，无法获得可持续发展的机制。这种城市发展类型被一些学者称之为"城郭化"④时代的模式，它与本原意义上的城市化无关。

而至宋代以后，传统行政中心城市发展基本上已成定局，且渐趋于停滞状态，城市发展开始酝酿新的革命，开始从"城郭化"时代步入"市镇化"时期。即伴随着城市坊市制度被突破，固有的行政都市增强了经济性机能。同时，另一种不同于传统政治、军事城市的新经济都市——市镇，在乡村地区开始出现。它单纯以商业机能为标准，其增易消长，全视工商业的兴衰为转移，呈现出城市化本义中可持续发展的可能性。特别是到了明清以来的江南地区，这类专业市镇大量涌现，虽然规模略小一些，但其繁庶程度丝毫不亚于作为传统行政中心的府县城市，甚至在一定程度上取代了后者的部分职能，以至于不少学者都将明清时期视为"中国独立城市化"

---

① [美]施坚雅著，叶光庭等译，陈桥驿校：《中华帝国晚期的城市》，中华书局2000年版，第24页。
② 冯天瑜：《中华文化生成史（上）》，武汉大学出版社2013年版，第377页。
③ 王瑞成：《在乡村和城市之间：人的城市化史》，四川大学出版社2001年版，第66页。
④ 王瑞成：《在乡村和城市之间：人的城市化史》，四川大学出版社2001年版，第59页。

(市镇化）的高潮。如赵冈说："（明清之际）大中城市的发展完全停顿，城市化的新方向转到市镇。"① 刘石吉称："明清时代，市镇的涵义完全以商业机能为标准，甚至有了专业市镇的诞生，市镇人口与数量都愈来愈多，造成了城市化的现象。"② 樊树志认为，市镇作为新兴的经济中心，没有府城、县城那种因循守旧、僵化死板的模式束缚，③ 因而在乡村城市化过程中所扮演的角色是府县城所无法比拟的。陈学文亦认为，明清时期中国城市化的主流在市镇，大量市镇的勃兴发展已成为中国城市化的方向和基本内容。④

这种以市镇型为主导的独立城市化的现象，亦被一些学者称为"原生型城市化"⑤ 或称"内涵式"⑥ 发展类型，其内涵是指近代以前以小农家庭为主的手工业和农产品商品化发展为基础的市镇形态。从城市发展的阶段性来说，此时的城市化发育虽自发独立，但还处在较低的层次，必须在经济领域有更大的突破才有可能获得进一步的发展。然而，当这一突破还没有实现时，独立城市化的模式与进程便随着近代新"城市革命"的到来而发生了转变。

近代以降，受西方工业文明的冲击，在沿海沿江一带的口岸兴起的一批以对外贸易、工业化和机械交通为特征的近代工商业城市，以通商巨埠上海的崛起为典型代表，它开启了中国"城市革命"从以商业化为主导的"市镇化"过渡到以工业化为动力的"城市化"。

---

① 赵冈：《从宏观角度来看中国的城市史》，《历史研究》1993年第1期。
② 刘石吉主编：《中国民生的开拓》，黄山书社2012年版，第8页。
③ 樊树志：《江南市镇：传统的变革》，复旦大学出版社2005年版，第123页。
④ 陈学文：《略论明清江南城市化》，载梅新林、陈国灿主编：《江南城市化进程与文化转型研究》，浙江大学出版社2005年版，第45页。
⑤ 隗瀛涛主编：《中国近代不同类型城市综合研究》，四川大学出版社1998年版，第9页。
⑥ 吴滔：《从"因寺名镇"到"因寺成镇"——南翔镇"三大古刹"的布局与聚落历史》，《历史研究》2012年第1期。

开埠前的上海，虽然已具备了农村人口稠密、劳动力充沛、棉布业市镇广布等天然优越的基础或禀赋，也就是美国著名学者罗兹·墨菲所说的："主要是因为它位于世界上幅员可以比得上无论什么地方、土地最肥沃、人口最众多的地区的顶点，即长江流域下游地区的顶点。"① 然而，彼时的上海只是以苏、松为中心的江南传统工商业城市层级中的县级一环。而开埠之后的上海，因租界之设，对外贸易迅猛发展，由此产生的前所未有的巨大能量激活了它的地缘禀赋，开始重塑传统江南地区的经济版图与城市格局，使江南市镇、农村逐渐成为上海广袤而又丰饶的经济腹地，城市空间大幅扩展，从而由原先一座边缘性的江南滨海县城一举取代苏州和杭州，成为江南新的中心城市。正是基于这种意义，王家范先生有言："在传统苏州的东西两侧崛起的新兴的上海与无锡，联动浙北、浙东，以及苏州的自我蜕变（而非衰落），构成了中国区域现代化史上最亮眼的历史事件之一。"②

在此背景下，传统江南市镇那种"独立型""原生型"的城市化道路不可避免地会受到作为通商口岸城市的上海所带来的政治、经济、文化各方面的变革影响，并适应这种变革。以经济结构为例。有论者认为，明清时期江南市镇经济可称为"外向型"经济，因为江南各专业市镇所产生丝、丝绸、棉纱、棉布，不仅行销全国，而且行销海外，在全球贸易中，遍及亚洲、欧洲、美洲。③ 但其实，江南市镇的发展在很大程度上就是因农村"内卷化"生产结构造成的农业生产由粮食作物转向经济作物，从而促进了商品

---

① ［美］罗兹·墨菲著，上海社会科学院历史研究所编译：《上海——现代中国的钥匙》，上海人民出版社1986年版，第55页。
② 王家范：《明清江南史丛稿》，生活·读书·新知三联书店2018年版，第80页。
③ 樊树志：《江南市镇：传统的变革》，复旦大学出版社2005年版，第11页。

经济发展的结果。这基本上是一种内向型经济,江南所生产的大宗商品如丝、棉、茶等农产品有着十分广阔的国内市场,国际市场的需求对它并不具有决定意义。① 而至近代以后,江南市镇开始通过上海这样的国际通商巨埠的带动,打破了原先以地域市场为基础的市场模式,逐渐被置于产业革命后所形成的世界市场体系,蚕桑、棉花等专业经济愈来愈变成一种国际贸易体系中的原料供给经济,② 从而使市镇由以前"内向型"的贸易结构转向"外向型"的贸易结构。

在这种贸易体系的重组与市镇经济结构调整的过程中,必然伴随着传统市镇的分化、没落、中兴和重生的不同命运。这种兴衰存废的过程,既是农村社会变迁的指示器,③ 同时又可视作传统市镇转型为近代都市的艰难探索。尤其是那些在西方工业化浪潮的冲击下被赋予了"现代性",并被纳入近代上海都市有机组成部分的"新生"市镇,无疑是研究江南市镇近代转型问题的极佳样本,具有探寻中国独立城市化成败得失问题的重要理论价值。本书所研究的上海法华地区的市镇(主要以法华镇为中心,兼及四周的徐家汇、曹家渡、静安寺等市镇)城市化进程,正是这种颇具典型意义的一个案例。

在整个江南地区市镇体系中,位于上海旧县城西郊的法华镇在明清时代,与松江府属各县及苏州府属嘉定、太仓、昆山、常熟等

---

① 包伟民主编:《江南市镇及其近代命运》,知识出版社 1998 年版,第 55 页。
② 徐峰:《试论近代江南市镇的城市化》,《兰州学刊》2008 年第 2 期。
③ 有学者认为,因为中国传统市镇的主体存在于农村市场网络之中,离开了农产品的商品化、农民家庭手工业的发展、农民对市场的介入以及农产品的长距离贩运贸易,市镇的成长就失去了最坚实的基础。所以,欲了解自西风东渐,近代文化和生活方式对农村地区的影响,市镇是一个绝好的切入点。参见包伟民主编:《江南市镇及其近代命运》,知识出版社 1998 年版,第 5 页。

县的诸多"专业市镇"一样,依仗着农业种植结构的"棉布革命",以及对水陆商道枢纽地位的整合,从沪西李漎泾沿岸市界一个普通的乡村集贸聚落逐渐成长为一座非农人口集中、街市功能发达、商业贸易繁荣、官绅世家聚居的"城西首镇";迨至近代,上海凭借航运港口的埠际转运贸易开始在整个江南地区脱颖而出,通商开埠,设立租界,率先展开大规模的工业化、城市化进程。而作为毗邻上海这个强势的增长极①尤近的法华镇自然在地缘上"近水楼台",较早被纳入到租界当局越界筑路、越界租地所开辟的"交通走廊区",使其充分受到以工业化、都市化为主导的一系列社会变迁的辐射作用,从而日渐脱离传统农业社会的序列,不断融入上海新都市空间与口岸贸易体系之中。这种由都市扩张所带来的新的促动机制在很大程度上扭转了传统时代法华镇依靠内生能量自然演进的"原生型城市化"的发展走向,逐步演变成为以租界新都市扩张为主导的近郊城市化模式。

笔者认为,这种城市化模式的"异质化"转型并不限于法华镇一个孤例,近代以后江南大多数市镇的城市化都或多或少、或深或浅地依循着此种演化路径。通过对这种演化路径的深入探讨,可以充分把握江南地区城市发展变迁的历史脉络与内在机理,即在近代中国的历史进程发生巨大转折之际,明清时期盛极一时的传统市镇

---

① "增长极"这一概念,最初是由法国经济学家弗郎索瓦·佩鲁(François Perroux)提出来的,原指在分布着非均衡的经济要素的抽象空间中,某一种能对其他经济单元起支配作用的推进型产业或公司。后来,法国另一位经济学家布代维尔(Boudeville)将佩鲁的增长极概念从抽象的经济意义推广到内容更为广泛的区域范畴,特指某个能对周边地区集聚和发散经济能量的地理区位或空间单元。城市经济学中的增长极理论认为,区域中的中心城市对周边地区的发展具有扩散效应,中心城市通过积极输出经济要素和活动刺激推动周边地区的经济发展。参见杨忠伟、范凌云:《中国大都市郊区化》,化学工业出版社2006年版,第31页;朱明春:《区域经济理论与政策》,湖南科学技术出版社1991年版,第211—214页。

在此中扮演了怎样的角色？他们在多大程度上被卷入到近代历史的变迁之中？① 江南地区的城市化为何没有选择市镇型的发展道路，而是选择了一条"后发外生型"②的城市化发展模式？此外，还可以进一步追问的是，为何有些江南市镇能转型成为近代都市，有些却无法成功完成转型而基本上成为依附于大城市的卫星城镇？即如学者提出："中国明清以来的市镇发展并没有像发达国家那样成为城市化发展的一个过渡阶段，市镇广泛而密集的分布反而成为中国城乡结构的一大特点。"③ 凡此种种，在学理层面上莫不具有十分重要的价值与意义。

再从现实层面来看，当今中国，城镇化与工业化、信息化、农业现代化同步发展，是现代化建设的核心内容，彼此相辅相成。其中，城镇化是载体和平台，承载工业化和信息化的发展空间，带动农业现代化加快发展，发挥着不可替代的融合作用。④ 努力走出一条以人为本、四化同步、优化布局、生态文明、文化传承的中国特色新型城镇化道路，对加快推进社会主义现代化强国具有重大现实

---

① 任放：《传统市镇的近代转型（1860—1936）以长江中下游地区为中心》，华中师范大学出版社 2003 年版，第 5 页。
② "后发外生型"（或称为"迟发外生型"）的概念，与"先发内生型"（或称为"早发内生型"）相对，是遵循迪尔凯姆和韦伯提出的"传统"与"现代"二分法，以及帕森斯结构功能主义的现代化理论分析框架，也可用于城市化类型分析。"先发内生型"现代化是以英国、法国等西欧国家和美国为代表的最早进行现代化国家的发展模式，指以自我本土力量为推动，现代化过程由社会内部长期"创新"自发演进而来，是政治、经济、科技与文化等各个系统相互作用的结果，也称作"内源型"现代化（modernization from within）。"后发外生型"现代化是自德国、俄国、日本，以及包括中国在内的广大发展中国家的现代化，指由于自身缺乏内部现代性的积累，对外部现代性刺激或挑战产生的一种有意识的积极的回应，是一种由政府强行启动，并由政府推动而发生的现代化，也称为"外源型"现代化（modernization from without）。参见孙立平：《后发外生型现代化模式剖析》，《中国社会科学》1991 年第 2 期。
③ 傅春晖：《明清以来的市镇：中国城镇化发展的历史因缘》，《社会》2020 年第 1 期。
④ 《国家新型城镇化规划（2014—2020 年）》，载国务院法制办公室编：《中华人民共和国法规汇编》（2014）第 29 卷，中国法制出版社 2016 年版，第 163 页。

意义和深远历史意义。2022年，党的二十大报告中提出"以中国式现代化全面推进中华民族伟大复兴"的崭新而重大的命题。中国式城市化是中国式现代化的重要载体，中国式现代化也必定是以新型城镇化为主体形态的人类现代化新形态。它不仅在逻辑上迥异于西方理论的假设和推理，也在现实中走出了一条与世界其他国家很不相同的道路和模式，有利于深入总结中国城市发展的成功之道，更有助于全面确立中国城市文化自信自强。

而要探索这条具有中国特色新型城镇化道路，确立中国城市文化自信自强，必须立足本土的历史经验，加以创造性继承与创新性发展。近代中国，存在着市镇型小城市与近代新型工商业大城市两类较为瞩目的城市、两种城市化发展模式。其中，市镇型小城市即小城镇，在近代城市化中的作用尤其不可低估。它自宋代以来一直是中国城市化过程的主要方式，而且直至当代亦未消亡，市镇广泛而密集的分布反而成为中国城乡结构的一大特点。

20世纪50年代初，中国仍有约5.8万个农村基层市场体系，5 000多个市镇。20世纪80年代，由于政策的引导和农村、农业的复苏，小城镇重新发展起来，每年新增市镇900多个。20世纪90年代以来，随着社会主义市场经济的发展，市镇的数量也在不断增多，仅1992年就增加了2 084个市镇。截至2000年全国第五次人口普查时，对于我国经历的城镇化发展道路，研究者基本达成共识，即认为在我国城镇化的主体地区几乎无一例外地走了一条以小城镇为主体的城镇化道路。① 但是随着城镇化进程的进一步推进，小城镇的一些弊端也逐渐暴露，尤其是进入21世纪之后，小城镇面临着

---

① 陆杰华、韩承明：《论小城镇与我国的城镇化发展道路》，《社会建设》2013年第1期。

越来越多制约发展的瓶颈问题。但无论如何，可以说，"活在当下"的小城镇浓缩了中国城市化起承转合的历史规律，小城镇建设仍是探索具有中国特色新型城镇化道路的重要内涵。

探讨传统市镇的近代转型问题，对于当今中国在建设有中国特色的社会主义市场经济过程中如何发展小城镇，如何加快城市化步伐，如何调节城乡关系，均有不可忽视的意义。除了民族解放这一历史背景不复存在之外，现代中国的小城镇发展与近代时期有诸多相同或相似之处。其中最根本的就是，现代中国的小城镇建设同样面临工业化、城市化的影响，表现为对外贸易的刺激、交通运输业的现代化、管理机制的变革等因素对于小城镇建设、城市化布局乃至中国特色市场体系的架构，都有多方面的制约。历史与现代是相互贯通、前后映照的，研究传统市镇的近代转型，必将对当今中国小城镇建设提供若干历史的启迪。

第二节　研究区域、时段与概念

一、法华巷・法华市・法华镇・法华乡・法华区・法华地区

本书中所指的法华地区，今已融入上海中心城区，地域范围涉及今长宁、徐汇、静安等区，核心地段位于今长宁区法华镇路、新华路之间。这一地区在悠远的历史时空中经历了传统农耕时代的乡村聚落、市镇到现代行政区划建制下的乡镇、城区四个阶段的演变，所辖面积由小及大，是一个动态扩展的地理过程。

起始阶段的乡村聚落，称为"法华巷"，位于上海县城西侧、吴淞江南岸支流李漎泾沿岸的法华寺一带，巷以寺名，存续时间当在北宋开宝三年（970年）法华寺兴建之后，清代康熙年间之前。第

二个阶段是法华成市成镇时期。清康熙二十二年（1683年）前后，法华巷得益于李漎泾及其周边河网稠密的水运条件，以及法华、观音等寺庙在李漎泾南北两岸发挥着汇聚人流的"香市"功能，得以发育成一个农村市集，开始充当农村聚落基层市场的角色。当时散居在李漎泾一带的田间农户，每逢赶集之日都汇集于两寺周边，互相交换各自所需的生产生活用品。至乾隆年间，随着法华市商品交换功能日趋发达，农村初级市场的地位开始进一步升级，终于在乾隆十五年（1750年）成长为法华镇。镇区中心位于今长宁区法华镇路两侧，全镇以法华寺为中心，寺东为东镇，寺西为西镇，商肆民宅沿李漎泾两侧展开构筑，形成一条东西绵亘约3里长的街市。

至嘉庆年间，法华镇在上海县乡保图中已有明确的分布位置，属高昌乡二十八保五图，且围绕该镇四周分布有众多自然村落，构成一个近二三里、远五六里不等的四至范围；同时，乾嘉年间的法华镇还突破了"市镇统于州、县，例无设官"[①]的惯例，具备了行政实体的职能设置。如乾隆九年（1744年），原驻于吴淞江北咸水渡的吴淞巡检司移至法华镇，建官署于法华寺东，巡辖范围"自城厢外至北新泾，自吴淞江北至大木桥、徐家汇，以及浦东洋泾等处"[②]。较为明确的几何空间和行政管理机构的设置，标志着法华镇在社会形态上已是相对独立和完整的地理单元，地域社会正式形成。

"法华乡"之名是宣统三年（1911年）上海城镇乡自治运动中产生的。当时规定，丁口不满5万者谓之乡，法华镇有3 653户，18 452人，[③] 故而建置为乡。此时的法华乡，共辖二十八保五六图、

---

① 〔清〕张承先编纂：嘉庆《南翔镇志》卷四《职官》。
② 〔清〕王锺编录：嘉庆《法华镇志》卷三《兵防》。
③ 上海市地方志办公室编著：《上海名镇志》，上海社会科学院出版社2003年版，第782页。

东七图、八九图、十六图，北十二图、东十八图，领村落 103 个，包括镇东南的徐家汇、东北的静安寺、北面的曹家渡等市集聚落，其地域空间又比乾嘉年间大有扩展。

至于"法华区"，则是 1927 年南京国民政府成立后由原先上海县辖的沪南市、闸北市、蒲淞市、洋泾市 4 市 13 乡合并为上海特别市后，法华乡改称法华区。区境所辖保、图，除了原十六图一部分、东十八图大部分划出给漕泾区，以及沪南区的二十七保八图、十二图、十三图划入本区外，其余与民国初年上海土地局清丈时"法华乡"的范围基本一致，境外东至法租界与沪南区，西邻蒲淞区，南界漕泾区，北濒苏州河，面积 19.18 平方公里。法华区的行政设置一直延续至 1948 年才撤销。时值抗战胜利后，国民政府收回租界，将上海市划分为 30 区，原法华区分别划入第八区（徐汇区）、第九区（长宁区）、第十区（静安区）、第十三区（普陀区）和第二十六区（龙华区）等区。从此，法华区被撤销。①

本书所称的"法华地区"，是基于各个历史时期法华地域范围的不断拓展所起的一个涵盖相对笼统的地名，大致东起海格路（今华山路）与西芦浦（约沿今镇宁路一线），西邻霍必兰路（今古北路），南至蒲汇塘路、龙华港一带，北濒苏州河，② 地域范围涉及今长宁、徐汇、静安等区，主体在今长宁区境内。

二、时段说明

本书考察的是清代以迄民国年间法华镇兴起、发展、鼎盛、转

---

① 上海市普陀区人民政府编：《普陀区地名志》，学林出版社 1988 年版，第 56 页。
② 祝鹏：《上海市地理沿革》，学林出版社 1989 年版，第 199 页；周振鹤主编：《上海历史地图集》，上海人民出版社 1999 年版，第 51—52 页。

型之过程,研究时段选取1683—1927年作为断限,跨越传统与近代之隔,是一项江南市镇社会变迁史的微观个案研究。上限1683年,即康熙二十二年,是清代《上海县志》中首次记载法华成市的年份。如前所述,以商业机能为标准的市镇的兴起是近代以前江南地区"原生型"城市化的起点,也是中国独立城市化的方向和基本内容,因此,笔者以此作为研究法华镇城市化进程的开端。

乾嘉年间是法华成镇且发展为"城西首镇"的鼎盛期,也是法华镇依靠乡村农业与手工业商品化发展而产生强劲的内动力,逐渐向城市形态自然演进的关键时期。这种"原生型"城市化模式虽然发展缓慢,能级较低,但始终处于相对独立与自为的变革状态,是本书研究近代以前江南市镇城市化较为普遍的发育机理的重要时段。

上海开埠后,西力东侵,外国列强在上海县城外划定租界,租地扩张,开启了近代城市景观的大规模快速推进,逐渐对华界地区展开了各种既具蚕食性又带建设性的城市化辐射。作为上海县城西郊紧邻租界的法华地区,尽管名义上处于主权完整,华人自理的区域,但实际上已无可避免地受到租界新都市对它的深度包围、渗透与辐射,原先相对独立的市镇社会形态逐渐被打破;同时,咸丰同治年间,法华镇又先后遭受小刀会与太平天国战争的洗劫,传统"强镇"地位式微,"原生型"城市化进程受到重挫,外力冲击下的新型城市化发展趋势由此开始。

约从晚清"同光中兴"以降,中国开始步入近代工业化时代,尤其是沿海口岸城市的近代化步伐大大加快。就上海华界地区来说,发轫于"清末新政"、由地方士绅发起主导的声势浩大的城镇乡自治运动,成为自身谋求城市化的重要机遇。其实质乃是以向租界市政看齐为主要内容的市政近代化运动。① 自光绪三十一年（1905年）至民国十六年（1927年），法华乡也在此时期成立自治公所，以毗邻的租界建成区为模范，大力推进市政、经济、教育、卫生事业的自我革新与进化，成为外力冲击下华界自治运动中城市化转型的一个典型。

下限之所以断至1927年，是基于南京国民政府成立后设立上海特别市，包括法华乡在内的原县属17个乡市"废市乡之称，一律改称为区"②，由此成立的法华区，虽然区域所辖范围没有变化，但其行政建制的性质、城市化的机制逻辑均与以往大不相同。此前的法华乡，与县属沪南、闸北、洋泾等市一样，"仅是一种自治团体，不是一级地方行政实体，各自有不同的暂行条例，而无共同适用的组织法"③。而新成立的上海特别市，"不入省、县行政范围"④，直属中央政府，已是现代市制意义上的一级地方行政实体，标志着上海近代城市管理机构的建立。而作为上海特别市的二级辖区，法华区也具备了现代城市行政区划的意义，这与原先以商业机能为指标的法华镇，以及因地方自治而生的法华乡都不可同日而语。

再就城市化的机制逻辑而言，无论是法华镇还是法华乡时期，城市化形态之演进基本游离于正常的行政序列之外，处于"小政府、大社会"的"自由发展"状态。而法华区设立后，市政建设的主导权由地方实力派收归至上海特别市政府，它通过设置土地局、工务

---

① 张仲礼主编：《近代上海城市研究》，上海人民出版社1990年版，第14页。
② 上海市政协文史资料委员会编：《上海文史资料存稿汇编市政交通》，上海古籍出版社2001年版，第4页。
③ 浦善新等：《中国行政区划概论》，知识出版社1995年版，第330页。
④ 周松青：《上海地方自治研究》，上海社会科学院出版社2005年版，第270页。

局、公用局等现代市政职能机构进行统一规划实施，是一种强势政府自上而下的"国家建设"模式。自 1927 年后尤其是"南京十年"（1927—1937 年）间，这种模式成为上海华界地区城市化的运行逻辑，著名的"大上海计划"即是典型。虽然它已十分接近现代中国城市化之运作，不过也与 1927 年前拥有相对自由与独立发展空间的市镇城市化形成了历史分野，故而本书以此为下限。

三、核心概念：城市化

城市化代表着人类社会文明的发展过程，是近代化过程中最富生气和活力的形态之一，产业革命以来城市化浪潮风靡全球的社会现实已充分证明它的普遍性。① 与城市史重在回答城市本身发展的历史不同，人们对城市化的关注，主要回答的是城市为什么要"化"和如何"化"的过程。不可否认的是，当城镇或城市出现于地球之时，并不意味着城市化的历史已经开始，作为一种世界性的普遍现象，城市化乃是一个发端于 18 世纪后期英国产业革命而迄今尚未完成的历史过程。也正是基于这样的"发生学"逻辑，人们通常认定城市化的概念和相关理论是随着西方近代工业化浪潮的兴起才出现的。

马克思在《政治经济学批判》中谈及城乡分离和城市发展时，首次使用了"城市化"的概念，他指出："现代的历史是乡村城市化，而不像在古代那样，是城市乡村化。"② 之后，这一概念日益为大众所广泛接受，一度成为工业化的代名词。时至今日，随着世界

---

① 郭世佑、邱巍：《突破重围中国早期现代化研究》，河南大学出版社 2010 年版，第 214 页。
② 中共中央马克思恩格斯列宁斯大林著作编译局译：《马克思恩格斯全集》第 46 卷，人民出版社 1965 年版，第 480 页。

工业化的深入及其向现代化转变,城市化理论也历经了一个半世纪的发展,其含义正在不断延伸完善。而对城市化的理解也一直是仁者见仁,智者见智。来自不同专业领域的学者,根据各自不同的需要,从不同的视角对城市化的内涵作出不尽相同的解释。从总体来讲,"城市化"是一个系统性、综合性的学科范畴,单一从某一个角度的诠释都显得单薄和缺失。

根据国外学者的研究,一般认为,城市化"是国家或区域的地域空间系统中的一种复杂的社会过程。它包括了人口和非农业活动在规模不同的城市环境中的地域集中过程、非城市型景观逐渐转化为城市型景观的地域推进过程,还包括城市文化、城市生活方式和价值观在农村的地域扩散过程。前两者是可见的物化了的或实体性的城市化过程,后者是抽象的、精神上的城市化过程。也可以说,前两者是城市化的数量过程,后者是城市化的质量过程"[1]。美国学者约翰·弗里德曼(J. Friedman)称前两个过程为城市化Ⅰ,后一过程为城市化Ⅱ。[2] 换言之,城市化是从两个方面展开的:一是物化的城市化,即物质上和形态上的城市化,主要反映在城市人口总量的增加及在社会总人口中所占比重的提高;空间结构的变化,包括城市建设用地的增加,土地利用功能的分化,城市景观的改变等;社会经济结构的变化,包括产业结构、就业结构、社会组织结构的变化。二是无形的城市化,即精神上的、意识上的城市化和生活方式的城市化,具体反映在:农村的思想意识、观念态度、人际关系、家庭模式向城市形态演变;城市的精神文化、生活方式向农村辐射

---

[1] 许学强、朱剑如编著:《现代城市地理学》,中国建筑工业出版社1988年版,第47—48页。
[2] 许学强、朱剑如编著:《现代城市地理学》,中国建筑工业出版社1988年版,第48页。

渗透。①

本书研究法华镇的城市化进程，上溯时段是清代康乾时期，属于中国古代城市化的范畴，这就必然涉及"城市化"概念、理论在东西方不同历史情境下的适用问题。也就是说，基于近代西欧城市发展历史经验上的"城市化"定义对中国自古而来的城市化现象是否具有解释力。对此，江南史学者多持质疑态度，不少见解颇有见地。② 不过，还有学者据此否认古代城市化现象的存在，似又有"西方中心论"之嫌。他们认为："在农业生产效率和商业交换没有出现突破之前，城市人口在总人口中的比例一直受到限制，始终不可能持续提高。因此，城市化只是工业革命开始后才出现的现象。"③ 很明显，这种解释主要是依据近代以来西方社会发展的特点提出的，所说的是以欧美模式为标准的城市化。

但更多的学者认为，虽然城市化作为一个理念、概念出现并盛行于近现代，但作为一种社会变革现象和进程，并不是工业革命以

---

① 参见崔功豪：《中国城镇发展研究》，中国建筑工业出版社1992年版；高佩义：《中外城市化比较研究》，南开大学出版社1991年版；刘传江：《中国城市化的制度安排与创新》，武汉大学出版社1999年版。关于城市化的含义，尽管各方学者观点不一，但都存在一个较为明显的共同点：那就是基于某个视角的具体的认识，抽象层次不高。相对而言，以上三本著作中的观点具有全面性的、更高层次的抽象性。
② 王家范在《明清江南研究的期待与检讨》一文中认为，明清江南"城市化"概念以及所谓比率的计算，因为勉强附和"现代化理论"，反而有整容与变性之嫌，妨害我们直面当时历史的真实。他呼吁需要暂时把许多诱人却消化不良的西方社会科学概念搁置一旁，不计较研究的结果，更看重研究的过程，让真切的实证取代名不副实的宏论。冯贤亮在《史料与史学：明清江南研究的几个面向》中也指出，明清江南的任何研究，都应该重视原始史料的接触与正确解读，简单地以现代学术框架来对历史作概念判定和理论推导，都不可能真正体现历史实际。任放《近代市镇研究的方法论》一文则提出，在借鉴西方诸种社会科学方法时，应该保持警觉，力戒西方中心主义的魅影对研究工作造成干扰。诸如价值判断先于史料分析的目的论、单线递进的一元历史发展观，都是在研究近代市镇时所应避免的。参见范金民：《江南社会经济史研究入门》，复旦大学出版社2012年版，第2—7页。
③ 成德宁：《城市化与经济发展——理论、模式与政策》，科学出版社2005年版，第24页。

来所特有的，而是在此前就早已存在。从社会学的角度讲，城市化的实质是城市文明的发展及其在社会体系中的扩散，是随着城市文明的产生而逐渐起步，随着城市文明的发展而不断深化的。对于古代城市文明，我们不能按照现代的标准去判定其属性；同样，对于工业化之前的城市化现象，也不能用现代标准加以否定。① 关于这一点，连社会学家也有承认。正如陈映芳所说，费孝通先生所描述的中国基层乡村社会的一些基本属性，被扩大为中国整体社会的本质特征，中国城镇社会、城乡关系的传统以及传统的城市性等等，相应被忽略。由此，不仅中国的传统性被单性化，中国的城市性也成了纯粹的西来之物、无本之木。② 再从历史学的角度讲，城市化是一个动态的、相对的连续发展过程，现代的城市化过程是伴随着城市的产生而开启的，中国古代不仅存在城市化现象，而且城市化的发展形态和广度、深度一直不断更新，从中呈现出与近代以来西方城市化不同的发展道路与特征。③

不过，从城市化角度分析明清时期的江南市镇，要注意到中国古代城市化的特殊性。李伯重曾指出："明清江南城市化的道路，与现今主要依照近代欧美经验得出的所谓城市化的普遍模式之间，肯定有重大的差异。"④ 他还撰文专门探讨了明清江南市镇是否属于城市的问题，认为如果使用基于近代欧洲城市产生的经验而形成的判

---

① 陈国灿：《关于古代江南城市化的几个问题》，载梅新林、陈国灿主编：《江南城市化进程与文化转型研究》，浙江大学出版社 2005 年版，第 1 页。
② 陈映芳：《传统中国再认识——乡土中国、城镇及城乡关系》，《开放时代》2007 年第 6 期。
③ 参见吴晓亮：《宋代经济史研究》，云南大学出版社 1994 年版，第 145—182 页；李伯重：《江南的早期工业化（1550—1850）》，社会科学文献出版社 2000 年版，第 404—417 页；赵冈：《中国城市发展史论集》，联经出版事业公司 1995 年版，第 165—167 页；梅新林、陈国灿主编：《江南城市化进程与文化转型研究》，浙江大学出版社 2005 年版，第 2 页。
④ 李伯重：《江南的早期工业化（1550—1850）》，社会科学文献出版社 2000 年版，第 405 页。

断标准，无论从居民点的人数、居民职业的差别、人口密度与居民点之间的距离，还是从城市景观、功能方面，都难以确定江南市镇的性质。① 因此，若以近代城市化的若干量性指标去衡量江南市镇，难免偏颇走样。

其实，中国古代的城市化包括了两个既相互联系、又彼此分离的发展过程：一是以城市为核心的城市化，一是以市镇为核心的农村城市化。对此，赵冈指出，研究中国历史上的城市化过程，应将城市和市镇区分开来。整体而言，宋代以后，城市人口出现一种离心现象，即集中程度减弱，大中城市逐渐停止扩张，市镇人口大量增加，整个城市化进程愈来愈向农村靠拢。② 这种"农村城市化"现象在市镇异常发达的明清江南地区表现得尤为突出。换言之，市镇的兴起和发展是明清江南农村城市化的重要标志。

对于何为"农（乡）村城市化"，国内外学术界的理解也是不同的。按美国学者的观点，乡村城市化（the urbanization of the countryside），是城市思想、观念和生活方式向乡村地区扩散的社会变动过程，③ 最明显和最直接的表现为人口从城市向乡村的自然流动。而我国学者是把农村现代化、非农化与乡村城市化联系一起进行研究的，认为乡村城市化是乡村地区人口及经济活动的非农化及其集聚过程，是向城市生产方式和生活方式的演变过程，最终建立起新型的城乡关系，促进乡村人口与地域向城镇型功能发展，促进

---

① 李伯重：《工业发展与城市变化——明中叶至清中叶的苏州（上）》，《清史研究》2001年第3期。
② 赵冈：《中国城市发展史论》，联经出版事业公司1995年版，第2页。
③ Michael Pacione, *Rural Geography*, 1984. 转引自崔功豪主编：《中国城镇发展研究》，中国建筑工业出版社1992年版，第70页。

乡村居民行为观念的现代化。①不过，两者也揭示出了农村城市化与一般城市化的不同之处：是以农村为中心的社会变革过程。这种变革过程，并不是城市社会在农村地区的简单复制和模仿，也不是城市取代乡村导致城乡差异的消失，而是农村社会基于自身特点形成与城市文明本质上相似、水平上接近的发展形态，是城乡之间在彼此整合的基础上走向一体的过程。②在明清江南农村城市化过程中，作为城乡社会的结合体的市镇无疑具有特殊的意义，它既是城市文明向乡村扩散和渗透的结果，更是农村社会基于自身的变革需求，在人口、经济、文化、生活方面形成城市特质的表现。

本书在研究清代康乾年间法华成市成镇时所运用的"原生型"城市化概念，内涵所指正是以市镇为核心的农村城市化。尽管它与近代上海开埠之后法华地区的"城市化"存在机理与逻辑上的差异，但就本书主题而言，却能以"城市化"之名一以贯之，特此说明。

第三节 学术史回顾

自1950年以来，在史学界讨论资本主义萌芽问题背景下所开启的明清江南社会经济史研究开始在海内外蔚为显学，尤其是自20世纪80年代始，江南区域社会经济史研究的一个热点——江南市镇研究的中外学术成果如雨后春笋般大量涌现。据武汉大学的任放统计，1980—1999年上半年，仅国内学者发表有关明清市镇经济的论文共

---

① 赵树枫主编，陈光庭、张强等编著：《世界乡村城市化与城乡一体化》，《城市问题》增刊，1998年，第143—144页。
② 陈国灿：《关于古代江南城市化的几个问题》，载王家范主编：《明清江南史研究三十年1978—2008》，上海古籍出版社2010年版，第425页。

约690篇。其中,有关江南市镇的论文约为244篇,占35%。① 成果体量之丰,涉及层面之广,论题指向之深,备受学界瞩目,几乎已经形成了一个专门的学术分支。

无论是依循学术史的内在理路,抑或出于现实借鉴意义的需要,对"城市化"问题的关注一向是江南市镇研究中的重要课题之一。尽管对于市镇到底属于农村范畴还是城市范畴,学界颇多争议,② 但不可否认的是,城市化的学术范式是学者运用较多的江南市镇研究方法。如赵冈认为,以江南市镇为代表的非传统市镇的发展是中国自宋以来都市化过程的主要方式,与欧洲中世纪或近世的城市化过程相比较,也是独具一格的,找不到类似或平行的例证。③ 台湾学者刘石吉则指出明清江南专业市镇的繁庶在许多方面都超过了传统行政中心的县城甚至府城,此种商业机能凌驾行政机能的转变现象,正可说明中国近代都市化过程中"城"与"镇"的渐次分化,以及"非行政机能"的渐次强化。④ 樊树志虽将市镇视为"城乡间

---

① 任放:《明清长江中游市镇经济研究》,武汉大学出版社2003年版,第5页。
② 如加藤繁、杨懋春、费孝通、包伟民等人将市镇纳入农村范畴进行讨论,罗威廉(William T. Rowe)、刘石吉、乔志强等人则把市镇归入城市范畴加以研讨。而卢汉超则认为小城镇构成了中国传统社会"城乡连续统一体"(rural—urban continuum)的重要环节,呈现出"亦城亦乡、非城非乡、半城半乡"的状况。将市镇归入农村体系抑或城市体系,所涉及的研究取径会有明显不同。对此,任放曾做过对比分析,他指出:"如果将市镇划归农村之疆域,则须探究市镇内部的格局及运作机制,市镇与其市场腹地所在的农村社会之互动关系,以市镇为核心的农村市场体系对资源配置(包括经济、政治、文化诸方面)的影响,进而研讨基层社会发展的内在路径。如果将市镇置于城市体系的框架内,那么研究视角会有很大不同,诸如市镇如何蜕变为严格意义上的城市,城市对市镇的拉动作用,从市镇的发展评判区域城市化的水平等等,将成为研究重点。"参见任放:《中国市镇的历史研究与方法》,商务印书馆2010年版,第55—56页;卢汉超:《非城非乡、亦城亦乡、半城半乡——论中国城乡关系中的小城镇》,《史林》2009年第5期。
③ 赵冈:《中国城市发展史论集》,新星出版社2006年版,第193页。
④ 刘石吉:《城郭市廛——城市的机能、特征及其转型》,载刘石吉主编:《民生的开拓》,联经出版事业公司1989年版,第331页。

的中介和过渡地区",但也认为从某种意义上讲,传统农业社会的历史也就是乡村不断城市化的过程,① 明清时期江南地区大批市镇的形成过程,就是一个乡村的城市化过程。王瑞成也认为,宋代直至明清时期,在以手工业和农村商品经济为内容的商业化条件下,中国城市化走了一条独特的市镇化道路。②

综览这些研究,无不将市镇型为主的城市化视为明清时期江南城市发展的主导形态,甚至有学者将明清时期大量市镇的勃兴视为江南地区农村城市化过程的主要形式与近世中国城市化的发展方向,③并将这种市镇型城市化总结为自然演进的"原生型"城市化。④

难以回避的是,"城市化"概念抑或其派生出的"原生型"城市化的说法,都如影随形地弥漫着西方中心主义的气息,将它们作为近代以前江南市镇变迁机理的解释框架是否恰当允妥,也是仁者见仁、智者见智的问题。但如果以"城市化"去探讨近代以后江南市镇的历史进程与命运,似乎比传统社会时期更说得通。因为自工业革命以来,随着西方势力的全球扩张,西方文明的示范效应得以推广,工业化、城市化已被视为现代化的题中之义。近代以降,走现代化的道路普遍成为非西方世界追求的目标,由此引出的另一个话

---

① 樊树志:《市镇与乡村的城市化》,《学术月刊》1987年第1期。
② 任放:《二十世纪明清市镇经济研究》,《历史研究》2001年第5期。
③ 参见陈学文:《略论明清江南城市化》,陈国灿:《关于古代江南城市化的几个问题》,载梅新林、陈国灿主编:《江南城市化进程与文化转型研究》,浙江大学出版社2005年版,第45页、第8页;王卫平:《明清江南地区的城市化及其局限》,载王卫平:《中日地方志与江南区域史研究》,苏州大学出版社2014年版,第161页。
④ 参见隗瀛涛主编:《中国近代不同类型城市综合研究》,四川大学出版社1998年版,第9页;乔志强、陈亚平:《江南市镇原生型城市化及其近代际遇》,《山西大学学报》(哲学社会科学版)1994年第4期。此外,拙文《从佛寺聚落到城西首镇:清代上海法华镇原生型城市化研究》(《中国经济史研究》2019年第1期)对江南市镇的"原生型"城市化问题亦有微观层面的探讨。

题，就是市镇的现代性（modernity）。为了切合历史语境，有学者也将现代性置换成近代性。

对于市镇的近代转轨问题，其实早在20世纪60年代，施坚雅就在论文《中国农村的市场和社会结构》中专门论及。他提出了至1948年"中国农村市场体系中只有10%发展为现代贸易体系"① 的假设。然而，对于这一开创性的假设，此后却少有学者做过进一步的讨论与印证。究其原因，固然与近代更广阔的时空中江南市镇转型的异质性与复杂性相关，但还有一个原因不容忽视，即研究者所作的基础性个案研究尚不充分，选取的市镇个案典范意义不足。

相比苏南、浙北地区的市镇，上海地区的市镇由于更鲜明地涵盖"传统性"与"现代性"，成为长时段探讨江南地区"城市化"问题的极佳样本。鉴于以往多位学者已对江南市镇史整体研究动态做过较细致全面的综述，② 本书为避免雷同，侧重从城市化或城乡关系的视角梳理上海地区市镇研究状况。

一、上海地区市镇史研究回顾

由于种种原因，学界早期有关上海地区市镇史研究，与江南市

---

① ［美］施坚雅著，史建云等译：《中国农村的市场和社会结构》，中国社会科学出版社1998年版，第105、115页。
② 刘石吉：《小城镇大问题：江南市镇研究的回顾和展望》，载章开沅等编：《近代史学刊》第2辑；任放：《二十世纪明清市镇经济研究》，《历史研究》2001年第5期；范金民：《江南市镇史研究的走向》，《史学月刊》2004年第8期；范毅军：《明清江南市场聚落史研究的回顾与展望》，《新史学》1998年第9卷第3期；龙登高：《中国传统市场成熟形态的探讨——江南地区市场研究的学术史回顾》，《中国史研究动态》1998年第10期；吴滔：《明清江南市镇与农村关系史研究概说》，《中国农史》2005年第2期；颜晓红、方志远：《80年代以来国内学者明清城镇及城乡商品经济研究的学术史回顾》，《中国史研究动态》1999年第4期；安涛：《近40年来江南市镇社会经济史研究综述》，《枣庄学院学报》2007年第3期；张国义：《学术寻踪：明清以来江南社会经济史研究概览1978—2013年》，上海人民出版社2015年版。

镇研究如出一辙，倾向于将市镇本身的讨论当作优先任务，即集中于探讨市镇的数量规模、类型功能、地理分布以及盛衰起伏的时序与机理等。如早在1983年，王文楚就统计出明代至1848年上海大陆地区的市镇数目为151个，① 廓清了鸦片战争以前上海地区市镇的形成与发展脉络，奠定了上海市镇研究的基础。刘石吉是江南市镇研究公认的先行者。他曾编制了详细的"明清两代江南市镇统计表"，指出1500—1800年的300年间，市镇数量呈稳定增长。其中统计出明清两代（从弘治至宣统年间）上海县的市镇总数目为354个。②

1992年，吴仁安发表《明清上海地区城镇的勃兴及其盛衰存废变迁》一文，不再局限于简单统计明清时期上海地区的市镇数量变化，而是透过数据现象更深刻地揭示出城镇兴衰存废的一般规律。他指出，明清时期上海地区大多数城镇的兴衰存废取决于当时当地商品经济的存在、繁荣或凋敝、消失；上海地区城镇的总体发展趋势是兴多于衰，存多于废，且历经了两个发展的高峰期，即明代的正德、嘉靖、隆庆、万历年间和清代的康熙、雍正、乾隆年间。

值得注意的是，吴仁安对上海地区市镇发育成长机理的研究，并没有完全停留在明清时期，而是也与刘石吉一样，注意到了近代上海开埠后周郊新兴市镇大量涌现的现象。他认为，清末光绪、宣统年间上海县周郊新市镇之所以勃兴，主要是由于外国资本主义势力渗入后，造成当地自然经济逐步解体，促使农民和其他小生产者的产品日益增多地卷入商品流通之中，商品经济畸形发展，导致大

---

① 王文楚：《上海市大陆地区城镇的形成与发展》，载《历史地理》第3辑，上海人民出版社1983年版，第104页。
② 刘石吉：《明清时代江南市镇研究》，中国社会科学出版社1987年版，第103页。

批新市镇相继兴起。①

同样较早意识到通商口岸制度下上海地区新旧市镇体系重组与演变问题的，还有美籍华裔历史学家黄宗智。1992年，黄氏在其成名作《长江三角洲小农家庭与农业发展》中，除了提出风靡一时的"过密化理论"外，还开始关注到明清和民国时期（包括1851年以前和1862—1937年）上海地区107个镇市的兴衰存废情况。他根据方志记载，将市镇形成或演变的原因、数目、名称用表格予以统计罗列，指出因各种原因而消失的市镇22个，衰落的市镇17个，合计39个。其中，因土布衰落而导致商业机能衰落的市镇即有14个。②而在1862—1937年间新出现的市镇有40个，这些新市镇兴起的主要动力有工业化、上海中心城市的兴起、铁路汽船等新式交通因素、上海由棉布业转向蚕桑业、新式工艺的引进等。③

早期研究上海地区市镇变迁的学者虽然热衷于探讨市镇版图本身，没有将市镇与农村的关系作为研究对象，但也零星地触及上海开埠后县郊新兴市镇大量涌现所形成的不同于传统农业社会的"城镇化"现象。如刘石吉以太平天国运动中上海近郊的徐家汇成市为例，指出近代上海及其周边市镇的成长所形成的整个"都市聚集"现象，实是中国近代化过程中一条重要的基线。④ 以"近代化"来评价这种"都市聚集"现象，意在指明开埠之后上海地区的"城镇化"已不再只是明清时代那种量的扩张，而是质的突破。而吴仁安与黄宗智分别从小农经济的工商化转型、租界新都市的辐射、新式

---

① 吴仁安：《明清上海地区城镇的勃兴及其盛衰存废变迁》，《中国经济史研究》1992年第3期。
② ［美］黄宗智：《长江三角洲小农家庭与乡村发展》，中华书局1992年版，第121页。
③ ［美］黄宗智：《长江三角洲小农家庭与乡村发展》，中华书局1992年版，第121—122页。
④ 刘石吉：《明清时代江南市镇研究》，中国社会科学出版社1987年版，第103页。

交通的推动等"经济史维度"来分析新旧市镇的兴衰消长及其机理，意味着不再只将市镇经济等同于传统农业经济发展的一个重要环节进行考察，而是有意识地将之融入"四乡农村—上海县城—租界新都市"的逻辑框架中来理解，说明他们的研究对近代上海开埠后城、镇、村三者关系的"异动"已有所思考。

20世纪90年代中后期以降，随着东南沿海城市率先拉开现代化的大幕，诸如上海等近代通商口岸城市日益成为中国城市史研究的热点，而上海周边传统市镇的变迁、转型以及引发的"城市化"问题又与口岸制度存在千丝万缕的联系，这种勾连恰是透视中国社会现代化转轨的"窗口"。基于这种研究意义，上海地区传统市镇的近代转轨问题逐渐进入学者的视野。

与早期研究者有所不同，这一时期的相关研究开始突破"市镇中心观"的学术取向，自觉地将市镇纳入到"地方体系层级"的整体中加以讨论，更加关注上海开埠后市镇一级与农村聚落、租界港埠都市、传统县城乃至江南城镇体系之间的关系，从而对近代以降上海周郊市镇城市化发展模式多有新论。

如罗苏文《论1895—1927年上海都市郊区市镇的变化》一文，选取甲午战争之后至南京国民政府成立之前为时段，从周边市镇经济、市政交通、文化领域等方面考察了上海都市资本主义工商业迅猛发展，都市化显著扩张对近郊和远郊市镇的辐射作用。她认为，本阶段郊区市镇的变化，既在一定程度上明显受到上海都市经济发展的刺激、诱导，又在总体上没有脱离原有的趋变轨道。[1] 具体言之，近郊市镇与远郊市镇又因辐射半径有别而出现城市化异变。以

---

[1] 罗苏文：《论1895—1927年上海都市郊区市镇的变化》，《史林》1994年第4期。

经济结构而论，邻近都市区外围（如沪西、闸北及沪南局部地区）已出现工业市镇，而劳动力与资金也因原产土布销量萎缩逐渐向上海都市分流，呈现出鲜明的城市化特征。但远郊市镇（如浦东地区）经济则未纳入都市市场。之所以节奏不一，罗苏文将之归为深层次的市镇城市化发展模式问题。她认为是都市经济对市镇经济的诱导、促进是以都市经济单向拓展为基础，分层次逐步推进，尚未引发远郊市镇经济重心转移。①

孙海泉与戴鞍钢同样认为开埠之后的上海新都市是周郊市镇城市化变迁的核心驱动力。孙海泉的两篇论文《上海辐射与苏南市镇城镇化的动因简析》《上海开埠后苏南市镇城镇化的考察指标与指标考察》，指出苏南市镇（包括上海周边市镇）的城镇化早在明清时期就已肇其始。但上海开埠后，形成了强势的新经济增长极，新兴经济因素开始向苏南市镇渗透并生根开花，各项城镇化指标应重新确定。如人口规模以千户市镇为单位、市镇数量的有机增长、市镇具备城乡结合点与社会中心的功能、传统手工商业的转型及现代工业的出现、新式文化教育的传播、民主政治意识的萌发等方面。他进而指出，从现代化的角度来考察，上海推动苏南的区域发展不失为区域现代化的一种模式，是符合现代化运动进程的。②

戴鞍钢是学界较早以"港口・城市・腹地"为分析框架研究晚清民初上海与长江流域经济关系的学者。虽然他侧重于研究区域经济重心转移，但也提出过上海及其近郊集镇格局在此阶段变动较大

---

① 罗苏文：《论 1895—1927 年上海都市郊区市镇的变化》，《史林》1994 年第 4 期。
② 孙海泉：《上海辐射与苏南市镇城镇化的动因简析》，《徐州师范大学学报》（哲社版）1999 年第 4 期；《上海开埠后苏南市镇城镇化的考察指标与指标考察》，《江海学刊》2000 年第 3 期。

的说法,① 并撰有《近代上海的崛起与周围农村经济的变化》《上海开埠与江南城镇格局演变》两篇专题论文,对近代上海及其郊区的农村—市镇—城市体系进行过深入探讨。《近代上海的崛起与周围农村经济的变化》一文,尽管以上海周边农村为题,但实质上论述的是四郊市镇的社会经济变迁。他认为,上海开埠是决定邻近农村集镇兴衰的基本原因。伴随开埠通商而来的中外贸易的扩大,工业的发展,人口的增加,市场需求的扩张,对四郊农村市镇经济结构、生产生活方式,以及价值观念的演化都产生了全方位的影响,使个体小农越来越多地脱离了自然经济的范畴,促使他们自觉或不自觉地将自己的生产和经营纳入了资本主义经济体系。②

在《上海开埠与江南城镇格局演变》一文中,戴鞍钢细致考察了江南城镇格局在1843年上海开埠前后所发生的多方冲击与深刻变化。他认为,开埠后上海的崛起,促使了经济中心城市由苏州向上海的转移,并相应导致原先以苏州为中心、以运河为纽带的城镇体系转而归向上海。此外,这些城镇的商品流通结构,也由内向型朝外向型逐步转化,并由此兴起一批适应进出口贸易增长及城市发展需要的新兴市镇。③ 与孙海泉的观点类似,戴鞍钢也认为,从历史发展的角度看,这种由上海开埠所引发的江南城镇体系变化重组是积极的,它在一定程度上打破了原有的封闭状态,使这一地区逐渐卷入世界资本主义市场,从而推动了这些城镇经济结构的演化,并

---

① 戴鞍钢:《港口·城市·腹地——上海与长江流域经济关系的历史考察(1843—1913)》,上海社会科学院出版社2019年版,第104页。
② 戴鞍钢:《近代上海的崛起与周围农村经济的变化》,载《上海研究论丛》第8辑,上海社会科学院出版社1993年版,第84—85页。
③ 戴鞍钢:《上海开埠与江南城镇格局演变》,《社会科学》2014年第1期。

长期保持了在全国的经济领先地位。①

不过，戴鞍钢也指出，由于交通条件、市场网络和工业布局等因素的不平衡，作为港埠都市的上海，向四周的辐射力度在近郊和远郊诸县各有差异。② 这一观点在安涛的专著《中心与边缘：明清以来江南市镇经济社会转型研究——以金山县市镇为中心的考察》中得到了充分诠释。该书以长时段视野考察了明清以降至全面抗战爆发前朱泾镇如何在江南经济重心的两次转移背景下，先成为金山县域中心市镇，而后又日趋丧失"中心"优势，走向边缘的艰难转型过程。通过研究发现，沿海地区市镇的社会转型并不是同步的，中心地上海的影响和辐射也是有选择性的，与中心地距离的远近并不是决定性因素，而是取决于两者之间社会经济发展的关联度及其自身的发展条件。③

以经济史的框架探讨上海都市与周边市镇"中心—边缘"格局的异动，固然是考察聚落城市化的核心要义，不过，单一的经济史向度并不能全面展现市镇城市化的实态。正如樊树志所言："仅仅从经济史角度研究江南市镇显然是不能令人满意的，市镇作为一个地理实体，兼具经济、文化等多种功能，因而需要多角度、多侧面地进行全方位的探讨。"④ 包伟民早年在总结学界关于市镇近代转轨问题的研究时也指出："已有的少量研究成果又几乎全都是从市场结构与经济功能的演变出发，来论述市镇的近代转轨问题，许多与社会

---

① 戴鞍钢：《上海开埠与江南城镇格局演变》，《社会科学》2014年第1期。
② 戴鞍钢：《近代上海的崛起与周围农村经济的变化》，载《上海研究论丛》第8辑，上海社会科学院出版社1993年版，第85页。
③ 安涛：《中心与边缘：明清以来江南市镇经济社会转型研究——以金山县市镇为中心的考察》，上海人民出版社2010年版，第273页。
④ 樊树志：《明清江南市镇探微》，复旦大学出版社1990年版，第11页。

演变关系甚大的其他方面，如人口、社会结构、生活方式、文化状况等等，都少有涉及。"①

或许是受此启发，在这之后，一些突破"唯经济史"向度的研究开始出现，尝试以新的问题意识与分析框架来审视近代上海城市化进程中的城乡关系。如英国学者伊懋可较早地对1840—1910年上海地区市镇与水道关系进行过系统研究，指出从明代晚期以来到20世纪有田业的乡绅如何从乡村逐渐转向市镇与县城、府城的频繁行为，②从此"城居化"现象与上海县的水路治理制度折射出城乡关系的转变。而约从2007年以后，这种借助"环境史"或"历史地理"分析框架研究上海地区市镇的成果不断涌现，蔚为风气。

首先是从城乡聚落空间形态与结构变迁的角度，研究城市化对市镇中心地空间分布的影响。这以复旦大学历史地理研究中心教授张晓虹等人的研究为代表。如张晓虹关于1870—1937年上海真如、罗店两市镇的对比研究，复原并厘清了晚清至民国时期两市镇中心地的层级结构，揭示了城市化对上海北部市镇中心地空间分布的影响。这种影响表现在多重方面：市镇作为中间市场的职能不但没有衰落，还得到了强化，但基层市场这一层级却受到严重摧残；清末自治实行之后，市镇中心地的服务区域基本上与其行政区域相吻合；近代交通方式对市镇的影响局限在其附近的有限空间内。③在这两项个案研究的基础上，张晓虹、牟振宇继而对1843—1949年上海东北部地区聚落的时空演化过程展开研究，指出受租界地区城市化以

---

① 包伟民主编：《江南市镇及其近代命运：1840—1949》，知识出版社1998年版，第5页。
② Mark Elvin, *Another History: Essays on China from a European Perspective*, Wild Peony PTYLtd. 1996. pp. 140 - 165.
③ 张晓虹：《城市化与上海地区市镇空间结构的演变——以1870—1937年真如、罗店为例》，《历史地理》2007年第1期，第17—30页。

及新交通线路形成的影响,该地区乡村聚落空间结构在上海开埠后经历了由传统的以商业市镇为节点的网络结构,向以租界建成区为中心的圈层结构转化的历史过程。①

在"空间维度"关照下的市镇城市化议题,还涉及城乡聚落景观变迁。即"从半自然的农业生态系统为主的乡村景观演变为以人工生态系统为主的城市景观"②,这也是城市化所带来的最直观、最具辨识度的视觉呈现。不过,历史地理学者对城市景观演化问题的研究方法,不再停留在传统的文字描述上,而是借用地理信息系统(GIS)技术对区域土地利用方式的转变过程进行时空复原,来研究城市建成区的形成以及生态景观的演变。如张晓红、孙涛的《城市空间的生成——以近代上海江湾五角场地区的城市化为例》,利用GIS技术,将1900—1949年上海江湾五角场地区的土地利用空间过程予以复原,发现其景观演变过程表现为由以农业生态景观为主转变为城乡景观杂错分布。但这一城市化过程却由于受到20世纪上半叶政治事件(第一次世界大战、国民党政府的"大上海计划"、抗战爆发)的影响而呈现出明显的阶段性,结果导致该区域生态景观的碎片化,还使当地的自然生态通达性降低。③

相比之下,从最基层的乡村聚落的演化过程中,更能清晰地反映城市化驱动下的景观变迁机理。马学强曾撰《上海古村落变迁研究——宋元以来淡井村、龙泉村、龙华村的演变》一文,长时段地

---

① 张晓虹、牟振宇:《城市化与乡村聚落的空间过程——开埠后上海东北部地区聚落变迁》,《复旦学报》2008年第6期,第101—109页。
② 张晓红、孙涛:《城市空间的生成——以近代上海江湾五角场地区的城市化为例》,《地理科学》2011年第10期。
③ 张晓红、孙涛:《城市空间的生成——以近代上海江湾五角场地区的城市化为例》,《地理科学》2011年第10期。

复原了这三个具有一定样本意义的古村落如何褪去"乡土景观"而"城镇化"的历程。该文最具特色的是综合运用明清《上海县志》中的"保图"资料与近代上海道契资料,聚焦村落区位、土地权属以及利用方式在不同时空中的变迁。他指出,明清时期,永泉、淡井、龙华这三个村落虽已显示出不同的区位优势与成市成镇气象,但总体上受传统社会结构的囿限,景观差别不大。但至上海开埠之后,这些古老村落因所处不同区位而与租界新都市的扩张紧密勾连,从而开始出现差异化的发展路向,景观大异。如静安寺一带属于英租界,淡井庙周围成为法租界的一部分,龙华地区则始终处于华界,但最终都融入了城区,开始了它们的近代化历程。①

而对于传统村落、市镇融入租界新都市,进而转型成为近代上海城市街区,该如何研究城市化,马学强亦颇有研究心得与特色。他在论文《权力、空间与近代街区内部构造:上海马思南路街区研究》中,以近代上海马思南路街区的形成、演变为线索,首先,将马思南路作为一条道路,考察它的"造路史";其次,把马思南路视为一个街区,探讨这个街区的"造街史",涉及街区的范围与特色;继而围绕街区构造的核心——"权力"问题展开,寻找各种"权力人",包括原来的所有者、规划者、设计者、建造者、居住者等。他认为,街区作为城市空间的重要组成部分,无论从哪一个维度来讲,都与"权力"有关,而这个权力由多个层次、不同人群构成,他们组合在一起,制约着不同街区的形成与演变。② 这种解析权力、空间与街区内部构造关系的独特视角,对于研究近代市镇街区的城市

---

① 马学强:《上海古村落变迁研究——宋元以来淡井村、龙泉村、龙华村的演变》,载《传统中国研究集刊(第五辑)》,上海人民出版社2008年版,第146页。
② 马学强:《权力、空间与近代街区内部构造:上海马思南路街区研究》,《史林》2012年第5期。

化颇具启发。

近年来,又有学者不再囿限于探讨"直观"的空间结构与景观变迁,而是将目光敏锐地转向近代上海市镇"城市化"进程中一些比较隐蔽却至为新颖的面相,呈现出日益多元化的研究取向。如张乐峰聚焦"城市化与上海市镇的政区归属"主题,陆续撰写《城市化与基层政区的归属——以近代上海七宝、莘庄两镇为例》《城市化与近代以来诸翟镇的归属纷争》两文,显现出"政制史"的研究旨趣。前篇论文通过对上海西南部七宝、莘庄两镇从开埠前至解放初期行政区划调整与上海市、江苏省及地方社会之间互动过程的分析,充分说明是否被纳入城市化进程,是否与上海城区缺乏密切的经济联系,是近代以来上海城市行政区形成的关键。[①] 后篇论文则以明清至民国时期分属嘉定、青浦、上海三县(市)的诸翟镇为中心,在厘清诸翟镇形成过程的基础上,通过对民国时期诸翟镇归属问题的分析,探究在该地不断纳入上海城市化进程的背景下,区域传统、地方利益与民众意愿等因素对其归属的影响,进而揭示民国时期上海市政区边界形成的复杂过程与多元面相。[②]

另有学者侧重考察上海早期城市化扩张给周边市镇带来的结构重组和功能演替,以图破解上海周边卫星城的早期机制与现代城乡不和谐关系的历史缘起。如吴俊范尝试运用"卫星城"与现代中心城区这对颇具现代意味的概念,撰文探讨了 20 世纪 50 年代以前上海周边市镇在大城市辐射之下的兴替演化过程及其内在机制。她指出,近代以来上海大都市的空间扩展模式主要是工业化驱动下的

---

① 张乐峰:《城市化与基层政区的归属——以近代上海七宝、莘庄两镇为例》,载《历史地理》第 33 辑,上海人民出版社 2016 年版,第 229—231 页。
② 张乐峰:《城市化与近代以来诸翟镇的归属纷争》,《史林》2017 年第 6 期。

"单中心摊大饼"模式。① 这种模式使得近郊地区无论是新市镇还是老市镇，都只能暂时充当上海城市扩张中人口和工商业活动高度集中的疏散与缓冲功能，并导致市镇产生一系列的城市环境问题。换言之，要基于乡村基础而自然形成一个"卫星城"角色不能持久延续，体现了工业城市"单中心摊大饼"式蔓延对周边地区的环境改造和强烈影响。②

冯贤亮是近年来对上海"现代性"、城市化与江南城乡社会生活互动关系研究用力较深的学者。他认为，以往学者过多地从经济产业或港口城市与腹地经济的关联来探讨上海对于江南城乡的影响，但在日常生活追求与人口流动方面的影响论述颇少，"特别是上海市的生活方式与经济发展对于江南其他城乡民众生活影响怎样，具体呈现在哪些方面，以及期间表现出的地域差异又是如何，以往研究中往往不大关注"③。基于此，他先后撰写了《上海繁华：民国江南城镇的社会变化与人生追求》《民国江南城镇的现代化变革与生活状态》，显现出鲜明的社会生活史研究路向。他指出，以上海发展为中心，以上海经济为依附，以上海生活为追求，是江南城镇在民国时代呈现出不同于以往的大变动。江南城镇物质文化与日常生活充满了"现代性"转化的全貌，④但其间表现出的地域背景差异又呈现出各种复杂性。

2021年，冯贤亮出版的专著《近世江南的城乡社会》，首次融入了"经济史""环境史""制度史""社会生活史""历史地理"等

---

① 吴俊范：《民国时期上海周边市镇的城市化演进》，《中州学刊》2020年第4期。
② 吴俊范：《民国时期上海周边市镇的城市化演进》，《中州学刊》2020年第4期。
③ 冯贤亮：《上海繁华：民国江南城镇的社会变化与人生追求》，《中国社会历史评论》2013年第1期。
④ 冯贤亮、林涓：《民国江南城镇的现代化变革与生活状态》，《学术月刊》2012年第10期。

多重研究框架，择取城乡社会环境、乡村生活与社会调控、水乡生活的变迁、城镇空间分布格局、交通网络与公共服务、传统产业与新型经济形态、生活的现代化与人生追求等面向作为重点分析对象，多侧面地呈现近世江南城乡社会在"工业化""都市化"驱动下的社会转型问题。① 他指出，江南地区都市化或城市化的进程，自晚明以来就表现显著，到了晚清与民国时期，"现代化"成为判识城市化进程的一个重要归纳，而且具有很强的政治色彩。这不仅涉及地域社会结构调整、权势转移的大问题，也关乎地方民众的生活空间、生活方式、生活理念等日常生活的现实问题。城镇作为社会生活、文化创新与政治活动的中心场域，具有很强的聚合作用。②

综上所述，40年来的上海地区市镇史研究取向经历了从"市镇中心观"到"城乡关系变迁论"的转变过程。即早年热衷于将市镇本身的探讨当作优先任务，之后逐渐注重从"城市化"的角度透视上海新都市、四郊市镇与周边农村在各个层面的互动作用，并尝试以多元研究框架解析"城市—市镇—农村"的连续体意义，从而避免甚至超越了"城乡一体"统属论或"城乡对立"二元论的简单理解模式。

然而，在林林总总的既有成果中，虽有不少成功的典型之作，对众多市镇作了个案研究，但或择取一朝，或专论某个时段，而有关单个市镇的跨时段、长时段的系统研究的贯通之作，至今未曾见到。③ 而对于上海地区市镇史研究而言，更少有将市镇变迁置于"从传统到近代"两种不同性质的"城市化"语境中进行长时段、贯

---

① 冯贤亮:《近世江南的城乡社会》，复旦大学出版社2021年版，第384—390页。
② 冯贤亮:《近世江南的城乡社会》，复旦大学出版社2021年版，第379页。
③ 范金民:《江南市镇史研究的走向》，《史学月刊》2004年第8期。

通式的考察。尽管早有学者比较过这两种"城市化"的本质差别在于"自然演进的原生型城市化"与"二元结构的城市化模式"①，但将之运用到一个较小的地域范围作微观实证型的个案研究，至今仍属少见。这就容易造成对两种"城市化"的生成、发育与演化逻辑缺乏丰满与立体的理解。正如范金民所指出的那样："江南市镇的整体面貌既不清晰，单个市镇的发展脉络也时断时续的缺憾。"② 基于此，本书选取上海县城西郊法华地区的市镇（以法华镇为中心，兼及周边曹家渡、徐家汇、静安寺等市镇）为个案，从清康乾年间以迄民国中期，对该地区城市化进程进行长时段贯通研究，将在一定程度上弥补既有研究的缺憾。

二、法华市镇史研究回顾

在既有的明清江南史与近代上海城市史的研究成果中，涉及法华市镇史的大致可分为三类。

第一类是"传记式"地略述法华镇的历史沿革，对市镇的形态格局、功能结构、人群活动等微观实态未作深入的专题式考察，缺乏学理上的分析，学术性偏弱。如潘德孚于 1986 年就有一篇名为《旧上海第一大镇——法华镇》的文章，简略地介绍了法华镇在乾嘉年间绮丽的自然风光（"淞溪八咏"与法华牡丹）及古今路名变化。郑祖安的《百年上海城》、上海市档案馆主编的《上海古镇记忆》，同样以极其短小的篇幅，以文化随笔式的文体勾勒出法华镇从古至今的若干重要历史节点的变迁脉络。稍可注意的是，结论中对法华

---

① 乔志强、陈亚平：《江南市镇原生型城市化及其近代际遇》，《山西大学学报》（哲学社会科学版）1994 年第 4 期。
② 范金民：《江南市镇史研究的走向》，《史学月刊》2004 年第 8 期。

镇步入近代后趋向衰落消亡原因的思考。如《上海古镇记忆》一书认为："与其说是兵燹等外力造成法华镇的衰败，倒不如说法华镇的式微是中国传统农业经济衰退的一个缩影，在租界与新兴工商业中心的包围与渗透下，法华镇的消失是大势所趋，在所难免。"[1] 郑祖安则侧重从新旧市镇消长的新格局来说明法华镇的衰落："无论徐家汇还是曹家渡，他们都濒临大河，有着比法华更为优越的水路交通条件。同时，它们一有殖民主义侵略保护下的新兴宗教的刺激，一有能汇聚人口的近代工业的吸引，显然都具有更大的发展动力和更广阔的发展前景，这就使夹在中间的法华镇不仅相形见绌，而且似乎它的存在与否已是无足轻重，无关大局的了。"[2]

第二类是在江南市镇史整体性研究中将法华镇作为个案注脚或实例支撑，这固然能说明上海法华镇在江南市镇版图中也有一定的代表性，但此种整体性研究重在揭示普遍规律，因此往往"选择性"地剖析法华镇的单一面相而难窥全貌。如刘石吉的《明清时代江南市镇研究》、樊树志的《明清江南市镇探微》、陈国灿的《论江南农村市镇的近代转型》等，都对法华镇个案有所涉及，但多引用的是该镇步入近代后经济结构由棉织业转向丝织业的例子，借以说明"江南农村市镇的近代转型，首先是从经济领域开始的"。[3] 刘石吉还特别以法华镇为例，指出它区别于江南其他市镇的城市化转型，在于已融入上海"港埠都市"的机体之中。

第三类是专门研究法华镇城市化的学术成果，目前仅见于日本学者高桥孝助在1993年发表的《上海都市化的扩大与周边农村——

---

[1] 上海市档案馆编：《上海古镇记忆》，东方出版中心2009年版，第193页。
[2] 郑祖安：《百年上海城》，学林出版社1999年版，第30页。
[3] 陈国灿：《论江南农村市镇的近代转型》，《浙江学刊》2004年第5期。

1920 年前的上海县法华乡》，以及上海师范大学 2009 级赵方祺的硕士论文《清中叶至民国初法华镇水陆格局的发展与演变》（钟翀指导）。高桥孝助一文，从李淞泾水路兴衰、从棉布到缫丝产业结构演变、租界"越界筑路"对"水乡"的破坏与重构、新兴市镇崛起与法华乡地域格局变动，以及推动法华乡地方自治的权力阶层等方面考察了 1920 年前后的法华乡如何从"水乡"市镇逐渐"都市化"的趋势。该文还在结论中揭示出这种"都市化"的实现路径，即以租界陆路延长为契机，使法华乡原先以水路交通为主而形成的市镇网络遭到破坏，传统"水乡"不得不与租界相接，陆路沿线形成都市，把人、物、钱、情报等统统再编成一个单纯的租界中心。① 该文进一步指出，传统水乡市镇之所以在强劲的"都市化"势头面前难以继续维持，根本原因在于当时中国城市整体缺乏与西方资本主义扩张相抗衡的"现代性"。用高桥孝助的话说，就是"能够与以租界为大本营的外国资本相对抗，并能够创造出新的网络的国家，尚未确立"。②

高桥孝助此文尽管写作年代较早，所用史料也较为单一（几乎都来自民国《法华乡志》），但由于日本学者向来具有研究村落共同体的学术传统，倾向于以市镇或城乡间的空间范围为参照，去观察江南市镇在基层社会的构成及其运作过程，从而将法华地区的近代化转型敏锐地纳入"城市—市镇—农村"整体互动框架内进行探讨，为本书提供了可资借鉴的研究视角。

赵方祺的硕士论文《清中叶至民国初法华镇水陆格局的发展与演

---

① ［日］高桥孝助：《上海都市化的扩大与周边农村——1920 年前的上海县法华乡》，载《上海研究论丛》第 8 辑，上海社会科学院出版社 1993 年版，第 71 页。
② ［日］高桥孝助：《上海都市化的扩大与周边农村——1920 年前的上海县法华乡》，载《上海研究论丛》第 8 辑，上海社会科学院出版社 1993 年版，第 71 页。

变》，侧重研究的是法华镇空间形态的长时段演进过程，以呈现清代中叶到民国初年上海边郊地区的城市化趋势。较有特色的是，该文一改以往学者多将市镇空间研究置于"县城—市镇—乡村"的外缘性框架中探讨城市化规律，而是从市镇内部固有的水陆空间格局与交通变迁入手，运用明清方志舆图、近代上海城市地图的重绘与跨时空对比，以复原城市化背景下法华镇空间形态微观演变的实态。他认为，法华镇能在清乾嘉时期走向鼎盛，主要凭借的是其在江南水路网络中的地理优势，而从上海开埠至民国初年，法华镇无法追赶上现代化的脚步而渐趋衰落，也是从英法租界"越界筑路"，传统水路网络被打破开始的。可以说，法华镇内水陆交通的变迁，亦是早期上海都市化进程中，传统江南水乡遭遇现代工业文明冲击的一个缩影。①

综上所述，关于法华市镇史研究的成果，研究层次停留在"传记式"概述居多，问题意识薄弱，价值与意义挖掘不足。虽也有部分成果已将法华镇视为江南市镇在口岸城市如何城市化的典型个案而予以学理化剖析，但囿于切入点各有侧重，考察的面向还是较为单一，主要以研究经济结构转型、空间形态与格局演进、水陆交通变迁居多，迄今尚未有集地理、制度、空间、人群相结合的多元框架来探讨法华地区城市化进程的研究成果，以至于无法全面深刻地揭示出这一城市化进程所蕴含的独特内涵。

第四节　研究思路与框架

本书的研究思路是紧扣"城市化"的主题，破除古代与近代的

---

① 赵方祺：《清中叶至民国初法华镇水陆格局的发展与演变》，载上海师范大学古籍整理研究所编：《中国传统文化与典籍论丛》，甘肃人民出版社 2014 年版，第 214 页。

时段区隔,在"传统—现代""城市—乡村""国家—社会"等多重视域中力图全景式地审视明清至民国年间上海法华地区(地域涉及今长宁、徐汇、静安等区)悠远而多面向的城市化进程。通过研究这一具有"样本"价值的地区在不同时空背景与地域格局下城市化的发育肌理、动力机制、内涵特征、演化路向、时代局限等问题,力图揭示出明清以来江南地区以市镇型为主导的"原生型"城市化如何从萌发、独立到被阻断、被异化,乃至最终消解的历史命运。

本书分为绪论与六章。绪论部分,提出本书的问题意识与选题意义,明确法华地理区域与研究时段,厘清城市化、乡村城市化、"原生型"城市化的概念与内涵,注重从城市化或城乡关系的视角对江南市镇(侧重上海地区市镇)进行学术史回顾与述评,指出学界现有研究存在的薄弱不足之处,以及本书欲作何种学术突破。

第一章回溯法华成镇之前的乡村聚落史,从"发生学"逻辑来透视法华如何从"寺庙型"聚落逐渐被形塑为初具商业性质与功能的市镇。

第二章借助"原生型"城市化的视野,深度解析乾嘉年间法华镇如何依靠"市镇—乡村"间互动共生的内动力,构建"城西首镇"的地位,呈现出向城市形态演进的趋势与内涵,并以法华镇为个案尝试总结明清江南市镇城市化较为普遍的发育机理、特征与局限。此外,本章还跳出以往江南市镇城市化研究多囿于单一经济史的路向,首次从社会史、文化史的层面探讨"原生型"城市化视野下法华聚落、家族与科举之间的关系。

第三章深入分析在近代上海开埠后江南市镇所处的社会环境与社会制度发生重大变革的背景下,法华镇"原生型"城市化道路遭遇阻断的原因。

第四章主要分析的是租界在上海辟立与扩张后法华地区如何获取近代城市化转型的驱动力。与明清时代"原生型城市化"路径不同，这一时期的城市化转型不再由自身力量主导，尽管其中也不乏以法华本身市镇经济发展为动力的"自内而外"的过程，但主要还是以租界扩张以及它背后代表的西方工业化为动力的"自外而内"的渗透与牵引，从而使传统的市镇经济逐渐融入到近代资本主义市场体系中。

第五章从城市化转型的内涵面入手，详细论述以法华镇为核心的法华地区在租界新都市这个"增长极"的渗透与牵引之下，如何在土地利用、聚落景观、产业结构、社会阶层、新式教育、社会治理、风俗教化等诸方面呈现出"乡村城市化"新内涵，如何被纳入以适应租界新都市为中心的区域发展过程，如何最终成为传统与近代之间、城市与乡村之间的"华洋之界"。

第六章重点探讨作为被租界势力笼罩之中的"华洋之界"，法华地区在近代城市化发展进程中暴露出的区别于同时期其他江南市镇的社会治理问题。其中，既有以租界越界筑路为代表的殖民主义霸权扩张所引发的中西双方主权、制度、文化冲突；也有以租界城市化扩张背景下华人墓冢危机所折射出的外来与本土、传统与近代、殖民主义与民族主义矛盾；还有因治理能力和调节机制弱化而出现的烟、赌、盗、杀等治安秩序异化的畸形城市化现象。

结语部分深入解析民国时期法华镇之所以未能完成近代城市转型的原因、逻辑，并尝试跳出个案，回答江南传统市镇在步入近代后，为何消弱甚至丧失了独立发展成为大城市的可能，并在比较"原生型"城市化与外力推引的"被城市化"两种模式利弊的基础上，揭示其对当代中国新型城镇化建设的历史启示。

第一章 法华成镇之前的乡村聚落史

美国著名城市史学家刘易斯·芒福德认为:"城市的胚胎构造却已经存在于村庄之中了。房舍、圣祠、蓄水池、公共道路、集会场地——此时尚未形成专门化的集市——这一切最初都形成于村庄环境之中;各种发明和有机分化都从村落开始,后来才逐渐发展成为城市的复杂结构。"[①] 从人类聚落形态发展历程的角度看,这一观点揭示出城市聚落由乡村聚落成长而来的基本路径。这样的"发生学"逻辑,同样也适用于江南市镇,在其正式成为商业聚落之前,几乎都有更早的乡村聚落形态,位于上海县城与西乡之间的法华镇同样如此。

回溯法华成镇之"前世",河道、寺庙在乡村聚落外部形状和内部结构的起源、发育和建成过程中充当了地理空间形塑的角色。其中,孕育于上海县城西乡密集水网的李漎泾,贯穿于法华聚落,使之呈现"沿列状水路发育延伸"的形制,[②] 又赋予其"内连县邑,外通苏松"的水运禀赋。同时,"漎溪"还是法华聚落开发成形的"自属地名"。而宋元之际法华、观音两寺在李漎泾畔的落成与扩建,

---

[①] [美]刘易斯·芒福德著,宋俊岭、倪文彦译:《城市发展史——起源、演变和前景》,中国建筑工业出版社2004年版,第19页。
[②] 钟翀:《江南地区聚落——城镇历史形态演化的发生学考察》,《上海城市管理》2019年第4期。

一度达至僧人数百、寺田数十亩的规模，使法华成为典型的"寺庙型聚落"。而从"寺庙型聚落"逐渐演化为初具商业雏形性质的"法华巷"，又依赖于水路桥梁、庙市经济与自然村落的交互作用。从因河而塑，因寺而名，到因庙兴市，缘市成巷，法华乡村聚落的形成与演化，正是地理、人群、市场因素在特定的时空与人地环境下得到充分的整合，并按一定的成长逻辑紧密地交织互动而形成合力。

第一节　兼具河、寺之利的聚落形塑

有关明中叶以降市镇日趋普及原因的讨论，一向是江南市镇研究中的重要话题之一。陈晓燕、包伟民曾将市镇出现的直接原因归纳为农村聚落因商品经济发达所促成、官吏世家聚居和从军镇演化而来三种类型。[①] 然而，越来越多的学者意识到，明代中叶并非市镇形成的逻辑起点。如果完全不了解"成镇"之前更早的聚落形态，则很难厘清市镇作为一种新兴聚落层级是如何选址并取得相对于周边聚落的区位优势的。[②] 因此，追溯"成镇"之前的早期乡村聚落史，对于理解市镇的起源，不失为一种有益的尝试。

关于江南市镇起源研究，史学界盛行两个著名观点："因水而生"与"因寺成镇"。前者以王家范论述为先："这里的市镇与水有着不解之缘，它们往往位于河网平原的某一区域中心或枢纽点上，镇环四流，河流横贯镇市，商店、民居多傍水而立，因水成衢，因水成市。市河内船只穿梭往来，这些纵横交错的大小河流，犹如人

---

① 陈晓燕、包伟民：《江南市镇——传统历史文化聚焦》，同济大学出版社2003年版，第20页。
② 吴滔：《从"因寺名镇"到"因寺成镇"——南翔镇"三大古刹"的布局与聚落历史》，《历史研究》2012年第1期。

的血管，靠着它输送血液，保证营养供应。"① 后者为魏嵩山较早指出："以寺成市，因庙成镇，是太湖流域市镇发展的又一特点。随着佛寺的兴建，宗教活动吸引了人口的聚集，从而促进了商品交换的发展。通观太湖流域市镇的兴起，其中有相当数量无不与寺院宗教活动有关。"② 追溯法华乡村聚落成镇之前的早期历史，可以发现它兼具河、寺之利，这在明代以前上海地区各类聚落的区位条件中并不多见。

与法华乡村聚落的早期孕育有着直接地缘关系的河道，位于吴淞江下游以南、蒲汇塘以北，新泾以东，沸井浜（今静安寺一带）以西地区。属于这一带水网的具体河道名称，在今上海地区最早的一部志书——南宋绍熙《云间志》中尚未能觅其踪迹，③ 但至明弘治《上海志》中，部分河道已经见于记载。如华漕、新泾浦、张泾、蒲汇塘、沸井浜等，上澳浦此时还分为东上澳浦和西上澳浦。同时，原先没有标记地点的一些河道，此时的位置也趋于清晰，如："西芦浦、大芦浦在二十七保；华漕在三十保；蒲汇塘、张泾在二十九保；东上澳和西上澳在二十六保。"④ 明嘉靖三十二年（1553年）上海县兴筑城墙后，县城附近沿西走向的河流开始在县志中受到关注，尤

---

① 王家范：《明清江南市镇结构及历史价值初探》，《华东师范大学学报》（哲社版）1984年第1期。
② 魏嵩山：《太湖流域开发探源》，江西教育出版社1993年版，第224页。
③ 南宋绍熙《云间志》在记载两宋之际华亭县水道状况时，重点描述了吴淞江及其附近五大支浦水系（顾会浦、盘龙浦、崧子浦、大盈浦、赵屯浦）。此外还特别关注到吴淞江抵达下游出海口（即"沪渎"）两侧的支流河浦："小来浦在县东北三十五里；艾祁浦、华潮浦、郭巷浦在县东北六十五里；上澳浦在县东北八十里；西芦浦、大芦浦在县东北八十五里；再往东便是上海浦，在县东北九十里；南跄浦，在县东北一百里。"（参见《绍熙云间志》卷中《水》，嘉庆十九年刊本）。该志书之所以会关注这些支流河浦，应与当时坐扼于沪渎之口的对外贸易港口和商业重镇——青龙镇有密切关系。
④ 弘治《上海志》卷二《水类》，民国二十九年昆明中华书局据明弘治十七年刻本影印。

其是肇家浜，逐渐成为主干河道。肇家浜在城南，由东向西，横贯县城。东引黄浦之水，从朝宗门水关入城，经仪凤门水关出城，流经万胜桥，西出闸桥，经过罗家湾、陈泾庙，南折而入于蒲汇塘，蜿蜒二十里。"由东水关贯城而西，分流支港，蓄泄赖之。"① 又"按此浜为邑干河，东贯城市，西接蒲汇塘……自邑泛舟抵郡，最便"②。至清康熙《上海县志》中，吴淞江下游南岸的二十七保至三十保之间先后陆续新增了横沥塘、许浦、郭浦、新泾、唐子泾、龙华港等诸水。③ 直至清嘉庆《上海县志》的记载中，县城以西，襟浦带江，水网密布。大小河道主要有吴淞江、肇家浜、蒲汇塘、李

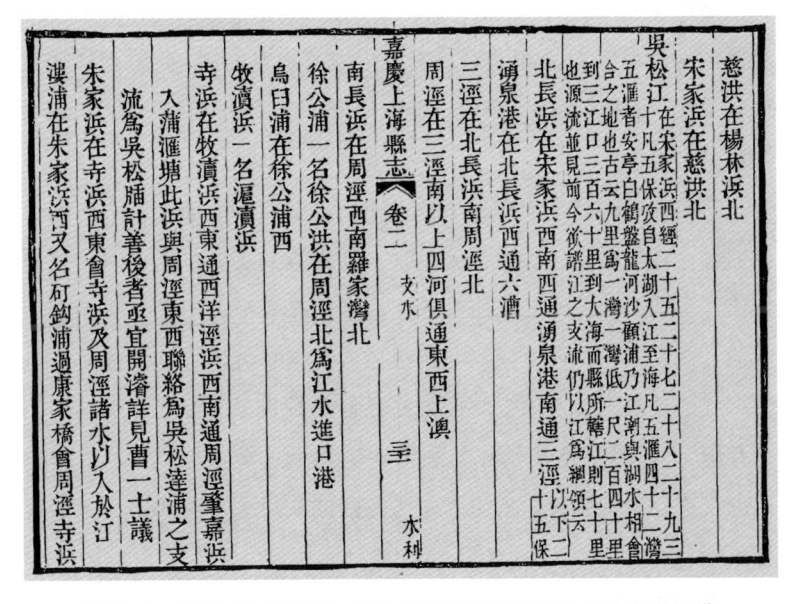

图1-1 嘉庆《上海县志》卷二《水利》记载的县城西乡部分河道

---

① 万历《上海县志》卷二《水类》，万历十六年刻本。
② 康熙《上海县志》卷二《诸水》，康熙二十二年刻本。
③ 康熙《上海县志》卷二《诸水》，康熙二十二年刻本。

淞泾、东上澳塘、西上澳塘、西芦浦、丁浦、诸安浜、曹家浜、吴冲泾、路云浜、庄家浜、陆家浜、盛溇、白洋、新沟浜、菖蒲泾、长漏沟、包泾、吉家迎潮浜等20多条，堪称名副其实的"水乡"。

这些交互汇集的大小水路因农田灌溉、排水之用而挖掘于各处，呈乙字、丁字和十字形状，① 它们内部彼此沟畅，四通八达；外部又共同依附在吴淞江这条"主动脉"以及境内最大支河蒲汇塘之下。同治《上海县志》卷首《图说》中的一幅水道图比较清晰地显示了这一带干支河道的交叉依存关系。

如图1-2所示，吴淞江南岸有一条名为李淞泾的支河，对法华聚落的地理形塑尤为相关。嘉庆《法华镇志》称："蒲汇塘环其东南，吴淞江缭其西北，两水潮汐会于李淞泾，渊渟气聚，蔚为名区。"②

李淞泾，旧名李崇泾、淞溪，东南通蒲汇塘、肇家浜，西北达吴淞江，蜿蜒曲折，长达5公里余。其周边的支脉水系也多与之相合流：西北段合新泾之水注吴淞江，东南接丁浦、三泾之水而连西芦浦，西南通东、西上澳浦与唐子泾，南出日晖港以达黄浦，既是吴淞江通至肇嘉浜及蒲汇塘间的捷径，又是贯通吴淞江和黄浦的一条孔道。③ 嘉庆《法华镇志》在描述肇嘉浜、蒲汇塘、黄浦、李淞泾的交连互通关系时，指明了坐居其间的法华聚落对四条河道的地理依赖。

---

① ［日］高桥孝助：《上海都市化的扩大与周边农村——1920年前的上海县法华乡》，载《上海研究论丛》第8辑，上海社会科学院出版社1993年版，第62页。
② 嘉庆《法华镇志》卷一《沿革》。
③ 参见祝鹏：《上海市地理沿革》，学林出版社1989年版，第68—69页；褚绍唐：《上海历史地理》，华东师范大学出版社1996年版，第85页。

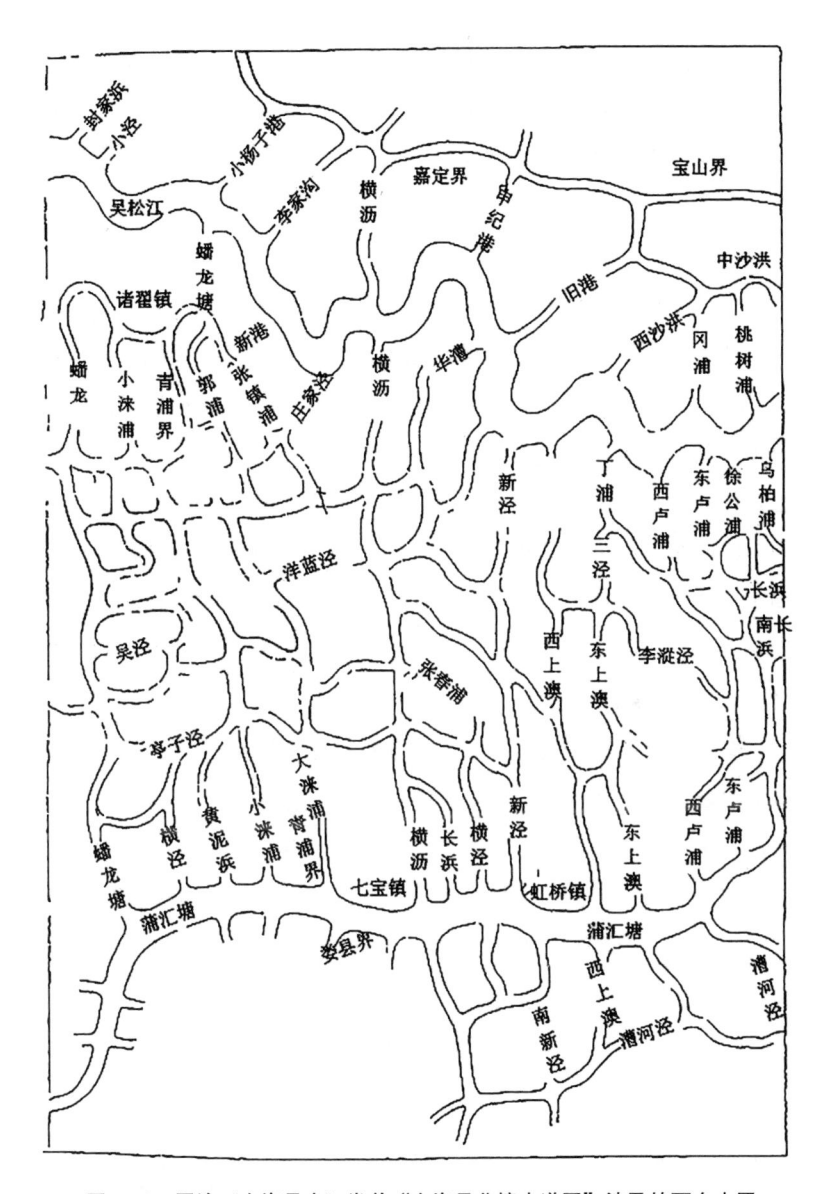

图 1-2 同治《上海县志》卷首"上海县北境水道图"涉及的西乡水网
注：据同治十年（1871年）《上海县志》卷首底图改绘。

肇嘉浜东连黄浦，南接蒲汇塘，西通李漎泾，为法华抵邑舟行故道。以北中段久淤，今往来必由大浦，道纡折而时有风涛之险矣。其南段尚通，引蒲汇塘水，直贯李漎泾，法华攸赖焉。①

再从李漎泾对外通勤功能来看，自宋元以来，它已成为上海县城至西乡以及远去太湖流域的水路枢纽。从李漎泾到吴淞江，上可至太湖、苏州，下可达嘉定县，还与宝山县内的水路相连，然后通过上海县城北境，流入黄浦江；从李漎泾至肇嘉浜，往西经过蒲汇塘，可到达虹桥镇、七宝镇、新桥镇，进而入松江府华亭县境；从李漎泾向东，则可直接进入上海县城，亦注入黄浦江。因对外连通周边一些重要的市镇以及上海、松江、苏州等府县城市，李漎泾地理位置十分显要，遂有"论东南水利，吴淞为要；论一方水利，李漎泾为先"②的说法。

李漎泾之于法华聚落，除了在地理禀赋上赋予其四通八达的水运交通外，还起到了"地名形塑"的作用。据台湾学者施添福的观点，在某地拓垦之初，并无聚落存在，亦即缺乏一个明确的地名可以使用，而不得不借用现有的邻近地区的名称。随着开发的深入和聚落的逐渐成形，这一地方需要一个专有的名称，以彰显其特别意义。③于是出现地名的分化，其标志是新兴的地方拥有了"自属地名"。对法华聚落而言，"居民皆面李漎泾而居，故又号漎溪"④就

---

① 嘉庆《法华镇志》卷二《水利》。
② 嘉庆《法华镇志》卷二《水利》。
③ 参见施添福：《清代台湾的地域社会：竹堑地区的历史地理研究》，台湾新竹县文化局，2000年，第264—270页。
④ 嘉庆《法华镇志》卷一《沿革》。

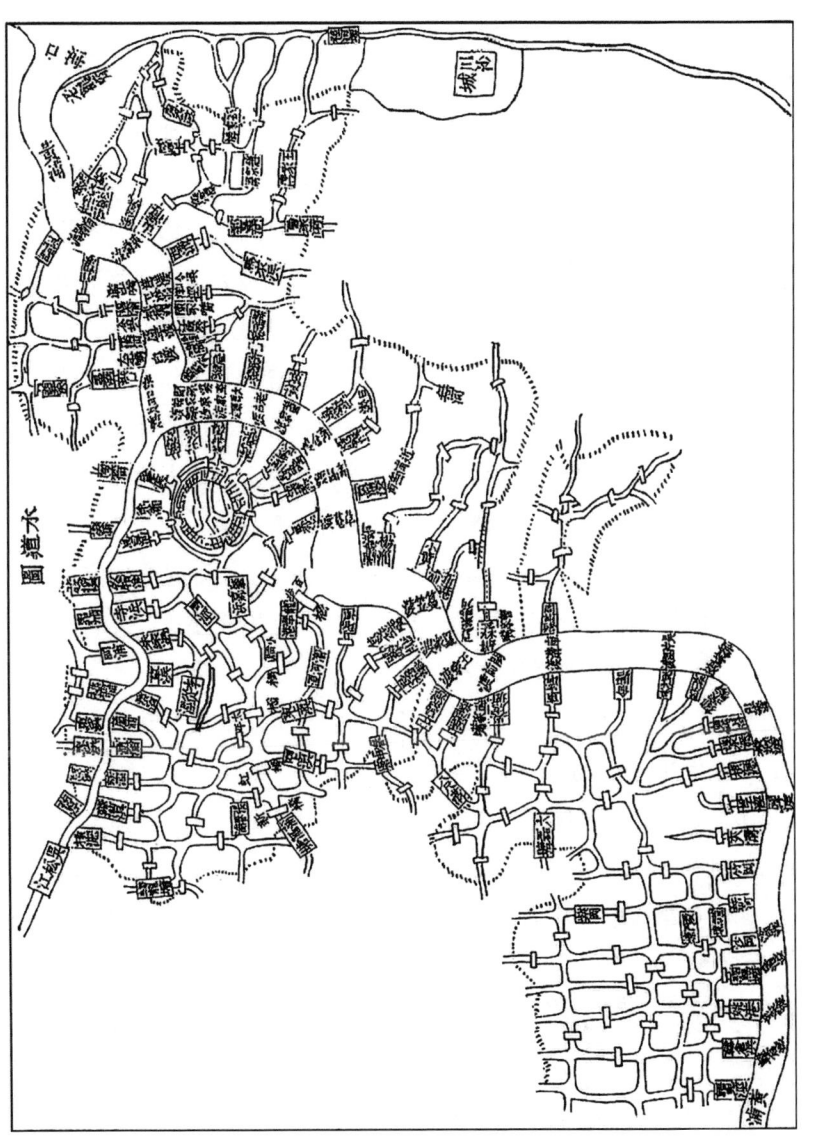

图1-3 嘉庆《上海县志》卷一《图说》"水道图"中标注的李淞泾位置

是其"自属地名"。而代表本地乡土立场的《法华镇志》记述标志性风物景致时,也多冠以"淞溪"之名。如淞溪观音禅院、淞溪园、"淞溪八咏",甚至连《法华镇志》也称为《淞溪志》。可见,"淞溪"作为高辨识度的"自属地名"的出现,也是法华聚落在地理意义上开发成形的重要表征。

与"因河而育"相对应的是法华聚落的发展一直与佛寺庙宇纠缠不清,其中年代最久远的法华寺,更是成为当地人构建聚落历史的"晴雨表"。据镇志记载,法华禅寺由僧慧竺山建于北宋开宝三年(970年),寺址位于"邑治之西一十八里"①的李淞泾北岸,寺址具体位置,据1936年上海通志馆派人实地考察所得,为法华镇路525号门牌。②寺名"法华"二字,由宋初国子监博士王昭素所请,取自佛经《妙法莲华经》:"所谓诸法,如是相、如是性、如是体。如是力、如是作、如是因、如是缘、如是果、如是报、如是本末究竟等。"③"以华为名者,照其本也。诸华之中,莲华最胜。"④寺名蕴含"佛法精妙、华丽如莲"之意。

据明代释心泰所作的《寺记》称:"宋开宝间僧慧为开山第一代,元至大初,云翁庆禅师大振之,为兹山中兴之祖。赵文敏公婿、海道千户费雄,佐之甚力,首建大雄殿,赵公书额。普应国师中峯和尚三过其寺。"⑤这里所说的"赵文敏公",指的是宋元之际书画名家,官拜翰林学士承旨、荣禄大夫的赵孟頫。而海道千户费雄,

---

① 嘉庆《法华镇志》卷五《寺观》。
② 《法华访古记》,载上海通社编:《旧上海史料汇编(下)》,北京图书馆出版社1998年版,第12页。
③ 〔后秦〕鸠摩罗什译:《妙法莲华经》卷一《方便品第二》,载《大正藏》卷九,第1页中。
④ 〔后秦〕僧睿:《法华经后序》,〔梁〕僧佑:《出三藏记集》卷八,载《大正藏》卷五五,第57页中。
⑤ 嘉庆《法华镇志》卷五《寺观》。

则是赵孟頫的二女婿。他世营漕粮海运，雄居松江华亭，身登显宦，官拜海道漕运都万户。依据释心泰的说法，赵孟頫与费雄家族是法华寺早期营建过程中佛寺之外的主要社会力量。但同时也存在另一种来自邑人曹垂灿的不同说法：费雄慨然独自出资兴建大雄殿，并非在元末，而是明初洪武六年（1373年），而他之所以会"慨然独成之"，期间穿插了因果轮回的灵验之说。

> 邑人曹垂灿记略：洪武六年，僧善达誓愿重建大殿。苦行三年，一雇工者助施百金，未几无疾而（死）[据乡志为终]。善达书其两手，云见我开口，见我开手。又三年，募至海滨。有千户费雄生一儿，已三岁，喑而不语，手拳而不伸。见善达，哑然笑曰：师父来矣。开其手，拽僧之衣，众皆惊异。千户延僧问之，备述雇工舍金事，雄乃慨然独成之。①

这段奇闻，在清代一则笔记小说《法华寺因果谈》中有更详细的描述。大意是明洪武年间有一僧善达，为重建法华寺大殿，苦行三年无获，后遇有一雇工上门自愿施助百金，善达倡之曰："善哉，愿君转生好人家。"② 之后，这位雇工无疾而终，善达视其入殓，在尸体手上书写"见我开口，见我开手"。3年后，善达募缘至海道千户费雄家，见费雄所生之子，3岁尚不能说话，人皆疑为废疾。岂料小儿见到善达后，哑然出声，手牵袈裟而笑。众皆惊异，费雄询问善达，得知小儿应是雇工轮回转世，乃前生因果所定，遂对于重

---

① 嘉庆《法华镇志》卷五《寺观》。
② 陈荣广编：《老上海》（下）二一《迷信》，上海泰东图书局1919年出版发行，第62页。

建大殿之事"独任其成"①，以示馈赠。曹垂灿这段不无神灵色彩的记载，虽然绘声绘色地解释了费雄为何愿意独建大殿，但这则记载将善达与原本属于元代的费雄一同视为明洪武时人，时序逻辑牵强。所以《法华镇志》编撰者王锺质疑："达，洪武时人，事越两朝，岂达犹及见文敏、费雄耶？当是刻工之误。"②

图 1-4　法华寺拟意图，选自《长宁区地名志》

无论哪种说法更为合理，可以肯定的是，元明之际确是法华寺发展史上的重要节点。由于得到海道漕运都万户费雄的财力支持，

---

① 陈荣广编：《老上海》（下）二一《迷信》，上海泰东图书局1919年出版发行，第62页。
② 嘉庆《法华镇志》卷五《寺观》。

元末的法华寺一度达到了僧人数百、寺田数十顷的聚落规模。不过，正因为僧侣云集，寺产扩张，法华寺很快又遭地方官府重徭艰役的摊派，陷入寺废僧散之境地。明洪武初年，善达悟出"田多则寺废，无产则寺兴"①的定律，"乃以寺田数十顷，悉与佃户"②，法华寺果然重新迎来复兴，"屋废者复修，僧散者复集，甍摧栋挠者易以坚木，万瓦鳞集，四檐云飞"③。及洪武二十四年（1391年），朱元璋整顿全国佛教之时，法华禅寺声名鹊起，被立为"四方禅林"。入清后，再经修复扩建。顺治七年（1650年），邑人夏若时慨捐家产，与僧人文铺一起在寺中建了一座满月阁，以名贵的香楠木为原料，故又名"香楠楼"。至乾隆十一年（1746年）立碑时，寺基田已逾五十亩，形制规模蔚为大观，逐渐跻身于沪上名刹之列，声名之显，并不亚于静安寺、龙华寺。

稍迟于法华寺的兴建，在北宋崇宁年间，李漎泾南岸又矗立起了一座禅寺。时有"观音圣像浮海而来，咸异之"④，遂由参知政事、华

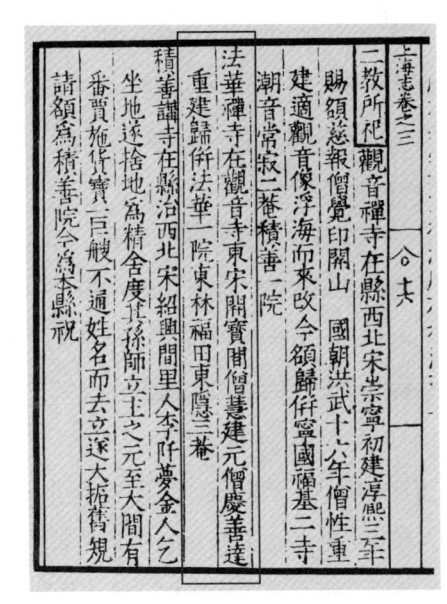

图1-5 康熙《上海县志》关于法华禅寺的记载

---

① 嘉庆《法华镇志》卷五《寺观》。
② 嘉庆《法华镇志》卷五《寺观》。
③ 柴志光、潘明权主编：《上海佛教碑刻文献集》，上海古籍出版社2004年版，第110页。
④ 柴志光、潘明权主编：《上海佛教碑刻文献集》，上海古籍出版社2004年版，第108页。

亭人钱良臣舍赀，礼云门禅师七世孙觉印开山创寺，宋淳熙三年（1176年），钱良臣请额为"观音慈报禅院"，成为华亭县禅宗首刹。① 元季遭兵燹而毁。至明洪武十六年（1383年），有僧性与其徒绍一重建寺院，先募筑法堂，后又续建东西廊庑、法轮殿、宝藏殿等。寺名从此时起改为"观音禅寺"，位于上海县西18里，寺址约在今长宁区新华路650号附近。② 之后有明一代，陆续有县尹张守约、杜镒捐俸献资，建造大佛殿、香积厨、钟楼，立屋拓地；更有绍一、万缘、月林等禅师，购买民房，添建无樑殿，重建法堂、天王殿，累弈经营，使庙宇"前有嘉林，后有万工山，占地数亩"③。至清康熙二十七年（1688年），经禅师迪涵与其徒操雪募修大殿和文昌阁后，观音禅寺已臻于鼎盛，渐与龙华寺、静安寺、法华寺并峙。

　　从观音寺的发展脉络来看，宋明两代是重要的时间节点。该寺于南宋草创时，"前有嘉林，后有万工山，占地数亩"④。所谓的万工山，是一万名工人所筑成，环堆着像土冈，颇具形胜。另有宋廷颁赐的"慈报大界相"的五字石额，作双钩文，长约2英尺半，阔约10英寸，立于观音寺山门外。⑤ 而有明一代，观音寺不再仅仅是气象宏敞的自然名迹，寺内新增了不少上海地区名绅望族的文物，人文积淀渐厚。上海通志馆人员曾两度赴法华镇作实地古迹考察，发现观音寺存有明代古物三件，分别是明末松江名士董其昌书写的

---

① 嘉庆《法华镇志》卷五《寺观》。
② 国家文物局主编：《中国文物地图集 上海分册》，中华地图学社2017年版，第363页。
③ 嘉庆《法华镇志》卷五《寺观》。
④ 嘉庆《法华镇志》卷五《寺观》。
⑤ 《法华访古记》，载上海通社：《旧上海史料汇编（下）》，北京图书馆出版社1998年版，第18页。

《妙法莲花经》石刻 25 块；万历年间与金刚经同时镌的十八尊石刻罗汉，以及万历年间武举人乔一琦①集王羲之字体而写的《金刚经》石刻。② 此外，已消亡的明代古物还有永乐四年（1406 年）绍一和尚竖立的一块"观音寺万工山之碣"。地方士绅对观音寺的高度关注，无形之中引导官方与民间力量频繁地为之增修，是观音寺声望日隆的重要原因。

除法华寺、观音寺外，明代以降的法华境内还建有其他大小庙宇达 20 余座之多，③ 如韦庆庵、翠竹庵、三泾庙、应瑞庙、逢场庙、观音堂、周太守庙等。再者，以李淞泾南北两岸的法华寺、观音寺为"坐标"，四周不远处又密集地分布着沪上名重一时的宝刹，如：在东北四里处东芦浦的东西两侧矗立着静安寺和报恩寺，南面坐落着淡井庙；在西北六里左右的真如镇又建有真如寺；在西南 6 里处的虹桥市又筑有安国讲寺；在东南 9 里的龙华镇又耸立着龙华寺。凡此种种，奠定了法华成市成镇之前以寺庙为主导的聚落发展格局。

---

① 乔一琦（1571—1619），明代名将、书法家。字伯圭，号原魏，松江府上海县人。少年英俊，仗义执言，人称"乔公子"，因屡试不售，乃习武，万历三十二年（1604 年）中武举。少年时，自募拳勇抗倭，为仇家诬为不轨，被逮入狱，苏州府推官袁可立昭雪其冤。万历四十七年（1619 年），随刘綎出兵攻后金，以游击监朝鲜兵，军败，投滴水崖死，事见《明史》。辛后赠都督同知，清乾隆帝赐谥"忠烈"。乔氏行草书运笔劲健，面目清新，其书迹留有《乔将军草书帖》及自写诗 18 首等。

② 《法华访古记》，载上海通社编：《旧上海史料汇编（下）》，北京图书馆出版社 1998 年版，第 19 页。

③ 姜梁主编：《长宁区志》，上海社会科学院出版社 1999 年版，第 1211 页。

图 1-6 嘉庆《上海县志》卷首"上海县全境图"中对法华镇周边寺庙密集分布状况有所反映

第二节　法华巷："因寺名巷"与"缘寺成巷"

对法华聚落而言，河道与寺庙固然是参与或见证地理形塑进程的重要因素，但是否就可认定两者尤其是寺庙是形成市镇的主导力量呢？如河道方面，除了李漎泾是西北吴淞江与东南蒲汇塘重要的交汇点外，并未给我们提供更多富有价值的信息。若过分强调市镇缘起与水路交通便利之间的关联，难免陷入"循环论证"的意味。而寺庙方面，遍览相关志籍，只有"因寺名镇"之说，如"法华之名，昉乎寺。如龙华、真如、七宝，皆因古刹得名"①，但却无发现直接显示"因寺成镇"的史料。这种因果关系不详或不明的现象，并非法华一地如此，而是江南市镇聚落成镇之前较为普遍的现象。正如吴滔所指出的那样："遍检现存各类地方文献尤其是江南地区收藏特别丰富的乡镇志，关于乡村聚落和市镇早期历史的直接记录相对匮乏，即便有也仅零星地存在于寺庙类地标性建筑的石刻碑记中。或许正是由于寺庙的建立与聚落初期历史的纠缠不清，使部分学者热衷于论证'因寺成镇'现象的合理性。"②

在缺乏足够有力的文献或实物证据的前提下，要考证寺庙和商业聚落的孰先孰后的问题，绝非易事。不过，如前所述，法华成市成镇之前，法华、观音两寺作为有僧人数百、寺田数十顷的寺院，本身就达到了一个中等聚落的规模。无论从何种角度，都应视为一个聚落而不能理解为仅仅是两个寺庙。如果是这样的话，讨论寺庙

---

① 嘉庆《法华镇志》卷一《沿革》。
② 吴滔：《从"因寺名镇"到"因寺成镇"——南翔镇"三大古刹"的布局与聚落历史》，《历史研究》2012年第1期。

和聚落孰先孰后，事先就假定了两者之间是充满异质性的。而纵观法华、观音两寺的成长脉络，这个聚落的形成乃至人口的聚居与寺庙的建立、拓展完全有可能是同步的。如果我们认定法华聚落本身就是"寺庙型聚落"，以上困惑或可迎刃而解。

这个"寺庙型聚落"的生成，法华、观音两寺固然是居于核心地位，但环绕寺庙外围以及沿李漎泾两岸分布的大量村落，同样是形塑法华聚落不可或缺的要素。嘉庆《法华镇志》记载法华聚落"四至八到"各方向分布有不少村落。"东至宅前三里距，村落三；西至北新泾九里距，村落十；南至蒲汇塘六里距，村落十六；北至吴淞江曹家渡泛三里距，村落七；东南至龙华镇九里距，村落十五；西南至虹桥市六里距，村落十；东北至吴淞江六里距，村落七；西北至真如镇六里距，村落五。"① 其中，李漎泾以南至蒲汇塘方向，以及李漎泾东南至南芦浦、龙华港方向，河流环绕，水网发达，村落分布最为密集，多以姓氏名其村宅者。如南面的何家宅、左家宅、蒋家巷、宋家宅、姚家宅、冯家宅、陈巷、朱家宅、周家宅、艾家宅、凌家衖、曹家宅；东南面有杨家库、何家宅、徐家库、赵巷、谈家宅、潘家宅、殷家角、蔡家宅、王家宅、唐家宅、赵家库、大刘家宅、小刘家宅。② 这些姓氏从不同时期，出自不同的目的、背景，迁居于此，生长兹土，占野分圃，散为村墟，家给人足，鸡犬相闻。他们是李漎泾两岸的原住户、老居民，主要姓氏有何、王、朱、徐、艾、赵、谈、潘、蔡等。一村之中，同姓者至数家，或至数十家。

在传统时代，与民众生计、村落消长关系密切的还是水路河道。

---

① 嘉庆《法华镇志》卷一《里至》。
② 嘉庆《法华镇志》卷一《里至》。

物品运送、人员集散主要利用水上航路，依赖舟楫、津渡、桥梁往来。于是，在这些水路节点附近，便易形成聚落点。如法华北三里濒临吴淞江的曹家渡，由曹姓始建于明隆庆、万历年间。是时，吴淞江大通，"曹之祖父不告于众，不求助于人，造舟以济（即）须焉，则人称之为曹家渡"①。后因江河淤塞，行人苦涉，又陆续建桥设庵，谓之曹家桥、曹家庵，人员往来称便，逐渐形成村落。此外，桥梁密布也是聚落发育的鲜明特征。据明嘉靖《种德桥记》载，当时就有利民、种德、里仁、迎龙等桥，②均在法华、观音两寺附近。其中的种德桥，又称"法华寺香花桥"③。嘉庆《法华镇志》卷二《津梁》记载，位于二十八保五、六图法华聚落核心地带，大小水路缠绕穿梭，各种桥梁横跨其上，木桥石桥，形制各异，共有桥梁十五座，④数量远多于两寺外围地带。这些桥梁的建造年份究竟是否与法华、观音两寺在明清两代的增修过程同步，已难考证，不过，从桥梁的密布程度来看，是与两座寺庙所在地呈现高度正相关的。

从普通的"寺庙型聚落"如何形成具有商品流通与集散功能的贸易聚落，寺庙的"香市"自然是活跃的刺激因素。作为重要的朝圣节点，由法华寺、观音寺香客集聚而生的"香市"，对散居于李漎泾沿岸地界的乡民产生强劲的吸纳效应。每当庙会期间，乡民常携自家的生产工具来两寺附近贸易，"换牛、置农器"⑤，寺中的廊庑常成为乡民易物歇脚之所。又如为人员走集提供饮水与脚歇服务的，还有法华寺前的一口井，设有井亭。嘉庆《法华镇志》卷二《津梁》

---

① 嘉庆《法华镇志》卷二《津梁》。
② 瞿宣颖：《法华镇状况概览》，《复旦》1918 年第 7 期。
③ 嘉庆《法华镇志》卷二《津梁》。
④ 嘉庆《法华镇志》卷二《津梁》。
⑤ 嘉庆《法华镇志》卷二《风俗》。

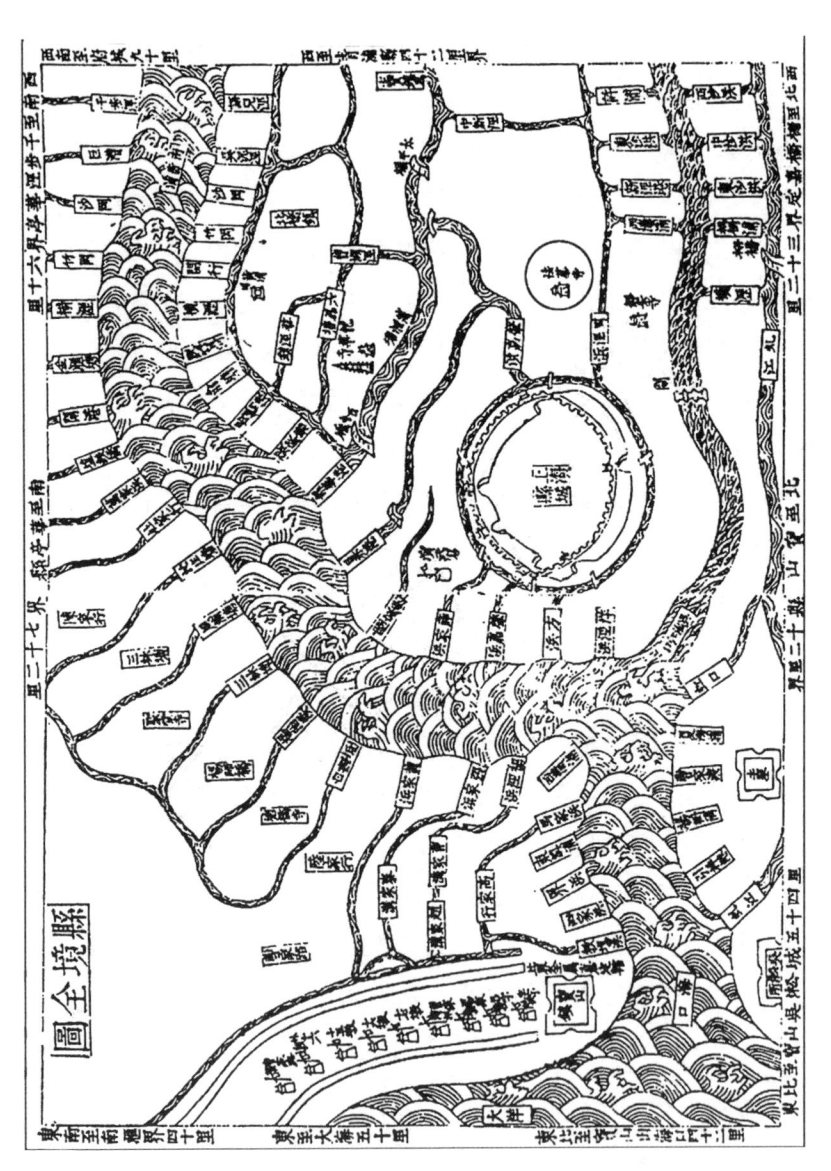

图 1-7 乾隆《上海县志》全境图中已标注有"法华寺"位置

有载:"井亭,在法华寺前。颜曰思源。"①

这种乡村定期的"集期"与"庙会"周期时间上的耦合,早在20世纪30年代就为经济史学家全汉昇所关注。他在研究中国古代庙市时,就注意到唐宋以降定期市与寺庙类建筑之间的关联,更多地体现为定期市之"集期"(或"墟期")与"庙会"周期时间上的耦合。② 这种庙、市间的定期耦合演变到后来,逐渐出现不定期的"常市""日市"形态。与"常市""日市"相对应的是衍生出服务庙市的街巷。即从原先临时性的走集设摊发展为固定性的商号铺业,大致方位是以法华寺为中心,"沿法华泾、李淞溪而长街三里"③,谓之"法华巷",是为初级商业聚落之雏形。

不过,较为遗憾的是,法华"缘寺成巷"的确切年代,因镇志中仅有一句"初,犹称巷"④ 的记载,已难稽考。除了民国《法华乡志》中有"宋高宗南渡后,颇有达者家于此焉"⑤ 的模糊追忆外,目前尚无直接明确的资料显示"法华巷"存续于宋元时代,更无法证明宋元时期的法华已经发展成为市镇。笔者曾查阅上海地区最早的南宋绍熙《云间志》与稍后的至元《嘉禾志》,均未找到关于"法华寺""法华巷""法华镇"的记载。因此,从文献征信角度看,坊间流传甚广的法华"北宋成镇说"显然过于虚妄。

"北宋成镇说"将法华禅寺建立的年代定为法华成镇的时间,即北宋开宝三年(970年)。而上海建县于元至元二十九年(1292年),故此说认为,法华镇的建置比上海县早了三百多年,遂有所

---

① 嘉庆《法华镇志》卷二《津梁》。
② 全汉昇:《中国庙市之史的考察》,《食货》1934年第1卷第2期,第28—29页。
③ 嘉庆《法华镇志》"整理说明"。
④ 嘉庆《法华镇志》卷一《沿革》。
⑤ 民国《法华乡志》"序四"。

谓"先有法华,后有上海"之说。① 此种观点是一种典型的"因寺成镇"说,究其推论的逻辑,乃是对于商业聚落与传统市场发育这一复杂的社会构型问题,仅从制度有机体中简单抽离出单一的文化或宗教因素去解释,忽略了传统社会经济运行的机制,有"文化决定论"的嫌疑。正如吴滔解析历史上嘉定南翔镇和南翔寺因果建构关系后深刻指出:"探索市镇的缘起、动力和性质等问题,应在充分了解传统市场运作机制的前提下,在具体的制度环境中理解经济现象。若是不假思索地以'文化驱动力'或'宗教驱动力'等概念去想象和解释传统时代市场的发育形态,就难免会导致削足适履的简单化错误。"② 此番论断对理解"寺庙型聚落"如何演变为"商业型聚落"的逻辑亦颇为适用。

第三节　法华成市成镇的年代考辨

尽管法华成市成镇之前的聚落史,像许多在明中叶以降逐渐盛装登场的江南市镇一样难以"断代"。不过,作为商业聚落起点的"法华巷",究竟何时成市成镇却是有文献可征的。据嘉庆《法华镇志》、民国《法华乡志》记载:"有明之世,渐成市廛,懋迁有无,化居者日益众。"③ "以附邑独近,为冠盖之冲,遂成镇,始于前明中叶。"④ 嘉庆《法华镇志》的编撰者王锺还援引法华《王氏家谱》所载,断定法华镇称名之始在明嘉靖年间。依据是"有三边总制王

---

① 施福康主编:《上海社会大观》,上海书店出版社2000版,第10页。
② 吴滔:《从"因寺名镇"到"因寺成镇"——南翔镇"三大古刹"的布局与聚落历史》,《历史研究》2012年第1期。
③ 民国《法华乡志》"序四"。
④ 嘉庆《法华镇志》卷一《沿革》。

国宝，父大化，隆庆间迁法华镇西之上澳塘。又王蒲川，于嘉靖年赘法华金氏二事。据此，称名之始，当在嘉靖间"①。

然而，家谱记事并非完全客观可信，有时难免为本族的名誉声望造势而有编造附会之嫌，必须比照同时期其他文献的记载。尽管嘉靖《上海县志》卷首所附《上海县境图》点到了法华聚落的四至：县治、蒲汇塘、新泾巡检司、吴淞江巡检司，②但并未收入《卷三》的"十一镇"（吴会镇、乌泥泾镇、下沙镇、新场镇、周浦镇、盘龙镇、青龙镇、唐行镇、赵屯镇、三林塘镇、八团镇），③也没有在"十一市"（崧宅市、泰来桥市、杜村市、白鹤江市、杨林市、诸翟市、鹤坡市、东沟市、北蔡市、闵行市、高家行市）④中露面。樊树志通过爬梳正德《松江府志》、崇祯《松江府志》、嘉靖《上海县志》以及嘉庆《松江府志》中有关"镇市"的内容后，发现"嘉靖称镇说"在府志、县志中找不到旁证，直至嘉庆《松江府志》中，法华镇始见诸记载，⑤从而引发了另一种"嘉庆称镇说"的观点。

笔者亦系统查考了明清上海地区相关志书，从南宋绍熙《云间志》一直到清嘉庆《上海县志》，且为避免"孤证不立"，辅之以相关家谱的记载，得出以下结论：终明一代，在方志记载中始终未找到"法华市"或"法华镇"之名。入清以后，法华《李氏宗谱》中出现了这样的记载："又考由邑城阙上迁法华西镇诚和里者，实我四

---

① 嘉庆《法华镇志》卷一《沿革》。
② 嘉靖《上海县志》"上海县境图"，嘉靖三年刻本。
③ 嘉靖《上海县志》卷三《建置》，嘉靖三年刻本。
④ 嘉靖《上海县志》卷三《建置》，嘉靖三年刻本。
⑤ 樊树志：《明清江南市镇探微》，复旦大学出版社1990年版，第379页。

世祖韬文公，时康熙己未年也。"① 此条信息暗示出康熙己未年，即康熙十八年（1679年）时，法华不仅已经成镇，而且还有法华东镇与西镇之分。然而，撰于顺治十六年（1659年），成于康熙十八年（1679年）的《读史方舆纪要》在论及松江府上海县的重要集镇时，并未提到有"法华镇"之名。而直到康熙二十二年（1683年）《上海县志》中，"法华市"才首次得以进入16个"新增市镇"之列：马桥市、颛桥市、杜家行市、六灶镇、张江栅市、引翔港市、陆家行市、梅源市、洋泾市、漕河泾镇、朱家行市、曹家行市、华泾市、法华市、虹桥市、沈庄市。② 但到乾隆元年（1736年）刊刻《江南通志》时，法华市还未壮大成镇。③ 及至乾隆十五年（1750年）的《上海县志》时，"法华镇"之名才跃然纸上，为上海县八镇之一。这八镇分别为闵行镇、法华镇、马桥镇、北桥镇、吴会镇、乌泥泾镇、龙华镇、漕河泾镇。④

再者，法华作为"附邑独近"的聚落，何时能成市成镇，虽受其内在逻辑支配，但也离不开早期上海县境周边聚落的整体开发节律。元至元二十九年（1292年），从松江知府仆散翰文议，华亭县东北划出长人、高昌、北亭、新江、海隅五乡，正式成立上海县。此后相当长一段时间里，上海都是江南一个"无所表见"的普通滨海县城。尤其是县城周郊荒寂僻野，屋少田稠，人烟稀落，一派原生态的自然村落景观。《法华乡志》有言："自明至让清之初，均无所表见，时市肆盛于南城。城之北，荒烟蔓草，青冢白杨。其农户

---

① 李鸿翥等纂：《法华李氏宗谱》卷一《李氏族谱序》，民国八年木活字本。
② 康熙《上海县志》卷一《镇市》，康熙二十二年刻本。
③ 乾隆《江南通志》卷二五《舆地志·关津》附"镇市"，乾隆元年刻本。
④ 乾隆《上海县志》卷一《疆域·镇市》，乾隆十五年刻本。

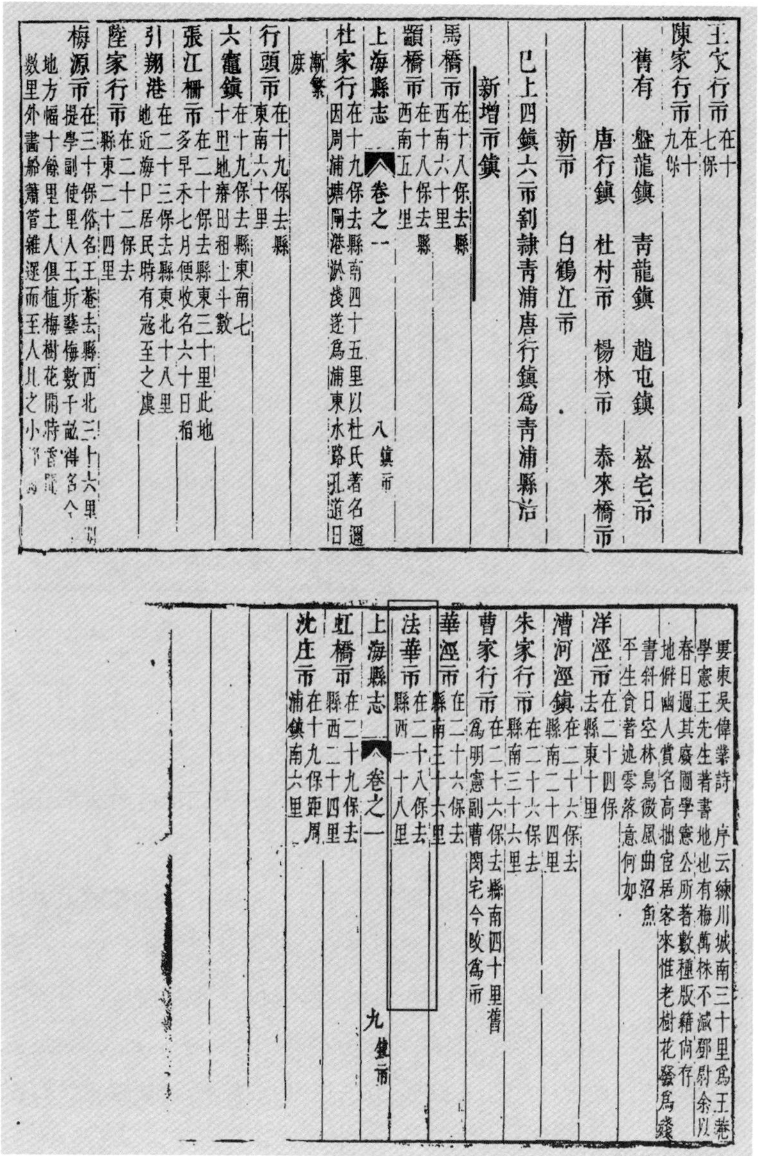

图 1-8 康熙《上海县志》卷一《镇市》"新增市镇"首次记载"法华市"

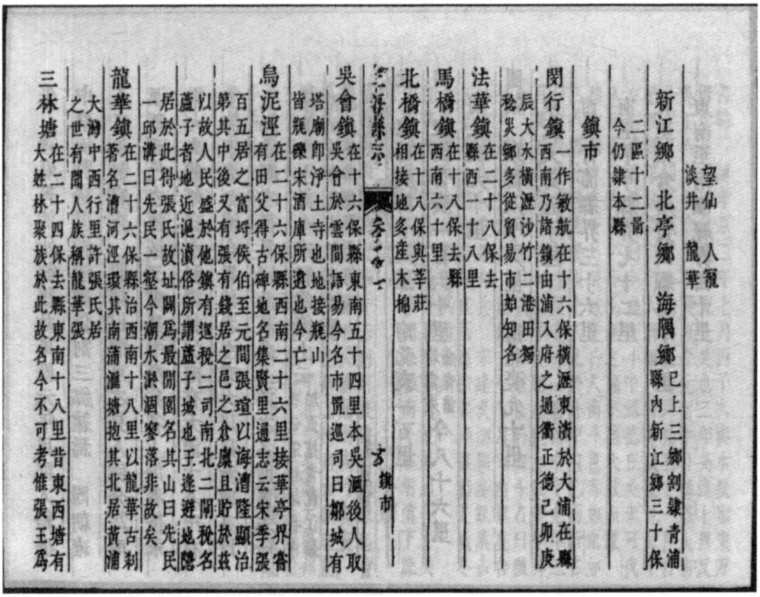

望仙　人瀛
淡井　龍華
新江鄉　北亭鄉　海隅鄉已上三鄉割隸青浦
縣內新江鄉三十保
二區十二啚
今仍隸本縣
鎮市
閔行鎮一作敏航在十六保橫瀝東濱於大浦在縣
西南乃諸鎮由浦入府之通衢正德己卯庚
辰大水橫瀝沙竹二港田獨
稔吳鄉多從貿易市始知名
法華鎮在二十八保去
縣西一十八里
馬橋鎮在十八保去縣
西南六十里
北橋鎮在十八保與莘莊
相接地多產木棉
上海縣志　卷之一　鎮市
吳會鎮在十六保縣東南五十四里本吳滬後人取
吳會於雲間語易今名市置巡司曰鄒城有
塔廟即淨土寺也地接瓶山
皆瓶甖宋酒庫所遺也今亡
烏泥涇在二十六保縣西南二十六里接華亭界舊
有田父得古碑地名集賢里通志云宋季張
百五居之富埒侯伯至元間張瑄以海漕隆顯治
第其中後又有張有錢居之邑之倉廩且貯於茲
以故人民盛於他鎮有巡稅二司南北二關稅名
蘆子者地近滬瀆俗所謂蘆子城也王逢避地隱
居於此得張氏故址闢為最閒園名其山曰先民
一邱溝曰先民一壑今潮水淤涸寥落非故矣
龍華鎮在二十六保縣治西南十八里以龍華古剎
著名漕河涇環其南蒲匯塘抱其北居黃浦
大湖中西行里許張氏居
之世有聞人族稱龍華張
三林塘在二十四保去縣東南十八里昔東西塘有
大姓林聚族於此故名今不可考惟張王為

图 1-9　乾隆《上海县志》卷一《镇市》记载法华镇为上海县八镇之一

烟村，多散处于西、南二境，法华其西境之市集也。”① 就是说，清代初年之前，上海县城除了城垣之内街市店肆外，城郭外较具规模的仅是城南一隅。乡村聚落多散布于县城西、南二境，而法华在清代初年已成为西乡村落中为数不多的市廛。

依托方志与家谱的互校，厘清文本的“层累”，结合明清上海县城周边聚落发育与分布特点，可以判定，法华巷成为正式的商业聚落“法华市”，时间大致为康熙二十二年（1683 年）前后，至乾隆十五年（1750 年），“法华市”由市升镇，成为“法华镇”。如果依据施坚雅对中国农村地方市场的空间结构划分标准，“法华市”可算

① 民国《法华乡志》“序五”。

作施氏所指的"基层市场"或"基层集镇"。即农村中孤立、分散、小规模的定期集市,"它是农产品和手工业品向上流动进入市场体系中较高范围的起点,也是供农民消费的输入品向下流动的终点"①。而"法华镇"则可划归"中间市场"或"中间集镇"的范畴。根据施坚雅的理论,中间市场在商品和劳务向上下两方的垂直流动中都处于中间地位。② 换言之,作为"中间集镇"的法华镇,已是上海县城与西乡村落之间的高级经济中心地,沟通着乡村之间以及乡村与府县间的经济联系,在区域市场与全国市场之间处于中间环节。

康乾年间的法华聚落虽已成市成镇,但值得注意的是,其在县志中的记载还只是止于"保",并无细到"图"一级。如康熙《上海县志》在新增市镇的名单中首次提及法华市:"法华市,在(高昌乡)二十八保,去县西一十八里。"③乾隆十五年(1750年)与乾隆四十九年(1784年)两本《上海县志》虽已冠上"法华镇"之名,但对其坐址的描述与康熙年间相比,并无变动。"法华镇,在(高昌乡)二十八保,去县西十八里。"④直到嘉庆十九年(1814年)刊刻的《上海县志》中才翔实起来。"法华镇,二十八保五六图,县西十二里,以法华寺名。"⑤二十八保下设的其余几图分别是:

  一图华村庙西,二图新桥南,三图北龚家宅,四图三泾

---

① [美]施坚雅著,史建云、徐秀丽译:《中国农村的市场和社会结构》,中国社会科学出版社1998年版,第6—8页。
② [美]施坚雅著,史建云、徐秀丽译:《中国农村的市场和社会结构》,中国社会科学出版社1998年版,第7—10页。
③ 康熙《上海县志》卷一《镇市》,康熙二十二年刻本。
④ 乾隆《上海县志》卷一《疆域·镇市》,乾隆十五年刻本;乾隆《上海县志》卷一《疆域·镇市》,乾隆四十九年刻本。
⑤ 嘉庆《上海县志》卷一《镇市》,嘉庆十九年刻本。

庙……七图中新泾，八九图曹家渡，十并十一图曹家渡北，南十二图曹家渡北，北十二图汪家衖，十六图小闸至太平桥，十七图太平桥南，十八图小闸桥北，十九图太平桥西北。①

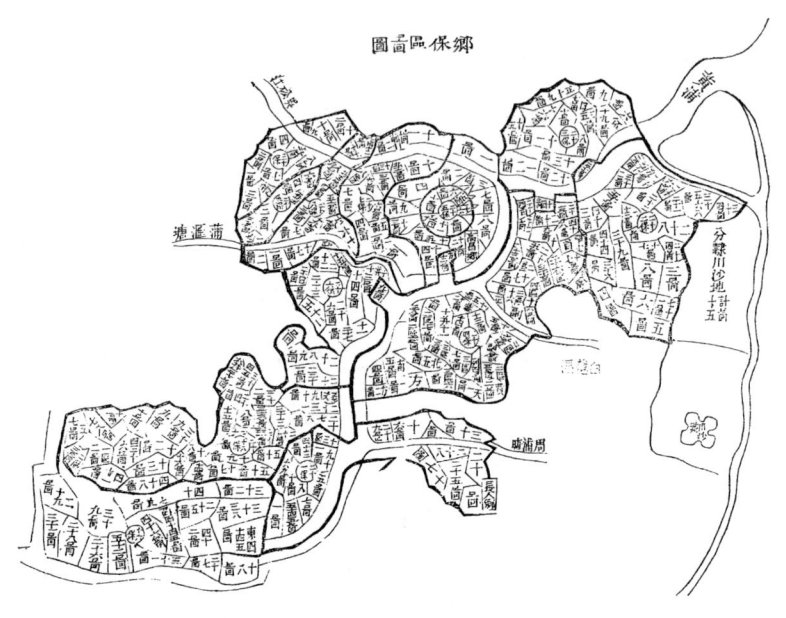

图 1-10　嘉庆《上海县志》所附"乡保区图图"

同治《上海县志》中所附带的"上海浦西乡保区图图"中，则更清晰地标明法华镇在县西乡保图中的坐落方位。

"乡保图圩"是明清以降江南地区县级以下基层行政系统，乡下设保，保下辖区，区下又设图、圩。每图②对应一至两个字圩。③市

---

① 嘉庆《上海县志》卷一《镇市》，嘉庆十九年刻本。
② 图为清代地方保甲组织中最基本的社区单位，各图以10户为牌，10牌为甲，10甲为保，以此连环互保。
③ 圩则来自江南地区圩田的开发，七里、十里一横塘，五里、七里一纵浦，纵横交错。横塘纵浦之间筑堤作圩，水行于圩外，田成于圩内，以此形成棋盘式的塘浦圩田系统。

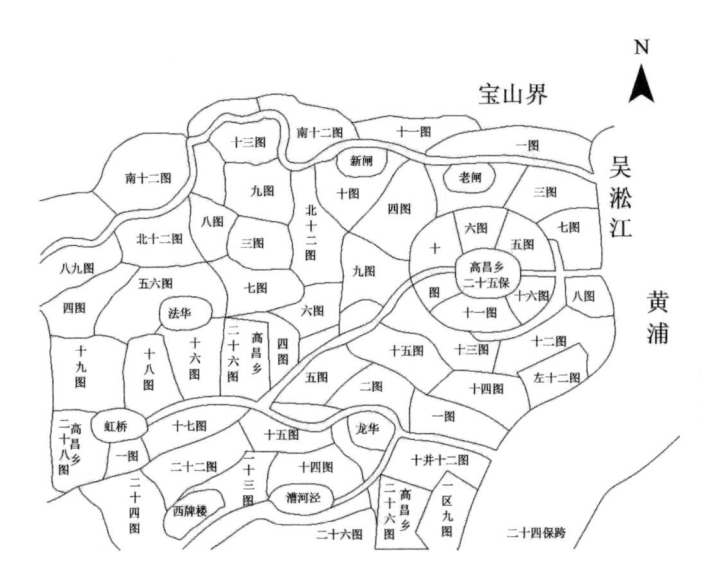

第一章　法华成镇之前的乡村聚落史　69

图 1-11　法华镇在上海浦西乡保区图图（部分）中的位置

注：据同治《上海县志》卷首"浦西乡保区图图"（1871 年）为底图绘制。

图 1-12　嘉庆《上海县志》卷一《乡保》中记载二十八保
"领图十四"，五六图为法华镇

镇隶属的"乡保图圩"划分得越细，说明它在整体区域单元中的标识度越高，地位愈彰显。法华镇在清嘉庆以后才在上海县境图中显示完整的乡、保、图坐落，某种程度上正是该镇趋于鼎盛，被列为上海"城西首镇"的地理映现。

第二章 "城西首镇":乾嘉年间法华镇的"原生型"城市化

自乾隆十五年(1750年)《上海县志》中"法华镇"跻身上海县"八镇",直至咸丰三年(1853年)法华镇在小刀会、太平天国战争冲击下基本终结了"强镇"地位,其间历经乾、嘉、道三朝将近一个世纪的时光,尤其是在乾嘉年间,法华镇在以苏、松为中心的传统商品经济体系下,通过整合"附邑独近"的地理区位、水陆交通枢要地位、棉布业产销中心、行政机能发达等多方位优势条件,成长为"凡县附郭者,宜以此为首"[①]的"城西首镇"[②],形成与县邑城市社会本质上相似、水平上接近的高级聚落形态。这种依靠"市镇—乡村"间互动共生的内动力向城市形态演进的路径与模式,可称为"原生型"城市化。

与"城郭化"时代行政机能主导城市发展机制不同的是,这种"原生型"城市化以商业机能为标准,是建立在以小农家庭为主的手工业和农产品商品化发展的基础上,是中国古代城市化从"城郭化"时代步入"市镇化"时期的特定形态。对于这种有特定历史背景的城市化类型,江南史研究的学者虽早已有所关注,但多以源自西方

---

① 民国《法华乡志》卷一《沿革》。
② 民国《法华乡志》"序五"。

经验的"城市化"理论概念进行阐释，较少从本土"发生学"的意义上来解读。其实，这种"原生型"城市化既有明清江南地区鲜明的地域特色，也具有一般意义上的"发生学"内涵，它是近代以前江南市镇城市化较为普遍的发育机理，展现了中国本土城市文明自我调适的内在机制。

第一节 "城西首镇"地位的构建

自乾隆年间法华镇形成之后，因"以附邑独近，为冠盖之冲"①的地缘优势以及"桑麻接壤，烟户万家"②的物产与人口规模，很快在上海县城西郊的市镇网络体系中脱颖而出。至嘉庆年间，法华镇百货充盈，"陆驰川载，衔尾接踵"③，"凡县附郭者，宜以此为首"④，成为名副其实的"城西首镇"⑤。这种区域中心地位的形成，是法华镇颇具普通县城规模与气象的明证，其背后必有得天独厚的优势条件以为支撑，必有市镇共通的发育机理以为演化逻辑。如嘉庆《法华镇志》云："至镇所自起，由于商贾之辐辏、民庶之殷繁、文物声名之蔚起，以渐而然也。"⑥

一、近沪融苏：城西市镇体系与江南市场层级中的法华镇

在明清上海县四郊的市镇网络中，尽管法华镇的兴起远迟于吴

---

① 嘉庆《法华镇志》卷一《沿革》。
② 民国《法华乡志》卷一《沿革》。
③ 民国《法华乡志》卷二《津梁》。
④ 民国《法华乡志》卷一《沿革》。
⑤ 民国《法华乡志》"序五"。
⑥ 嘉庆《法华镇志》卷一《沿革》。

淞江与黄浦江沿岸的青龙镇、吴会镇、龙华镇、漕河泾镇等,但由于法华镇距离上海县颇近,自成镇之始便为"冠盖之冲"。"邑之南如漕河泾、朱家行、华泾,西南如闵行镇,远六七十里,近亦二十余里。东如洋泾,东北如高家行,限以黄浦,非舟不达。惟法华去邑西十二里,陆路可通,为往来孔道。"① 这种毗邻县城的地理区位优势显然有利于增强法华镇与上海城厢之间的经济文化联系,是其后来居上的一个重要因素。同时,法华镇自乾隆年间肇兴以来,地域范围开始逐渐明晰,由于其"四至八到"的范围是根据"至有名市集而止"② 的标准而圈定的,因此,这些"四至八到"恰好与位于中心的法华镇构成了城西地区的市镇网络。

东至宅前三里距;西至北新泾九里距;南至蒲汇塘六里距;北至吴淞江曹家渡泛三里距;东南至龙华镇九里距;西南至虹桥市六里距;东北至吴淞江六里距;西北至真如镇六里距;东北抵上海县城十三里。③

为更直观地展示嘉庆年间法华镇在上海西郊市镇网络中的区位格局,特将上述文献记载结合嘉庆十九年(1814年)《上海县志》中的"镇市"条目以及所附的"上海县全境图",绘制出法华镇在城西一带市镇网络中的大致示意图(图2-1)如下。

从市镇网络图中可以看出,法华镇与周边其他市镇的间距普遍较短,平均为8.5里,最短的只有3里,最长的不过16里。大多数

---

① 嘉庆《法华镇志》卷一《沿革》。
② 嘉庆《法华镇志》卷首"凡例"。
③ 嘉庆《法华镇志》卷一《里至》。

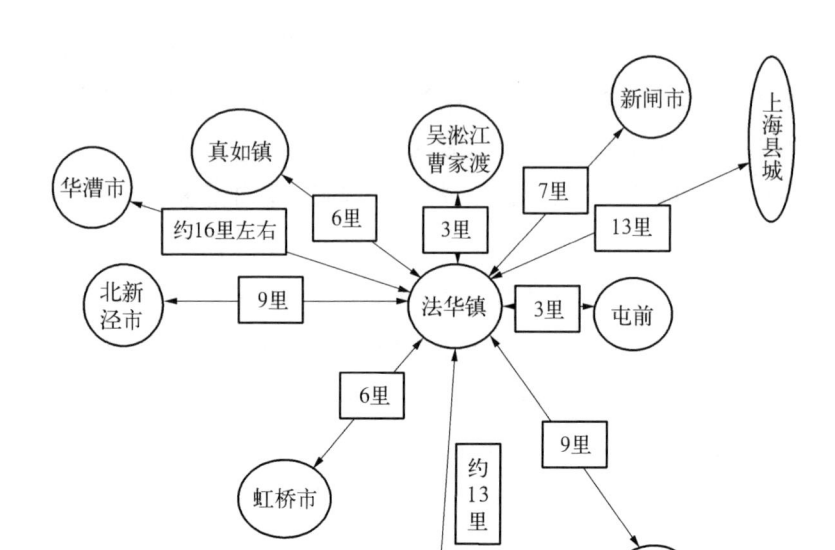

图 2-1　嘉庆十九年（1814年）法华镇在城西市镇网络中的区位示意图

注：据嘉庆《法华镇志》卷一《里至》；嘉庆《上海县志》卷一《疆域·图说》、卷一《疆域·镇市》绘制而成。

学者在论及明清时期长江流域市镇的间距时，多将之作为判断区域内市镇经济发达与否的重要指标之一。一般认为，明代及清前期市镇间距为10—13公里（即20—26里）左右的地区为商品贸易繁盛的地区。[①] 樊树志则通过梳理明清时期长江三角洲的市镇网络，得出镇与镇的间距以12里至36里为较常见的模式。他认为这并非人为设定，而是经济发展的自然结果，因为大凡市镇的生成发展几乎

---

① 陈锋主编：《明清以来长江流域社会发展史论》，武汉大学出版社2005年版，第212页。

都扎根于四周的"乡脚"。① 从这些乡民交换商品的便利考虑，镇区的"四至"规模不能超出他们的"利益区域线"，即该地区居民外出购销商品时基于利益考虑所愿意到达的最远的地区的界限。② 须知，在近代新式交通方式尚未出现的传统时代，经济距离（即将地理距离换算成运输成本）是制约一个地区商品贸易发展水平的关键因素之一。对于法华镇所在的江南水网地带来说，主要的出行工具是木制摇橹小船，农家去市镇购销商品，往返时间不可能过长，均选择在早晨从各乡村开船来镇，及时赶上早市或中市，中午完市后便驾船回村。法华镇四周多半保持在8.5里的市镇密度分布，应该说在江南市镇体系中并不多见。间距越小，分布越密，越有利于缩短乡民们往返村镇所耗费的时间，则商品与劳务的流动频率自然大大提高，那么该地区的商品经济则越趋发达。

优越的地理区位固然是法华镇赫然崛起的先决条件，但如果缺乏便捷的水路交通的配合，则其所处的"要津孔道"的区位优势势必难以发挥。如前所述，法华镇虽然地处上海县西，并不位于城市中心，却是上海县城与其他市镇相互沟通联系的交汇点，是水运交通的重要枢纽。清代俞樾在笔记小说《耳邮》中记载了这样一则轶闻：

> 江北人陈姓者，在上海摇渡船为业。一日，至法华镇，时已冬初矣。忽见草间一蛇，黄黑色，长二尺许，蜿蜒而至足前。陈以其小也，易之，以所持短烟筒击之。蛇遽起，啮其胫，大

---

① 樊树志：《江南市镇：传统的变革》，复旦大学出版社2005年版，第198页。
② 单强：《近代江南乡镇市场研究》，《近代史研究》1998年第6期。

呼倒地。同行者闻而趋至,犹见蛇游行田塍间也。乃负之至上海求医,医皆束手。或曰:"丐有名偷鸡阿团者,蛇医之良者也。"乃招之至。阿团审视曰:"此王蟒蛇所伤,不可为已。虽然,恶蛇不咬善人。汝此行何所为?宜言之,毋隐。可稍减痛楚。"陈乃自言,有寡婶,颇有资财而无子。是日,闻其由法华来上海,故往逆之,冀毙之于僻处而有其资也。言已,竟死。①

从上述这则轶闻中不难发现,无论是陈姓者因中了蛇毒去上海求医,还是因为贪慕法华镇寡妇的钱财而从上海偷偷潜入她家,或者仅仅是开头那句"以摇渡船为业",都恰恰说明了当时靠渡船来往于法华镇与上海县城,还是非常便利快捷的,而法华镇与周围市镇水路交通之频繁,亦可从中窥知一斑。而这其中,李漎泾实为水路交通之命脉。

作为法华聚落的"黄金水道",李漎泾在流经法华核心镇区时,被称为"法华市河"②,而法华镇也刚好坐落于该河的中心点,当地镇民"通舟楫、资饮料、灌田畴"③,咸赖于斯。乾嘉之际,河面上的船舶商贾往来辐辏,物资运输繁忙,由江浙内陆运往上海城厢的粮谷蔬菜、南北果品、副食品及燃料等,绝大部分依赖中小型船只通过该河出进,以省却经黄浦江转十六铺码头之远道往返。正是凭借此河,法华镇成为城西地区客货中转枢纽之一。

值得注意的是,乾嘉年间的法华镇虽处于上海县城西郊市镇网络之中,但就其垂直序列的市场层级而言,并不是以上海县城而是以当时江南一流都会苏州府为高级经济中心地。这可从康熙年间法

---

① 〔清〕乐钧·俞樾著,陈戍国点校:《耳食录·耳邮》,岳麓书社1986年版,第414页。
② 嘉庆《法华镇志》卷二《水利》。
③ 民国《法华乡志》卷二《水利》。

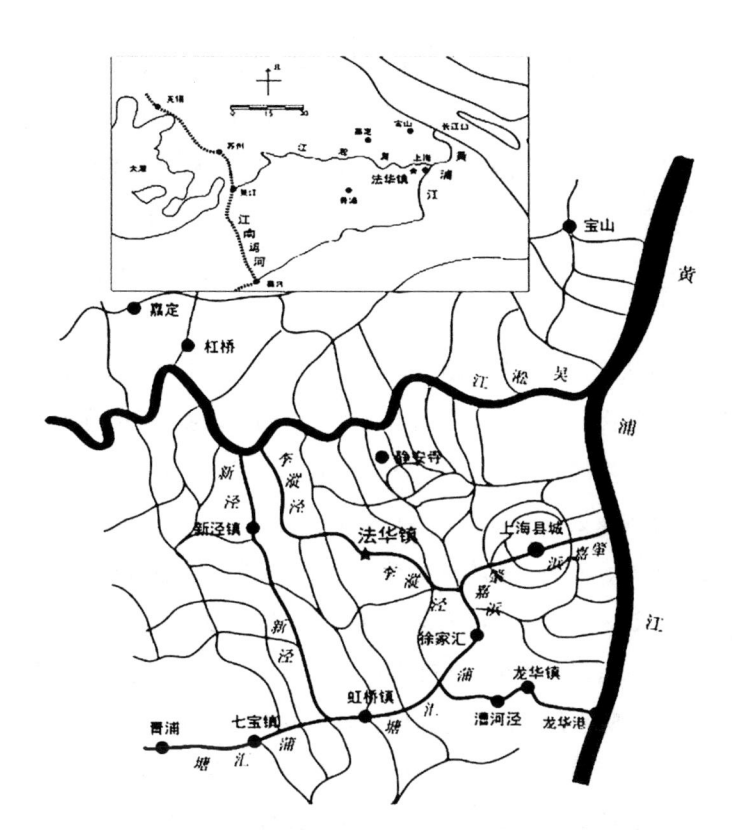

第二章 "城西首镇":乾嘉年间法华镇的"原生型"城市化 77

图 2-2 同治年间法华镇在上海县西乡与太湖流域水路网络中所处的位置

注:以同治《上海县续志》卷一所附《上海县北境水道图》绘制。

华李氏家族的贸迁路线窥见一斑。据《法华李氏宗谱》称,康熙十八年(1679年),李氏家族第四世韬文公李泓,正式率族由上海邑城阙上迁至法华西镇①诚和里。迁居法华后,李泓选择以"懋迁起

---

① 据前文考述,法华成镇于乾隆十五年(1750年),康熙十八年(1679年)的法华尚未成市成镇,应无法华西镇、东镇之说,此处疑似民国时期《李氏宗谱》的修撰者未详考县镇旧志的记载而造成的讹误。

家"。"公初设肆小药铺，后改布业，贾吴阊。"① 这条史料尽管简短，但却十分关键。它触及这样一个问题：当时的法华镇"东北抵上海县城 13 里；西抵松江府城陆 90 里，水 63 里；西抵江苏省城陆 270 里，水 240 里"②。为何李泓不选择距离较近的上海县或松江府作为行商之地，而宁愿行路 200 多里，远至苏州阊门经营布业？

笔者认为，这并非偶然。学界研究表明，明中叶松江府的棉纺织业冠绝江南，甚至成为全国名副其实的棉纺织业中心。但到了清前期，苏州府城因布号集中，已逐渐取代松江府的地位，成为整个江南地区棉业集散、加工的中心城市。③ 清代的阊门一带更是苏州府万商云集、繁华盖世的商业街区。而由法华向北顺沿李漎泾六里便至吴淞江，然后一路搭乘舟楫回溯至上游的苏州阊门，水路总里程虽有 240 里，但两地水运往来，交通十分便捷，如此或可解释法华李氏"舍近求远"的贸迁路线。而这条路线也暗示了法华镇所在的上海县城西郊尤其是濒临吴淞江的市镇体系在清代是以苏州为中心的贸易腹地与市场子系统，其受到的来自上海县城的经济辐射力远不及苏州府城，这也与相关学者采用施坚雅的集市体系理论来分析江南地区市场层级的结论颇相吻合。王卫平曾指出，明清时期江南区域市场包括了若干个子系统，各围绕着一个中心都市，即在西北部的以南京为中心的地区市场系统，在东南部的以杭州为中心的地区市场系统，中间则是以苏州为中心的地区市场系统。④ 三者的

---

① 李鸿翥等纂：《法华李氏宗谱》卷一《李氏族谱序》，民国八年木活字本。
② 嘉庆《法华镇志》卷一《里至》。
③ 陈忠平：《明清时期江南市镇的布号与布庄》，《江淮论坛》1986 年第 5 期。
④ 王卫平：《论明清时期江南地区的市场体系》，《中国社会经济史研究》1998 年第 4 期。

地位与经济辐射力强弱不一,尤以苏州的覆盖面最为广泛,而上海一直是作为从属于苏州的外港发挥作用,① 其市镇网络所属的环太湖流域正是苏州辐射圈最为核心的组成部分。

二、经济支柱:产棉、织布、贸易自成一体

明清时期,或者说至少从明代中叶以后,上海地区新兴市镇大量勃兴,社会生产力大幅跃升,一个关键因素就在于棉花种植的广泛普及与棉纺织业的蓬勃发展。诚如上海县人叶梦珠所言:"吾邑地产木棉,行于浙西诸郡,纺绩成布,衣被天下。"② 邑人褚华《木棉谱》中亦称:"上海擅木棉之利垂六百余年……明清两代布则北鹜秦晋。"③ 以地理分布大体言之,"地产木棉,民擅纺织"的乡村聚落基本上限于古冈身以东的滨海地带。这是由于近海易淹,远海灌溉困难,种稻不易;另一方面,冈身以东均是沙壤,土粗而松,且"地形高亢,支港为潮泥所壅,水田绝少,仅宜木棉"④。而位于上海县东北角高昌乡二十八保的法华镇就是一处典型的滨海濒江、田多高壤、宜植木棉之地。

嘉庆《法华镇志》云:"法华田皆沙土,尤宜木棉"⑤,"镇壤地褊小,咸植木棉"⑥ 法华木棉虽然自产,但种植技艺则缘于上海县西南 26 里、地处二十六保的乌泥泾镇(今上海市华泾镇北、长桥镇

---

① 戴鞍钢:《近代上海与长江三角洲——以航运网络为中心》,复旦大学历史地理研究中心编:《港口—腹地和中国现代化进程》,齐鲁书社 2005 年版,第 100 页。
② 〔清〕叶梦珠:《阅世编》卷七《食货四》,上海古籍出版社 1981 年版,第 156 页。
③ 〔清〕褚华:《木棉谱》,《上海掌故丛书》第 1 集,上海通社民国二十四年(1935)刊印本,第 13 页。
④ 嘉庆《松江府志·图经》卷五《风俗》。
⑤ 嘉庆《法华镇志》卷三《土产》。
⑥ 嘉庆《法华镇志》卷三《土产》。

南,龙华乡东湾村一带)。此镇乃是元代纺织技术革新家黄道婆的故乡,如果将明清时期的松江府看作"衣被天下"的棉纺织业中心,那么乌泥泾镇就是这个中心的策源地。① 当乌泥泾镇的"棉花革命"发祥之后,很快便成燎原之势,影响范围不断扩大,大体呈现出"由乌泥泾镇推广至上海县、松江府全境,再传入嘉定、太仓、苏州一带的轨迹"②。后人追忆这一推广过程,留下了片断的记载。例如郑光祖说,黄道婆"以广中治木棉之法,教当地轧弹纺织,久之,三百里内外悉司其事"③,明白无误地指出棉花种植与棉纺织业由乌泥泾镇向三百里内外的传播幅度。距离乌泥泾镇18里的法华镇自然也在其"辐射圈"之内。嘉庆《法华镇志》中有对乡民种棉织布之由来的记载:

> 木棉,本名吉贝。府志云:宋时,乡人始传其种于乌泥泾镇,今乡多种之。
>
> 布,元贞间,有黄道婆者,自崖州来,居乌泥泾。始教制捍弹纺织之具,今所在习之。④

仰仗本地丰足的木棉原料与精湛的纺织技艺,法华四乡农暇之日,家家户户机声轧轧,一片繁忙景象。乡妇以三脚车纺纱,"能者日得一斤"⑤纱纺成后,须经过浆纱的工序,浆必须细白好面调成,不可太熟,熟则纱色黑;不可太生,生则纱不紧。在糊盆浸过一夜,

---

① 樊树志:《江南市镇:传统的变革》,复旦大学出版社2005年版,第310页。
② 樊树志:《江南市镇:传统的变革》,复旦大学出版社2005年版,第310页。
③ 〔清〕郑光祖:《一斑录·杂述一》,道光二十五年(1845)刊本。
④ 嘉庆《法华镇志》卷三《土产》。
⑤ 嘉庆《法华镇志》卷二《风俗》。

乘晓露未晞时阴干,然后以竹帚扫刷,称为刷纱,上布机,织成布匹,称为刷布,质地精良。① 法华镇四乡就多产刷布,刷布又有长、短两种,"长曰东稀;短曰西稀"②。无论东稀或西稀,都属于疏而阔的一种,并非狭而短的小布。这可从乾嘉年间上海县人褚华所著《木棉谱》中得出判断:"凡布密而狭短者为小布,松江谓之扣布;疏而阔者为稀布,产邑中。"③ 而提及明清以来上海县的稀布,又公认以"龙华稀、七宝稀最驰名"④。其中,龙华专尚稀布,阔一尺二寸,长二丈许,其布上浆薄,且细腻爽滑,"布之精者为尖,有龙华尖、七宝尖名目"⑤。法华稀虽也"阔一尺二寸,长二丈许"⑥,但论其名气,恐怕在当时上海地区诸多稀布品种中要略逊于龙华稀与七宝稀。

然而,真正支撑法华镇市面繁荣并为"城西首镇"地位的构建奠定雄厚经济基础的,并非劳动力密集型的棉花种植业与棉纺织业,而是基于产棉织布所形成的棉织品贸易集散地的功能。嘉道间上海人杨光辅的《淞南乐府》中有诗句描绘了吴淞江下游南岸的棉布业市镇(包括新泾镇、法华镇、上海县小东门等地)在天色未明之际,刷布纷纷上市交易的场景,诗曰:

> 淞南好,耕织不辞劳。刷布经车沿街走,收花灯竹插檐高,辛苦利如毛。⑦

---

① 嘉庆《松江府志》卷六《疆域志·物产》。
② 民国《法华乡志》卷二《风俗》。
③ 〔清〕褚华:《木棉谱》,《上海掌故丛书》第 1 集,第 13 页。
④ 民国《法华乡志》卷三《土产》。
⑤ 〔清〕张春华:《沪城岁事衢歌》,《上海掌故丛书》第 1 集,第 943 页。
⑥ 民国《法华乡志》卷三《土产》。
⑦ 〔清〕杨光辅:《淞南乐府》,中华书局 1991 年版,第 12 页。

就法华镇的布市贸易而言，最驰名的稀布"声价重罗纨"①，不仅深受三吴地区牙行商贾的青睐，更是吸引大量远方客商前来收购。该镇文人彭汉英有一首《木棉谣》描述了法华镇上万商捆载棉布的盛况："当窗萦拂丝万千，织成布匹可易钱，销售直与茧同然，万商捆载不计船。"② 此处的"万商"身份为何？来自何处？值得考究。上海人叶梦珠所著的《阅世篇》中指出，明清时期西北的秦晋布商是上海棉布业市镇的常客，其中又以陕西商人为重。不过，不同品类的布种对应的销售去向又不可一概而论，该书对辖境内所产主要织布的阔狭、长短乃至销售去向都作了明确的交代，③ 但却唯独没有介绍稀布一类的销路。嘉庆《法华镇志》引乡人徐献忠的《布赋序》，称："布之佳者，曰尖布者、曰皮布；长者曰套段，短者曰小布，阔者曰希布。希之长者，有双连。又有紫花布，专行闽、广。本色者，各省行之。"④ 由此可知，未经染踹的本色稀布行销范围极广，遍及全国各省。但经过深加工的紫花布，则专行福建、广东沿海。吴贵芳主编的《上海风物志》则持不同的观点，认为上海西南各乡所产的"东稀"与"西稀"兴起于清代中叶以后，此两种专销南方以及南洋群岛和东北地方。⑤ 可以推测的是，南方闽广地区尤其是南洋销路的形成，很可能与明史学者所说的明末兴起的"太平

---

① 嘉庆《法华镇志》卷二《风俗》。
② 嘉庆《法华镇志》卷三《土产》。
③ 据《阅世篇》卷七《食货》记载："棉花布，吾邑所产，已有三等，而松城之飞花、尤墩、眉织不与焉。上阔尖细者，曰标布，出于三林塘者为最精，周浦次之，邑城为下，俱走秦、晋、京边诸路……其较标布稍狭而长者曰中机，走湖广、江西，两广诸路，价与标布等……更有最狭者曰小布，阔不过尺余，长不过十六尺，单行于江西之饶州等处。"参见〔清〕叶梦珠：《阅世篇》卷七《食货》，第157—158页。
④ 嘉庆《法华镇志》卷三《土产》。
⑤ 吴贵芳主编：《上海风物志》，上海文化出版社1982年版，第208页。

洋丝绸之路"① 息息相关。

从北鬻秦晋，到南销闽广，再到南洋，清代的法华镇通过棉纺织品的集散贸易打通了海内外市场，吸引了大量携重资而来的外地布商，他们多采取两种方式：一是"各省布商先发银于庄（布行），徐收其布"②；二是布商携带资金到各市镇直接向布行购买布匹现货，"白银动以数万计，多或数十万两，少亦以万计"③，为镇上的布庄、牙行带来了丰盈的利润，而"使驿之所奔辏，商旅之所贸迁"④ 的盛况更是直接促成了法华镇的繁荣市面与"强镇"地位。

三、吴淞巡检司：商业机能之外的行政机能

作为介于县城与村落之间的具有相对独立性的商业实体，明清江南市镇商业机能的发达确有超过作为传统行政中心的县城，甚至府城。这一观点在江南市镇史研究中多已被证实，毋庸赘言。然而，这并不意味着行政机能应该摒弃于市镇研究的范畴之外；相反，它应该是考察市镇市场运行、社会管理、治理结构的重要议题。"市镇统于州、县，例无设官"⑤，即市镇一级通常不被纳入帝国行政管理序列之中，但基于明清以来江南市镇社会经济异常活跃的现实，帝国县镇一级的行政管理模式也相应地作出了灵活调整。换言之，行政管理机构的设置，在江南市镇上并非普遍现象，一般是针对那些经济枢要、规模宏大、位置特殊的"强镇"而设。因此，关注行政机能是否发达，是探讨"强镇"地位的题中之义。

---

① 樊树志：《晚明史（1573—1644 年）上卷》，复旦大学出版社2003 年版，第122 页。
② 康熙《紫堤村志》卷二《风俗》。
③ 〔清〕叶梦珠：《阅世编》卷七《食货五》，第506 页。
④ 民国《法华乡志》卷二《津梁》。
⑤ 嘉庆《南翔镇志》卷四《职官》。

据张海英对明清江南市镇行政管理的研究，其管理模式有不同形式与类型，总体而言，以设立常驻机构、派驻"特派官员"[1]为主。其中，作为县级以下基层行政管理组织，巡检司对江南市镇发展的影响至关重要。乾嘉年间的法华镇就有所谓的"吴淞巡检司"之设。

早在乾隆九年（1744年）法华成镇以前，原驻于吴淞江北咸水渡，"旧与黄浦司分管城乡图保之半"[2]的吴淞巡检司就移至法华，建官署于法华寺东。巡辖范围"自城厢外至北新泾，自吴淞江北至大木桥、徐家汇，以及浦东洋泾等处"[3]。就其性质而言，巡检司带有比较浓厚的军事色彩，"乡镇之防，巡检司之职也，故曰分防、曰巡檄，役亦曰弓兵"[4]。其任务是"主缉捕盗贼，盘诘奸伪"[5]，"察奸顽而捕私邪，使境内民安"[6]。

据嘉庆《法华镇志》记载，吴淞巡检司自移驻法华之后，正值法华市面日益繁荣，市镇规模不断扩大，治安隐患日增之际。自乾隆九年（1744年）以迄嘉庆十五年（1810年），吴淞巡检司共历33任巡司官，"历简贤员，勤于职事，匪徒远迹，地方攸赖焉"[7]，起到了稽查匪患、维持治安的良好效果，为法华镇得以长期维持稳定有序的社会环境提供了坚实的保障。

---

[1] 张海英：《关注明清政府对江南基层社会的管理——以江南市镇为视角》，载王家范主编：《明清江南史研究三十年（1978—2008）》，上海古籍出版社2010年版，第306页。
[2] 嘉庆《法华镇志》卷三《兵防》。
[3] 嘉庆《法华镇志》卷三《兵防》。
[4] 嘉庆《法华镇志》卷三《兵防》。
[5] 〔清〕张廷玉等：《明史》卷七五《志》第五一《职官四》，中华书局2000年版，第1235页。
[6] 张德信、毛佩琦主编：《洪武御制全书》，黄山书社1995年版，第841页。
[7] 嘉庆《法华镇志》卷三《兵防》。

第二节 法华镇"原生型"城市化的内涵与局限

据乔志强等人的研究，江南市镇"原生型"城市化是随着地区社会经济发展，以工商业为主的非农业行业和大量人口向城镇集中，城镇数目增多，规模扩大，城镇人口在总人口中的比重逐渐增多的一种自然演进的城市化趋势。这种城市化是建立在商业贸易和商品化农业、手工业基础之上，在大中城市市场带动下萌生起来的。① 此论虽较准确地揭示了城市化的发育机理，但在城市化内涵阐述上主要侧重于市镇非农产业与人口的集聚，未免有以偏概全之嫌。尽管这种"原生型"城市化不同于西方工业文明时代的城市化模式，无法尽用标准化、精细化的数据指标进行评判，但还是存在一些基本的考量依据，诸如街市空间与景观形态、经济结构、社会构成等以为参照。乾嘉年间的法华镇就在上述方面呈现出了渐异于乡村、趋同于城市的显著内涵。

一、"一河二街型"的街市结构与空间景观

在自然环境与人文要素的交互作用下，由街（河）道、桥梁、坊巷、寺庙、园林、宅第等要素所构成的有利于工商业发展的市镇街市结构与空间景观，是"原生型"城市化的一个基本特征。樊树志曾研究过市镇与河道的空间组合类型，将江南水乡市镇的空间格局大致概括为"一河二街型""丁字港型""十字港型"三种。② 其

---

① 乔志强、陈亚平:《江南市镇原生型城市化及其近代际遇》,《山西大学学报》（哲学社会科学版）1994 年第 4 期。
② 樊树志:《江南市镇：传统的变革》,第 189 页。

中，"一河二街型"在江南地区相对多见。所谓"一河二街型"，即一条河流横穿镇中，河流两旁是市街店肆，结构比较简单，规模相对较小，从一二里至三四里不等。① 从布局形态来看，通常被称为"前街后河"。乾嘉时期的法华镇大体上就归属于此类空间格局。

在法华镇境内四通八达的水系中，真正影响镇区形制、街市走向的水道当属李漎泾。李漎泾由吴淞江下游流经法华北境时发育而来，西北—东南是李漎泾的基本流向，沿着这条市河，法华镇的民宅商肆便在两岸纷纷构筑，形成一条东西长约三里的市街，靠南面一排的店面后门由于直临李漎泾，都称之为河房，"居民皆面李漎泾而居"。② 这种"倚河设市、夹岸为街"的形制特点正是"一河二街型"市镇的典型表现。

与其他水乡市镇仅仅傍水而建略有不同的是，寺庙在法华镇商业街区中起着标识性的作用。全镇以法华寺为中心点，呈东西两侧对称式发展，寺东为东镇，寺西为西镇。在这种"街以庙分"的格局中，原本与商业机能相分离的行政机能也被植入，这就是建于法华寺东侧的吴淞巡检司署衙。"乾隆九年，建官署于法华寺东。里人以田四亩易寺基，堂三楹，为理事之所；二堂五楹，又进为内宅；堂东西庑为吏舍，东偏为土地祠。"③ 庙宇之所在，同时又承载着官方弘教化民的功能。"每月朔望，请本学教谕至法华寺，讲读圣谕，耆士率听，转相告诫，村野胥化。"④ 可以说，法华寺从单纯的宗教圣地延伸为商业、政治、文教等复合功能的叠加，是法华镇聚落形态不断升级，城市功能日益完备的体现。

---

① 王卫平：《明清时期江南城市史研究：以苏州为中心》，人民出版社1999年版，第104页。
② 嘉庆《法华镇志》卷一《沿革》。
③ 嘉庆《法华镇志》卷二《官署》。
④ 嘉庆《法华镇志》卷二《风俗》。

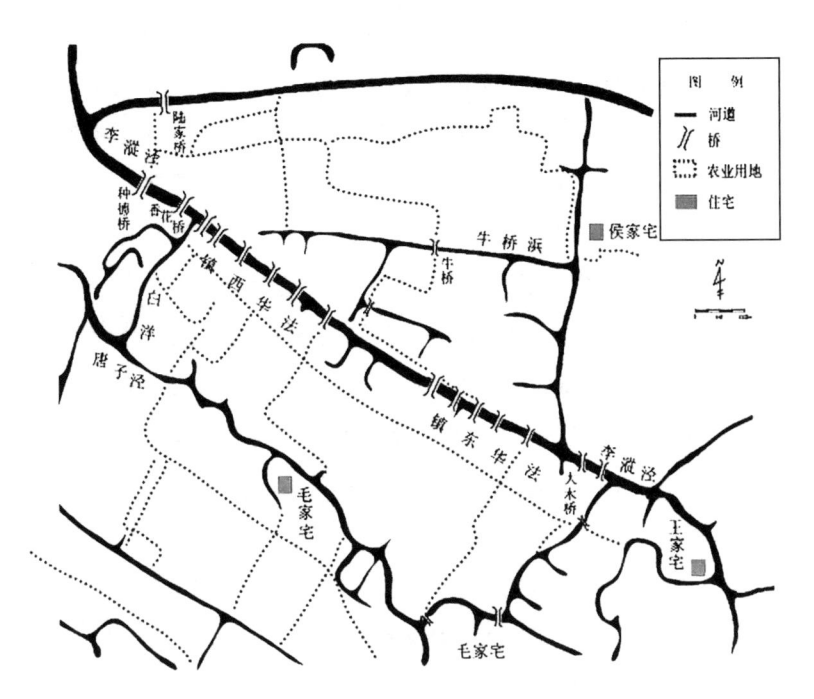

图 2-3　嘉庆年间法华镇"一河二街型"结构图

注：以民国《法华乡志》卷首所附《法华乡分图》为底图，参考嘉庆《法华镇志》卷一《里志》、卷二《水利》记载绘制。

　　街中有巷，巷中有院的高密度建筑群是市镇财富聚集增长的物质表征，也是与普通乡村迥异的城市人文景观。据嘉庆《法华镇志》记载，法华东、西两镇的街巷有：诚和里、永延天庆栅、曹家栅、侯家衖、孙家衖、崇明沙、瓦屑墩、西浜湾、南池沿、王家宅等。其中，法华李氏家族就定居于西镇的诚和里，其他诸如侯家衖、孙家衖、王家宅等都是镇上乡绅名宦的栖身之处。分布于此的私人宅第、园林比比皆是，或濒河而建，或僻处深巷，高墙厚垣，自成胜境。法华东镇拥有东园（又名"淞溪园"）、嘉荫堂、易安楼（俗称

"陆家旗竿",后名"啸园")、望梅处、露凝深处、静深书屋、醉墨舫、双芝仙馆等,除了易安楼属于陆思诚家族外,其余全都归属于李氏家族;法华西镇则有北园(一名"丛桂园")、长春圃、香花草堂、天香书屋、徧远斋、研露斋、得树楼(又名"棣鄂堂")、广誉堂等,相比东镇来说,西镇街巷不仅仅为李氏一族独尊,王锤家族、张德基家族以及其他族姓的士绅都占有一席之地。

作为典型的江南水乡市镇,法华镇还有两处极具城市特质的元素,那就是桥梁与城隍庙。嘉庆年间,法华中心镇区及环绕四周的村落共有 33 座桥梁,单属于法华镇的就有种德桥、香花桥、钱家木桥、西庙桥、车桥、东槽坊桥、西槽坊桥、众安桥、通龙桥、盛溇桥、木构桥、护淞桥、陆家石桥、香花桥、同善桥、草庵桥共 16 座,① 占到总数的 48.5%之多。尽管如此,桥梁还是不敷使用。"法华,冲要地也……其所患者,桥梁之未果耳。"② 特别是近代以后,法华镇地域因无数连结镇区内外河道的开发架桥而出现大面积的空间扩展,也因此有更多修有桥梁的村落被纳入法华境内。如光绪年间,境内的桥梁数量升至 56 座;③ 至民国年间,桥梁总数跃升为 158 座之多。④ 其中,跨李淞泾的桥梁总共有 26 座,而仅就流经法华镇区段内近 2 公里长的李淞泾来说,就有 12 座木桥建于其上,法华东镇和西镇各重建了 7 座和 5 座木桥。即每隔不到 170 米的地方便设一座木桥。⑤ 这种高密度的桥梁分布,既是法华镇城市化地域

---

① 嘉庆《法华镇志》卷二《津梁》。
② 民国《法华乡志》卷二《津梁》。
③ 〔清〕王锤编纂,金祥凤抄补:光绪《法华镇志》卷二《津梁》。
④ 民国《法华乡志》卷二《津梁》。
⑤ 〔日〕高桥孝助:《上海都市化的扩大与周边农村——1920 年前的上海县法华乡》,载《上海研究论丛》第 8 辑,第 63 页。

空间规模扩张的间接反映,也极大地完善了市镇内外的商品、劳务、人员频繁流通的机能,成为反映市面盛衰枯荣的"晴雨表"。

另一处特别的景观即是城隍庙。据嘉庆《法华镇志》记载,法华东镇翠竹庵、三泾庙、东蓬场庙、陈泾庙四处曾供奉城隍神。如东蓬场庙,旧名遗贤庵,在原址遗贤渡。明万历间,里人周尚义筑屋三楹,为闸夫守望栖身之所。闸废建桥后,屋改为庵,仍名遗贤。"清康熙间,里人募捐,改建东、西两厅,山门、廊庑,供城隍神。"① 众所周知,城隍是古代城市的主管神,只有城市才可以建造城隍庙。② 法华镇建有四处供奉城隍的庙庵,说明人们在思想观念上已经确立了它的城市地位,不再将之看成普通的乡集市场。对此,日本学者滨岛敦俊分析,明末清初江南市镇中出现的不合乎国家祀典规定的镇城隍庙,其实反映了市镇企图"'在首都(皇帝)—省城—州县城'这样等级严明的行政体系中找到自己的相应位置"③。

二、"棉花革命"④:经济结构的"非农化"转型

经济结构的"非农化"变革通常被视为城市化的重要判定指标之一,而对明清时期上海地区的市镇而言,由棉花种植的普及与棉纺织业的兴起所导致的农业经济结构与农家经营的革命性变化,对

---

① 民国《法华乡志》卷七《寺观》。
② 乔志强、陈亚平:《江南市镇原生型城市化及其近代际遇》,《山西大学学报》(哲学社会科学版) 1994 年第 4 期。
③ [日]滨岛敦俊著,朱海滨译:《明清江南农村社会与民间信仰》,厦门大学出版社 2008 年版,第 222 页。
④ 黄宗智教授在《长江三角洲小农家庭与乡村发展》一书中指出:1350 年至 1850 年间长江三角洲在围绕"棉花革命"的过程中,经历了相当程度的商品化。参见该书中译本,中华书局 1992 年版,第 4 页。

研究市镇的城市化、工业化颇具意义。因为从人类的历史发展经验来看，近代的工业革命和工业化正是从棉纺织业发端的。[1] 作为上海地区棉布业市镇的典型代表之一，法华镇就经历了这种由"棉花革命"所引发的经济结构的"非农化"转型。

明清时期，法华镇新兴而起的植棉业与棉纺业引发了两方面的变革。

一是所谓的"棉作压倒稻作"。嘉庆《法华镇志》云："法华田皆沙土，尤宜木棉，种者居七八"[2]；"镇壤地褊小，咸植木棉，工纺织以易粟，此产之最著者"[3]。也就是说，在法华四周村落的种植结构中，棉花作为大宗物产被列为首位，五谷之一的粟尚属其次。这与明末清初太仓人吴伟业在《木棉吟序》中"嘉定、太仓、上海境，俱三分宜稻、七分宜木棉"[4] 的描述大致相符。

二是法华四乡农家通过对棉花的深加工，成为棉布产品，以满足市场需求为目的，出现了棉产品经营的商品化、市场化趋向。所谓"夜纱旦成布，鸡鸣市头集"[5]。市集交换所得的货币收益，极为可观，不仅可用于向官府完税纳赋，这就是"躬耕之家，织布以易银，易银以输赋"[6]。而且已成为农家的主要经济来源。当地人所说"田家输官偿息外"，"其衣食全赖此"[7]，"贫民竭一日之力，赡八口

---

[1] 李伏明：《制度、伦理与经济发展明清上海地区社会经济研究（1500—1840）》，中国文史出版社2005年版，第53页。
[2] 嘉庆《法华镇志》卷三《土产》。
[3] 嘉庆《法华镇志》卷三《土产》。
[4] 〔清〕吴伟业：《梅村家藏稿》卷一〇《木棉吟》，转引自谢国桢选编：《明代社会经济史料选编（下）》，福建人民出版社2004年版，第272页。
[5] 嘉庆《法华镇志》卷二《风俗》。
[6] 康熙《嘉定县志》卷四《风俗》。
[7] 万历《上海县志》卷一《风俗》。

而有余"。① 也就是农家的支出及维持生计,完全仰仗棉花种植与棉纺织业。这种"以织助耕",不同于传统小农经济的"男耕女织",它已被商品经济所主导,以市场需求为导向,而且成为农家的主业。

对这种传统农业结构中"主副易位"的现象,江南史学界评价甚高,除"棉花革命"之外,还有学者称之为"早期工业化"。指的是近代工业化之前的工业发展,使得工业在经济中所占地位日益重要,甚至超过农业所占的地位。由于这种工业发展发生在一般所说的工业化(即以工业革命为开端的近代工业化)之前,因此又被称为"工业化前的工业化"②。值得注意的是,何以此处可以称之为工业?原因在于这些棉纺织品多是农家手工织机上生产出来的,是乡村工业的产品,而农家纺纱织布业又带动了染布业、踹布业,这也是乡村工业的一部分。③ 而从"城市化的内涵始于工业化"这层意义上来说,乾嘉时期法华镇经济结构的"非农化"转型是城市化的重要内涵。

三、社会构成的异动:工商业者与雇佣劳动力群体的出现

施坚雅曾将前近代中国城市以"行政的"和"经济的"两种阶层结构来划分不同层级的中心地,并指出中心地城市对周围腹地所起的中心机能(和经济机能相同的政治机能、文化机能、社会机能)不断吸引各种各样的人为了各种目的来到中心城市。"爬上中心地层级以利用这些机会的人,所走的路不外乎两条:他们不是在经济中

---

① 〔清〕秦立纂:康熙《淞南志》卷二《风俗》,嘉庆十年(1805年)刻本。
② 李伯重:《江南的早期工业化(1550—1850年)》,社会科学文献出版社2000年版,第2页。
③ 樊树志:《江南市镇:传统的变革》,复旦大学出版社2005年版,第21页。

心地利用商业机会,就是在行政中心地利用读书做官的机会。"① 其中,工商业者以及为工商业发展提供雇佣劳动力的人群纷纷涌向经济中心地,是独异于乡村聚落的社会现象,也是判定某个经济中心地是否已显示出"城市化"趋势的重要依据之一。

首先是工商业者。乾嘉时期法华镇的商人虽然还只是传统意义上的行商坐贾,但他们却是提高市镇工商业发展水平、推动市镇城市度提高的重要人群,法华镇的市河、市街、市房、市桥等,就是由这些商人的贸易集散活动而形成的。法华镇的商人主要分为以下三类:

第一类是携重金前来进行棉布业交易的外地客商。所谓"无数浮梁商贾舶,东西风顺翥江来"②、"万商捆载不计船"。前文已有考证,"万商"来自国内外各地,以南方闽广地区、南洋商人为特色,这是法华棉布业"外向型"发展的力证。

第二类是在法华本地从事商品交换的商贩。其中,既有资金相对充裕的、开设店铺门面的坐贾。如"三和尚者,王姓,身长有膂力,业腐肆于东镇"③。又如徐光启的祖父徐绪"字西溪,性和厚,与物无竞。尝坐面肆中,逐什一之利"④。也有一些财力微薄,只能游走于镇、村之间的货担郎。如"瞿桂官,三泾人,幼孤,奉母极孝,日以担糖为业。得钱即市酒肉供母,自食糠粃恒不饱"⑤。可以想见,这种货担郎或是四乡兼业的农民,或是破产的手工业者。

---

① [美] 施坚雅著,叶光庭等译,陈桥驿校:《中华帝国晚期的城市》,中华书局 2000 年版,第642页。
② 民国《法华乡志》卷一《沿革》。
③ 嘉庆《法华镇志》卷八《遗事》。
④ 民国《法华乡志》卷五《通德》。
⑤ 民国《法华乡志》卷五《独行》。

第三类是从法华贸迁外地的行商。值得注意的是,他们中有不少来自镇上诗书传家的著姓望族。如李氏家族第四世祖李泓,"公初设肆小药铺,后改布业,贾吴闽"①。陆氏家族的陆云龙,"上海县法华镇人。性至孝,遇亲忌日必涕泣。尝贾于豫,贷某金归"②。还如王氏家族的王智纯,"上海县法华镇人,字粹儒,监生……家中落,弃儒服贾。寓吴时,有负千金者,适会资由纯手,主计者以为幸"③。行商所特有的流动性与开放性特点,在一定程度上改变了农业聚落单一、固定的职业结构。尤其是业儒者转而服贾的现象,是拘守"耕读"传统的小农社会少有的价值取向,可视为法华镇社会结构异动的风向标。

除了商人之外,还能在法华镇社会结构中体现城市化内涵的就是脚夫、流丐等雇佣劳动力群体。与其他社会阶层的来源不同,这一群体的出现缘起于法华镇四乡剩余劳动力的转移。前已述及,乾嘉之际,法华镇四乡的农家生产日益出现商品化、市场化的趋势,乡民纺织所得到的收益主要取决于市场上棉花、棉布的价格。而"棉贵富农,棉贱伤农"的市场机制,必然促使农村家庭产生贫富分化。嘉道时期乡人陆旦华有诗为证:

> 棉价日以昂,布价日以贱;一匹初织成,双手苦欲颤。所赢能几何,莫饱一日馔;抱布出门来,悒惶泪如线……贫家十八九,富家十二三;贫家甚矣惫,富家亦足患。弱贷而强索,虎视常眈眈。④

---

① 李鸿焘等纂:《法华李氏宗谱》卷一《李氏族谱序》。
② 民国《法华乡志》卷五《独行》。
③ 民国《法华乡志》卷五《独行》。
④ 民国《法华乡志》卷三《荒政》。

从诗句"弱贷而强索"可得知，在农村贫富日益加剧的过程中，一些富家还趁机向贫者施放高利贷，以致原本就资金短缺的小农家庭除了要向政府缴纳赋税外，还必须及时偿还那些态度蛮横的富家借款。所谓"半拟偿私债，半拟输官赋"①，在高利贷与官府两相强压之下，许多耕织之家不仅"寸丝寸缕不上身"，而且纷纷破产，出现了"布机卖却卖儿童"②的悲惨遭遇。于是，不少农村劳动力被迫从土地中、织机上脱离出来，转而流入市镇，只能受雇为廉价劳动力。

当这些破产的农村劳动力流徙至法华镇上时，一般有两种归宿：一是彻底沦为威胁社会稳定的流丐群体，如"嘉庆七年冬，流丐结队数百，为患乡里。男女俱精悍善斗，担中阴蓄兵器，所过处畜产为空。诸安浜盛姓有鸭一池，尽为所攫，而不敢问"③。二是镇上沿河码头出现因棉布业集散而催生出来的货物搬运业，为这些劳动力提供了就业机会，称之为"脚夫"。

脚夫是明清江南地区凭借体力专门从事中、短途商货搬运以及民间嫁娶丧葬等诸多杠抬事宜而获取报酬的职业。最初，这些脚夫的搬运活动是分散无序的，并无稳定的生活来源，生计好坏往往取决于受雇机会的多少，就业竞争十分激烈。为此，他们一般都会结成帮会性质的同业组织——"脚行"。脚行各自立有帮口，划定势力范围，凡在本行范围之内的搬运装卸业务，皆不许他人染指，具有很强的封闭性和排他性。清康熙以后，"吴下脚夫一项，什百成群，投托势要，私划地界，设立盘头、脚头等名目，盘踞一方"④。领头

---

① 民国《法华乡志》卷三《土产》。
② 民国《法华乡志》卷三《土产》。
③ 民国《法华乡志》卷八《遗事》。
④ 上海博物馆图书资料室编：《上海碑刻资料选辑》，上海人民出版社1980年版，第434页。

者称为"行头"或者"脚头",下面的搬运工人则称为"脚夫"。脚头一般都由脚夫中威望较高而又强悍有力者充任,脚夫俱听脚头统辖、指使。他们每日赚取的脚价大部分都要归统辖的脚头所有,自己真正所得只是其中较少的一部分。"商贾搬运货物,每担不过数里,苛索钱六七十文,大半饱脚头之橐,任力小夫所得,不过数文。"①

在一些较大的市镇埠岸,由于货物吞吐量极大,大多同时存在数个互相竞争的脚行。嘉庆年间的法华镇就同时存在三个脚行,他们不仅在搬运商品时把持居奇,肆行勒索,而且还扰乱民众日常生活,危及地方社会的治安。

> 镇有脚行三,诚和里者谓中行,口东西各有一。其间强而黠者为脚头,凡运商货,脚头争昂其值而朘其余;遇吉凶事,则论地段把持勒掯。稍弗遂欲,即恃强生事,屡禁不止。②

脚夫搬运本来是商品流通中不可缺少的组成部分,不仅满足了市场流通和内河航运的需要,而且还为从土地中分离出来的小农提供了就业机会,对于社会经济的成长无疑有积极作用。但脚夫搬运业从产生之日起即具有浓厚的封建色彩。它不仅以地方豪强为靠山,实行把头制度,而且还在具体经营时割据把持,互划地盘,要挟商民,勒索超额脚价。这说明它们与商贾之间往往在平等的经济契约关系外还带有某种强制性的超经济关系色彩。③ 不过,近代上海开

---

① 康熙《上海县志》卷一《风俗》,康熙二十二年刻本。
② 嘉庆《法华镇志》卷二《风俗》。
③ 张忠民:《上海:从开发走向开放(1368—1842)》,云南人民出版社1990年版,第285页。

埠后，这些市镇上的脚夫将是未来城市社会中无产阶级的重要来源之一。

四、"原生型"城市化模式的特征与局限

就其实质而言，法华镇的"原生型"城市化模式，属于马克思所说的"乡村城市化"。这种"乡村城市化"在中国古代真正出现，并非在行政权力主导城乡的"城郭时代"，而是源于宋代以降商业机能发达的市镇的广泛兴起，至明清时期的江南地区表现得尤为突出，确切地说，是以市镇为核心的农村城市化。具体而言，就是法华成为"城西首镇"之后向城市形态转变，以及它所引发的四周农村经济、社会、文化等结构上的变革。由于这种变革过程是以农村内部自身经济、社会结构异动为中心，城市文明的扩散和影响只提供了外部环境和动力，所以称之为"原生型"，大体允当。

与一般的城市化相比，这种"原生型"城市化同样具备聚合性与扩散性两个关键特征。如工商业人口、雇佣劳动力、名园、私人宅第、城隍庙等带有城市特质的元素在乾嘉年间大量聚集于法华镇；而以法华镇为核心的棉纺织品经济圈又扩散到国内外市场，等等。不同的是，由这种"聚散之道"引起的城乡互动是相对均衡、和谐的，并不是城市社会在农村地区的简单复制，也不是城市取代乡村导致城乡差异的消失，而是农村社会基于自身特点形成与城市文明本质上相似、水平上接近的发展形态，是城乡之间在彼此整合的基础上走向一体的过程。① 这种城乡之间的整合能力，对法华镇来说，包括水陆交通优势地位的构建、中间市场与高级中心地之间的沟通、

---

① 陈国灿：《关于明清江南市镇研究的几个问题》，载王家范主编：《明清江南史研究三十年（1978—2008）》，上海古籍出版社 2010 年版，第 425 页。

由"棉业革命"引起的经济结构与社会结构的转型等,这些充分体现了明清江南市镇城市化模式不乏自我调适的内在机制。

不过,也正是由于这种"原生型"城市化主要凭借的是农村自身内生的变革动力,亦不可避免地产生了特定的局限。这可从嘉庆《法华镇志》卷二《风俗》中看出一些端倪:"法华人物朴茂,不事雕饰。士尚气节,农勤耕织,商贾务本安分,向称仁里。家居必具衣冠,亲友朝暮见必拱揖……士重廉耻,读书不与外事……女子守内雅洁,虽佳节无游寺烧香之风。"① 从这段描述中可知,与法华镇在其他重要方面呈现十足的城市气象迥异的是,作为感应城市化最为敏锐的生活方式与社会风尚却仍袭"乡土之旧",尚耕勤织、崇俭务朴,重诗敦礼,士风不染浮靡之气,呈现一派安详、稳定、保守的乡土气息。

之所以会在物质表征、内里结构与社会习尚上出现城市化的"隔裂"现象,说明城市化的水平层次偏低,辐射能力较弱,是一种并不彻底与全面的城市化。究其原因,笔者较为认同黄宗智所说的"棉花革命"并未导致向"资本主义转化"有关。明清江南地区的"棉花革命"并不是追求利润和资本积累最大化所推动的,而多是因为在农业收入不足和家庭劳动力有余的情况下作为最合理的谋生手段。"这种商品化农业和家庭手工业造就的不是以赢利为目的的新兴的富农和企业家,而是小农经济的不断延续。"② 可以说,"棉花革命"只有商品化的内容,而无实质性的突破,更没有引起乡村社会结构的根本变迁。

---

① 嘉庆《法华镇志》卷二《风俗》。
② [美]黄宗智:《中国农村的过密化与现代化:规范认识危机及出路》,上海社会科学院出版社1992年版,第102页。

对法华镇而言，"原生型"城市化还有一种治理上的局限。尽管驻扎法华镇的吴淞巡检司能通过制度化的权力运作使市镇的治安环境在短时间内收到良好的效果，但它对市镇行政管理的主要思路是以绥盗安民、维护社会安定为首务，在经济上则是以首先保证政府的财政收入为目标，并没有将市镇作为一个新兴的、完整的经济实体来看待，因此这种权力关系的运作始终缺乏主动意识，其诸多行政管理措施的出台在多数情况下是出于对已暴露出来的社会问题的被动应付，缺少与市镇经济发展需要同步配套的相应措施，最终制约了市镇的进一步发展。①

第三节 "原生型"城市化视野下的聚落、家族与科举

按照施坚雅关于地方市场层级结构的划分标准，乾嘉时期的法华镇已成为沟通上海县城与西郊村落之间的"中间市场"②。换言之，作为城乡之间的经济中心地，法华镇与四乡村落、上海县城，在市场结构上形成了垂直序列的层级性连续体。施坚雅认为，"一个中间集镇的作用不仅是这个较大的中间市场体系的中心，而且也是一个较小的基层市场体系的中心"③。也就是说，当时的法华镇，在上海县城西部的"中间集镇"体系中扼居中枢，所谓"凡县附郭者，宜以此为首""城西首镇"之称，即是明证；而从"内部自循环"系

---

① 张海英：《明清江南市镇的行政管理》，《学术月刊》2008 年第 7 期。
② [美] 施坚雅著，史建云、徐秀丽译：《中国农村的市场和社会结构》，中国社会科学出版社 1998 年版，第 7—10 页。
③ [美] 施坚雅著，史建云、徐秀丽译：《中国农村的市场和社会结构》，中国社会科学出版社 1998 年版，第 31 页。

统来说，法华镇与四周"乡脚"、基层市镇或村市又形成"核心—边缘"结构的市场层级。这种"核心—边缘"格局是"施坚雅模式"的核心要义，需要强调的是，它虽有层级高低之分，但并不是二元对立，彼此割裂的。作为一个"存于农村经济上面的市镇"①，法华镇"中央性"②机能的发达是以四乡农村经济的无限活力为基础的。从这个意义上说，两者是相互依存的"共同体"或"连续体"。

然而，从市场空间结构来审视市镇与农村的关系仅仅是"施坚雅模式"中的一个面向。施氏认为，基层市场除了市场交易方面的意义之外，还具有基本的社会生活和文化载体的含义。尤其是他提出的中国农村典型的"基层市场区域"③，不仅是商业交换的基本单位，也是"亲戚、宗族组织、秘密社会、宗教组织、方言乃至'小传统'的载体"④。其实，对于市镇与农村这种承载城乡文化与社会关系的"空间"功能，"大、小传统"⑤的解读同样都适用。不过，

---

① 施火星：《乡土重建的一个实验：记实干中的菱湖建设》，(上海)青树出版社1948年版，第2页。
② 刘石吉：《明清时代江南市镇研究》，中国社会科学出版社1987年版，第71页。
③ 施坚雅通过图解模型与数理统计方法计算出中国农村典型的基层市场区域为18个左右村庄，1500户人家，分布在50平方公里土地上。以此为基础，施氏建立起他的"基层市场社区理论"，他认为，农民的实际社会区域的边界由他的基层市场区域的边界决定，这种区域既是一种社会结构，又是一个文化载体。参见史建云：《对施坚雅市场理论的若干思考》，《近代史研究》2004年第4期。
④ [美]施坚雅著，史建云、徐秀丽译：《中国农村的市场和社会结构》，中国社会科学出版社1998年版，第21—55页。
⑤ 文化的"小传统"与"大传统"这对概念，最早由美国人类学家罗伯特·雷德菲尔德（Robert Redfield）于1956年研究墨西哥乡村地区文化传统时率先使用。在他看来，大、小传统也可成为"高文化"与"低文化"（high and low culture）或"民俗"与"古典"文化（folk and classic culture），以及"通俗"与"学者"文化（popular and learned culture）等等。而当这种二元分析框架引入中国学界后，却习惯性或无意识地将之加以城乡地域分类。如余英时在《士与中国文化》一书中运用了雷氏"大、小传统"理论，指出"大传统"即"精英文化"，"上层知识阶级的"，"成长和发展必须靠学校和寺庙，因此比较集中于城市地区"；"小传统"即"通俗文化"，"没有受过正式教育的一般人民"，"以农民为主体，基本上是在农村传衍的"。参见余英时：《士与中国文化》，上海人民出版社1996年版，第129—130页。

若从文化地域层级的角度看，代表"大传统"的、与知识精英密切相关的科举文化更易形成梯度势差。"一般说来，文化中心及其相应的地域层级往往集中地通过学术文化这一传统文明的重要形态而得到充分的体现。"① 而学术文化水平高低之别，常是针对不同地区的知识层次、人才数量等状况来说的。在近代以前，科举活动的盛衰和中举及第人数的多寡，往往成为衡量一个地区文风高下与教育水平高低最基本、最客观的评价指标。② 那么，作为"中心节点"的法华镇与四乡腹地村落在科举文教方面是否也形成了"核心—边缘"的层级关系呢？欲回答这个问题，须先了解法华聚落与文化著姓之间的关系。

一、"镇居化"：法华成镇过程中的"主姓"家族

明清江南地域社会中最核心的力量莫过于士绅家族，追寻家族在市镇发展中的动向，解读家族动向与市镇发育的关系及对地域社会的影响，是江南市镇史研究的题中之义。据杨茜研究，明代中叶以降江南三角洲开发重心向高乡转移的过程中，一批冠以家族姓氏或在生成阶段有特定家族深入参与的市镇集中出现，③ 如：常熟县老徐市、何家市、归家市、奚浦市（钱氏）、吴家市，嘉定县罗店镇、娄塘镇（王氏），太仓州的赵市、穿山市（刘氏），上海县张江栅市、杜村市，昆山县陶家桥市，等等。她认为，这些与特定家族有着天然联系的市镇，提供了讨论上述问题一个便于观察的群体。结合相

---

① 林拓：《文化的地理过程分析》，上海书店出版社2004年版，第21页。
② 林拓：《文化的地理过程分析》，上海书店出版社2004年版，第21页。
③ 杨茜：《明代江南市镇中的"主姓"家族与地域认同》，《历史研究》2020年第2期。

关史料，① 她将明代江南地区，以姓氏冠名市镇，尤其深入参与到市镇发育过程的家族称为一镇之"主姓"②。

对法华地域社会来说，同样也存在深度介入聚落建构的"主姓"家族。无论是在形成市镇以前，还是形成市镇之后，"主姓"家族始终与法华聚落的发展演变相伴生。早在宋高宗南渡之际，法华聚落便"颇有达者家于此焉"③。相关文献虽没有详明这些"达者"的具体身份，但大致可推断他们应以躲避靖康之乱的北方缙绅显贵居多。较有代表性者，如法华北部三里、以曹姓冠名的曹家宅（后演变为曹家渡镇）。该聚落的形成与发展，就与宋室南渡时迁入该地的一支曹氏族姓相始终。

据《浦东新区地名志》后附的曹氏族谱记载，宋室南渡之际，淮南一带共有十八支曹姓陆续随迁江南，其中一支以曹大明为首，率众"卜居华亭县上海镇范家浜之左，即今曹家渡"④。此时的曹姓聚居地还只是吴淞江下游岸畔一个弹丸孤点，累传至明永乐年间的曹守常，中式举人，功名在握，遂购田置产，家基始拓，使这里逐渐聚合起一连片曹姓聚落群，"曹家宅"之名终成。至明隆庆、万历年间，吴淞江经过疏浚后大通，曹氏后裔于地境南岸三官堂与北岸长生庵之间设义渡，行人称便，名为"曹家渡"。

---

① 崇祯《常熟县志》卷一《疆域·市镇》中有言："邑之东，唐市、李市、何市、归市、东徐市、张市、吴市，各有主姓焉。"（《江苏历代方志全书·苏州府部》，凤凰出版社2016年版，第56册，第7页a）细察家族在这些市镇中的角色，与太仓、上海、嘉定、昆山及常熟其他区域（如"邑之西"的奚浦市、田庄市、徐家市）中的一系列市镇的情况是基本相同的，故笔者结合前辈学者的类型归纳，以及此类市镇发展中的共性（如经济驱动力、地域分布等），将县志中"主姓"的使用范围加以推广。
② 杨茜：《明代江南市镇中的"主姓"家族与地域认同》，《历史研究》2020年第2期。
③ 民国《法华乡志》"序四"。
④ 《曹氏谱略》，载顾炳权主编：《上海市浦东新区地名志》，华东理工大学出版社1994年版，第718页。

对于此种聚落由一个外来的族姓主导开发进而以该族姓为聚落命名的现象，在法华境内不止曹家渡一例。终明一代，就有沈更、何家角、钱家巷、左家宅、姚家巷、申家宅等 30 处村落都由此形塑而成，或可名之为"主姓"创村现象。著名人文地理学家金其铭这样看待个人意志与能力对聚落变迁的形塑作用："个人的作用不是主要的，更不是决定性的。尽管如此，但无论是古代还是近代，个人意志和能力都曾对农村聚落产生过影响。封建社会和半封建半殖民地社会的旧中国，由于某种个人能力和机遇而升官发财的人，常购置田地以为产业，而在田地的某一部位兴建一座庞大的地主庄园，周围居以佃户或奴仆，构成一个聚落。"① 以下，笔者梳理了明代法华境内部分有史实依据的创村"主姓"。

表 2-1　明代法华境内部分创村"主姓"一览

族姓	创村人物	身份背景	原居住地	迁入法华境内时间	对应的村落
王氏	王 佑	东昌知府	南汇鹤沙	嘉靖年间	王家浜，人称花园基，居者多王姓
朱氏	朱 瑄	正统三年（1438年）举人，十三年（1448年）进士，官至监察御史	上海华漕里	明末	原名老库，后名朱家库
石氏	石英中	嘉靖二年（1523年）进士，官授刑部主事	浦东十六保	不详	石家宅
艾氏	艾大有	武英殿中书舍人	山西	明代	艾家宅

---

①　金其铭：《农村聚落地理》，科学出版社 1988 年版，第 84 页。

续 表

族姓	创村人物	身份背景	原居住地	迁入法华境内时间	对应的村落
姚氏	姚永济	万历二十六年（1598年）进士，曾历仕浙江东阳、永嘉县知县、刑部主事、礼科给事中、浙江布政使等职	浙江慈溪	崇祯元年（1628年）	建第宅于包泾南岸，时称姚家巷（后易名姚更浪）
何氏	何子升	明鸿胪寺正卿，掌管皇太庙	不详	崇祯十七年（1644年）	何家角

资料来源：民国《法华乡志》卷一《村路》、卷五《名臣》；〔清〕姚廷遴：《历年记》，载《清代日记汇抄》，上海人民出版社1982年版，第41—42页。

与明代迁居法华境内的地点多为村落不同，入清以后，特别是在乾嘉之际，随着法华镇成为风光绮丽、市面繁荣的强镇，不少"主姓"都选择"镇居"。如法华东镇的陆氏家族、法华西镇的王氏家族、兼跨东西两镇的李氏家族。这种现象其实印证了日本学者北村敬直关于中国"明清乡绅论"研究的重要发现，即由明代的"乡居地主"转变成清代的"城居地主"的趋势。① 只不过在江南市镇社会略有变异，乡居地主不仅只有迁移至城市，还有移居至市镇的情形，或是依循"乡居—城居—镇居"的特殊路径。法华李氏家族就是这类典型代表。

法华李姓先祖源自唐宗室邓王元裕长子。"先居闽之长汀，后徙

---

① ［日］北村敬直：《明末清初における地主について》，《历史学研究》140号，1949年，转引自郝秉键：《日本史学界的明清"绅士论"》，《清史研究》2004年第4期。

浙寿昌"①，南宋宝祐年间，松公又由寿昌徙兰溪，"宋及元明，多以科目显族，至千余人，为兰溪八大姓之一，支分派衍，散布他郡"②。传至明崇祯年间，十四世少塘公李大光率领族众由兰溪"始迁上海邑城阙上"③。自明嘉靖年间起，江南大部屡遭倭寇袭扰，法华李氏谱牒散失，"公（少塘公）以上世次，无可考证。谨奉公为始祖"④。始祖以下，再传至第四世韬文公李泓、第四世蕡其公李实两兄弟，时当康熙己未年（1679 年），才由上海邑城阙上迁至法华西

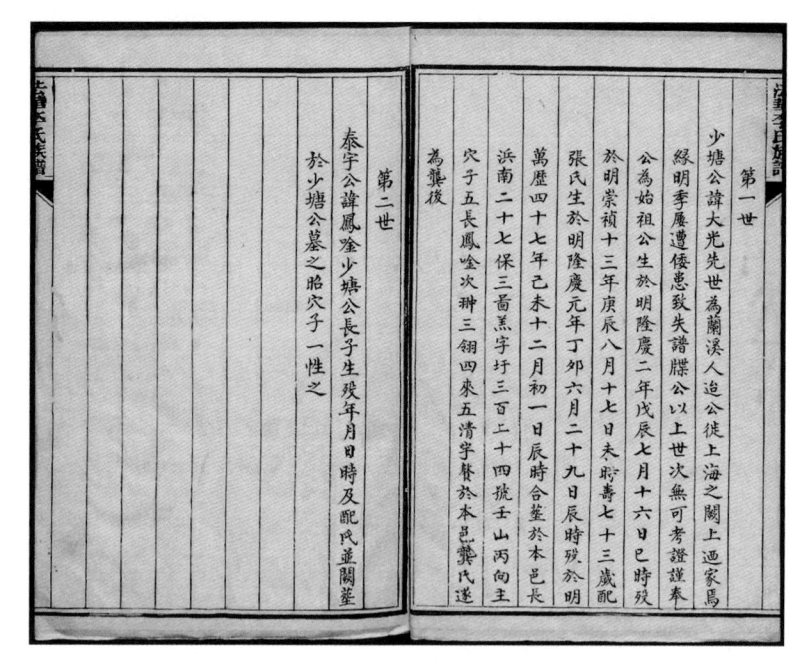

图 2-4　光绪《淞溪（法华）李氏族谱》记载的始祖"少塘公"李大光

---

① 李鸿翥等纂：《法华李氏宗谱》卷六《世章》，民国八年木活字本，上海图书馆藏。
② 李鸿翥等纂：《法华李氏宗谱》卷六《世章》。
③ 李鸿翥等纂：《法华李氏宗谱》卷六《世章》。
④ 李鸿翥等纂：《法华李氏宗谱》卷四《世传》。

镇诚和里。① 从浙江兰溪乡间到上海县城，再到法华镇，这条迁徙路线看似平常偶然，背后既与晚明倭乱后江南缙绅地主纷纷选择城居、镇居的大背景相勾连，也与李氏家族的际遇息息相关。

据明末华亭人王沄撰的《云间第宅志》记载，整个松江府城，"嘉、隆以前，城中民居寥寥，自倭变后，士大夫始多城居。予家世居城南三百余载，少时见东南隅皆水田，崇祯之末，庐舍栉比，殆无隙壤矣"②。诚然，避难是士绅地主选择城居的主要诱因。不过，对于李氏家族来说，再从上海县城移居法华镇，则又有从"求贵"向"求富"转变的现实诉求。据民国《法华李氏族谱》记载，李氏一族移居上海县城阙上期间，由于依托的物质与文化资源更趋丰富，该家族在明清鼎革之前，多以科第显族，家资殷实。然鼎革以后，家业渐衰，先祖福泽日消，拥有科甲功名者绝少。基于家族生存危机日迫，四世祖韬文公李泓乃慨然投笔曰："士当识时知变，奈何株守一经，坐视先业之将替乎？"③遂迁居县邑之西的法华市，"专意治生，为保世滋大之计"④。换言之，李泓选择从"城居"到"镇居"，实质是从"科举导向"向"财富导向"转变，目的在于重振家业，蓄积财力。而康熙年间法华成为上海县西乡为数不多的繁荣市廛，为李泓的"懋迁起家"提供了契机。据宗谱所载，"公初设肆小药铺，后改布业，贾吴闽"⑤。这条史料尽管简短，但却十分重要。它一方面提示我们，诸如李氏这样的"主姓"家族的确在法

---

① 《浤溪李氏族谱》卷三《世传》，光绪七年（1881年）印本，美国哈佛大学汉和图书馆珍藏；李鸿翥等纂：《法华李氏宗谱》卷四《世传》。
② 〔清〕王沄：《云间第宅志》，《丛书集成初编》第3153册，商务印书馆1937年版，第1页。
③ 李鸿翥等纂：《法华李氏宗谱》卷四《世传》。
④ 李鸿翥等纂：《法华李氏宗谱》卷六《世章》。
⑤ 李鸿翥等纂：《法华李氏宗谱》卷一《李氏族谱序》。

华成市成镇过程中介入了棉布业的商品化经营；另一方面，如前所述，李氏家族在法华的棉布业贸易是融入以苏州为中心的市场层级的。

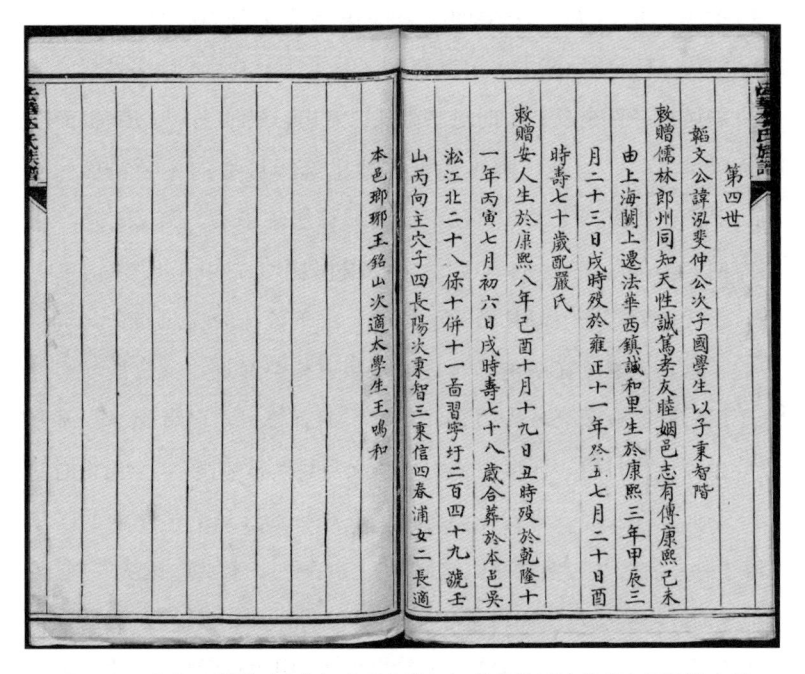

图2-5　光绪《淞溪（法华）李氏族谱》记载的始迁法华镇之四世祖李泓

在经商贸易中，李泓秉持儒道之风，秉性诚笃，重然诺。"曾有西商某遗金于肆，归而道卒。公曰金可遗也，义不可灭也，觅其子而还之。又尝焚积逋者券，计千金。"① 颇如古时孟尝君门客冯谖之故事。这种"常损己以益人，不侵人以利己"的家族门风，赢得法华士商的一致赞誉。"每与论乡里所矜式者，咸推法华李家……处一

---

① 李鸿翥等纂：《法华李氏宗谱》卷六《世章》。

乡一邑间，能为人人所称道，且脱诸口而若有余味。"① 加之李泓奉俭自持，居食不奢，逐渐为家族开创出了一个"素封"的局面。学者吴仁安在研究明清时期上海地区的著姓望族时，曾提及明清之际上海地区世家望族形成过程中有一种途径较为特别：即先靠经营农工商业或行医等起家，通过商品货币关系的竞争而成为"素封"的富户，再以金钱买得官品，跻身于缙绅之列，然后着意培养子弟读书应考。如此经过几世之后，他们就成为新兴的钟鸣鼎食之家了。②

　　李氏家族的崛起就是遵循着这条路径。从家族世系小传中，可以发现从第一世少塘公李大光一直到第四世韬文公李泓，都出身平平，并无任何功名。不过，他们已经为家族的崛起或创造平稳安定的环境，或立下了兴家旺族之策，或参与经商、累积财富。等到四世祖李泓、五世祖李秉仁（李泓长子）为家族奠定雄厚的经济基础后，李氏家族开始通过金钱捐纳那些不经过科考便能获取的"附贡""例贡""附监"；另一方面，又努力读书应试，力图通过正途考选，博取功名。这样一来，既能以财富支撑科举，入仕求贵，又能凭既得的功名显贵巩固家族的财富，如此富贵兼取，良性互动。因此，从康熙初年开始，一直到晚清废除科举之前，李氏家族拥有科举功名的子孙累世不绝。特别是"乾嘉道三朝，既富且贵，族至隆盛"③。以下是从《法华李氏族谱》与民国《法华乡志》中辑录出的部分李氏族人在康熙、雍正、乾隆、嘉庆、道光五朝的科甲盛况，从中概可窥见该家族何以能在法华镇雄踞一方。

----

① 李鸿翥等纂：《法华李氏宗谱》卷六《世章》。
② 吴仁安：《明清时期上海地区的著姓望族》，上海人民出版社1997年版，第49页。
③ 李鸿翥等纂：《法华李氏宗谱》卷六《世章》。

表 2-2　清康熙、雍正、乾隆、嘉庆、道光五朝法华李氏部分族人的功名盛况

世系	姓氏	生活的朝代	获取功名的途径	功名身份或入仕官衔
第五世	李秉义	康乾年间	科考	邑庠生（秀才）
第五世	李秉仁	康乾年间	捐纳	附贡生，以侄孙丙曜阶，貤赠承德郎、大理寺右评事，加二级
第五世	李秉智	康乾年间	捐纳	候选州同知，敕授儒林郎。以孙丙曜阶，貤赠奉直大夫、大理寺右评事，加三级
第五世	李秉礼	康乾年间	捐纳	附监生。考取州吏目，例授登仕佐郎
第六世	李基山	雍乾年间	科考	邑庠生。以孙锺潢阶，覃恩貤赠奉政大夫、云南陆凉州知州，加三级；以侄孙锺瀚阶，晋赠中宪大夫、刑部四川司郎中，补贵州、思州府知府，加二级
第六世	李心研	雍乾年间	科考	岁贡生，阶诰封奉直大夫大理寺右评事加三级，以孙锺瀚阶，晋赠中宪大夫贵州思州府知府随带，加一级
第六世	李琢明	雍乾年间	捐纳	候选员外郎，诰封授奉直大夫。以孙锺元阶，貤赠奉政大夫、太常寺博士，加四级
第六世	李德尚	雍乾年间	捐纳	附贡生。布政司经历，敕授儒林郎
第六世	李王哉	雍乾年间	科考	乾隆乙酉科副贡，选授予安徽望江县教谕，嘉庆申科钦赐举人，辛酉会试，恩授国子监学正，敕授文林郎

续　表

世系	姓氏	生活的朝代	获取功名的途径	功名身份或入仕官衔
第七世	李丙曜	乾隆年间	科考	乾隆丁酉顺天乡试，考取四库馆誊录，议叙大理寺右评事、署左寺丞
第七世	李应堃	乾隆年间	捐纳	中书科中书
第七世	李应埔	乾隆年间	捐纳	候选光禄寺署正
第七世	李应培	乾隆年间	捐纳	附贡生，布政司理问
第七世	李应增	乾嘉年间	捐纳	例贡生
第八世	李锺潢	嘉庆年间	科考	举人，考授国子监谊堂学正，擢修道堂助教，纂修《国子监志》提调官，监督户部兴平裕丰仓，署云南东川府巧家营同知
第八世	李锺瀚	嘉庆年间	科考	嘉庆十八年拔贡，朝考一等，授七品小京官、刑部陕西司学习。二十一年顺天举人，补四川司主事，升广西司员外郎，湖广、四川司郎中
第八世	李锺元	嘉庆年间	入京考订雅乐时受封	授太常寺博士，特派则例馆纂修
第九世	李曾裕	道光年间	科考	道光乙未顺天乡试，挑取誊录，署两浙青村盐大使，即补知府，以道员用
第九世	李曾鼎	道咸年间	捐纳	山东候补府

资料来源：李鸿羲等纂：《法华李氏宗谱》卷四《世传》，民国八年木活字本；民国《法华乡志》卷四《科贡》、卷五《独行》。

与法华李氏科第"家族化""谱系化"一样，明清两代法华镇其他主姓获取功名者也很少是孤立分散的个人，而大多是处于相互连带与上下传承的家族网络。除了李氏家族外，以王智纯为代表的王氏家族、以徐光启为代表的徐氏家族等"主姓"都是法华镇科第功名的主要来源。

表2-3　明清两代法华镇科第功名人数统计　（单位：人）

人数 朝代＼功名科目	进士	举人	正途贡生	例仕例贡	武科	封赠	承荫	小计
明朝	15	9	8	20	1	18	5	76
清朝	2	11	6	63	6	15	0	103
合计	17	20	14	83	7	33	5	179

资料来源：民国《法华乡志》卷四《科贡》。

由表2-3可知，明代法华镇拥有科第功名者只有76名，而入清以后则大幅增至103名。主要原因在于捐纳的贡生或购买官职的人数从明代的20名涨至3倍多，达到63名，其中就包含李氏家族。由此可见，随着法华镇的商品经济在清乾嘉年间臻于鼎盛，各家族蓄积的财富总量也在不断膨胀，缙绅家族逐渐成为法华镇权力关系网络中的中坚力量。通过相关志书的记载，我们可大致计算出数量较大的功名人数在重要家族的分布状况：如明朝产生的15个进士中，有8个来自朱氏家族；产生的9个举人，有6个来自朱氏家族；产生的20个例仕、例贡，有8个来自朱氏一族；产生的18名封赠，有7名来自朱氏一族；而承荫的5名全部来自徐光启一族。又如清代产生的11名举人中，有6名来自李氏家族；产生的63名例仕、例贡，有30名来自李氏家族，11名来自王氏家族，5名来自徐氏家族；产生的15名封赠，有7名来自李氏家族。① 综观明清两朝法华

---

① 民国《法华乡志》卷四《科贡》。

地区的科甲盛况，明代以朱氏家族为首，清代则以李氏家族为尊。

二、从乡村到市镇：明清法华科甲的重心转移

与"主姓"家族"镇居化"相伴生的，是科甲从乡村到市镇的重心转移。有明一代的创村族姓由于多具显赫的科举功名与仕宦经历，自开村立基以来就累代延续诗书传家、崇文重教的传统。如石家宅的石氏家族，自石英中率先登第之后，其弟与二子亦蝉联科甲，形成"一门簪缨"。"石懿中，英中弟。嘉靖三十二年岁贡。官王府教授；石应朝，字启忠，英中从子，嘉靖二十八年己酉科，仕刑部主事；石应魁，字启文，应朝弟，嘉靖三十七年戊午科，顺天中式，仕临江府同知。"[①] 不过，若论明代法华科甲之最，则非东北境朱家厍的朱氏一族莫属。早年居于上海县华漕一带时，朱氏子弟就世敦行义，"复有艺文相禅，邑中薰其德，莫不称朱氏多长者"[②]。自明中叶监察御史朱瑄在朱家厍创村之后，一直到明清鼎革之际，朱氏家族科第之盛，门祚之显，法华境内无出其右。

> 明季科名之盛，莫盛于朱家厍朱氏。朱瑄，正统三年举人，十三年进士，官监察御史。朱佑，景泰元年举人，官南昌同知。朱恩，瑄子，成化十年举人，二十年进士，官礼部尚书。朱豹，佑孙，正德八年举人，十二年进士，官监察御史。朱良训，恩从子，正德十四年举人，官建宁知县。朱大

---

① 嘉庆《法华镇志》卷四《科贡》。
② 〔明〕朱豹：《朱福州集》，《四库全书存目丛书》，第75册，齐鲁书社1997年影印版，第130页。

韶，瑄曾孙，嘉靖二十二年举人，二十六年进士，官司业。朱大年，大韶从弟，嘉靖三十一年举人，官应天推官。朱家法，豹孙，万历十九年顺天举人，二十年进士，官工部郎中。朱本复，大年子，万历十九年顺天举人，官南阳通判。朱本洽，大韶从子，万历二十五年举人，四十一年进士，官刑部员外郎。朱长世，豹曾孙，天启元年举人，二年进士，官工部主事。朱积，大韶孙，崇祯三年举人，十六年进士，选庶吉士第一。朱在廷，长世从子，崇祯六年顺天举人，官河间推官。朱在镐，长世子，崇祯十五年举人，官广信推官。计二百年中，登贤书者十三人，捷南宫者八人，一门通显，夫岂偶然。①

然而，入清之后尤其是乾嘉之际，随着法华跃升为上海城西市面繁荣、声教景从的"市镇之首"，四周村落原先科甲接踵、名儒蔚起的显赫地位不知何故湮没无闻。据嘉庆《法华镇志》卷四《科贡》载，法华境内明代共出进士15名，举人9名，正途贡生8名，② 这些人基本来自朱氏、石氏、张氏等"主姓"所创之村落；但有清一代，整个法华境内进士只有1名，举人11名，正途贡生8名。③ 从这些人的族姓与地域来源看，他们已不再是明代那些寓守乡村的石氏、朱氏等旧族姓，而主要来自法华镇居的李氏、陆氏、王氏等新兴家族。具体参见下表：

---

① 民国《法华乡志》卷八《遗事》。
② 民国《法华乡志》卷四《科贡》。
③ 民国《法华乡志》卷四《科贡》。

表 2-4 清代法华镇进士、举人、贡生的家族分布状况

科名\类项	姓名	字号	所属家族、祖父辈状况	居地	科第年份	任官经历
进士	李曾珂	鸣玉	法华李氏第九世、第八世李锺汸之子	法华西镇诚和里	同治十年辛未梁耀枢榜	仕山西金溪、南城、乐平、新建、庐陵县知县，光绪丁亥、丙子山西乡试同考官
举人	陆钟秀	以任	法华陆氏第四世，陆思诚之孙，陆南英之子	法华东镇易安楼	嘉庆三年戊午科	以大挑选授安徽庐江教谕，甫下车即得疾，假归旋卒
举人	陆旦华	焕虞	法华陆氏第五世，陆钟秀之子	法华东镇易安楼	嘉庆十八年癸酉科	官安徽庐江县训导
举人	李 蒸	王哉	法华李氏第六世	法华西镇诚和里	嘉庆五年庚申科顺天榜	辛酉钦赐国子监学正
举人	李锺潢	渚桥	法华李氏第八世，李蒸之孙	法华东镇双芝仙馆、露凝深处	嘉庆十八年癸酉科	官云南陆凉州知州
举人	李锺瀚	瀛门	法华李氏第八世，李蒸之孙，李锺潢之胞弟	法华东镇双芝仙馆、露凝深处	嘉庆廿一年丙子科顺天榜	官贵州思州府知府
举人	李鸿膏	允元	法华李氏第十世，李曾珂独子	法华西镇诚和里	光绪二十三年丁酉科	曾与总教习张焕纶董理敬业学堂
举人	金展成	诏庭	榜姓张	不详	康熙五十二年癸巳科	不详
举人	戴张杰	哲宣	榜姓张	法华东镇梅坡	乾隆九年甲子科	江都教谕

续　表

科名	类项 姓名	字号	所属家族、祖父辈状况	居　地	科第年份	任官经历
举人	王家桂	庭荣	明隆庆进士王文炳族裔孙，法华王氏家族蒲川一支始迁祖	法华西镇诚和里	乾隆十八年癸酉科	闭户自修，潜心经术，未仕
	王丰镐	省三	源于太原琅琊王氏，王景道之子	法华西镇包家香店小木桥南	光绪二十八年壬寅科	历官浙江交涉使、代行淞沪商埠督办、湖北邮包税局局长等职
贡生	王予权	平如	系出法华王氏家族蒲川一支，王锺之孙，王坤培之子	法华西镇敬和堂后长春圃	廪贡生	不详
	李蒸	王哉	法华李氏第六世	法华西镇诚和里	乾隆三十年乙酉副贡	辛酉会试恩授国子监学正，选望江教谕
	李锺瀚	瀛门	法华李氏第八世，李蒸之孙，李锺潢之胞弟	法华东镇双芝仙馆、露凝深处	嘉庆十八年癸酉选贡，甲戌朝试一等	授七品小京官，刑部陕西司学习
	陆思诚	希正	法华陆氏第二世，陆云龙之子	法华东镇易安楼	乾隆四十年乙未岁贡	未仕
	陆遵	鸿裳	法华陆氏第六世，陆思诚之曾孙，陆纪泰之子	法华寺南园	廪贡生	未仕

续　表

类项\科名	姓名	字号	所属家族、祖父辈状况	居　地	科第年份	任官经历
贡生	徐尔路	行之	徐家库徐氏家族，徐光启之孙	徐家库后乐宫	顺治十三年丙申部题廷试	授职知县
	朱与琮	今方	朱家库朱氏家族，明崇祯举人朱在廷之子	朱家库	康熙五年丙午岁贡	官徽州绩溪训导，府志云河间推官
	程丕杰	怀瑛	家族不详，程宗洛之子	不详	乾隆五十五年庚戌恩贡	不详

资料来源：光绪《法华镇志》卷四《科贡》、卷五《第宅》、卷六《文苑》；李鸿燾等纂：《法华李氏宗谱》卷六《世章》，民国八年木活字本。

在清代 20 名法华正途科名获得者中，李、陆、王、张 4 个新兴的"镇居"族姓共得 14 人次，尤其是法华李家，科名奕奕，簪缨联翩。而一度蝉联科甲之尊的明代"乡居"旧族入清之后，只有徐家库的徐尔路与朱家库的朱与琮两人得以科甲入仕，其余村落再无族姓取得功名。民国《法华乡志》就明确指出徐光启家族后裔城居与乡居两支的迥然命运："文定公孙，迁居城南者，代有名人。居徐家汇者，俱安于农圃矣。"即使像朱家库 200 年科名不坠的朱氏，声势也已达强弩之末；这说明随着清代法华成为具有城市气象的商业市镇之后，"乡居"族姓在科举考试中的优势地位明显受到新上升的"镇居"家族的挑战，对士绅家族而言，法华的"城镇化"创造了比乡村社区更为优越的文化教育条件与更多的社会流动的机会，一二强宗巨族垄断市镇权力的局面正被打破，[①] 更多新兴家族子弟得以

---

① 陈亚平：《近代江南城市化市镇的社会结构》，《河北学刊》1993 年第 5 期。

跻身士绅之列，市镇的权力结构朝着多元化方向发展。从这个意义来说，科举文化的重心已从乡村转移到市镇，镇、村之间出现了一定的人才与知识的"梯度势差"。

诚如学者所言："促成地区文化水平差距的根本因素之一便是文教开展的绩效，这几乎已成为文化研究的常识。"① 与科甲优势相对应的是文教水平与文风的发达。而文教活动往往由那些具有恒产的"镇居"士绅才能发起与担当。如居于法华东镇的陆思诚，"岁贡生，博学雄文，喜汲引后进，远近知名士半出门下"②。他曾于自家"易安楼"教授生徒，"门下士皆一时名隽，当时比之闲存先生藏书楼"③。陆思诚之曾孙陆遵，"邑廪生，经学专家，文名颇著，以致从游者众"④。又如居于西镇的法华李氏贡生李阳，以书舍"望梅处"为址，"尝延名宿沈旦平青、薛鼎铭苇塘、顾伟烈作先、薛龙光少文，课其子若侄，一时称盛"⑤。这种"声教景从"的文化集聚效应是四乡村落所无法比拟的。

在这些名门著姓长期的文教引领与辐射之下，法华镇除了是四周乡村聚落经济意义上的"中心结点"之外，又逐渐成为"文教中心"。这种被文化形塑出来的新功能，在嘉庆《法华镇志》的"风俗"条中表现明显：

> 每月朔望，请本学教谕至法华寺，讲读圣谕，耆士率听，转相告诫，村野胥化……二月三日，文帝诞。士人率子弟，诣

---

① 林拓：《文化的地理过程分析》，上海书店出版社2004年版，第21页。
② 嘉庆《法华镇志》卷六《名臣》。
③ 嘉庆《法华镇志》卷五《宅第园林》。
④ 民国《法华乡志》卷五《名臣》。
⑤ 嘉庆《法华镇志》卷五《宅第园林》。

（法华寺）满月阁拈香。具资作会，老成宿学读孝友、文艺，幼辈侍立肃听，至夜分食馂余返。①

作为法华东、西两镇街市的分界地标，法华寺在清乾隆年间成为宣读朝谕、教化士民、文人雅集的重要场所，所蕴含的是"经济中心地"身份之外的文化权力空间意义。诚如学者所言："空间本身是文化与社会关系的载体和场域，具有规训民众、改造大众文化的功能。"② 换句话说，所谓的"耆士率听，转相告诫，村野胥化"，某种程度上正是法华寺作为法华镇士绅文化与社会关系的载体，对四乡村民与民间"小传统"文化进行自上而下的形塑与改造，这是建立法华地域社会认同的重要基础，也是法华成镇之后成为上层精英文化集聚地并与四郊农村腹地拉开文化势差的必然结果。

三、士绅家族对法华镇的权力运作与地域认同

明代中叶以降，星罗棋布于江南的市镇，其生产、生活基础及居民属性，逐渐区别于孕育它们的乡村。换言之，市镇对其所处的地域空间形成一种明显的自我认同。③ 这种地域认同意识，是明代以来江南市镇大发展过程中一个很重要的面向，也是研究城市化进程中阶层城乡心理趋向的良好切入点。明清时期，江南地域社会中权力结构的中坚力量非士绅与宗族莫属，其所控制的公益建置或慈善组织、其所主导的集会结社与民众心态、其所干预的社会秩序管理，都是他们成为市镇准权力主体的鲜明体现。因此，从这一群体

---

① 嘉庆《法华乡志》卷二《风俗》。
② 陈蕴茜：《空间维度下的中国城市史研究》，《学术月刊》2009 年第 10 期。
③ 杨茜：《明代江南市镇中的"主姓"家族与地域认同》，《历史研究》2020 年第 2 期。

的意识和行为角度出发，在基层地域结构的视野下，分析家族与市镇间形成的紧密关系对地方社会造成的影响，是十分必要的。

就法华镇而言，在明末清初"主姓"家族完成士绅化转型后，其与市镇的关系也发生了相应的转变。即从原先"主姓"家族的"创市"角色转变为士绅家族在权力运作层面上维系地方社会的稳定与良性运行。因为法华镇在整合区域内自然、商业、人文资源而成为"城西首镇"之后，必须面临的一个难题就是如何驾驭这些资源的流动、组合、分化等秩序问题，如何协调市镇内部各群体的利益分配，这关乎市镇能否长久保持内在活力与区域中心地位。为此，法华镇士绅家族必须依靠政治身份优势，构建起一套内部彼此认同，对外支配市镇公共事务的权力关系运作机制。

就内部而言，士绅家族的权力关系运作机制，既包含有特定组织或场所作为载体的文化网络，也包括某些特殊的人际关系网，它们都在客观上昭示和凸显着市镇地域空间的独立与认同。

（一）以园林、宅第为空间的文化交游圈

法华成镇之后，凭借"附邑独近"、地亩开阔、远离喧嚣、山水幽雅之优势，吸引了不少士绅家族在此栖居，竞相构筑园林、宅第，引为一时之风尚。所谓的园林，指的是植木栽花、添建亭台楼阁、轩榭廊舫，以供享乐赏玩的旅游名胜；而宅第多指名门望族斥巨资营建的私人住宅、书屋，其间也多有亭楼斋馆、花木雕杆之胜境。据民国《法华乡志》卷七《第宅·园林》载，明清两代法华镇共建有园林、宅第达29座，数量之多，遥遥领先于上海地区其他市镇。如果从建筑工艺与美学角度来看，园林与宅第是存在差异的，但如果从文化功能上来说，两者是可以归并为同一类文化空间。

首先，园林、宅第是法华士绅读书习文之场所。如长春圃，"在西镇敬和堂后,为贡生王智古昆仲读书之所"。静深书屋,"在东镇,理评李丙曜、廪生李应阶读书室"。研露斋,"在西镇侯家衖,贡生邹大镕畊云读书处"。双芝仙馆,"在东镇宁远堂后,为李锺潢读书处,曾茁双芝,故名"。承恩堂,"在唐子泾堂之左,为正己居,诸生胡忠耕读之所"①。虽然士绅各自辟有斋堂屋馆,以为读书之所,但并非掩门闭读,与外界孤立隔绝,而是通过在园林、宅第中"授徒"与"延师"两种交往方式,发生了横向性的连结关系,形成了文化交游圈。开门授徒者,如王智古,学赡才博,为诸生名宿。"居长春圃,教授生徒,如赵传纪、郭体干、侄家桂等。"②又如陆思诚,在自家的易安楼教授生徒,"门下士皆一时名隽,当时比之闲存先生藏书楼"③。延师课子弟者如贡生李阳,他在法华东镇的书舍"望梅处"延请名宿沈青来、薛苇塘、顾作先、薛少文,"课其子若侄,一时称盛"④。

其次,以园林、宅第中的赏花、饮酒、作诗为特色的雅集,为法华士绅交游圈的形成提供了载体。乾嘉之际,尽管各士绅家族的园林在形态布局上同少异多,但有一种植物品种几乎是所有园林都具备的——这就是驰名江南的法华牡丹。"牡丹,一名鼠姑,又名鹿菲;谷雨时作花,又名殿春。有六十余种。"⑤据嘉庆《法华镇志》记载,法华牡丹,传自北宋时的洛阳花种,移植法华之后,革新接种之法,"取单瓣芍药根,于八九月贴嫩芽,与洛阳不同"⑥。加之

---

① 以上均见于民国《法华乡志》卷七《第宅·园林》。
② 民国《法华乡志》卷七《第宅·园林》。
③ 民国《法华乡志》卷五《文苑》。
④ 民国《法华乡志》卷七《第宅·园林》。
⑤ 民国《法华乡志》卷三《土产》。
⑥ 民国《法华乡志》卷三《土产》。

法华种棉，地多沙土，宜植牡丹，"即邑中艺圃，亦必取法华土植之始得花，而茂丽终不及，故法华有小洛阳之号"①。

至乾嘉时期，牡丹已遍植法华镇士绅园林、宅第。如李氏家族的东园（又名"漎溪园"）、北园（又名"丛桂园"或"遂初园"）、张氏家族的香花草堂、王氏家族的天香书屋、陆氏家族的易安楼（俗称"陆家旗竿"，后名"啸园"）、邹氏家族的研露斋等都应有尽有，成为士绅之间文化品位认同的基本配置。其中，以李氏漎溪园的牡丹身价极昂，名种最繁，计有"太真晚妆""平分秋色""瑶池春晓""紫金球""绿蝴蝶"等60余种，驰名江南。清人徐珂在《清稗类钞》中专门提到："上海法华镇之牡丹，相传自宋即有之，初盛于吴下，而法华李氏漎溪园尤多异种，为云间冠。所植尤蕃茂，有紫金球、碧玉带二种，最名贵，色香俱胜，其它杂色，亦有数十种。"②钱泳在《履园丛话》中亦谓："漎溪园在法华镇，亦邑人李氏别业。法华故多牡丹，为东吴之冠，而园中所种植者尤蕃茂。"③一到谷雨时节，漎溪园中花开满畦，五色间出，花朵大如盘盂，可值万钱，是闻名遐迩的一处胜境，前来赏花者络绎不绝。"远近之有花癖者，车舟纷集，主人固好客者张筵待之，称韵事焉。"④

需要注意的是，这些游赏牡丹者，多为饱读诗书、格调高雅的士绅名流。所谓"园主人必张筵宴，邀请当道绅辈为雅集焉"⑤。换言之，当时的游园赏花并不是向所有人开放的，而是带有文化权力

---

① 民国《法华乡志》卷三《土产》。
② 〔清〕徐珂编撰：《清稗类钞》第12册，《植物类》，"漎溪园牡丹"，中华书局1984年版，第5927页。
③ 〔清〕钱泳：《履园丛话》卷二〇《园林·漎溪园》，中华书局1979年版，第538页。
④ 〔清〕藜床卧读生辑：《绘图上海杂记》卷五《法华漎溪园牡丹》，光绪三十一年上海文宝书局石印本。
⑤ 民国《法华乡志》卷三《土产》。

意味与身份门槛的雅集活动。除了一般的观赏品鉴之外，园林主人多希望士绅能留下诗文词章，以提升本家族的人文声望。如当时为李氏漵溪园所作的诗文就不下数十首，赋诗者既有法华本镇士绅王锺，也有吴地杨大琛、沧州李廷敬等名士。又如张德基家族培植牡丹的香花草堂，亦是诗文荟萃之地。"花时游屐填集，信宿流连，以歌诗投赠，汇成卷帙。"① 这与张德基父子出色的交游能力与才情分不开。"德基固豪俊好客，人乐与交。子仁耀，亦潇洒能诗，座上多知名士。"②

所谓"乐不可以无诗，诗不可以无酒"。赋诗作文时，饮酒自然是少不了的。在贡生王智古昆仲读书的长春圃，每逢六月暑夜都要举行诗酒交游会。据王锺《暑夜集长春圃记》记载，与会士绅包括"陇西氏二、平原氏一、太原氏二、予及弟而七也"③。他们"撷园蔬、沽市醑，除地布席于荷池之上、竹林之下"④，宽襟袒衣，挑灯更酌，悠然自醉，触景歌诵李白的《桃李园序》，颇有魏晋名士之遗风。又如陆思诚家族的啸园，结构颇雅，牡丹尤多奇种。"每届花时，折简招呼近局作软脚会。巡环劝酒，不醉无归。"⑤ 啸园同时还是法华士绅消夏避暑的上上之选，而且无须事先约定，"不柬而来，不期而合"⑥，可见彼此之间已形成了自发性的交游圈。陆旦华曾作《消夏图记》描述士绅群贤齐集啸园，诗酒交欢的盛况：

> 携茶具、治酒榼，环坐于青苔绿草之间，或咏、或觞、或

---

① 民国《法华乡志》卷七《第宅·园林》。
② 民国《法华乡志》卷七《第宅·园林》。
③ 民国《法华乡志》卷七《第宅·园林》。
④ 民国《法华乡志》卷七《第宅·园林》。
⑤ 民国《法华乡志》卷五《文苑》。
⑥ 民国《法华乡志》卷七《第宅·园林》。

歌、或笑，各从其性之所好，竟日流连，此乐何极。余谓斯会也，不可以不诗，并不可以不画，乃延写生手绘图，以纪其兴。其趺坐垂杨不作濠濮间想者，邹梅塘也；负手屈身而观垂钓者，陆召圃也；携琴来访度石梁而下者，王渔珊也；据石对饮者，王筠庄、筍舫也；筠庄量以斗石计，手持巨觥，引满无算，恐筍舫不得不稍让一筹矣。松阴密罩，凉翠宜人，静对楸枰，经营于十九路中者，为钱茇亭；局外闲观者，为王晴皋；手拈一子，呼小奚而烹茶者，即平原主人陆缦卿也。①

无论是读书习文，还是赏花酒会，园林、宅第都是法华士绅家族构建文化交游圈，强化身份认同的绝佳载体。尽管这个交游圈内部没有严格的组织规范和分明的等级关系，而是属于有特定物质载体的人际关系网，但它却是建立在排他性的文化权力之上的。台湾学者巫仁恕的研究发现，明清江南市镇志在书写园林宅第时存在着明显的主观意图。即着力凸显其"文人化园第"的形象，园第的兴废易手应在绅士之间流转才不被舆论非议，对于非士大夫身份的游客或园主多略去不载，或多载其经营园第不如缙绅而最终衰败。②这种园第的"文人化"现象，在《法华镇志》中亦表露无遗，背后彰显的是法华士绅家族通过塑造地域文化的优越性以唤起地方意识，强化地方认同，甚至隐含着试与其他市镇、县城争长短的企图。

（二）以地方大姓为中心的婚姻圈

据嘉庆《法华镇志》记载，明清时期法华地域社会至少有50个姓

---

① 民国《法华乡志》卷七《第宅·园林》。
② 巫仁恕：《明清江南市镇志的园第书写与文化建构》，载郑培凯编：《九州学林》（2007冬季5卷4期），复旦大学出版社2008年版，第68—113页。

氏定居于此，其中有相当一部分是士绅望族。出于各自的生存和发展需要，这些望族势必对法华镇有限的社会经济资源与利益展开竞逐，由此产生的矛盾冲突也必然会波及市镇平稳运行的正常秩序。无论是出于扩张家族势力的需要，还是为了调和矛盾争端，联姻婚配都是士绅望族整合族际资源，形成利益共同体最为普遍的一种。恩格斯曾指出："对于骑士或男爵，以及对于王公本身，结婚是一种政治的行为，是一种借新的联姻来扩大自己势力的机会；起决定作用的是家世的利益。"①

以法华镇"乾嘉道三朝，既富且贵，族至隆盛"②的李氏家族为例，其与本地的王姓、乔姓、黄姓、吴姓、赵姓、蒋姓、凌姓、毕姓、戚姓、陈姓等十几个家族发生了联姻关系。从男系一方的婚配来看，计有"吴氏，本镇李煦（第六世）妻；乔氏，进士（乔）锺吴长女，廪生李应阶（第七世）妻；吴氏，光禄寺署正李应埔（第七世）妾；毕氏，中书李应堃（第七世）妾；蒋氏，监生李锺淇（第八世）妻；戚氏，本镇李锺沅（第八世）妻；陈氏，本镇李曾铭（第九世）妻"③。从女系一方的婚配来看，四世祖李泓的两个女儿，"长适本邑琅琊王铭山；次适太学生王鸣和"④；六世祖、岁贡生李炯有女六人，均嫁入士绅家族。其中一位婚配法华西镇王氏家族的王锺。王锺，字一亭，号纪辰，附贡生。"祖智纯，父坤培。品端学粹，工古诗文词，书得二王法，善擘窠大字，笔力遒劲，名重一时，凡廨庙颜额，多出其手。"⑤他还是嘉庆《法华镇志》的撰修者，文

---

① 马克思、恩格斯著，中共中央马克思恩格斯列宁斯大林著作编译局编译：《马克思恩格斯选集》（四），人民出版社1995年版，第76—77页。
② 李鸿翯等纂：《法华李氏宗谱》卷六《世章》。
③ 民国《法华乡志》卷六《列女》。
④ 李鸿翯等纂：《法华李氏宗谱》卷四《世传》。
⑤ 民国《法华乡志》卷五《文苑》。

才学识,驰誉乡邑;六世祖、候补员外郎李焕有女四,"皆适士族"。其中,长女嫁于本镇儒生凌孝光;七世祖、大理寺评事李应坡的长女,"年十八,适本邑生员黄森之子铭黼"①。而与李氏家族婚配的族姓,又与其他族姓发生了姻亲关系,如此连环相扣,编织起一个错综复杂的"婚姻圈"。详见下图所示。

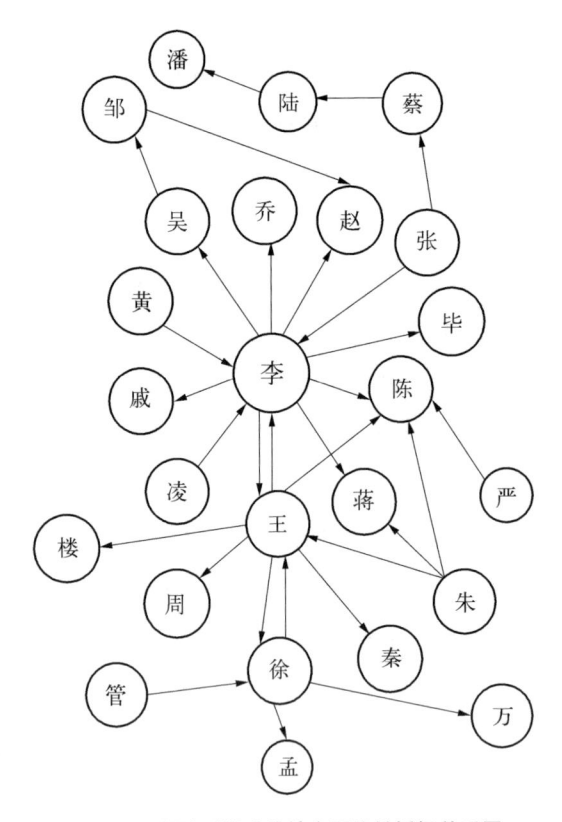

图 2-6 明清时期法华镇主要族姓婚姻关系网

注:(1)此示意图据民国《法华乡志》卷六《列女》《寿妇》统计绘制;(2)图中的箭头所指的方向表示该姓的男子迎娶对方家族的女子。

---

① 民国《法华乡志》卷六《列女》。

各族姓以婚姻为纽带组成了一个亲密无间的人际关系网络,"广泛的亲属集团成员与其他宗族联合起来,形成显赫的派系"①。他们互通声气,一呼众应,彼此奥援。以李氏家族与法华西境东上澳塘乔氏家族交往为例。清乾隆年间,乔锺沂、乔锺吴两兄弟曾受家族委托,摹勒明万历朝武举人、先祖乔一琦将军集王羲之字体而写的《金刚经》石刻。然而,藏于观音寺殿壁间的石刻因遭火焚,残缺不全,搜罗补摹,颇费功夫。这本属于乔氏家族内部事务,旁人若介入过问,均不在情理之中。但由于李氏六世祖李炯之子李应阶娶乔锺吴长女为妻,两家沾亲带故,便可不避忌讳。李炯遂命其子李应坡,"先已抉石剔藓,没者出之,缺者补之,俾先世墨宝复传于后"②。

在李家的帮助下,乔氏兄弟顺利地将《金刚经》葺废补缺,搜集完全,并砌作浮海观音的供座。在供座落成后题写的跋中,乔家直接言明了与李家的姻亲渊源。"果亭先生(即李炯),世居法华,与寒家戚谊敦厚。"③ 而李家也对乔家子弟家学渊源的书法造诣多所倚重。如法华东镇嘉荫堂东偏的醉墨舫,为李氏家族第八世、太常寺博士李锺元继室潘淑吟诗读画之所。"额系邑人乔锺吴为李闇斋书。"④ 再者,每逢族中长辈过寿时,李家也必请乔家为之撰写寿文。如第五世李秉仁六十大寿时,曾力邀乔一琦的曾侄孙乔光烈为之撰写《拙峯公六十寿序》。

这种婚姻圈之中同声互助的族谊,一旦遭遇社会动乱,则表现

---

① [美]艾尔曼著,赵刚译:《经学、政治和宗族——中华帝国晚期常州今文学派研究》,江苏人民出版社1998年版,第43页。
② 嘉庆《法华镇志》卷一《古迹》。
③ 嘉庆《法华镇志》卷一《古迹》。
④ 民国《法华乡志》卷七《第宅·园林》。

得更为显著。如"壬寅,海上欧逻告警,曙海楼王君、春泽堂朱君、法华李君相继避氛于家"①。这里指的是,在道光二十二年(1842年)的鸦片战争中,英军攻破长江吴淞口炮台,江南提督陈化成力战牺牲,上海知县刘光斗遁走松江,县城中盗匪蜂起,秩序大乱,"居民拥出西门,大众至法华,阖市皆惊,相率闭户"②。上海县城大东门沙船业望族王氏、糖业望族朱氏,与法华李氏纷纷放弃单居独处,相继避难于与李氏有姻亲关系的乔家,进行共同防卫。

(三)以公共事务为纽带的民生保障圈

如果说交游圈与婚姻圈都属于法华士绅家族内部的权力关系网络,那么在面对外部更大地域范围内的公共事务时,他们也能仰仗家族财力与身份名望,动用各类资源,构筑起以公益慈善事业为纽带的民生保障圈。这对于加强绅、民之间的凝聚力,化解官府与民众的敌对冲突具有重要作用,客观上昭示出市镇明显的地方保护意识,凸显出地域空间的自我独立与认同。

在秩序承平的日常状态下,法华士绅家族主要通过建桥梁、创津渡来保障民生。桥梁与津渡是江南水乡市镇特殊地理结构的产物,两者共同扮演着市镇内外沟通的重要角色,不仅在一定程度上制约着市镇社会经济的发展,而且与民众日常的生活出行息息相关。因此,创津建桥是地方社会福泽深远的公共事务。另外,津梁的建设作为地域开发的一部分,本身也是社会中上层定居与文化移植的重要一步,③ 因而得到士绅家族不遗余力地推动。

---

① 乔先格主修:《乔氏宗谱》卷三《列传》,民国二十一年铅印本。
② 民国《法华乡志》卷三《兵燹》。
③ [日]川胜守:《明清江南市镇社会史研究》,(东京)汲古书院1999年版,第268页。

娄泾桥,在小闸。乾隆十五年,法华张德基捐赀重建;小闸桥,原名延寿桥。乾隆十六年,何斐成募捐,里人李阳撰有碑文;百步桥,在龙华港出浦处。明万历癸丑,里人张云程,号起龙,募捐六千余金易石,方伯张所望有记。清康熙间,举人张泰、僧上机,募捐重建……嘉庆四年,徐思德倡捐重建,何琪有记。①

创津渡方面,引为典范者当属曹家渡。曹家渡的辟设,缘于明代曹氏家族曹旸之先祖。"隆万之间,吴淞江大通,曹之祖父不告于众,不求助于人,造舟以济卬须焉,则人称之为曹家渡。江渐湮,人苦涉,则复为桥,继易以石,人称之为曹家桥。行者愿憩,则复为庵,人称之为曹家庵。"②从津渡到桥梁再到庵亭,曹氏先祖的公益善举"不矜不炫",数代之后,民众"相率而忘其故,义之名不立也"。③但曹氏后裔一直并无高调宣扬先祖的高义之风,直到清初,多有外姓企图竞夺修渡权以争利时,曹氏后裔才不得不出面,向官府力陈曹家渡与曹氏一族的渊源,防止修渡权落入唯利是图的劣绅之手。在拿回修渡权以后,曹旸决定将曹家渡永世"别之为义渡,以明其非利"。正如顺治年间上海名绅张宸为曹氏家族所撰《曹氏世代义渡碑记》中所言:"渡,曷为以义名?曰别于利也。利,则争。义,则不争。而何以必称世代?曰此曹氏子孙之志也。"④

法华相关志书在记载士绅家族创渡修桥的义举时,虽没有载明乡民的具体受惠情形以及他们对士绅善举的回馈,表面上也难看出

---

① 民国《法华乡志》卷二《津梁》。
② 民国《法华乡志》卷二《津梁》。
③ 民国《法华乡志》卷二《津梁》。
④ 民国《法华乡志》卷二《津梁》。

士绅家族之间互动互通的关系。但实际上在诸多创渡修桥的实例中，我们发现每当有士绅完成一件善举后，一般都有其他士绅为之刻碑垂功。如李阳为何斐成撰写小闸桥碑文，何琪为徐思德记录捐建之功，张宸为曹氏子孙撰刻碑记等，这说明士绅在处理公共事务时，不是各自为政，而是彼此应和，结成关系圈的。

如果说承平时期的公益善举尚不足以显现出士绅家族网络化的痕迹，那么当法华镇遭受灾厄，秩序动荡之际，活跃于官民之间的士绅家族构筑以赈饥、平粜活动为纽带的民生保障圈就清晰地浮出了水面。

> 乾隆十三年，雹伤豆麦……时米大贵，知县王促劝士民捐资平粜，其各乡村未举行者，借俸银买米，以倡率之。时里人李阳、王智古、王智纯、王璞、王洪、李秉智、李秉义、李春浦、张殿邦、张德基等捐资，竭力奉行。
>
> 乾隆二十年，禾稼不登，饥民遍野……巡道申梦玺同知县，首先捐俸赈粥，邑绅捐米，设厂于演武场，并各乡就近设厂。里绅李阳、李炯、王智纯、王璞、王家树、张德基，设厂法华寺，实力妥办，不假吏胥，民沾实惠。时李阳等议赈粥不若给米，陈三便三不便，有司从之。
>
> （乾隆）二十一年，宪檄平粜，以上各绅士，俱籴米平粜，多寡有差。①

从这三次非常时期的救济活动中，可以清楚地看到，出面缓解

---

① 民国《法华乡志》卷三《荒政》。

时厄的士绅名单有高度的相似，核心人物分别来自李氏家族、王氏家族、张氏家族，尤其是李氏家族，对于赈济救荒有代代相沿的传统，"嗜行善䟽，每岁饥，必发粟赈，世世一辙"①，已成为法华四乡绅民公认的旗帜。救济人物高度叠合的现象绝非偶然，应该是各士绅家族经过内部呼吁、协调、组织后的一致行动，足以证明法华士绅之间确实存在一个相对稳定的民生保障圈。而且这个保障体系具有鲜明的独立性，只需道县传檄而下，甚至无需胥吏介入，法华士绅就能自发地董理捐资、籴米、给票领米等各项事宜，灾民深受其惠。无怪乎嘉庆九年（1804年）上海县知县苏昌阿盛赞"四乡平粜，惟法华经理称最"②。

综上所述，法华"主姓"家族，一部分在晚明转型为士绅阶层后，在清代延续了在市镇社会中的权势地位。作为代表市镇"发声"以及反映市镇自我意志最敏感、最有力的群体，这些士绅家族借助自身构建的文人交游圈、婚姻圈、民生保障圈等非制度性的权力关系网络，在官民之间、城乡之间表达自身和市镇的利益诉求，背后彰显的是法华士绅家族希冀塑造地域文化的优越性以唤起地方意识，强化地方认同，甚至隐含着突破现有的政治、文化等级框架，获得与其经济规模更为匹配的身份的企图。

---

① 李鸿焘等纂：《法华李氏宗谱》卷六《世章》。
② 嘉庆《法华镇志》卷三《荒政》。

第三章 "原生型"城市化道路的阻断

19世纪中叶以后,在西方列强船坚炮利的冲击下,国门洞开,世运丕变。尤其是1843年上海开埠通商、划定租界之后,与传统中国"古都型"城市迥异、具有西方特色的新都市开始出现。就城市自身演变脉络而言,"它标志着上海社会开始逸出传统的轨道,并逐渐向近现代国际性大都市迈进"[①]。而对江南地区的城市版图、市镇格局与城市化道路而言,上海开埠后的迅速崛起,也同样促使其发生结构性的重塑与演化。它促使了江南经济中心城市由苏州向上海的转移,并相应导致以苏州为中心的市镇体系呈现归向上海的重新组合,逐渐形成唯上海马首是瞻、以上海口岸内外贸易为主要联结纽带的新的市镇体系。[②] 而且,它还影响了江南市镇自然演进的"原生型"城市化道路走向,使之呈现不同程度的盛衰起落变化。当然,这种盛衰起落的原因也是错综复杂的,既有内部自然地理因素的变动,也有外部战乱带来的冲击破坏,更与上海租界新都市距离的远近疏密高度相关。作为上海开埠后近郊市镇的典型代表,法华镇由盛转衰也因此而起。

步入近代之后,法华镇原先颇具气象的"原生型"城市化道路

---

① 熊月之主编,周武、吴桂龙著:《上海通史》卷5《晚清社会》,上海人民出版社1999年版,第1页。
② 戴鞍钢:《上海开埠与江南城镇格局演变》,《社会科学》2014年第1期。

遭遇阻断，这主要是三方面的原因：一是道光、咸丰年间的小刀会、太平天国战争之乱，对扼守上海西乡门户的法华镇的庙宇宅第、繁荣市面、商民财力都造成重创，致使商业萧索、人口外流、元气大损，这属于社会突发性因素对市镇盛衰的制约。二是被誉为法华镇"黄金水道"的李漎泾，在官府改变淤泥疏浚方略、外国教会势力争占填塞河道以及本镇商户固守商业利益的多重背景下，水利与航运功能遭遇严重衰退，直接影响到法华镇的经济命脉。三是原属法华镇乡脚的徐家汇、曹家渡、静安寺等外围村落，得益于太平军袭沪后难民大流动之契机以及租界新都市的经济辐射效应，逐渐具备宗教文化、工业生产、住宅休闲等近代新兴功能的市镇。需要指出的是，这种类型的成市成镇，是与明清江南市镇成长机理迥然不同的崭新模式，是上海开埠后社会环境与社会制度的重大变革，客观上要求江南市镇在发展路径上必须作出新的时代因应，同时也宣告了市镇"原生型"城市化道路的阻断。

第一节 外部兵燹：太平天国战争的冲击与契机

吴仁安在考察明清上海地区城镇的勃兴、式微、荒落时，将这些城镇变貌的原因归结为两个阶段：第一阶段，即明代至清代前期（鸦片战争前夕），偏重于交通路线的更动、贸易地点的迁徙和自然条件的变化等因素；第二阶段，即清代后期（道光季年至宣统三年），主要是由于上海开埠后外国资本主义的侵略和清政府镇压太平军战争所致。[①] 其中，太平天国战争，席卷东南半壁，狂飙所及，

---

① 吴仁安：《明清上海地区城镇的勃兴及盛衰存废变迁》，《中国经济史研究》1992年第3期。

庐舍为墟，遍地瓦砾。江南地处风暴的中心，"被难情形较他省尤甚"①，是学者较为公认的清代中期以降对于太湖平原地区城镇乡村环境的破坏，规模最大、程度最深、影响最远的战乱。② 上海近郊的法华镇自然也不例外。

> 法华自有镇以来，前清乾（隆）、嘉（庆）时为鼎盛，咸丰庚申后，叠遭兵燹，典商停歇，市面萧条，兼之东南徐家汇、入北曹家渡，相继成市而，法华益衰矣。③

咸丰庚申后所遭遇的兵燹，指的就是太平军在上海法华境内的战事。从咸丰十年（1860年）至同治元年（1862年），太平军曾三次进攻上海，每次都取道法华镇，造成不同程度的冲创，致使原先勃兴的市面趋于凋敝，长期以来的区域中心地位受到动摇。这里，需要说明的是，法华镇是上海县城西郊重要的军事结点，是从陆路西攻上海县城必经之屏障。清末文人王韬在《瀛壖杂志》中，曾论及防卫上海县所必须遵循的方略："防海则重吴淞，防陆则西、北两门以外为法华、龙华、栅桥、虹桥，皆当扼要。"④ 从战略布防上来看，虹桥—新泾—漕河泾—法华—徐家汇—斜桥，是外敌进入上海县城的一道重要防线。而法华一地，则是扼守上海县城与西乡以及太湖流域各地之间的咽喉，"实上海西路之蔽"⑤。

---

① 寄云山人：《江南铁泪图》，学生书局1969年版，第3页。
② 张根福、冯贤亮、岳钦韬著：《太湖流域人口与生态环境的变迁及社会影响研究（1851—2005）》，复旦大学出版社2014年版，第149页。
③ 民国《法华乡志》卷一《沿革》。
④ 〔清〕王韬：《瀛壖杂志》，上海古籍出版社1989年版，第2页。
⑤ 〔清〕钱勋：《吴中平寇记》卷二，收入《四库未收书辑刊》第3辑，第13册，北京出版社2000年版，第139页。

需要特别说明的是，其实，近代以后，首次撼动法华镇的兵祸并不是太平军，而是咸丰三年（1853年）的小刀会起义，只不过后者的破坏程度与影响不如前者为甚。但如果说江南市镇步入近代后都难免有"先破后立"的命运，则小刀会起义与太平天国战争对法华镇的重创可一并视作其近代转型的前奏。那么，法华镇究竟如何在这两场战乱中削弱了自身的区域中心地位呢？

首先，镇上的许多古桥、寺庙、衙署等公产都遭到不同程度的毁灭。如小闸桥，"咸丰四年，闽寇据城，苏抚吉统兵会剿，命将桥梁拆毁，以绝南窜之路。今仅存两端而已"①。法华寺中的"满月阁"，被誉为"淞溪八咏"之一的"满月春晴"，颇极一时之胜。然而，在咸丰十年（1860年），"粤匪下窜，假满月阁为火药局。七月初二日，内寇失慎，遂成焦土，大雄宝殿亦渐坍废"②。英瑞庙，"在高家巷西南。相传为祀汉英布，亦沿江七十二庙之一也……咸丰十年毁于寇"③。甚至连法华镇唯一的行政管理机构"吴淞巡检司署"也劫数难逃。咸丰三年（1853年）八月初，小刀会乱军占据上海县城后，"即纠土匪乘夜将署焚毁，巡检乔增焕子身北走"④。之后，巡检司署"或假庙宇，或赁民舍，无定所焉"⑤，日渐丧失行政威严与机能。至1918年，复旦学子瞿宣颖对法华镇进行社会调查，发现吴淞巡检司署仅留有法华东镇古井遗迹。⑥

私人宅第如法华东镇李伯英的敬修堂，在太平军兵劫之后，"日

---

① 民国《法华乡志》卷二《津梁》。
② 民国《法华乡志》卷七《寺观》。
③ 民国《法华乡志》卷七《寺观》。
④ 民国《法华乡志》卷三《兵防》。
⑤ 民国《法华乡志》卷三《兵防》。
⑥ 瞿宣颖：《法华镇状况概要（社会调查之一）》，《复旦》1918年第7期。

图 3-1　法华寺遗址旧照（拍摄年代不详，选自《长宁区志》）

就倾圮，将为废宅"，为了不浪费仅剩的坚檩巨栋，遂应当时上海道台应宝时起造龙门书院的倡议，将私人房产估值，移建为公用建置。① 至于器物、房屋之败毁景象，更是俯仰可见。据当时协助抗击太平军的英国军队亲眼所见：

> 该镇（法华镇）于破坏后出现一片凄惨的情景。道路两旁的房屋全遭破坏，门窗都被毁损，家具被打烂，陶器的碎片散置地上，大米遍地皆是，衣服随处乱放，一切的一切证明太平叛军曾经践踏过这个地方。这一些都是在距我军驻地不过几码的地方看到的情形，而从这里直到市镇的尽头约共一英里长，

---

① 〔清〕毛祥麟：《墨馀录》，上海古籍出版社 1985 年版，第 27 页。

在在都是如此。①

其次，法华镇自沦为小刀会与太平军攻夺上海县城的战场后，军饷开支便强行摊派至商民头上，人心惊骇，纷纷停歇市面以避危。1853年，小刀会首领刘丽川率党众20余人，持械至法华镇韦天庙，假托安民，实欲募饷，全镇大惊，相率罢市。"八月十九日，匪首刘丽川，自嘉定至沪，路过徐家汇，约千余人，船十余只……至法华，又向商民索饷，团集格斗，互有损伤，遂退。"② 而镇上的一些暴众强徒也趁此风声鹤唳之际，向街市上的商铺劫索财物。"本镇街道乡民时常聚集，有强而黠者，拥至广誉堂周永济当内，不名一钱，持票索货，一哄而进，历一昼夜，抢掠殆尽。"③ 于是，原先"烟户万家"的繁闹市镇一下子变得冷清凋零。

至咸丰十年（1860年），为抵御兵锋盛嚣的太平军，上海知县刘郇膏奉清廷命各地筹办团练的谕令，将全县的团练分为二十局（后增至二十二局），各局就近分领各图，相互策应联防，以配合清军作战。比起上海县城外围其他三乡，西乡一带的兵祸程度尤为剧烈。

> 洪杨之乱，自庚申迄壬戌三载内，就沪地西乡而论，如江桥、诸翟、野鸡墩、北新泾、新桥、虹桥等处官军营、贼匪营星罗棋布，烽火惊心，被杀逃亡，尸横遍野；高堂大厦，灰烬

---

① 《北华捷报》第632期，1862年9月6日，摘自上海社会科学院历史研究所编：《太平军在上海——北华捷报译》，上海人民出版社1983年版，第363页。
② 民国《法华乡志》卷三《兵燹》。
③ 民国《法华乡志》卷三《兵燹》。

一空,转徙流离。父不能顾其子,夫不能顾其妻,宋之金兀朮、明之倭寇蹂躏海角,未有如此之甚者。①

因此,仅西乡一带,便设有诸翟局、江桥局、虹桥局、新泾局、法华局、新闸局六局,几占团练局总数的三分之一。法华局的创设,以及与西乡其他团练局的相互策防,尽管很大程度上遏制了地方局势的恶化以及太平军进击县城的势头,但作为一个原本自由成长的市镇,它也背上了沉重的军事负担,付出了额外的"养兵"代价。"每到局或出战,每名(团勇)给钱二百文,经费由各局各图额田捐,每日每亩一文,各保按月收缴。"② 这笔民团费用虽不如"闽寇"与"粤匪"那样抢掠性地征募,但对法华民众来说带有强制性,时限一长,必然会耗损法华镇的经济根基与元气。

需要指出的是,尽管整个西乡地区满目疮痍,但因法华镇地区邻近县邑大本营、便于驰援的优势,相比其他市镇的破坏程度有所减轻。"法华地近邑治大营,呼援甚捷,骤来杀掠,不敢盘踞,较之西乡贼窟之处仅隔十余里,尚有天渊之别。"③ 因此,法华局设立后,在本镇范围内较少展开与强敌的恶搏,而大多是增援其他乡镇抗敌,阵亡人数不是很多。不过,逃亡民众却是不计其数。据当时镇守法华镇外围据点的英军目击:"除一两个饥饿不堪的乞丐躺在地上外,一个活着的人也看不到,老百姓全都逃光。"④ 此描述虽未免有些夸张,但民众在村庄、田舍、庄稼被焚毁后纷纷逃到租界的

---

① 民国《法华乡志》卷三《兵燹》。
② 民国《法华乡志》卷三《兵燹》。
③ 民国《法华乡志》卷三《兵燹》。
④ 《北华捷报》第632期,1862年9月6日,摘自上海社会科学院历史研究所编:《太平军在上海——北华捷报选译》,上海人民出版社1983年版,第363页。

现象却是事实。对此，1862年9月的《北华捷报》中有相关记载：

> 最初流入租界的大批难民，主要是从西南方面各村庄而来……登上苏州河上老闸桥附近的瞭望台，便可看清楚差不多三英里外焚烧中的村镇，也看到大批乡民，在快要成熟的稻田和栽种其他谷物的田地里，转弯抹角地在走着，这些大都是住在靠近租界的老百姓，由于将近黄昏，他们当晚仍然设法回到自己的村镇，准备次晨再到租界这边来。①

所谓的"西南方面各村庄"以及"住在靠近租界的老百姓"，实际上就包括离上海县城西南郊最近的法华镇在内。除了逃向租界外，法华镇东南的徐家汇一隅，也是难民们争相避乱的理想场所。"粤匪时，西乡避难于此者，男提女挈，蚁聚蜂屯，视为安乐土。"② 当时，这里虽还未被纳入法租界，但相较于法华镇却更为安全，因为明末清初以来由徐光启家族在此开基的传教事业在1847年便被西方耶稣教会所承续，他们还强占大片土地，修建教堂，徐家汇此时已初步成为其在江南重要的传教据点。据史式徽的《江南传教史》的说法，"由于叛乱分子（指太平军）一心想拉拢欧洲人，因此他们也保护天主教的事业。他们向领事们作了保证，并表示坚守诺言……（1853年）9月7日，徐家汇附近的法华镇里的农民残酷地屠杀了叛乱分子派来的人；20日，叛乱分子对这个暴行进行了报复，他们烧

---

① 《北华捷报》第632期，1862年9月6日，摘自上海社会科学院历史研究所编：《太平军在上海——北华捷报选译》，上海人民出版社1983年版，第359—360页。
② 民国《法华乡志》卷一《沿革》。

毁乡镇，杀害了大批居民；徐家汇却安然无恙"①。

第二节 内部困境：李漎泾水利功能的衰退

对步入近代的上海周郊市镇来说，开埠通商与租界的冲击无疑是影响其兴衰存废的时代最强音。但诚如一些学者指出的那样，在城镇兴废存亡的实际历史过程中，其制约因素往往不是孤立地存在和起作用，它们总是互相糅合，互相影响，互为因果。只是具体于某一时期，某一城镇，可能某一因素的作用相对强些，某些因素的作用相对弱些。② 作为紧邻通商口岸的法华镇，来自租界的影响自然举足轻重，但这一时期水文环境的变迁所带来的影响同样也不可忽视。这就是被誉为"法华命脉之源流"的李漎泾在水利功能上遭遇到了困境。

乾嘉年间的李漎泾，俗称法华港，南接蒲汇塘，出龙华港以入黄浦，北在周家桥合西来的新泾支流，直达吴淞江，为法华境内南北交通之干河。它"蜿蜒十余里，通舟楫、资饮料、灌田畴，夕汐朝潮，商民交利"③，成为法华镇盛衰攸关的"母亲河"。一般而言，上海地区地势平坦，濒江临海，境内诸多河道都属于平原感潮型河网，其水源的补给多依赖于吴淞、黄浦二江的潮汐进出。而像李漎泾这样南北两端分别接纳吴淞、黄浦潮汐的河道，正是平原感潮型河网的典型。"两水来潮，易盈易泄。初会潮于法华寺东。"④ 潮汐

---

① ［法］史式徽著，天主教上海教区史料译写组译：《江南传教史》第一卷，上海译文出版社1983年版，第282—283页。
② 张忠民：《上海：从开发走向开放（1368—1842）》，云南人民出版社1990年版，第391页。
③ 民国《法华乡志》卷二《水利》。
④ 民国《法华乡志》卷二《水利》。

涌入必定携带泥沙，泥沙淤沉则势必削弱李漎泾正常的水利功能。一旦淤塞，不仅能使注入其中的中小水路交通陷于瘫痪，而且还将使肇家浜，蒲汇塘，东、西上澳塘，龙华港等主干水路陷入梗阻，从而直接左右法华镇市面的荣枯。因此，李漎泾的清淤工作显得格外重要。

有清一代，自乾隆五十五年（1790年）起，法华镇就将疏浚李漎泾定为常例。一般先由当地乡绅向知县呈请，然后从沿河附近各图中派编挑夫开浚。曾先后于乾隆十二年（1747年）、乾隆五十五年（1790年）、道光九年（1829年）、道光十六年（1836年）、咸丰八年（1858年）、同治九年至光绪元年（1870—1875年）、光绪二年（1876年）、光绪七年（1881年）、光绪二十二年（1896年）、宣统二年（1910年）对李漎泾进行了14次的淤泥开浚工作。

从这些年份，大致可以看出，道光朝之前，李漎泾的清淤次数较少，且每次清淤间隔时间较长，说明此时的李漎泾尚无很大的淤积问题，这也是法华镇得以在乾嘉年间持续繁盛的水运保障；而道光朝之后，捞浅工程明显开始频繁且每次间隔时间大大缩短，侧面折射出李漎泾的水利功能面临衰退的危机。结合镇志记载，可以发现，李漎泾的命运之所以在近代前后出现如此大的反差，应与道光十六年（1836年）在小闸桥坝断龙华港有莫大的关系。

道光十六年（1836年），江苏巡抚林则徐亲临勘视蒲汇塘、肇嘉浜、新泾、李漎泾等河道的疏浚工程。据当时里人沈泰呈报，与李漎泾南端交接的龙华港，由于直通黄浦之口，汹涌的潮汐从此处进入内河后，极易形成淤垫，提出永留龙华港拦潮大坝。

虽各河本有五年一浚之例，而自道光八年酌挑之后，连遭荒歉，未克兴工，总因经费浩繁，集资大为不易。此次大加挑浚，倍见深通，若复任令潮汐往来，不久仍然淤废，实堪深惜。据请永留拦潮大坝，系为因地制宜，有利无害之计。且蒲、肇、新、李四河，互相贯注，以达吴淞，即由吴淞注浦入海，西来之水不至壅遏，而更可并力以助吴淞泄水之势。①

林则徐在权衡利害轻重后，依照里人所请，在小闸桥坝断龙华港，以截黄浦江的浑潮。这一隔坝拦潮的举措，对法华一带河道的影响甚为深远。如蒲汇塘，在此以前，东流至新泾以东，名龙华港，是合蒲龙为一河。"自小闸桥堰断龙华港后，士人呼新泾以东亦为蒲汇塘，直接肇嘉浜，是合蒲肇为一河。"② 又如李漎泾南端水路，由原来的蒲汇塘—龙华港—黄浦江一线，改为蒲汇塘—肇家浜—日晖港—黄浦江一线。

更重要的是，南北潮汐在法华镇的会潮地点也发生了转移，这才严重引发李漎泾的泥沙淤积问题。由于龙华港被坝门所封，黄浦之潮只得改由日晖港经肇家浜入李漎泾，这样离吴淞江的路径便缩短了，会潮的地点也向西移一里许至西浜湾。与原先在法华寺东会潮时大不相同，此时居民两面枕水，"河身既狭，其流不畅，浑入清出，易积泥沙，不以时修，即形淤塞矣"③。

当时林则徐还下令，凡挑浚蒲汇塘、肇家浜时，必须带浚李漎泾，"垂为令典"，但由于李漎泾两潮并进，淤积的泥沙要远远超过其他河道，"且傍河之田，人多争小利而忘大患，菱芦丛杂，竹树蒙

---

① 〔清〕唐锡瑞辑：《二十六保志》卷一《水道治绩》，光绪十二年版，收入"上海乡镇旧志丛书"，上海社会科学院出版社 2005 年版。
② 民国《法华乡志》卷二《水利》。
③ 民国《法华乡志》卷二《水利》。

茸，潮汐不通，旋开旋淤，深者略有余波，浅者几同平陆"①。所以，在与蒲、肇两河同时并浚后，"中间必再捞浅（李漎泾）一二次，始可通舟"②。

如果说隔坝拦潮所引发的会潮地点的西移还只是李漎泾水运功能弱化的一个起点，那么咸同之际对李漎泾新增的一系列人为变动，则更加剧了它的衰退。对此，法华镇绅胡人凤在《李漎泾水利论》中总结为以下三大败因：

第一，在李漎泾的疏浚过程中，流经法华镇镇区中心的"市河"一段容易成为争议性极强的地方。一般来说，李漎泾维持在宽9—12米（3—4丈）、深3米的状态就能满足正常的水运需求。不过，"市河"部分比较特殊，若维持不了4丈的宽度，货物的装卸就很困难，也会直接影响到市面，故疏浚深度要保持在平时水位的一米左右。③ 然而，"市河"一带又往往是市房、店肆鳞次栉比的商业区，在许多绅商看来，大肆掘挖与拓宽此处的河道，免不了以河房的拆除为代价，这就直接损害了他们的商业利益。因此，他们对这一带的浚疏工程往往不配合甚至反对，这就难免出现"市河"区段与流经周边村落的"乡河"区段开挖宽度不统一的现象。如咸丰八年（1858年），上海知县黄芳奉檄浚河，"悯市河形同沟洫，最狭处石岸驳占不盈一丈，不成为舟楫往来之市河"④，下令将下塘房屋一律拆除，开阔加深，使帆樯云集，以为振兴商业之基础。不料，镇上各绅董狃于小利，不愿拆除，"是以乡河河面四丈，而众安桥至种德

---

① 民国《法华乡志》卷二《水利》。
② 民国《法华乡志》卷二《水利》。
③ ［日］高桥孝助：《上海都市化的扩大与周边农村——1920年前的上海县法华乡》，《上海研究论丛》第8辑，上海社会科学院出版社1993年版，第64页。
④ 民国《法华乡志》卷二《水利》。

桥市河,仅定三丈,甚至石驳不拆,中间仍不盈一丈,束缚既多,其流必滞"①。

第二,迫于外国教会势力的争占,李漎泾位于镇区之外的乡河部分在入浦路线与疏浚力度上都变得十分不利。尤其是其流经法华东镇迤南的徐家汇时,原本在东生桥接肇家浜,两水的交汇点位于后来法国天主堂的北墙之内;但在同治二年(1863年),由于两水交汇的这段肇家浜被法国天主堂所侵占,并把肇家浜改道东移40余丈,李漎泾也只好跟着改道40余丈,移到天主堂东北墙角之外,再接肇家浜。②如此一来,李漎泾南端注入黄浦的水路被强行地拉长,这就使河道中泥沙的排泄大打折扣。

原本流经徐家汇地区的李漎泾南段还只能称为"乡河",但随着咸同之后徐家汇的成市,昔日的乡河一段,改称为"徐家汇市河"。既为市河,必有沿河市房,徐家汇的商人们同样唯恐这些临河市房在清淤工程中受损,纷纷要求官方作出缩短河宽的让步。如同治九年(1870年),在对这一段进行疏浚时,就不再按照咸丰八年(1858年)那样以"乡河须阔四丈"为标准了,而是将之收缩至三丈。更趋严峻的是,随着徐家汇地区外国商人、教会力量强势介入李漎泾的浚河权力,就连"三丈宽"的河面标准都很难守得住了。民国《法华乡志》云:"今则东镇迤南,洋商驳占,年盛一年,欲求三丈而亦不可得。"③

第三,在李漎泾南注黄浦的水路已经不利于冲刷淤泥的情况下,李漎泾北通吴淞江的水路又没有相应地拉直,以助泄潮。胡人凤曾

---

① 民国《法华乡志》卷二《水利》。
② 祝鹏:《上海市地理沿革》,学林出版社1989年版,第68—69页。
③ 民国《法华乡志》卷二《水利》。

图 3-2　李漎泾徐家汇段风景（1921 年）

一针见血地指出，其北端"过三泾，转西达周家桥，出吴淞江"这条故道太过迂回曲折。他认为，合理的流向应该是"李漎泾应与三泾、丁浦合为一河，直出吴淞江，何等便捷，即使丁浦久淤，应在三泾西购地，开通范家浜出吴淞江，亦为直径"①。因为凡开河，贵直不贵曲，直起直落，易刷泥沙，工省费微，一劳永逸，"何必屈曲盘旋，如龙华十八湾，湾湾面龙华"②。应该说这是颇有见地的治河之策，可惜一直未被政府予以重视采纳。

历经几番人事更替之后，晚清时期的李漎泾上帆樯日渐绝迹，河形日趋隘窄，水利功能日益衰退的趋势已难挽回，但直至民国以

---

① 民国《法华乡志》卷二《水利》。
② 民国《法华乡志》卷二《水利》。

前,它在当地绅民不遗余力地疏通之下,还未彻底丧失传统水运的生命力,"为目前计,为权宜计,惟有浚深西段通商运货,苟延一线之生机"①。民国之后,随着英法租界势力在法华地区越界筑路、越界租地的最终完成,李漎泾之南出口处(即徐家汇)已被天主堂填塞。"如沟北出口处(即周家桥)亦被马路及道契地填塞。如沟中间经流之处,均被两旁房屋侵占,恢复原状,势非易事"②。

图 3-3　捞浅后的李漎泾上船只如织(1924 年)

---

① 民国《法华乡志》卷二《水利》。
② 王晖等编:《市政演讲录三集　上海市各区概况》,上海市政府1930年8月印行,第20页。

境内另外两条干河——吴淞江与蒲肇河,相比李漎泾的近代命运则似乎要好,这也是曹家渡与徐家汇工商业崛起并赖以勃兴的一个重要原因。据民国上海工务局的市政调查,"曹家渡商业较盛,工厂较多,赖乎吴淞江之航运。蒲肇河虽较淤浅,然小船尚可通行,故徐家汇之工商两业,尚可维持其营业"①。不过,正是由于这两地的制革、肥皂、染织、合粉等厂日益林立,且又恰好分列于李漎泾南北两大源头,大量工业废渣、废水的排放对李漎泾的污染势所难免。"每日放出之污水,黑而且臭,令人欲呕,李漎泾以河面狭、河底浅,潮流不畅,臭水停潴,其间时呈黑色或绿色,灌溉农田且害植物,充作饮料,更碍卫生。"②1928年2月1日《民国日报》报道称,法华镇市河(即李漎泾)两岸,"各肥皂厂等各种工厂放出浊水,致河水变色,两岸居户恃此为饮料者,于卫生前途大受影响"③。对此,法华镇商民请求上海市政府工务局派员从速开浚,"或填平改筑马路,设自来管,以利交通而重公共卫生"④。由此可见,至1927年前后,李漎泾已沦为一条"有河之名,无河之实"的死水,筑路填平成为其难以抗拒的归宿。

李漎泾水利功能的强弱与法华镇的荣衰唇齿相依。乾嘉之际,法华镇空前繁盛的商业贸易为李漎泾的适时捞浅提供了经费上的支持,同时又正是依赖这条"黄金水道"的商货运输之利,法华镇才能维持一个多世纪的区域经济中心地位,使其"原生型"城市化道路成为可能。然而,近代以降,强势的工业化与城市化大举压境,旧式单一的传统水运交通显然已无法适应上海新都市经济在法华镇

---

① 王晖等编:《市政演讲录三集 上海市各区概况》,上海市政府1930年8月印行,第28页。
② 《上海市公用局供给法华镇自来水案》,上海市档案馆藏,卷宗号:Q5-3-2170。
③ 《法华镇河水变色》,《民国日报》1928年2月1日,第10版。
④ 《法华镇河水变色》,《民国日报》1928年2月1日,第10版。

发展的节奏。于是，由水路到陆路，由木船到汽车、火车，开始成为这个水乡市镇经济走出传统区域市场，与上海通商口岸经济连为一体的必然选择。

第三节 "中心—边缘"的镇村格局逐渐逆转

清乾嘉年间，法华镇一跃成为"城西首镇"之后，"凡县之附郭者，宜以此为首"①。这就暗示出法华镇与环绕四周的乡村已明显构成了"中心—边缘"的非均衡地域格局。引用费孝通先生诠释这种集镇与农村的关系就是："农村好比一个很大的细胞，集镇犹如中间的核心，一个是面，一个是点，这个点把各个村落联系起来，形成一个活动的社区，这样就成为我们江南水乡的一个集镇。"② 诚如此言，处于区域中心地位的法华镇，便是从四周大面积的村落细胞中汲取养分而脱胎成形的。来源于周围村落相对无序零散的社会经济资源一旦流动至市镇，便能由其内生的运行机制将之系统地配置成共生合力的结构，从而构建出法华镇的"中央性"③ 机能。也正是由于这种"中心—边缘"地域格局的长期稳定，法华镇"原生型"城市化道路才得以可能，"城西首镇"的地位才得以维持数个世纪之久。直至遭遇太平天国战争后，"中心—边缘"地域格局才被打破，并发生逆转。

---

① 嘉庆《法华镇志》卷一《沿革》。
② 费孝通：《社会学的探索》，天津人民出版社 1984 年版，第 219 页。
③ "中央性机能"的提法出自刘石吉，他借用许瓦茨"充分成长的城市"（full-fledged city）所下的定义，来分析江南市镇，认为在清代，江南许多专业性市镇具有明显的中央性机能与城市生活，不但是其周边乡村地区货品的主要供应者，而且也逐渐成为新思潮的传播媒介。参见刘石吉：《明清时代江南市镇研究》，中国社会科学出版社 1987 年版，第 71 页。

前文已详述,自咸丰年间法华镇被太平天国战争重创后,市面罢歇,商业萧条;而与之共生的,则是周边几处荒村僻地在这场兵乱之后"逆向"成市。

表3-1　太平天国战争后法华镇周边村落的成市状况

村落名称	所属保图	距法华镇里程	成市时代	成市契机
徐家汇	二十八保五六图	法华镇东南2里许	咸同以后	太平天国战争后,上海西乡民众多避难于此,人口积聚,后由法天主堂出面购地,当地教友人家开设店房,遂成市集
静安寺	二十七保八图	法华镇东北4里许	咸同以后	太平军攻袭上海之际,英商开辟马路,渐成市集
曹家渡	二十八保八九图	法华镇北3里许	光绪十八年	同治二年,李鸿章率淮军与华尔"洋枪队"在上海合击战胜太平军,英商开筑马路,至梵王渡。光绪十八年,有人购地建筑油车,是为成市之始
周家桥	二十八保八九图	法华镇西北4里许	清末民初	因无锡荣氏在吴淞江畔开筑申新纺织厂而成市
杨家库	二十八保五六图	在法华东镇南洋公学前	清末	南洋公学、南洋义务学校等的设立所带来的人流聚集效应;法租界西扩后,部分领地被纳入
土山湾	二十八保五六图	法华镇东南2里许	清末	从同治二年到民国八年,天主堂路、斜土路、漕溪路、裕德路等新式马路先后辟筑;耶稣教会在此兴办圣衣院、育婴堂、学校、慈母堂及各色工艺所等社会事业

资料来源:据民国《法华乡志》卷一《沿革》、卷四《学校》、卷七《教堂》。

图 3-4　19 世纪末徐家汇与土山湾之间的农村风光，
图左侧为基督教修士村庄

在这些成市的村落中，以一南一北的徐家汇与曹家渡的崛起，对于法华镇区域商业中心地位的冲击与削弱最大。"南距（法华镇）二里许，名徐家汇，傍肇嘉浜，开辟马路，水陆交通，渐成繁市；北距三里许，名曹家渡，在光绪中叶，巨商购地建厂，不十年而顿成绝大市面。有此两端发达，而法华镇之失败固不待言，大势所趋。"① 由此，原先围绕法华镇的"众星拱月式"的非均衡格局逐渐向"多足鼎立式"的并列型格局转变。

而从周边村落的成市契机来看，确实多以太平天国运动为拐点。尽管史学界少有学者对太平天国运动给江南市镇造成的空前破坏定性为进步的推力，② 但令人无法回避的是：如果没有太平军这场旷日

① 民国《法华乡志》卷二《水利》。
② 包伟民主编：《江南市镇及其近代命运》，知识出版社 1998 年版，第 54 页。

持久的战事搅动与破坏江南市镇惯常的运行轨道，流动人口、商业资本、以西方机器工业变迁为主导的生产方式等要素就没有机会得到市场的配置，工业化的触角也就无法轻易地伸入到市镇内部。这种逻辑在邻近上海租界新都市的徐家汇、静安寺两地表现得尤为典型。刘石吉曾引民国《法华乡志》中"徐家汇市"发育过程的记载，来证明太平天国战争客观上起到了推波助澜的功效。①

>徐家汇成市。徐家汇在法华东南二里许，向为沪西荒僻地。清道光二十七年，法人建一天主堂，堂之西即明相国徐光故居，其裔孙聚族于斯，初名徐家库。咸丰间，徐景星在东生桥东堍建茅屋三间，开一米铺，余则一片荒郊，绝无人迹。粤匪时，西乡避难于此者，男提女挈，蚁聚蜂屯，视为安乐土。于是天主堂购地数亩及徐姓、张姓，建平房数十间，外则开设店肆，内则安插难民，遂成小市集。同治二年，天主堂将肇嘉浜改道移东，又开辟马路，商贾辐辏，水陆交通。光绪十年，天主堂将市房翻建楼房；十九年九月，祝融为灾，尽付一炬。是年冬，重行建筑，焕然一新。三十四年，马路东有巨商张士希购地建孝友里楼房百余幢；迤东程谨轩、顾象新各建店楼数十间，市面大兴。既而电车行驶矣，邮政设局矣，电灯、路灯、德律风、自来水，次第装接矣。马路东为法租界，马路西为天主堂界，再西老屋为乡民界，日新月异，宛似洋场风景。②

从"荒郊僻地"到"洋场风景"，太平天国战争所引起的西乡难

---

① 刘石吉：《明清时代江南市镇研究》，中国社会科学出版社1987年版，第109页。
② 民国《法华乡志》卷一《沿革》。

民聚居，无疑是徐家汇城市化进程开启之起点。而战事的物资储备需求、流民集聚的生活需求，又刺激了店肆、市房的陆续开设。再加之西人为阻击太平军进入上海县城，先驻兵于新闸，后因图炮队输送之便，"始筑小路通行新闸、曹家渡、徐家汇，马路则造至静安寺，后亦发展至徐家汇"①。新式道路交通由此而兴，为清末法租界向这一带辐射扩张，形成现代市政景观奠定基础。

静安寺，原与孤悬西郊的徐家汇一样，"本一大丛林，无所谓市也"②。尽管每年四月初八的浴佛节，乡民来此"换牛，置农器"③，也能使静安寺一带香客云集。但这种"香市"毕竟属于乡村定期草市性质，层级很低，无法成为商业中心地。直到太平军攻入上海，威胁租界安全时，静安寺一带的地域功能发生了变化。是时，为阻击气焰汹汹的太平军，清廷决定向英法两国"借师助剿"，英工部局便趁机在静安寺横、纵两个方向越界修筑"军路"。同治元年（1862年）首先筑成东西向的静安寺路，这原本只是由上海跑马总会出资从泥城浜（今西藏中路）至静安古寺越界修筑的一条跑马道，因地邻公共租界，遂成为连接前者和泥城浜以西华界乡村地带的主要马路。接着，又于同治三年（1864年）辟筑自徐家汇至静安寺的徐家汇路（南北向，后改名海格路，今华山路）、自静安寺至梵皇渡的极司菲尔路（东西向，今万航渡路）。这三条新式马路，一经辟筑，来自公共租界与法租界的城市要素便源源不断地传输过来，市面因此繁兴，地本僻静的静安寺，一下子"马车盛行，游人始驻足焉"④。

如果说徐家汇成市成镇之后，旨在打造上海天主教的"拉丁

---

① 〔清〕胡祥翰：《上海小志》卷一《上海开港事略》，上海古籍出版社1989年版，第2页。
② 民国《法华乡志》卷一《沿革》。
③ 民国《法华乡志》卷二《岁时》。
④ 〔清〕葛元煦：《沪游杂记》，上海古籍出版社1989年版，第7页。

区",那么静安寺则定位为租界的"后花园"。当时,侨寓沪上的西人为调剂紧张的城市生活,经常驱车骑马,前往西郊的静安寺路游目骋怀,避嚣清谈。在发现静安寺旁"多隙地"后,便"赁以杂莳花木,曲者直之,弱者扶之,惨淡经营,不遗余力"①。至19世纪八九十年代,静安寺周边先后开发出愚园、申园、徐园、张园、西园等雅致绝伦的胜境,成为华洋民众品茗看花、憩息游乐、会友叙旧、集会演说的市民空间。晚清之际,曾在上海作寓公的名士官宦,如王锡麟、何荫柟、孙宝瑄等分别在《北行日记》《南游日记》《鉏月馆日记》《忘山庐日记》中提及在上海西郊静安寺四周的园林中饮酒煮肴、携友看戏、楼阁茶话等交游活动。② 花木缤纷之景,配合洋气时髦的生活方式,自然使这里成为不少文人雅士、达官贵人心驰神往的宜居之地。

> 静安寺路已渐渐地成为一个住宅区,许多大班们都在那里造起私人的住宅。这片地方一切都好,但夏天的蚊子则甚为讨厌,令人不能在草地上舒舒服服地乘凉。这时,这条路上还余留着许多乡下人的草屋,许多满栽着荷花的池沼,并有好些有钱的中国人在那里造了几所花园,因此在夏天的下午,这条路上已经很是热闹,常有许多人到这种花园里去喝茶乘凉。"如同天仙一般的中国女子坐了马车,不断地在这条马路上走过,"达尔温教士在他所著的《旅客指南》里边说:"他们所穿的衣服都是五颜六色,非常之悦目,上海似乎已成了时髦的中心。"③

---

① 〔清〕藜床卧读生:《新辑上海彝场景致》卷四《静安寺》,光绪二十年上海管可寿斋石印本。
② 上海人民出版社编:《清代日记汇抄》,上海人民出版社1982年版,第333、337、352—356、382—392页。
③ 〔美〕霍塞著,赵裔译:《出卖上海滩》,上海书店出版社2000年版,第83页。

当时还有一位名士李士棻,号芋仙,四川忠州人。道光间拔贡,同治初年,出任江西彭泽知县,后移临川。去官后,留寓上海20余年,以鬻书为生计。他对静安寺风景的喜爱程度极深,甚至有言:"尝谓我死后得葬于此,题墓碣曰:'西蜀诗人李芋仙之墓',则于愿足矣。"①

相比徐家汇、静安寺,曹家渡与周家桥的成市则是另一类逻辑。即直接发端于近代民族资本家开办的新式轻工业工厂,自成市之始,便以"工业生产区"的发展路向独树一帜。

> 曹家渡成市。曹家渡在法华北三里许。同治二年,英商开筑马路,至梵王渡。地甚荒僻,绝少行人。光绪十八年,有人购地建筑油车,是为成市之始。继而西段开办缫丝厂,东段开办面粉厂,招集男女工作,衣于斯,食于斯,聚居于斯者,不下数千人。由是马路两旁造房开店,百工居肆,而市成矣。面临吴淞江,帆樯云集,富商巨贾莫不挟其重资,设厂经商,除缫丝、面粉两厂外,若洋纱厂、织布厂、鸡毛厂、牛皮厂、榨油厂、电灯厂,不数年间,相继成立,市面大为发达。东西长二里许,鳞次栉比,烟户万家,火车站在其西,轮船埠在其东,交通之便,本乡首屈一指焉。

> 周家桥成市。周家桥在法华西北四里许。本一小村落。民国五年,有无锡富商荣氏傍吴淞江购地数十亩,开筑申新纺织厂。八年,欧战发生,纱价大涨,富商购地设厂者接踵而至,地价骤贵,亩值万金,百工麇集,遂成市焉。②

---

① 〔清〕黄式权:《淞南梦影录》,上海古籍出版社1989年版,第129页。
② 民国《法华乡志》卷一《沿革》。

据朱小田的研究，带动江南乡村成市成镇的近代工业发展，共分两种类型："资源取向型"和"城市取向型"。"资源取向型"，指的是乡村工业的发展主要借助本地资源的开发和利用；"城市取向型"，就是指乡村工业的发展主要靠现代化城市的辐射。[①] 从曹家渡与周家桥近代工业的起步看，只有缫丝厂、织布厂对法华本地种植的蚕桑与棉花有所依赖之外，其余的绝大部分产业都来自上海市区的移植，购地设厂的商人与资本也均非来自本地法华镇。也就是说，曹家渡与周家桥所走的"工业成市"之路，是仰仗毗邻租界新都市这个经济增长极的赋能，显然应划归于"城市取向型"的工业发展区位。

综上所述，晚清咸同之后，得益于太平天国战争之契机，原先处于法华镇边缘的徐家汇、静安寺、曹家渡等村落"逆向"成为商业市集。只不过这种"成市"路径，已不再如法华成镇那样依赖于农村商品经济的内生动力，而是主要得益于上海租界新都市在产业结构、资本技术、市政交通、生活方式方面的辐射力，并由此形成了宗教文化区、娱乐住宅区、工业区等"功能型市镇"。而且，它们成镇之后，便不再是法华镇下被动地输送劳力资源与供应产业能量的"乡脚"角色，而是渐与法华镇取得相对平等甚至超越其上的工商地位。就一般商品来说，这些村民在本级市场上就可以进行贸易，无需再至法华镇，这就势必会削弱乃至消解法华镇"一镇独尊"的资源集中优势。于是，法华镇与四乡村落维持了近一个多世纪的"中心—边缘"的地域格局最终发生逆转。

[①] 朱小田：《江南乡镇社会的近代转型》，中国商业出版社1997年版，第98页。

第四章　法华地区近代城市化转型的驱动力

19世纪中叶，当江南地区以市镇化为主的"原生型"城市化道路还在自然演进时，国门洞开，开埠通商，中国沿海沿江一带受到西方工业文明的冲击，兴起了一批以对外贸易、工业化和机械交通为特征的近代城市，表现出一种新的城市化势头。与传统时期低层次商品扩散基础上形成的"市镇化"不同，这种外力作用下的近代城市化是"以有工业化背景的商业化为动力形成的"①。它进入上海后，形成了以租界为中心的城市化扩展源，并且与市镇"原生型"城市化模式相对接，传统因素和新的引进因素交互发生作用，逐渐改变了法华镇原先仅依靠"市镇—乡村"互动的内生动力而发展的狭隘状态，转而寻求新的时代背景下城市化转型更为开放、持久的驱动力。

具体而言，这一时期法华镇城市化转型的驱动力主要来自三方面：一是以租界新都市为动力源的先进生产要素的扩张与辐射；二是借上海地方自治运动的东风，开展自身的市政建设；三是经济结构与产业形态的调整而产生的"新动能"，适应了法华镇由传统乡村经济中心向近代工商业城镇转变。从三方面驱动力

---

① 王瑞成：《近世转型时期的城市化——中国城市史学基本问题初探》，载《史学理论研究》1996年第4期。

的性质与方式来说，不仅是以法华市镇本身经济发展为动力的"内聚"的过程，更是以上海租界新都市为动力的"外扩"的过程。

第一节　新式交通与近代市政的楔入：来自租界的扩张

交通条件是制约江南市镇发展的关键性因素之一，这几乎是学界的共识。有学者认为，市镇的规模、结构、文化类型、商品经济发展水平等等，无一不受制于它联系腹地及外部世界的交通手段。[①]所谓"商业之盛衰，惟视乎交通之便与不便"[②]。施坚雅也认为，城市化扩张所需的各种技术力量应用与技术因素中，交通运输至关重要。"运输效率对（城市化）其他每个因素起到一个支持者的作用：它促使人口增长，使地区专业化、农村商业化，以及地区对内对外的贸易。"[③] 从交通方式上来说，法华自成市镇以来，无论是对外联络，还是镇内互通，都依靠交错纵横的细密水网。但由于江南水网首先服务的是圩田弥望的农业灌溉，其次才作为商品与人员的流通功能来使用，加之近代以后李漎泾的水利水运功能已趋于衰退，这就决定了法华传统水路难以转化为施坚雅所称的"提升城市化水平的技术动力"。直到租界在上海辟设和扩张后，新式马路交通兴起尤其是大规模的越界筑路，逐渐打破法华镇原有水乡格局，从而真正

[①] 包伟民主编：《江南市镇及其近代命运》，知识出版社1998年版，第111页。
[②] 殷梦霞、李强选编：《民国铁路沿线经济调查报告汇编》第九册《芜乍路沿线经济调查》，国家图书馆出版社2009年版，第4页。
[③] ［美］施坚雅主编，叶光庭等译：《中华帝国晚期的城市》，中华书局2000年版，第268页。

实现"交通近代化是城市近代化的前导"①的意义。

在论述越界筑路问题之前，很有必要先对近代上海英、法租界的扩张，以及租界与法华的地缘形势稍作交代。1843年上海开埠之后，英、美、法等列强通过一系列不平等条约攫取了在沪租地居留特权，先后在上海县城以北设立租界，并不断地自东向西蚕食扩张。截至1899年，由英租界与美租界合并而成的公共租界最后一次扩界，其四至范围为："东自杨树浦桥起，至周家嘴角止；西由静安寺划一直线，至新闸苏州河南岸止；南自法租界八仙桥起，至静安寺镇止，北自虹口租界第五界石起，至上海县北边界止。"②而法租界截至1914年最后一次大扩张，其四至为："北起长浜路（今延安中路），南至斜桥徐家汇路，东自麋鹿路（今方浜西路）、肇周路、斜桥，西至英之徐家汇路（今华山路）。"③至此，租界的西界已基本接壤甚至部分延伸至法华所在的二十八保地区。如光绪二十五年（1899年），英国推广租界至西芦浦地区，将光绪十七年（1891年）之前曾隶属于法华镇二十七保八图的静安寺划归英租界；民国三年（1914年），法国推广租界，肇嘉浜北、徐家汇路东，迤北直至长浜，二十八保五六图部分、北十二图东段，划归法租界。④

对当时尚处华界的法华地区来说，真正为陆路交通网络的构建奠定基础的越界筑路，是公共租界工部局于1899年最后一次面积扩界后，无法再行向西并吞法华地区才转而采取的一种变相扩张方式。

---

① 张仲礼主编：《近代上海城市研究》，上海人民出版社1999年版，第173页。
② 周明伟、唐振常主编：《上海外事志》，上海社会科学院出版社1999年版，第114页。
③ 周明伟、唐振常主编：《上海外事志》，上海社会科学院出版社1999年版，第116页。
④ 经过1914年最后一次扩张，法租界在法华乡境内直接并吞的具体保图、村落有：二十八保五图的杨家库、袁家宅；六图的徐家汇东市；北十二图的陈家巷、周家宅、许家衖、马家宅、李家宅、陈家宅共9个。参见民国《法华乡志》卷一《里至村落》。

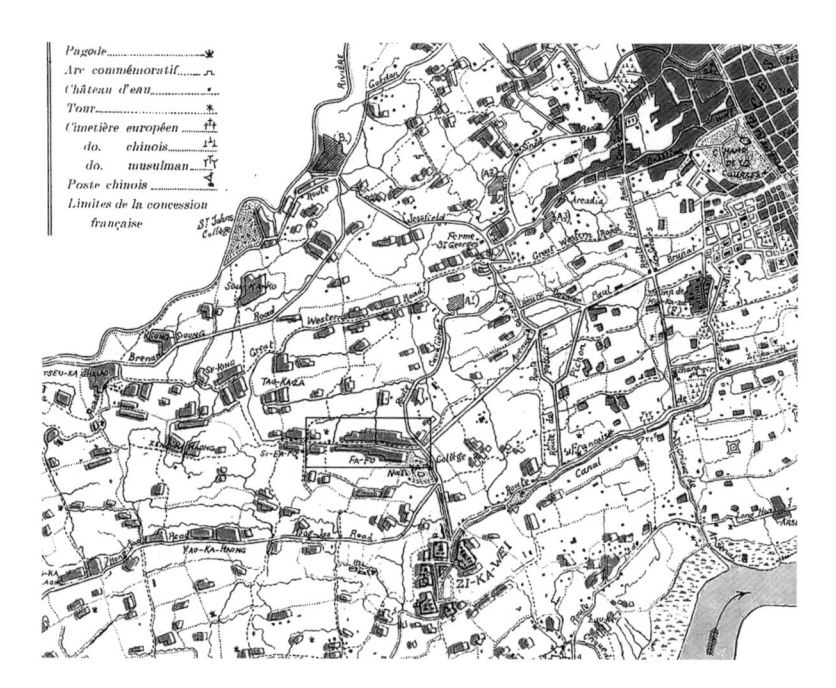

图 4-1　1902 年绘制的法语上海地形地貌图中标注的法华镇，拼写为"FA FO"

资料来源：https://www.virtualshanghai.net/Maps/Source?ID=333。

因为越界筑路与租界扩界本就具有连带关系。"越界筑路每为扩充地面之初步，而扩充地面不能达到目的时，又转向越界筑路进行。"① 从整个上海城市版图来说，租界的正北已受到正在开发兴起的华界闸北地区的拦阻，在租界的南面，相距不远则有黄浦江河道的阻挡。只有租界以西的沪西法华地区，既是上海的腹地，又是连接太湖流域水乡沃野的主要通道。这里农田和未加开垦的林地、河滩犬牙交错，水网密布，地价低廉，自然成为租界当局大规模越界筑路的重

---

① 徐公肃、丘瑾璋：《上海公共租界制度》，上海人民出版社 1980 年版，第 86 页。

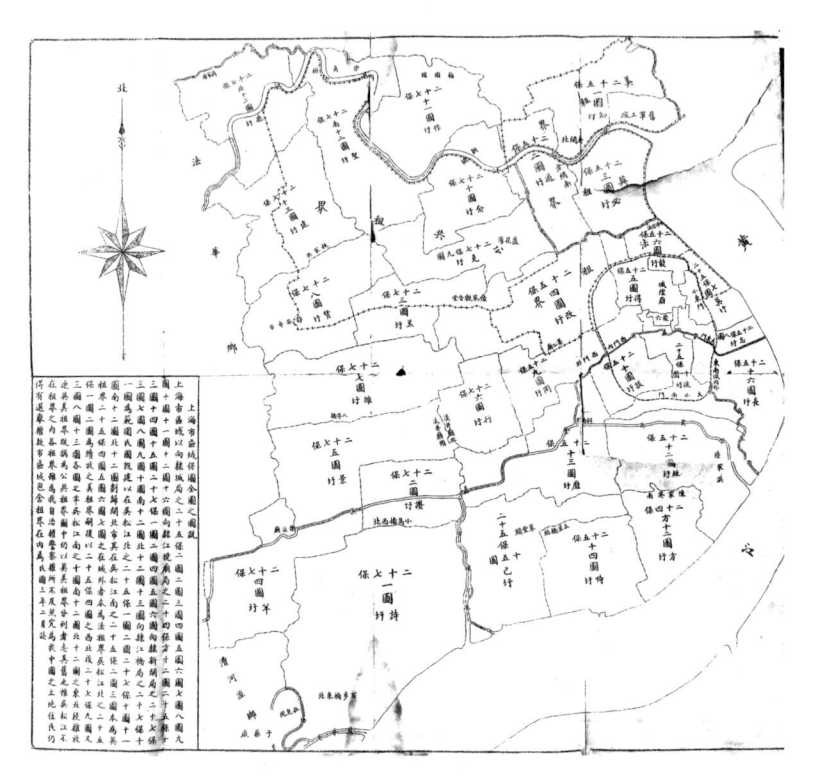

图 4-2　1914 年公共租界、法租界、法华乡的地缘形势图

资料来源：杨逸纂：《上海市自治志》（不分卷），民国四年铅印本。

点地区。

不过，租界早期在沪西一带越界开筑的新式马路中，其实已有不少马路已经伸及法华边界地带。如英徐家汇路（1920 年改名为海格路，即今华山路）、极司菲尔路（今万航渡路）、静安寺路（今南京西路）、法徐家汇路（今肇家浜路、徐家汇路）等。尽管规模不算太大，但成为此后在法华核心地区大包围式越界筑路的先声。

真正对法华核心地区展开高频率、高密度的越界筑路是在1900年以后，至1925年五卅运动爆发基本结束，筑路主体以公共租界工部局为主，法租界公董局次之。虽然法租界在西扩过程中也在上海县城西面展开过越界筑路，但具体到法华一域来说，除了法徐家汇路、霞飞路、姚主教路、福开森路这4条马路伸及法华镇边缘之外，很少有穿越法华核心地区的马路。

表4-1 1900—1925年英工部局、法公董局在法华境内越界筑路一览

序号	筑路名称	辟筑年份	曾用路名	现今路名	起讫地点	筑路者
1	霞飞路	1900		淮海路	自法大马路迤西至法华东镇	法公董局
2	白利南路	1901		长宁路	自蒲淞区之罗别根路迤东而至曹家渡，接极司菲尔路	英工部局
3	虹桥路	1901	佘山路	虹桥路	自海格路迤西至青浦县界	英工部局
4	忆定盘路	1906		江苏路	自海格路迤北至白利南路	英工部局
5	福开森路	1906		武康路	自五车浜、霞飞路迤东北，接至朱家库、海格路；一支迤东，出善钟路，名巨泼斯来路	法公董局
6	姚主教路	1907		天平路	自五车浜、霞飞路迤南，出肇家浜、徐家汇路	法公董局
7	康脑脱路	1907		康定路	自极司菲尔路迤东至麦特赫斯脱路	英工部局

续 表

序号	筑路名称	辟筑年份	曾用路名	现今路名	起讫地点	筑路者
8	新加坡路	1907		余姚路	自康脑脱路迤东至小沙渡路	英工部局
9	劳勃生路	1908		长寿路	自极司菲尔路迤东北至叉袋角	英工部局
10	长浜路	1910		延安西路	自曹家堰、忆定盘路迤东,接至静安寺南长浜路	英工部局
11	愚园路	1911	田鸡浜路	愚园路	自白利南路迤东至赫德路	英工部局
12	开纳路	1911	开原路	武定西路	自忆定盘路迤东至极司菲尔路	英工部局
13	霍必兰路	1911	西华伦路	古北路	自王家楼、虹桥路迤北,接至周家桥、白利南路	英工部局
14	大西路	1922	中正西路	延安西路	自长浜路迤西南至蒲淞区之霍必兰路	英工部局
15	贝当路	1922		衡山路	自姚主教路迤东,顺直会馆后面接至宝建路	法公董局
16	麦尼尼路	1922	康平路	康平路	自姚主教路迤东、许家衖,接至祁齐路,达西爱咸斯路	法公董局
17	汶林路	1922		宛平路	自霞飞路迤南许家衖,接出肇嘉浜、徐家汇路	法公董局

续　表

序号	筑路名称	辟筑年份	曾用路名	现今路名	起讫地点	筑路者
18	乔敦路	1924	陆家路、庐山路、林森西路	淮海西路	自海格路迤西南至虹桥路	英工部局
19	法华路	1924	察哈尔路、安和寺路	新华路	自乔敦路而至凯旋路	英工部局
20	惇信路	1924	同新路	武夷路	自大西路迤北至凯旋路	英工部局
21	哥伦比亚路	1924		番禺路	自大西路迤南至虹桥路	英工部局
22	凯旋路	1924		凯旋路	自白利南路迤南至虹桥路	英工部局
23	林肯路	1924	羽林路	天山路天山支路	自大西路迤北至蒲松区之罗别根路	英工部局
24	佑尼干路	1924		仙霞路	自大西路迤西至蒲松区之霍必兰路	英工部局
25	发磊斯路	1924	香山路	伊犁路	自大西路迤南至虹桥路	英工部局

资料来源：王晖等编：《市政演讲录三集　上海市各区概况》，上海市政府1930年8月印行，第25—26页；徐公肃、丘瑾璋：《上海公共租界制度》，上海人民出版社1980年版，第96—97页；冯耕庸：《越界筑路一篇总账》，《时代（上海）》1929年第1期。

据杨文渊主编的《上海公路史》对20世纪初年公共租界越界所筑道路的数据统计，沪西、沪北、沪东三个方向共筑有大小马路38条，[1]总长度约计82 187.92米。其中沪西地区28条，总长度约计

---

[1] 杨文渊主编：《上海公路史》第1册《近代公路》，人民交通出版社1989年版，第48页。

74 263.72 米，而仅法华乡一域就筑有 25 条，总长度共计 50 215.36 米。可见，无论从道路数量还是长度来说，法华乡都是这一时期租界越界筑路的主攻方向与重点区域。这与民国《法华乡志》的记载也较为符合。该志续辑光绪《法华镇志》，在卷一《沿革》中特别新增了《里至村路》一节，以"西乡马路，星罗棋布"①之故，仅选取几条与法华所辖保图直接相关的道路予以记载，但即便如此，也有近 30 条。

从越界筑路的时段来说，高潮大致集中在 1900 年、1911 年、1924 年这三次。细细考量，不难发现这三个时间节点都正值中国时局动荡之际。1900 年前后，中国北方爆发了声势浩大的义和团运动及八国联军的侵华战争。尽管以上海为首的东南各省督抚与英美列强达成了"东南互保"的协议，阻止了北方战火的南延，但仍给上海及法华地区带来不小的波动。"上海中西兵麇集，客商迁徙一空，有一种印度兵，分屯西乡。时习野战，法华前后各村，不无滋扰，时受虚惊。"② 同时，在"东南互保"中形成的《保护上海城厢内外章程》规定"租界、华界均需添办新扩各种筑路、挖河工程，务使闲民有事，生活有资"③，又为租界当局越界筑路提供了口实。1900 年，公共租界设立清丈局，管理自租界线外半径 1.6 公里内的土地清丈事宜。次年，便辟筑虹桥路、白利南路、罗别根路（今哈密路），向西延伸至青浦县界，环成一圈。

1911 年前后，清王朝垂暮将崩，中华民国呼之欲出，各地均面临政权过渡而呈现短暂的动荡局势，上海也是如此。此时，租界当

---

① 民国《法华乡志》卷一《沿革》。
② 民国《法华乡志》卷三《兵燹》。
③ 熊月之主编，熊月之、袁燮铭著：《上海通史》第 3 卷《晚清政治》，上海人民出版社 1999 年版，第 235 页。

局趁机浑水摸鱼，在界外大肆辟筑道路。袁世凯执掌北洋政府期间，又相继爆发了武装讨袁的"二次革命"，以及声讨"二十一条"的抗争运动，工部局酝酿趁乱再次拓展租界面积，准备将沪杭铁路以东的越界筑路都纳入租界范围（见图4-3所示），陆续于1913年、

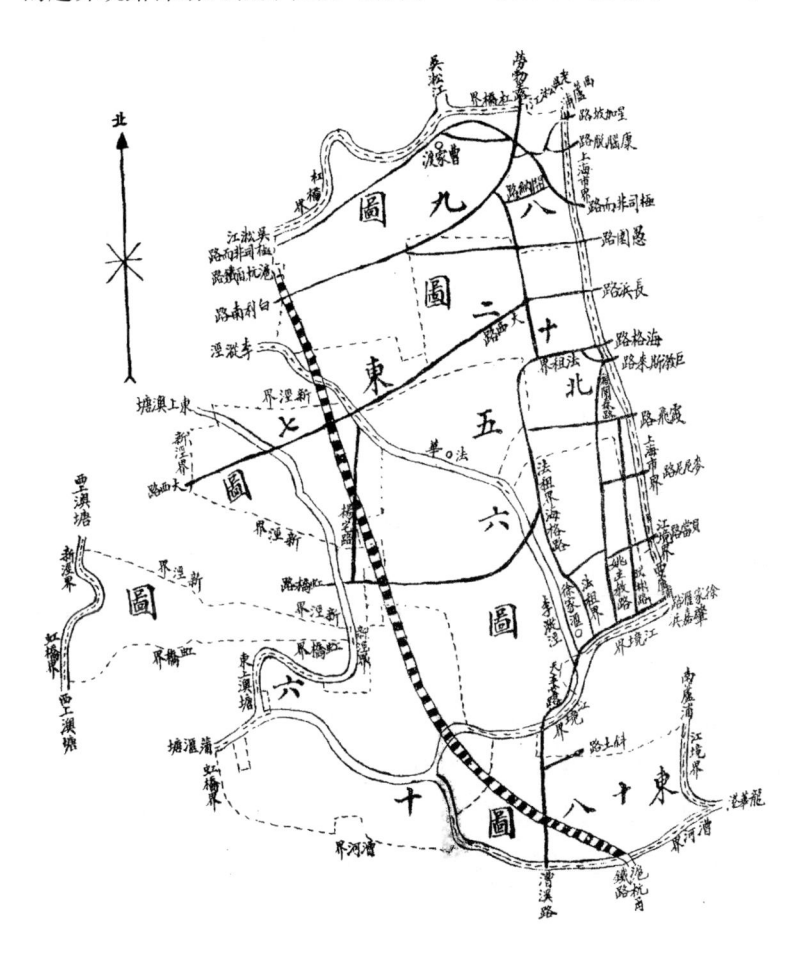

图4-3　1922年法华乡全境图反映的租界越界筑路状况，选自民国《法华乡志》卷首总图

1915年再提扩界要求，特别是1915年工部局单方面发表扩大租界合同草案，并提交租界"纳税外人大会"通过，准备由驻沪领事团提请驻京公使与北京政府交涉。但在民众的坚决反对下，北京政府最终未敢批准协定，工部局扩充租界界址的企图终未能得逞。1914年前后，工部局扩张租界受阻还因为他们身陷"第一次世界大战"军务，心有余而力不足。时人曾一针见血地指出，"假使当时欧战不发生，租界恐怕还要扩充"[1]。

最后一次筑路高峰是在1924年江浙战争之际，浙江督军卢永祥与江苏督军齐燮元为争夺上海在沪郊地带恶战一月有余，浦西诸乡受灾尤重。当时，法华乡属于浙督卢永祥的势力范围，浙沪联军曾抽调400余名官兵强驻于法华寺内，以为后方策应。工部局眼见于此，以法华乡毗连租界为由，勒令联军与原驻警察迁移，不准驻扎站岗，还悍然抽调海军陆战队500余人，开入法华乡各处布防。战事既平，租界当局趁上海混乱动荡之际，以迅雷不及掩耳之势派人强占该乡民地，擅自划筑大路路基四条。"路阔六七丈，长三四里。计自大西路以西，虹桥路以东，沪杭路以南，法界以北，面积约有七八里。"[2] 至此，法华核心地区被越界道路网络包围的格局基本定型。（见图4-3所示）

越界所筑之路，由于是在一种非法的情况下由租界当局仓促修筑，目的在于造成既成事实，所以它们往往带有很大的权宜之计的成分，缺乏城市发展在正常情况下所应有的统一性，从而造成了上海马路在今天尚存留的散漫无章的状况。[3] 这在法华乡境内体现为

---

[1] 夏晋麟：《上海越界筑路问题》，《星期评论》1932年第1卷第8期。
[2] 娄东、傅焕光调查：《江苏兵灾调查纪实》，江苏兵灾各县善后联合会1924年12月发行。
[3] 唐振常主编：《上海史》，上海人民出版社1989年版，第199页。

"大都取包围或发射之形势,绝无系统可言"①,而且最初的铺路技术也仅停留在泥土路、煤渣煤屑路、碎石路等粗放层次。

不过,新式马路干道的出现毕竟会激活近代交通工具的产生。从19世纪末20世纪初起,法华境内先后出现马车、人力车、公共汽车、电车多种客运交通工具,不仅极大地便利了上海市区与西郊一带的往来,而且法华本域的徐家汇、曹家渡、静安寺、周家桥等几个新兴市镇逐渐都被新式交通串联起来。如早期越界所筑的静安寺路、极司菲尔路、海格路、徐家汇路,使得上海市区—静安寺—徐家汇、静安寺—曹家渡—梵王渡、西门外斜桥—徐家汇这三条马路被打通后,驱乘马车前往西郊娱乐休闲的人流汇聚如蚁。据清末文人笔记所载,游客们雇乘马车出县城之后,或选择北往静安寺路至静安寺,再沿海格路南下至徐家汇;或选择从西门外斜桥沿法徐家汇路至徐家汇,再沿海格路北上至静安寺。② 车资方面,已有明价。若雇乘人力车,"自十二、三文贵至四、五十文……例如自福州路至沪西梵王渡,亦多至一角,西门至徐家汇不过六十文"③。

20世纪20年代后,随着沥青混合料、混凝土等高级路面材料的铺设,由华商、外商经营的公共汽车、电车渐次在境内普及,交通设施开始告别马车、舟船等传统人力承运方式,迈入到高效率的现代机动交通水平。1922年,华商董杏生经营的公利汽车公司开辟静安寺—曹家渡—兆丰公园(又名极司菲尔公园,曹家渡西侧)—静安寺环路公共汽车线路,这是境内最早出现的公交车。

---

① 《上海市工务局业务报告》第七、八期合刊,1930年7月至1931年6月。
② 上海人民出版社编:《清代日记汇抄》,上海人民出版社1982年版,第316、391—392页。
③ 〔清〕胡祥翰:《上海小志》,上海古籍出版社1989年版,第27页。

1924年，英商在上海开办公共汽车公司，在境内开辟兆丰公园—临青路的10路公共汽车线路。1926年，英商上海电车有限公司开辟曹家渡—泥城桥的16路公交电车，为境内最早出现的无轨电车线路。①

作为第二次工业革命的最新成果，电车的出现，远远超出以往其他交通方式对区域城市化的拉动效应。"不论怎样荒凉僻静的地方，只要有了电车通达，市面就会慢慢儿兴旺起来，荒僻区域即可一变为人烟稠密之地。"② 得益于交通工具的革新与筑路技术的进步，这一时期的境内出行效率明显快捷了许多。当时，一名徐汇公学学子在一篇游记中记叙自己乘汽车从西南徐家汇，穿越法华镇区至西北梵王渡火车站，只用了二十分钟。"八月一日，天带微云，阴而晴。晨六下偕张君坐汽车，由徐家汇动身，经海格路，折入忆定

图4-4　徐家汇有轨电车开通，选自《南洋大学年刊》(1923年)

① 姜梁主编：《长宁区志》，上海社会科学院出版社1999年版，第345—346页。
② 郁慕侠：《上海鳞爪》，上海书店出版社1998年版，第83页。

盘路、大西路，向沪宁火车站而去，车行二十分，抵站。"①

不过，20世纪20年代的法华乡虽已被越界筑路所包围，但并非所有路段都同时实现通车。连结静安寺、曹家渡、徐家汇、梵王渡等市镇的海格路、极司菲尔路、法徐家汇路，得益于1862年太平天国战争而最先开筑。开筑以后，市面繁荣、厂商云集，又催生出新式客运工具，所以通车较早；而法华镇附近的乔敦路、安和寺路、哥伦比亚路、惇信路直到1924年才筑成雏形，紧接着工部局又为延长、扩建以上路段，与当地民众展开长久曲折的地产征赔协商，因此这些新式马路的正式通车相对滞后。再者，法华东、西两镇所在的旧式街道（即沿法华港所筑之路），一方面年久失修，沿港木桩大都朽烂，街道随而坍毁，行旅深感不便；②另一方面，街道大部分已被两旁河房所侵占，"除廊檐外，仅有五六尺之宽"③。街狭路窄，"黄包车不能并行"④。尽管北连大西路，南接虹桥路的哥伦比亚路可以直接纵向穿越法华旧街，但法华镇的人流货运欲从此条狭街大规模输往哥伦比亚路，进而通向其他市镇却非易事。换言之，新式交通之所以未能如其他新兴市镇那样赋予法华镇强劲的城市化动力，很大程度上归因于旧式街道低下的通勤效率所造成的梗阻。

工部局与公董局在法华乡的越界筑路，除了推动新式交通工具萌生外，也伴随着自来水、电灯、电话、煤气、管道排水、邮政等近代市政设施建设渐次楔入。这些先进的公用服务事业基本上首现

---

① "致同学述无锡之游"，载《汇学杂志》乙种第3年第1期，徐汇区档案馆藏，档号：72-1-9。
② 《上海市工务局关于法华港路文》，上海市档案馆藏，卷宗号：Q215-1-9199。
③ 《上海市工务局有关法华西镇停车场文书》，上海市档案馆藏，卷宗号：Q215-1-8252。
④ 《法华区提议工务局事项意见书》，上海市档案馆藏，卷宗号：Q214-1-1。

于租界之内，是租界当局为了让驻沪的西方侨民能够延续母国的生活习惯和生活环境所移植的。那么，这些由西人主导的市政设施建设为何会"慷慨"地延伸至华界地区呢？

首先，伴随着租界领地的不断西扩与越界筑路的屡屡实现，静安寺以西的城郊空间被大规模地开发出来，特别是愚园路、极司菲尔路、大西路、安和寺路、忆定盘路、乔敦路等界外区域已展现出类似欧美城市市郊那样如画般的住宅风貌。如在法华港与乔敦路之间的宽敞土地上，由法租界西扩所带来的一连排居民住户，开始让这一带渐渐发展成为精致浪漫的住宅区。[①] 这说明许多外侨早就在租界以外置有不动产。如1924年，南洋公学之北的安和寺路旁就有一位名为汀尼夫人的西侨在此建造了一大片温室花房。[②] 1925年，一位名为J. M. Tavares的外商在哥伦比亚路附近也租有两块地皮，面积共计4亩。[③] 为了供应这些外侨的日常生活之需，租界当局遂有将界内的市政设备惠及界外的计划。

其次，不同于一般商业，管道供水、电灯煤气之类的公用事业，技术含量高，经费投入大，但资本的回笼周期长，经济效益显现慢，必须超出租界内有限的门槛人口，普及华洋大众，才能保证在价格相对低廉的情况下获取最大的利润。不过，租界当局不可能无条件地向华界地区提供这些公用事业。无论是公共租界工部局，还是法租界公董局，都认为必须向界外居民征收特别市政捐（也称"特别房捐"或"巡捕捐"）才能为其提供水电。如1905年工部局与上海

[①] Suggestion for Substitution of name Sunset Avenue for above Road, 1928, 上海市档案馆藏, 卷宗号: U1-3-2760。
[②] Unregistered land leased by Mrs. Tenny, 1924, 上海市档案馆藏, 卷宗号: U1-3-2760。
[③] 《上海公共租界工部局工务处关于哥伦比亚路扩建的文件》, 上海市档案馆藏, 卷宗号: U1-14-4261。

自来水公司订约，自来水公司必须按照以下条件向租界以外的居民供水："（华界居民）愿为其坐落界外的任何房屋向工部局缴纳一种特捐，其数目不超过租界以内同样房屋所应缴纳的月捐。"[①] 最初的捐率为房租的 5%，之后逐年提高，至 1921 年已涨至房租的 12%。同样，工部局与之后的上海电话公司、上海电力公司都签订了类似的协议。至于法公董局，早就先于工部局一步确定了这种原则。在界址内，中国业主、房主，欲用自来水、煤气、电灯等，须"有完纳地税、房捐于公董局之责"[②]。

再次，公共租界于 1899 年完成第三次扩界后，对继续并吞近在咫尺的法华地区已"心有余而力不足"，只得采取越界筑路这种变相的租界扩张方式，通过对法华镇区辟筑包围状的新式马路，蓄谋将其变为事实上的租界。但仅仅依靠筑路来改变法华地区的华界性质，意义尚显不足。于是，工部局酝酿将水电、煤气、电话、邮政等先进器物渗透进法华越界筑路区，以强化"准租界"的性质。诚如时人所言，"按工部局当初扩充租界的计划，以为现在越界筑路的地段将来可以渐渐地变为租界，所以连租界内的自来水都接到租界以外"[③]。

由于市政设施的安装须以新式马路的启动为前提，因此，从租界通往静安寺、曹家渡、徐家汇、梵王渡等新兴市镇的马路最先辟筑，外国侨民与商团进驻较早，市政事业自然率先在这些地区产生。

清光绪二十五年（1899 年），英商自来水公司凭借其与公共租界工部局的供水专营合约，从静安寺沿海格路敷设 6 英寸的输水管

---

① 《吴经熊博士向上海工部局所作关于"越界筑路"的报告》，载《档案与历史》1988 年第 2 期。
② 民国《法华乡志》卷一《沿革》。
③ 夏晋麟：《上海越界筑路问题》，载《星期评论》1932 年第 1 卷第 8 期。

至法华境内东南部的忆定盘路。1900—1902年，又敷设另一条6英寸的输水管，从静安寺沿极司菲尔路到梵王渡的圣约翰大学处。1905年7月，工部局与自来水公司订立新约，规定工部局随时准许公司挖开租界内外归工部局管辖的道路及土地，以便敷设水管。如1916年在虹桥路、1923年在白利南路、1924年在大西路等下设6英寸输水管。直至1928年3月，上海自来水公司再次与工部局订立专营合同，才正式获得向沪西越界筑路地区供水的权利。之后，曹家渡之自来水开始由英租界提供。① 至于徐家汇，在1914年，法租界扩界至海格路以东后，分为三块地界：马路东为法租界，马路西为天主堂界，再西老屋为乡民界。② 其中，属于法租界与天主堂界部分，早在1906年就由法公董局从董家渡自来水厂经县城马路、西门斜桥、徐家汇路到霞飞路敷设自来水管。1908年后，"所有天主堂之房屋用水，向由承办法租界自来水之法商电车电灯公司供给"③。而属于华界的徐家汇，在1930年还尚未安装华商水管，旁边的蒲肇河水此时黑臭异常，根本无法汲引。居民只得经常提桶取汲于法界孝友里（即树德坊对面）之水，"被法捕所见，常有拘罚情事"④。

煤气、电灯在梵王渡、曹家渡、徐家汇等地的出现，始于19世纪末20世纪初。1900年，大英自来火房改组成为英商上海煤气股份有限公司后，地处梵王渡的圣约翰大学因与英商煤气公司董

---

① 王晖等编：《市政演讲录三集 上海市各区概况》，上海市政府1930年8月印行，第20页。
② 民国《法华乡志》卷一《沿革》。
③ 《上海市公用局关于法华区农会及张云龙请求给水案》，上海市档案馆藏，卷宗号：Q5-3-2255。
④ 《上海市公用局关于法华区农会及张云龙请求给水案》，上海市档案馆藏，卷宗号：Q5-3-2255。

事长詹纳·霍格的住宅毗邻，所以学校一带较早地使用上了煤气照明。而曹家渡的管道煤气，则于光绪二十三年（1897年）始有，同样得詹纳·霍格之力。1898年始有电灯，则圣约翰大学之功，"美孚煤油公司及亚细亚火油公司亦于此后两年内相继设分局于此"①。1920年，曹家渡又在沪西四路商界联合会的主持下，成立救火会。1925年，又添置新式救火机器车一辆，"十里以内可以无虞矣"②。

徐家汇镇则一分为二，法租界部分与天主堂地界的煤气、电灯开发要远早于法华地界的徐家汇。前者约于1908年之后由法商电车电灯公司供给电气，纳入到法公董局市政产业统一经营；后者则要等到1925年才由英工部局在此越界装设电灯。据当时华商电气公司致江苏交涉公署函称："英工部局近在徐家汇镇开放电灯，雇用工人日夜工作，所有汇西布厂之后，徐汇公学操场以西，已竖有杆线多根，两三日即可开灯，并有在该处编钉门牌之事。"③因此举侵妨华界主权，华商电气公司呼吁江苏交涉使与英国领事交涉力争，但无果而终。

通信设施如电话、邮政，也在新式马路畅通之后，率先在徐家汇、曹家渡兴起。如电话机，始于光绪癸未年（1883年）春，由天主堂神父、法国人能慕谷重起创设，从徐家汇教堂达到英、法两租界各洋行，以便报告风雨气候。"后来人们知其利便，就纷纷装设"④。曹家渡的邮政事业，在光绪三十四年（1908年）也首次出现，起初还只是由香烛店店主增裕新兼办，三年后方有两个邮差递

---

① 刘麟生：《曹家渡调查记》，《约翰年刊》1921年。
② 《晨光熹微之沪西路市政》，《道路月刊》1925年第14卷第3期。
③ "公牍"，《上海市公报》1925年第7期。
④ 郁慕侠：《上海鳞爪续集》，上海报馆出版部1935年版，第78—79页。

信,"按期来往曹家渡及北新泾"①。至民国初年,曹家渡、徐家汇已成为沪西地区集汇票兑款、邮政储金、国际汇兑于一体的重要邮政枢纽。

> 分全国为二十一邮区,每区设管理局一所,次为支局,次为代理支局。上海一埠,自为一区,设管理局,并有支局九(方浜路、南京路、曹家渡、恺自迩路、杨树浦、徐家汇、黄浦外滩、高昌庙、烂泥渡)……民国九年,上海管理局在公共租界北京路,支局二十一(……徐家汇、曹家渡、静安寺)……能将汇票兑款之支局十二(……徐家汇、曹家渡、静安寺路),兼办邮政储金之局八(……徐家汇、曹家渡),……兑付国际汇票之支票十五(徐家汇、曹家渡)。②

1927年,徐家汇已设有二等邮局,而法华镇仅有代办所,③ 两者在邮政级别与功能上不可同日而语。

相较之下,法华古镇区的电气事业长期以来不属于华商电气公司营业范围之内,故迟迟未见进展。1918年11月,复旦学子瞿宣颖调查法华镇居民住所虽都"编列门牌"④,但并未通电,所见还是"数百武辄有石油路灯"⑤。直至1927年7月上海特别市政府成立后,同样在华商电气公司营业范围之外的漕河泾镇,及该镇附近之江苏第二监狱因需电迫切,呈奉市长核准,暂由该公司通电,这引

---

① 刘麟生:《曹家渡调查记》,载《约翰年刊》1921年。
② 民国《上海县志》卷一二《交通·邮》,民国二十五年铅印本。
③ 《本市各区农村概括调查摘要》,《申报》1928年10月10日,第40版。
④ 瞿宣颖:《法华镇状况概要(社会调查之一)》,《复旦》1918年第7期。
⑤ 瞿宣颖:《法华镇状况概要(社会调查之一)》,《复旦》1918年第7期。

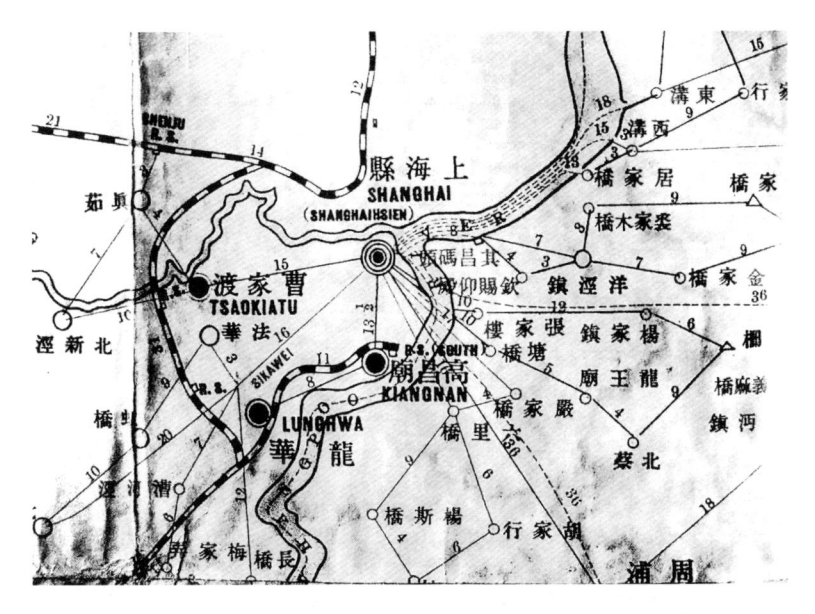

图 4-5　1918 年上海邮务区图中的法华、曹家渡、徐家汇支局

资料来源：张伟等：《老上海地图》，上海画报出版社 2001 年版，第 112 页。

起了法华镇人士的援例效法。他们表示，"暂准华商电气公司在法华界一带植杆通电，俾该民得享同等便益，将来各该处不能划入该公司营业区域以内，自当听由他方面将通电设备价买，以清界限"①。时任上海市公用局局长的黄柏樵经核实后上呈市长，认为法华镇毗连租界，附近各处均已由公共租界工部局越界筑路，竖杆通电，"若不迅图补救，难杜觊觎……似可援照前次呈准钧府通电漕河泾成案，暂行准其植杆通电"②。至 1929 年，上海特别市政府议定法华镇为

---

① 《呈为转呈华商电气公司拟拨通电漕河泾成案在法华镇供给电气仰祈》（1928 年 9 月 7 日），《上海特别市市政公报》，1928 年第 15 期。
② 《呈为转呈华商电气公司拟拨通电漕河泾成案在法华镇供给电气仰祈》（1928 年 9 月 7 日），《上海特别市市政公报》1928 年第 15 期。

越界筑路所包围,"租界电气时虞侵入,不能不先事预防,爰拟将法华全区亦暂划入华商电气公司营业范围,藉资对付"①。

不过,华界的市政建设一直被资金短缺问题所困扰,华商水电公司经常以"工大费巨,力有未逮"为辞,拖延法华镇的水电供给。1929年3月22日,法华区市政委员杨洪钧在致呈上海特别市公用局的电文中,称华商水电公司供应水电的行动相当迟缓,大有漠视公用之嫌。

图4-6 徐家汇邮局,选自《南洋大学年刊》(1923年)

  窃职区水电需要之急,关系之重,迭经声叙情形,恳请核示在案,而华商电气公司更有自二月十九日起,在法华镇实行工作之语,延至今日,毫无动静,言而无至此……且以华商水电不久就来为词,乃迟之又久,迄未实行,长此以往,无征不信。②

---

① 《上海特别市政府指令第481号令公用局拟将漕河泾、法华二区全境暂行划入华商电气公司营业范围祈备案由》(1929年5月1日),《上海特别市市政公报》1929年第23期。
② 《上海市公用局供给法华镇自来水案》,上海市档案馆藏,卷宗号:Q5-3-2170。

直至1930年,法华镇的公用事业都还只是粗具雏形。"电灯虽竖,电杆放光,尚无时日。警力未普,电话未通,公路未平,公坑未设,此皆市政上之缺点而急待逐渐设施者耳。"① 这种市政建设进程的相对滞后,使古老的法华镇未能像四周新兴市镇那样"可算已经开始向近代化方面追求"②。

第二节 华界自治运动之下的法华乡市政建设

清末民初,法华地区虽已处于被租界势力包围之形势,但领土主权仍然掌握在华界政府之手。这种华洋交界的特殊地域格局,使法华地区既有租界当局先进交通与市政的强行"被输出",又有华界方面自身主动的市政建设。尽管近代上海大部分的都市制度与建设方法都由租界当局先行引入,但华界政府并没有妄自菲薄地放弃市政建设主导权,而是以"分租界之势""夺租界之利"③ 为名,以改变华界市政落后状态为目的,掀起了一场由上海地方士绅自发领导的、以向先进的租界市政文明看齐为主要内容、以努力变被动城市化为主动城市化为姿态的地方自治运动。

上海地方自治运动的起源,是清末新政背景下全国地方自治潮流的历史趋势与上海地方社会所孕育的成熟的公共领域、强势的社会精英力量共同造就的。光绪三十四年(1908年)十二月,清廷正式出台《城镇乡地方自治章程》,并颁布上谕:"地方之资委立宪之

---

① 王晖等编:《市政演讲录三集 上海市各区概况》,上海市政府1930年8月印行,第26页。
② 上海通社编:《上海研究资料》,上海书店出版社1984年版,第80页。
③ 《观沪南建筑马路系之以论》,《申报》1896年12月8日,第1版。

本，城镇乡为自治之初基，诚非首先开办不可。各省督抚，督饬所属地方官，选择正绅，迅即筹办。"① 翌年，又制订一系列的地方自治、选举章程等，使地方自治日益成为清政府的一项基本国策，强有力地促成了全国范围内地方自治运动的高涨。

就上海来说，近代开埠之后，以租界为中心的政治特权、优越的市政环境、繁盛的经济文化形态几乎淹没了华界官方的统摄力，在洋强华弱的权力格局中，滋育了一大批经济实力雄厚、社会影响深远的退休官员、士绅、商人、律师、买办等地方精英，他们凭借雄厚的财力与声望，成为介于租界当局与华界政府间的第三股中间力量。其社会影响力主要表现为他们在官方控制力不能逮的公共领域直接构筑了大量的善堂、会馆、公所、商会、医院、学校等组织，这些介于私人与官方之间的团体，都由绅商为首的地方精英投资控制。

至清末民初，上海绅商精英逐渐将慈善组织的服务职能扩延至"诸如筑路、维持小股的治安力量和建立消防队"② 等新领域。如同仁辅元堂，除举行诸善外，"如清道、路灯、筑造桥路、修建祠庙、举办团防等类，无不赖以提倡，实为地方自治之起点"③。数目庞大的传统会馆、公所此时也将原先只限于集团内部的会员互助延伸至更广泛的社会事务管理。最后一种名为"局"④ 的社会机构的壮大，

---

① 故宫博物院明清档案部编：《清末筹备立宪档案史料》（下册），中华书局1979年版，第750页。
② [法]安克强著，张培德、辛文锋、肖庆璋译：《1927—1937年的上海——市政权、地方性和现代化》，上海古籍出版社2004年版，第2页。
③ 民国《上海县续志》卷二《建置上·善堂》，民国七年南园志局刻本。
④ 早在1862年时，上海至少有11个这样的局。其中有商人主理的船捐捕盗局、会防局、巡防保甲局和义渡局。更多的局是在随后的1862—1902年中创立的，它们大多承担这样的任务：征收税款、制造与贮藏枪支弹药、经营电报、电话、邮政业务，这些任务其实已经涉及了近代城市市政管理的职能范围。

直接催生出近代上海第一个城市自治机构雏形——1895年12月成立的"南市马路工程局"①。

需特别指出的是，上海士绅自发领导的这场地方自治运动在很大程度上还受到西方租界势力的刺激。就正面的刺激意义来说，无论是公共租界工部局，还是法租界公董局，都引入了近代都市市政的建设方法，成就了上海"市面日益发达，租界内市政之完备，为全国冠，外人目之为'东方巴黎'"②。尤其是在建设桥梁、铺设马路、敷设街灯、埋设水渠、清扫道路、派置消防队和警察等与市民生活息息相关的市政事业上所取得的杰出成绩，让所有的华人既惊且羡，由衷赞佩。以下引用1883年《申报》中的一则评论来说明：

> 上海自有工部局以来，湫隘逼仄之路悉化为康庄；乡间鄙陋之区。皆变为阛阓……街衢之间，日事洒扫；迂者直之，陂者平之；设有失慎，捕房鸣钟报警，水龙、火龙、药龙络绎奔赴；今则又有自来水，可以就近冲浇，尤为灵便……虽或该局所为亦有不尽洽乎舆情之处，然究不多见，而其嘉惠地方者，实至深且渥……以中国界内之地较之租界，不啻有天渊之异焉。③

从负面的刺激意义来看，租界大肆扩张与越界筑路，对这些坚

---

① 南市马路工程局的创立，肇始于1894年上海知县黄承暄奏请修建一条位于法租界以南，沿黄浦江的马路。1897年改称南市马路工程善后局，成为维护新路和给予地方绅士一定自主权的机构，后于1905年被上海城厢内外总工程局接管，标志着上海地方自治运动正式开启。
② 《市政演讲录初集》，上海特别市政府秘书处印行，1928年9月版，第15页。
③ 《论租界工部局》，《申报》1883年10月27日，第1版。

定捍卫主权的爱国士绅来说，无疑强化了他们举办地方自治以抵制租界势力日益膨胀的紧迫性。"惟北门以外为租界，自治权所不及，故警察无从推广也。可知我邑已无完全之主权，则地方自治尤不容缓也。"① 按《上海自治志》的说法，正是这种洋强华弱的严峻形势，使士绅"多刿于外权日强，主权寝落"②，从而激励他们成立上海城厢内外总工程局，希望通过华界自身主导的市政设施建设，以杜绝外人之觊觎，挽回民族的自尊。以此而论，上海发起地方自治运动，正是国人对西方列强冲击主权的有力回应。

1905年，以李平书为首的上海士绅集团向苏松太道袁树勋提出创设城厢内外总工程的建议，"以整顿地方，立自治之基"③。8月6日，袁树勋正式照会绅商郭怀珠、李平书、叶佳棠、姚文枬、莫锡纶等，议办上海城厢内外总工程局，"所有马路、电灯以及城厢内外警察一切事宜，均归地方绅商公举董事承办"④。10月16日，总工程局的主要领袖推举产生，上海地方自治正式拥有一个颇具规模、组织完备的近代意义上的市政机关。11月，接管原有的南市"马路工程善后局"，标志着自治运动拉开序幕。不过，至1908年底之前，这场自治运动在名义上还只是地方当局先行一步的试验性阶段，试验范围也局限于城厢范围。

直至1909年1月18日，清廷颁布《城镇乡地方自治章程》，上海地方自治才正式被纳入到国家法制轨道内运作，从自发兴办迈入到奉令兴办阶段。同时，自治运动的实施范围也从城厢扩大到镇、乡一级，因为该章程划定了城、镇、乡三级依据。"凡府、厅、州、

---

① 〔清〕李维清：《上海乡土志》，上海古籍出版社1989年版，第88页。
② 杨逸纂：《上海市自治志·大事记》，民国四年刊本，第1页。
③ 杨逸纂：《上海市自治志·大事记》，民国四年刊本，第1页。
④ 杨逸纂：《上海市自治志·公牍甲编》，民国四年刊本，第1页。

县治城厢地方为城，其余市镇、村庄、屯集等各地方，人口满五万以上者为镇，不满五万者为乡。"① 且城、镇、乡必须设立自治公所。据此章程规定，上海全境分为一个城自治公所（由原城厢内外总工程局改名而来）、两个镇自治公所（蒲淞镇与东泾镇）、十二个乡自治公所（由法华、漕河泾、引翔、杨思、三林、陈行、曹行、塘湾、北桥、闵行等学区分别组建）。其中，法华镇在宣统三年（1911）的户数为3 653户，人口数为18 452人，②因丁口不满五万，故改称"法华乡"。而法华乡自治公所，也于宣统三年（1911年）正月宣告成立，乡公所地址以赞育堂③房屋修葺而成。

自1911年法华乡公所正式开启自治，至1928年法华乡成为上海特别市政府的二级辖区为止，其自治状态断断续续地维持了18年之久。根据《城镇乡地方自治章程》规定，"学务、卫生、道路工程、农工商务、善举、公共营业、筹集自治经费等项"④均被纳入自治范围，法华乡的自治运动也围绕这些内容展开。而在诸端市政之中，"仿租界之式"，兴办近代路政又是重中之重。

受到租界当局咄咄逼人的越界筑路以及先进路政景观的刺激，民国初年的法华乡在上海工巡捐总局与当地士绅的主导下，掀起了自筑道路以自强的热潮。尽管所筑之路数量有限，也很短小，但却是法华乡逐渐实现交通近代化的重要基础工程。

---

① 徐秀丽编：《中国近代乡村自治法规选编》，中华书局2004年版，第3页。
② 瞿宣颖：《法华镇状况概要（社会调查之一）》，《复旦》1918年第7期。
③ 赞育堂位于法华西镇同仁里，是专门从事施棺、掩埋、救火、惜字、施药、恤贫诸善举的善堂。因《城镇乡地方自治章程》规定自治公所可酌就本地公产房屋或庙宇为之，故其充当了法华乡自治公所的治地。
④ 徐秀丽编：《中国近代乡村自治法规选编》，中华书局2004年版，第3—4页。

表 4-2　1913—1919 年法华乡华界自筑道路一览

筑路名称	辟筑年份	起讫地点	筑路者	筑路经过
汇西路	1913、1915、1916	自徐家汇迤西至虹桥路	胡人凤、杨洪钧	1913 年,乡佐胡人凤移法华路石条铺筑;1915 年,胡人凤以重建东生桥余款,自桥至三叉路两旁铺砌石片;1916 年,经董杨洪钧以东亚同文书院搬迁公路,贴洋八百元,购地改筑,自三叉路至虹桥路,全铺石片
斜徐路	1914	自斜桥迤西,沿肇嘉浜南岸,接至徐家汇	上海工巡捐总局	
斜土路	1914	自斜桥南首迤西,接至土山湾南漕溪路	上海工巡捐总局	1922 年,此路设长途汽车,转漕溪路迤南,至闵行镇
漕溪路	1914	自漕河泾万寿庵迤北,接至土山湾南斜土路	上海工巡捐总局	由漕河泾公民唐尊玮集资
天钥桥路	1914	自徐家汇天钥桥迤南,接至斜土路,达龙华	上海工巡捐总局	
谨记路	1914	自豫丰桥迤南,接至斜土路,达龙华	上海工巡捐总局	原名豫丰路,后桥放阔,改名谨记桥,路亦改谨记
曹家渡路	1916	自曹家渡西市至白利南路	杨洪钧、法华乡公所、工部局	西市至项家桥秦子堂,以谷息余款及经董杨洪钧捐筑;项家桥至旱桥,英工部局筑;旱桥至白利南路,以工部局搬调公路,捐银八百两,乡公所经筑

续　表

筑路名称	辟筑年份	起讫地点	筑路者	筑路经过
杨宅路	1918	自法华西市、崇明沙,迤南何家角,接虹桥路,就原有之公路放阔	杨洪钧、杨洪藻、杨树源、法华乡公所	自崇明沙至何家角,铺砌石片,南段杨鸿藻捐筑,北段乡公所筑;自何家角至虹桥路,铺砌石片,杨鸿藻、杨树源倡捐筑
春光路	1918	自李公祠北海格路迤西,接至郁氏山庄	郁怀智	取蒋春晖堂、郁光裕堂之名而立
裕德路	1919	自土山湾天主堂路迤西,接至张氏山庄	张氏	

资料来源:民国《法华乡志》卷一《村路》。

法华乡自筑的道路,有以下几个特点:

一是所筑道路主要分布在二十八保东十八图邻近漕河泾界一带、东七图邻近新泾界地区。这些地方尚属"非准发道契图分",工部局势力涉入程度较浅,故而易于开展路政。而在工部局越界筑路最为密集的北十二图大西路地区、八九图曹家渡地区,由于路权、地权大部分丧失,华界当局难以介入。

二是所筑道路,"成为外国方面所筑干线路之间的连结之用,或为外国干线的支线而甚为短小"[①]。且多为石片材质,粗糙难行,与外国马路相比,路况不免相形见绌。"晴天的飞尘,像云雾一般,雨天的膏粘,像走到刚干的池里去。"[②]

[①] [日]高桥孝助:《上海都市化的扩大与周边农村——1920年前的上海县法华乡》,《上海研究论丛》第8辑,上海社会科学院出版社1993年版,第67页。
[②] 罗坚一:《越界筑路感言》,《复旦》1929年第3期,第7页。

三是筑路主体的多元化。既有法华乡经董、乡佐，也有绅商，还有以乡公所、上海工巡捐总局名义的筑路，甚至还与工部局合作筑路。其中，以士绅出力尤多，贡献尤巨。上表中凡是以个人名义出资筑路的胡人凤、杨洪钧、杨洪藻、杨树源、郁怀智、唐尊玮等，无一不是士绅出身。其中，以担任法华本乡自治公所的经董、乡佐居多，如"三杨"与胡人凤；也有来自毗邻的漕河泾乡士绅唐尊玮，他曾在河南任知县，担任过上海县参事会参事员；还有被视为上海商团领袖的"邑绅"郁怀智。这些士绅兼具见识、威望、财力，既是筑路的创议者，又是筑路的践行者。而那些名义上由上海工巡捐总局出面筑成的马路，一般也是先由法华乡士绅倡议，呈请工巡捐总局派员勘路估价，然后依赖士绅与商户筹款，款项筹齐后，上缴工巡捐总局，由该局雇工修筑。

其实，法华士绅在清末就有自筑马路的计划。1909年4月，法华镇镇董曾提议在该处开筑新式马路，并会同上海城厢内外总工程局总董呈报苏松太道核准兴筑。① 但后经总工程局各董事集议，"咸以法华镇与西区辖境相距太远，终有鞭长莫及之虑，且筑路经费毫无着落，局中亦无余款拨济"②，最终只得缓议。民国肇兴以后，地方自治运动如火如荼，筑路之议因得到士绅、商户合力捐资而再度重启。如1912—1914年间，法华乡张鲁生、张正甫、蔡书卿等共16名士绅，与徐成记号、德昌顺号、吴合兴号等35家商户，合力捐小洋128角、大洋13元，用于移建石路。③

---

① 《法华镇兴筑马路》，《申报》1909年4月30日，第2版。
② 《兴筑法华马路之阻力》，《申报》1909年5月4日，第18版。
③ 上海法华乡公所辑：《上海法华乡公所报告》，"收支类"，民国三年铅印本。

相对而言，更为急迫的工程是法华东、西镇旧市街的改造，它直接关系到工商市面之枯荣。当时的法华镇全部道路，"自东市至西市，约有三里许，该路狭窄不堪，只可三人并行，黄包车小车经过其他，颇感挤轧，而路身已许久未修，高低不平"①。1925年4月，法华乡乡董杨肖严，偕同乡中绅商筹办兴修，并将之列入乡议会议案之中，方案就是放宽路身。"定路身为放至六七尺以外，大约估计工程，须费一千六七百元。"② 由于所需较巨，除动用公款外，需再由绅商筹募资金，后该工程由法华乡乡佐黄棣荪负责，于4月动工，5月竣工。

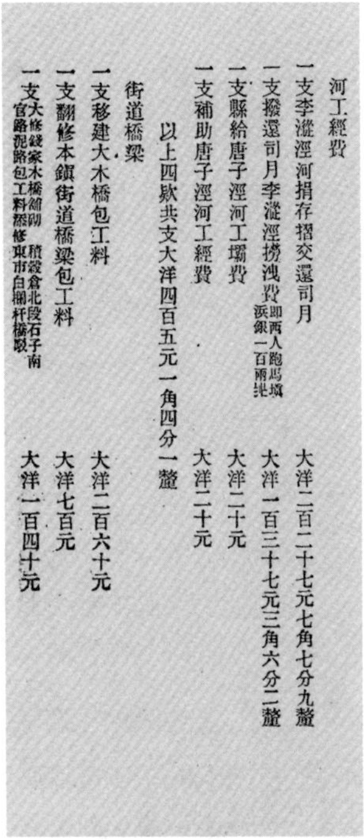

河工經費	
一支李漴涇河捐存摺交還司月	大洋二百二十七元七角七分九釐
一支撥還司月李漴涇撈鴻殳並兩人鉋馬塘	大洋一百三十七元三角六分二釐
一支縣給唐子涇河工壩費	大洋二十元
一支補助唐子涇河工經費	大洋二十元
以上四欵共支大洋四百五十元一角四分二釐	
街道橋梁	
一支移建大木橋包工料	大洋二百六十元
一支翻修本鎮街道橋梁包工料	大洋七百元
一支大柊縫家木橋翻修官路混凝土料熟修東市白柵杆橋梁	大洋一百四十元

图4-7 《上海法华乡公所报告》（1914年）关于使用河工、修筑街道桥梁的经费收支

法华乡乡佐黄棣荪今春创整顿道路之议，旋即从事工程计，将法华镇全镇市街，放宽至六尺以外，可容马车出入，重行铺砌，一律改用石子，西起镇西，东迄海格路口，长凡四里许，定名曰淞溪路。③

---

① 《法华镇整顿道路》，《新闻报》1925年4月5日，第1版。
② 《法华镇整顿道路》，《新闻报》1925年4月5日，第1版。
③ 《晨光熹微之沪西路政》，《道路月刊》1925年第14卷第3期。

1925年5月，与法华镇市街石路改造同时竣工的，还有徐家汇后木桥改建水门汀，以及新辟华（法华镇）曹（曹家渡）路等重要工程。这三大工程的完成，标志着法华乡自治运动下士绅主导的路政建设相比租界也能"差强人意"。

> 徐家汇之后木桥，改建水门汀，东西知远浜路，放长在七尺外，均铺砌工竣。该乡乡议会副议长李美卿鉴于曹家渡与法华交通之频繁，路则湫隘不平，车既颠顿，步亦不易，现规定兴筑一路，名华曹路，长凡三里余，路宽八尺至一丈，由李君垫款先筑一百五十丈，以始其工，年内可观厥成。自后，全乡重要之路可以差强人意矣。①

除了兴筑市镇内部与市镇之间的主干道路之外，一些乡村羊肠小道也在租界马路的刺激下华丽蜕变。不过，这类筑路主要是久居乡间的家族势力在面临城市化包围时所作的积极回应。如位于法华镇以北、二十八保八九图的钱家巷，20世纪20年代初已陷于租界不断越界筑路的包围之中，村落范围为忆定盘路（现江苏路）以东，开纳路（现武定西路）以南，愚园路以北，今镇宁路以西。当时，钱家巷有一王氏宗族，祖屋王家宅位于村落中段，坐北朝南，门前是条东西走向的大道，面对农田，视野开阔，郁郁葱葱，富有一派生发之气。但是，"村外远处已多红墙灰瓦的洋楼，高高的在向人们招收，只要走出村子，南面是愚园路，北面是极司菲尔路（现万航渡路），西面是忆定盘路（现江苏路），西北角是开纳路（现武定西

---

① 《晨光熹微之沪西路市政》，《道路月刊》1925年第14卷第3期。

路），紧紧地把村子包围着"①。当时，钱家巷通过外边宽阔马路上去的土路，仅2—3公尺左右，只可通过一辆人力车。

面对租界势力步步紧逼的扩张势头，王氏家族并没有表现得惊慌失措或局促不安，反而促使他们要和逼近村庄的马路连通，包括修筑道路的材料、标准也已改从前，还借鉴外面的新工艺。据《王氏家史资料》记载，王氏家族的沛霖公、士霖公两兄弟，协同族人，"先从老宅屋后将一条小路拓宽，并将东去直达现万航渡路口的河浜，排埋大口径瓦筒作阖村公用的下水道后，填实铺路，宽可两辆汽车同时并驶。继而北面又费力费资，开通到直达现武定西路，最后就镇宁路原定路线设法开通到愚园路"②。如此一来，"原来像关在箱子里的钱家巷就开始活了起来"。

相较而言，"在各种可以促进我国工业发展之因素中，铁路当为最重要之一种"③。铁路运输具有运量大、速度快、调动灵活、安全可靠等特点，在人员往来、军队调动、物资转输等方面为其他水陆运输工具所无法比拟。④正当法华乡公路建设紧锣密鼓地铺开之际，由北洋政府交通部开筑的铁路干道也在这一时期穿越法华乡境内，这就是为人熟知的沪宁、沪杭接轨铁道。

光绪三十四年（1908年），由英商出资承办的沪宁铁路建成后，其上海站设在南市（今闸北区的天目东路、宝山路口）；而由苏浙两省商办铁路公司自建的沪杭铁路，于宣统元年（1909年）建成后，

---

① 《上海县法华乡钱家巷王氏家史资料》，转引自张伟群：《四明别墅对照记——上海一条弄堂诸史》，中央编译出版社2013年版，第29—30页。
② 《上海县法华乡钱家巷王氏家史资料》，转引自张伟群：《四明别墅对照记——上海一条弄堂诸史》，中央编译出版社2013年版，第30页。
③ 刘大均：《上海工业化研究》，商务印书馆1940年版，第7页。
④ 林峰、张青华、马学强主编：《千年龙华 上海西南一个区域的变迁》，学林出版社2006年版，第89页。

则在上海县城南半淞园处出现另一个上海站。1914年，苏浙两省铁路公司相继由商办收归国有后，交通部便酝酿连接在上海县境内拥有各自不同起点的沪宁、沪杭两线。1915年3月，接轨线工程正式开工，1916年12月建成通车，全长16.6公里。"沪宁一面，以叉袋角货栈迤西八百码为起点；沪杭一面以龙华为起点，其路线所经，自叉袋角迤西，过苏州河之支流，西南行跨苏州河而达梵王渡，经法华又南行，经徐家汇又偏东行，达龙华西首之黎角尖（今名新龙华）。"① 建成后，沪宁铁路的上海站成为沪杭、沪宁两条铁路的共同起讫点，改名为"上海北站"；而沪杭铁路的上海站则改名"上海南站"，习称"南火车站"。在这条接轨铁道线上，自北向南，共设有上海北站、梵王渡站、徐家汇站、龙华新站、上海南站五个车站。其中，梵王渡站、徐家汇站便位于法华乡境内。梵王渡站，"距上海北站十八里七，附近有圣约翰书院、其他古迹等"②。徐家汇站，"距上海北站二十五里五，附近有交通部上海工业专门学校及复旦公学、其他古迹名胜等"③。

这条铁路接轨线开通后，极大便利了乘客出行，客货运量大增。此前，沪杭甬铁路上海车站原设在南市，凡由沪宁路前往沪杭路各站的旅客，都须穿越租界到南市转车。衔接之后，"列车由沪宁路上海站可以直达杭州，旅客到达上海亦无转车之烦"④。据记载，两条铁路接通的第二年，即1917年，沪宁铁路的乘客由550万人次增至

---

① 民国《上海县志》卷一二《交通》，民国二十五年铅印本。
② 沪宁沪杭甬两路编查科编：《沪宁沪杭甬铁路》第2期《旅行指南》，沪宁沪杭甬铁路管理局1919年版，第107页。
③ 沪宁沪杭甬两路编查科编：《沪宁沪杭甬铁路》第2期《旅行指南》，第107—108页。
④ 汪佩青：《沪宁、沪杭甬两路接通和统一调度的经过》，载全国政协文史资料委员会编：《文史资料存稿选编·经济（下）》，中国文史出版社2002年版，第762页。

图 4-8　20 世纪 20 年代的梵王渡火车站

600 万人次，沪杭甬铁路的乘客由 111 万人次增至 450 万人次。[①] 装货吨数亦是大幅增加。1915 年为 46 万余吨，到 1921 年为 65 万余吨，增长率为 41.3%。[②]

两条铁路运输能力与客货载量的猛增，对设有梵王渡站、徐家汇站的法华乡来说，自然也是提高其城市化水平的推手。如梵王渡站就设立在了极司菲尔公园西邻，极大地活跃了片区的对外交通。如前所述，租界的无轨电车和公交路线也迅速蔓延到西区，"静安寺—曹家渡—兆丰公园愚园路"中的"兆丰公园"站就设立在极司菲尔公园的南大门。至 1927 年上海特别市政府成立时，极司菲尔区域已经完全进入了上海城市发展的网络，成为沪西的发展中心之一。

[①] 邵力夫等:《上海南火车站》，本书编委会编:《20 世纪上海文史资料文库》第 3 册，上海书店出版社 1999 年版，第 429 页。
[②] 曾鲲化:《中国铁路史》，出版社未详，1924 年，第 722—723 页。

图 4-9　徐家汇车站，选自《南洋大学年刊》(1923 年)

公共汽车甚至还单独为极司菲尔公园加一班线路。"每星期六与星期日，特开专车到达该园。由静安寺至园，取费 20 铜元。"① 而南面的徐家汇站，则很大程度上弥补了民国以后李淞泾因河道淤塞而造成南北水运阻滞的缺陷，改变了以往过于依赖水运沟通法华与境外苏、杭等城市的联系，使人们更愿意选择方便快捷的铁路交通出行。

纵横交错的华洋马路、铁路干线的陆续开建，尽管构筑出了快速高效的现代化交通体系，但对于原本就拥有大面积水域空间的法

---

① 郑逸梅:《虹口公园纪游》,《紫罗兰》1928 年第 3 卷第 9 期。

华乡来说，若不配建大量的桥梁工程，新式交通必然也无法深入水乡腹地。工部局在法华乡越界筑路时，就已经考虑到这个问题。当其筑路穿越虹桥路上东上澳塘、霍必兰路上西上澳塘、大西路上菖蒲泾等宽阔水路时，就伴有相应的马路桥工程。"马路桥有二，一在虹桥路，光绪二十七年；一在大西路，民国十二年，俱英工部局建。"① 而随着工部局马路桥的新建，华界绅商对境内许多岁久损废的旧式木桥也进行了大规模的整修重建，主要分布于法华东、西两镇上。

> 东镇，木桥七。一名大木桥，民国二年，里人何清泉捐购桥基，何霭如捐银，移东二丈余，重建；一名思本桥，民国九年，邑绅赵锡恩建；一名蒋家木桥，原名东槽坊桥，光绪二十四年，里人李鸿焘募捐重建，民国五年重修；一名混堂桥，一名新木桥，民国十年，沈氏建；一名车桥，光绪二十四年，里人姚锡恭募捐重建；一名祠堂桥。
>
> 西镇，木桥五。一名东王家木桥；一名香店木桥，民国二年，乡公所重建；一名钱家木桥，民国六年，乡公所重建，一名王家木桥；一名吴家木桥。②

从表面上看，一些桥梁修建为法华乡公所出面，但实际上与筑路一样，经费基本来自士绅与商号的捐款。在1912—1914年的法华乡公所收支款项表中，瑞泰号、合茂号、义兴号等18家商号与高燕亭、张瑞庭、卓伯新等10位士绅曾为重建法华东镇之大木桥，共捐

---

① 民国《法华乡志》卷二《津梁》。
② 民国《法华乡志》卷二《津梁》。

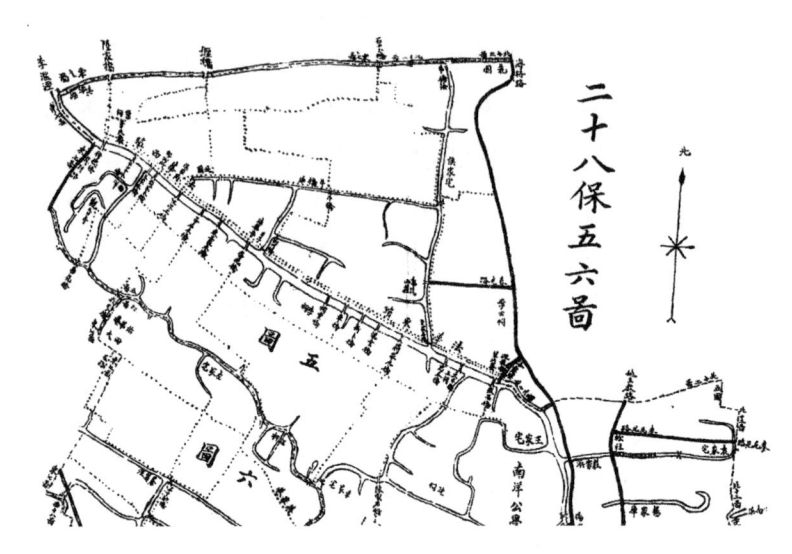

图 4-10 民国《法华乡志》绘制的二十八保五六图图（法华镇区域）。图中可见法华东西二镇上木桥密集分布

大洋243元；包赞卿、王省山、何桂芳等15名士绅与新裕公司、金恒盛号、李宁记号等15家商号，也为翻修街道、桥梁，共捐大洋282元。① 从自筑马路、整修桥梁的义举来看，法华乡绅商资本的充裕，以及"富人率皆好善，遇便人事，争先为之，故事易集"② 是自治时期路政建设有力推进并取得显著成效的重要支撑。

现代化路政建设与新式交通的兴起，一定程度上缓解了对传统水运的绝对依赖，但作为一个因水而兴的江南市镇，法华镇的河道清淤疏浚仍然攸关农田灌溉与商货集散，是左右市镇盛衰晦明的生命线，自然也是法华乡自治运动的重要内容。

---

① 详见上海法华乡公所辑：《上海法华乡公所报告》，"收支类"，民国三年铅印本。
② 民国《法华乡志》卷二《风俗》。

如前所述，以李漎泾为主体的法华河道，因遭遇各种内外变数，到了清末，水利与航运功能每况愈下，大不如前。民国以后，衰退之势不仅没有得到缓解，河道生态反而更趋恶化。1911—1912年辛亥鼎革之际，西人跑马总会在上海西乡跑马，经常至李漎泾一带，"沿河浜跑马，淤泥下卸，阻塞河道"①，甚至禀请英国领事出面照会上海道台，"拟在河边略填若干尺"②，以便可以沿浜驰骋。法华乡乡董、自治公所各议员经过公议，一致以"事关公众出入要道，断难赞成"③，"恐有无知愚民，籍端肇事"④ 为由，及时禁阻西人在此跑马。对河道生态的保护，是为了更好地开展清淤疏浚工程。相比清代而言，民国初年的李漎泾疏浚工程，不仅频次大为减少，而且组织方式也发生了变化。

有清一代，李漎泾的开浚经费，"与蒲汇塘、肇家浜，同在全县漕粮下带征，并指定开浚年期"⑤，但民国以后，漕粮带征停止，开浚费实行就地筹募，这就导致不同市镇浚河进度"以财力为缓急"。1925年3月，法华乡乡董杨洪钊、黄寿祺等，认为李漎泾年久未浚，淤塞不堪，妨碍农田水利，具呈上海县公署，请求迅速动工开浚。此次开浚计划，法华乡前任乡董李鸿骥在任期间的公款项下已有浚河经费3 601.16元，较为充裕。不过，李漎泾下游沿河地界属于二十八保三四图，归蒲淞市辖境，原来需联合该市总董王临钧共同办理。奈何蒲淞市"以兵灾之后，民力不逮为辞"⑥，无法同时兴

---

① 《法华乡禁阻西人驰马》，《时报》1912年10月24日，第5版。
② 《拟填李漎泾河之抗议》，《新闻报》1911年1月9日，第21版。
③ 《拟填李漎泾河之抗议》，《新闻报》1911年1月9日，第21版。
④ 《法华乡禁阻西人驰马》，《时报》1912年10月24日，第5版。
⑤ 《关于开浚李漎泾之所闻》，《新闻报》1925年4月16日，第3版。
⑥ 《法华乡董呈请开濬李漎泾》，《申报》1925年3月7日，第14版。

工。因此，法华乡乡议会只得议决，参照1915年杨洪钧经董任内所拟定的"分捞浅成案"办法，先行雇工捞浅。

此项捞浅工程，由上海县公署令法华乡前任总董、时任农会会长胡人凤迅速筹划动工，"除动支前董提存之款应用外，究属不敷若干，以便筹措"①。当时，胡人凤在考察乡情后认为，法华乡虽然经费相对充足，但也与蒲淞市一样经历了1924年"江浙战争"的驻军干扰，秋收全无，春耕亦无，目前所有豆麦正值生长之际，"若即从事开浚李漎泾，沿该河两岸之农田，势必又遭践踏，殊非重恤灾民之意"②，故而咨请法华乡议会及乡董，展缓至秋季八月中动工。结果，直至1925年12月1日才正式兴工。兴工前，先由时任法华乡总董的杨洪钊具文呈请上海县公署，出示布告晓谕，并函请警察厅派该乡六区二分署的警察到场弹压，驱散停泊河船，照料开工。③兴工捞浚时，由总董杨洪钊任主办员，胡人凤任勷办员，"会同河工段董轮流监工，以重水利而速工程"④。此次开浚，历时4月，至1926年清明节方告竣工，通过上海县公署验收。从整个开浚经过可以看出，法华乡自治运动时期的治河工程，实质上仍然是在士绅的倡议下，依靠本镇商业资本的支持而得以完成的。但相比前清时代有所不同的是，这种公共事务治理，须在乡议会集体决策与上海县公署备案下进行，开始具有组织化与制度化色彩。

相比新式马路、河道水利建设之成绩，被视为"地方自治着乎之点"⑤的市政建设在法华镇华界部分则远不如人意。这也是1927

---

① 《法华乡董呈请开浚李漎泾》，《申报》1925年3月7日，第14版。
② 《开浚李漎泾将展期动工》，《新闻报》1925年3月22日，第2版。
③ 《西乡李漎泾河道定期开浚》，《时报》1925年11月22日，第3版。
④ 《李漎泾今日兴工开浚》，《新闻报》1925年12月1日，第2版。
⑤ 《论地方自治应有施行之秩序》，《民呼日报》1909年6月9日，第8版。

年上海特别市政府成立前整个沪西华界地区普遍的"痛点"。"沪西沿租界各市集，几无市政可言。官民熟视，无规划及收回市政权之意思，不特阻迟沪西发展，又将主权丧失殆尽，殊堪浩叹也。"① 据1925年《道路月刊》所载的名为《晨光熹微之沪西路市政》文章称，整个沪西地区，只有曹家渡之市政，在沪西四路商界联合会的主持下"差可人意"。"曹家渡东市清道事宜，于去年五月，收归由商联会自办，成绩良佳。今复添办西段，并添雇夫役，备垃圾车二乘，日常由会派员督促清除道路，其经费由众商按月认缴清道费。"② 而反观法华乡，"近来交通渐便，居民甚众，商业亦日就发达，惟尚无电火之供给，殊为遗憾"③。

1925年春，沪西四路商界联合会的蒋作新、张君璞、马志侠三人，呈请组建沪西市政机关，后经绅商磋商，认为"蒋非沪西之人，市政属自治，当此自治潮流，不宜复组不合法之工巡局式之官僚机构"④，遂罢去此议。但此后的沪西市政问题，开始受到法华本乡士绅的关注，以王丰镐开风气之先。1925年"五卅惨案"引发圣约翰大学师生脱离出校的"国旗事件"后，王丰镐为收容师生，毅然捐出大西路墓田90余亩，作为创办光华大学之校基。翌年，光华校舍渐次筑成，但水电问题却是一个难题。"因距南市辽远，不易接通，而接用租界工部局水电，未免主权旁落。"⑤ 为谋光华大学用电之便利，"挽主权而利学校"，1926年9月，王丰镐与其子王福照呈请当时华界市政的淞沪商埠督办公署立案，拟集资创立沪西电灯厂一所，

---

① 《晨光熹微之沪西路市政》，《道路月刊》1925年第14卷第3期。
② 《晨光熹微之沪西路市政》，《道路月刊》1925年第14卷第3期。
③ 《法华将办电灯厂》，《新闻报》1926年7月25日，第15版。
④ 《晨光熹微之沪西路市政》，《道路月刊》1925年第14卷第3期。
⑤ 《沪西将办水电厂》，《申报》1926年9月7日，第15版。

"先就小规模试办"①。至于用水方面,"则由光华自己凿井取用,并不在电灯厂范围之内"②。光华大学水电之开通,成为法华乡独立拥有华人自办市政设施之始。

第三节 单一棉布业结构的多元化转型

作为明清以来上海县重要的棉布业市镇之一,法华镇"原生型"城市化之演进,"城西首镇"地位之维系,都深植于四乡农村棉布业商品化的经济结构。然而,棉布业生产亦有自身的局限性。"木棉之利,每亩所入,至丰不过二担,每担所值至多不过六千……布匹之值有时或昂,而棉花之价则无时不贱。"③法华镇人徐献的《患布赋序》也说:"邑人以布缕为业,农甿之困,藉以稍济。然其为生甚疲,非若他郡蚕缫枲苎之业,力少利倍者可同日语也。"④偏低的棉花亩产量、低迷的棉花市价、劳力投入大而收益不见丰等种种弊端,在晚清以后法华镇"生齿日繁,受田无多"的危机下,已逐渐危及乡民的长远生计。然而,直接加剧这种生计危机的,还是鸦片战争后开埠通商所带来的洋纱、洋布的倾销。

五口通商城市陆续开埠后,外国机制棉纺织品开始大量输入中国市场,高效率的大机器生产方式自然使洋纱、洋布比中国本土的手工棉纱、棉布物美价廉。在此背景下,上海四郊市镇所在的江南产棉区因土布销路受阻而备受打击。1846年,经世学者包世臣在一

---

① 《法华将办电灯厂》,《新闻报》1926年7月25日,第15版。
② 《沪西将办水电厂》,《申报》1926年9月7日,第15版。
③ 光绪《二十六保志》卷四《善举》,光绪十二年版。
④ 民国《法华乡志》卷三《土产》。

封私人书信中写道:"木棉梭布,东南杼轴之利甲天下,松太钱漕不误,全仗棉布。今则洋布盛行,价当梭布,则宽则三倍,是以布市销减,蚕棉得丰岁而皆不偿本。商贾不行,生计路绌。"[①] 1847年英国的一份对华商务报告明确写道:"我在上海发现,由于我们(指英国)的布代替了他们(指中国)的布的结果,他们的织布业已下降了。"[②]

然而,必须强调的是,近代上海农村手工棉纺织业在洋纱、洋布的倾销下所表现出的没落与破产,也不可一概而论。戴鞍钢就曾指出,包括上海在内的近代中国的手工棉纺织业,实际上包含两大部分,一是以"耕织结合"为主要特征的小农家庭纺织业;另一部分是主要为市场生产的城乡手工棉纺织业。准确说来,以往人们所说的中国手工棉纺织业的没落和破产,应该是指那种以"耕织结合"为主要特征的属于自然经济范畴的小农家庭手工棉纺织业,而对那些本来就从属于市场的作为商品生产的城乡手工棉纺织业说来,这类现象并不突出。[③]

法华镇的棉花种植与纱布加工,自乾嘉以来就已演化为这类以商品生产和交换为目的,以市场需求为导向的棉纺织业。这类"市场导向型"的城镇手工棉纺织业,由于必须面临市场机制的分化,比起那种与商品交换相隔绝的家庭棉纺织业,更具市场竞争的适应性。廉价洋纱、洋布涌入后给它们造成的萧条,主要是其仍采用落

---

① 〔清〕包世臣:《安吴四种》卷二六"致前大司马许太常书",载沈云龙主编:《近代中国史料丛刊》第30辑,文海出版社1966年版。
② 彭泽益编:《中国近代手工业史资料》第1卷,生活·读书·新知三联书店1957年版,第495页。
③ 戴鞍钢:《近代上海崛起与周围农村经济的变化》,《上海研究论丛》第8辑,上海社会科学院出版社1993年版,第76—77页。

后低效的人工土纺方式加工原料，相比外国机器制纱的精细与快捷，自然无法望其项背。"近世西法盛行轧花、弹花、纺纱、织布，均尚机器，女红之生计穷矣。"① 但这也迫使乡民着力改变棉布生产的原料来源，即从依赖土纺棉纱转而采用廉价的机制棉纱，包括购置国内近代企业生产的棉纱，从而顽强地延续着濒临困境的棉布业生产。

再者，虽然机制棉纱、棉布的盛行导致了土纱、土布业的滞销，但这种外国机器织品大举进入江南市场，也刺激了棉花原料需求大增。特别是甲午战后，一批民族资本棉纺织厂相继在上海开办，更加刺激商品棉种植面积的拓展。《1902年至1911年海关十年报告》载："目前专用于棉花耕作的面积大为增加，从而使这一作物近年来的重要性愈来愈大了。"② 到1919年，仅常熟、嘉定、上海、宝山、南汇、奉贤、川沙、崇明八县的棉田面积，合计就达367万亩。③ 而法华镇四乡农村一直保持着"棉七豆三"的种植格局，甚至到1930年代以前，法华地区的农产品仍"以棉为大宗，豆麦次之，蔬菜花草又次之"④。棉花原料富足的优势，在一定程度上弥补了因土纱、土布的滞销而造成的生计损失。

经历了上海开埠初期洋纱、洋布的大倾销后，法华镇单一的棉布业结构被证明难以抵制外国资本主义的侵入，四周乡民的生计日益陷入困顿，客观上迫切需要引入另一种新式产业以求富自强。其实，早在明末清初之际，徐光启的《农政全书》便极富远见地提到"松民宜兼事蚕桑，以济布匹之穷"等语，他还在为父丁忧的三年

---

① 民国《法华乡志》卷三《土产》。
② 徐雪筠等译编：《上海近代社会经济发展概况（1882—1931）——〈海关十年报告〉译编》，上海社会科学院出版社1985年版，第158页。
③ 段本洛、单强：《近代江南农村》，江苏人民出版社1994年版，第88页。
④ 王晖等编：《市政演讲录三集 上海市各区概况》，上海市政府1930年8月印行，第19页。

中，于上海县西10余华里处（今汇西街附近）建农庄，名为"瀼西草堂"，大搞农业实验，"劝务蚕桑，自植数百株于家园"①。不过，蚕桑业在当时的法华镇乃至整个上海县都未能推广普及。个中因由是多方面的，乡民种棉之俗根深蒂固，积重难返，是主要原因。

在他们看来，蚕桑业的导入，首先不是"补纺织之不及"，而是造成桑争棉利的局面。"独上海一区，人稠土狭，而种桑者无闻焉，论者或谓土非所宜，或谓俗尚木棉，恐妨其利。"②"土非所宜"之论，其实并不确切，因为桑、棉对土壤的适应性较强，都以土质疏松通透、酸碱度适中、土层深厚的土壤为宜，而"恐妨其利"才是蚕桑之利未兴的关键。但自从开埠后洋商的机制纱布日益侵夺乡民手纺纱布之利时，风习难化的棉种乡俗也开始松动。此外，还有一个不容忽视的原因，就是桑树与棉花的种植分布在明清江南地区历来存在地域之别。蚕桑培植及相关的丝织品生产主要分布在环太湖周边的杭嘉湖平原，而棉花种植及相关的棉纺织业主要分布在松江府全境及苏州府的一部分（嘉定、常熟、太仓、昆山一带），这种畛域较为分明的桑棉分布格局，直到太平天国运动强力冲击江南市镇后才出现新变动。

刘石吉在明清江南市镇研究中指出，太平天国运动除了不自觉地成为近代江南地区某些村落成市成镇的客观推动力量外，还指出其"积极意义"在于，战后江南地区蚕桑事业的推广与丝织品贸易市场的扩大，③开始由太湖周边地区延展至太湖以东的松江府、太仓州等地。据《上海县续志》载："邑人向来殚力木棉，不兴蚕事。

---

① 民国《法华乡志》卷三《土产》。
② 光绪《二十六保志》卷四《善举》，光绪十二年版。
③ 刘石吉：《明清时代江南市镇研究》，中国社会科学出版社1987年版，第83页。

自（同治十一年）巡道沈秉成著《蚕桑辑要》，劝民种桑后，四方多栽种，惟接木之法未精，故必由浙湖运桑种植之。"① 这则记载引出一个问题：即鸦片战争后，棉布生产活力日益衰竭的上海地区为何非要等到同治十一年（1872年）才从浙江湖州引入桑种呢？

一方面，从"天时"上来看，这的确很有可能是咸同之际江南地区太平天国战争所带来的经济作物迁移的契机。美国学者霍塞也认为，与蚕桑相关联的缫丝业"以前都是设在苏州和杭州附近的，为了太平天国战争才搬到上海，后来竟立住了脚，成为上海的大实业之一。因此，上海又有了新的希望了"②。而就"人和"来说，则当归功于原籍湖州归安县的沈秉成道台的首倡。民国《法华乡志》有载：

> 后至同治十一年，归安沈秉成来任苏松太道，广购桑秧数万株，分给贫民栽植，并刊《蚕桑辑要》，以资树育之法。近见法华迤南，蔚然成林，鲜茧熟时，动以数万计，衣被无穷，皆沈公之赐也。③

法华镇及东南部的徐家汇、小闸、漕河泾、龙华一带的桑树，之所以能在种子引入不久后便蔚然成林，主要有因地制宜、利润优裕、农事不废、稳定银钱比价等诸多便利。据光绪《二十六保志》所载：

---

① 民国《上海县续志》卷八《物产》，民国七年南园志局刻本。
② ［美］霍塞著，赵裔译：《出卖上海滩》，上海书店出版社2000年版，第47页。
③ 民国《法华乡志》卷八《遗事》。

> 宜棉之田皆宜桑之田，因地制宜，一便也。桑园占地少而获利饶，宜于人满之区，二便也。本务既可营生，民自乐归陇亩，三便也。蚕忙易了，无废插田，四便也。又况丝商贩运，向在浙中，每届售丝，广搜沪市银饼，钱价骤落，官法难惩。若能种桑饲蚕，便本邑有丝可售，则银钱挹注，五便也。商民交便，而税课之旺更有不待言者。①

另一方面，这又与当地士绅身先倡率，督劝桑事的积极推动促成密不可分。蚕桑业的推广，虽是利民之举，但本身也是一项工序复杂、投入不菲的产业。如果没有财力丰厚，抗风险能力较强的富绅率先试行，普通农家是不肯贸然跟进的。"唯事极繁重，需费孔殷，若非城乡绅董暨业田最多之人设法督其农佃人等举行，必致有名无实。"② 所幸的是，法华镇不乏躬亲桑事，挈眷育蚕的乡绅，光绪年间寓居法华东镇的郁怀智，就是其中的典范。

郁怀智，字屏翰，自号素痴，上海县马桥人，肄业于上海广方言馆。自幼刻苦向学，以家贫弃学就商，守信义，重然诺，"创郁良心堂国药店，并经营棉业，遂致富，为沪上钜商"③。作为商团领袖，他胸怀济世之志，深度参与清末上海绅董主持的地方自治运动，任"上海城厢内外总工程局"5位办事总董之一。"举凡邑治之学界、商界、慈善界捐输巨款，靡役不从，士大夫俱津津乐道之。"④ 光绪二十年（1894年），他迁居法华东镇，自置郁氏山庄，又名昧

---

① 光绪《二十六保志》卷四《善举》，光绪十二年版。
② 光绪《二十六保志》卷四《善举》，光绪十二年版。
③ 徐侠：《清代松江府文学世家述考（上）》，生活·读书·新知三联书店2013年版，第604页。
④ 民国《法华乡志》卷六《游寓》。

园,以为避暑。居镇期间,不仅广行善举公益,热心教育,而且"尝购桑秧数千株及美棉种籽,劝令乡民种植,为提倡实业之先声"①。

是时,法华乡间不重蚕桑。郁氏率先垂范,在他自己的昧园栽种桑树数百株。"每届春时,屏翰挈眷育蚕,与乡父老斟酒、赋诗、品茗、叙话,有翛然远引之致。"② 同时,"尝购桑秧千株分送法华、引翔港二乡,劝令种植,以广桑蚕业"③。在以他为首"躬自植桑育蚕,以倡率之,且以桑赠人,劝人种植"④ 之下,法华乡蚕桑业终成趋势,"谋生计者不得不改弦易辙焉"⑤。

不过,近代法华乡兴起的蚕桑业,与明清环太湖地区农家集桑种、养蚕、出茧、制丝于一体的常规经营方式有所不同,"吾乡养蚕绝不缫丝,而鲜茧出售,动以数万计"⑥。即原料与商品分离生产,乡民仅以向市场出售蚕茧,而不将缫丝业作为家庭手工业而固定下来。这种新的经营方式,显然是受到了光绪十八年(1892年)以后上海近郊市镇"丝厂林立"的冲击。因为一家一户的手工缫丝根本无法与规模化的机制缫丝相抗衡,这与棉纺织业所遭遇到的困境同出一辙,所以,法华农家学会避拙就巧,利用日益增多的丝厂对蚕茧原料的旺盛需求,全力育蚕出茧。"近年上海丝厂盛开,广收蚕茧,乡人始渐讲求,城西一地,市茧者年可得数百担。"⑦ 不过,作

---

① 民国《法华乡志》卷六《游寓》。
② 民国《法华乡志》卷七《宗祠》。
③ 徐侠:《清代松江府文学世家述考(上)》,生活·读书·新知三联书店2013年版,第604页。
④ 民国《法华乡志》卷八《墟墓义冢》。
⑤ 民国《法华乡志》卷三《土产》。
⑥ 民国《法华乡志》卷三《土产》。
⑦ 民国《嘉定县续志》卷五《物产》,民国十九年铅印本。

为一个蚕茧原料的主要产地，法华四乡农家也易受市场茧价变动的影响，导致其经营活动的不稳定。

在"兴蚕桑之利，以济棉布之穷"[①]之外，上海开埠前后，包括法华在内的上海县西郊农村还存在一种市场化程度颇高的生产经营活动，这就是供应上海县城日常食用消费的蔬菜苗圃业。据道光二十二年（1842年）文人曹晟的观察："菜蔬于乡间为多，城中惟西门一带有圃数处而已。故城居恒仰给于乡，而其值较乡必倍。自五月十五日以后，街头米苋菜每斤售二文钱，各乡则八文、十文不等，法华竟卖至十四文。"[②] 由此可见，法华乡间种植的蔬菜在开埠之前就已是上海城乡之间流动的日用必需品，而且这类纯商业性的副食品生产，深受市场供需规律的制约。

至民国初年，随着上海城市经济的发展、人口的急剧增长，进一步带动了近郊农村菜圃产业规模与销量的扩大。据《1922年至1931年的海关十年报告》称："获利较多的农产品是菜园生产的蔬菜，各种蔬菜在人口稠密的上海市场十分畅销。"[③] 从1920年代开始，"一个颇有规模的，以供应市场为目的菜园行业已经兴起。这种形式正在广泛地被采用，特别在上海近郊"[④]。

> 沪南、闸北二区，完全为蔬菜栽培区域。法华、洋泾、彭浦、塘桥、真如、杨思、引翔、江湾等区，蔬菜栽培区域居耕

---

① 民国《法华乡志》卷三《土产》。
② 〔清〕曹晟：《夷患备尝记》附《事略附记》，上海古籍出版社1989年版，第142页。
③ 徐雪筠等译编：《上海近代社会经济发展概况（1882—1931）——〈海关十年报告〉译编》，上海社会科学院出版社1985年版，第269—270页。
④ 徐雪筠等译编：《上海近代社会经济发展概况（1882—1931）——〈海关十年报告〉译编》，上海社会科学院出版社1985年版，第44、158页。

地面积20%左右。其他如漕泾、莘庄、三林等三区，本为棉、稻等作物耕种区域，近来亦相率改种蔬菜，以期获利较厚，盖农业上有渐趋集约之势也。①

相较于郊县其他农村，法华的蔬菜种植种类丰富，且"因距沪近而贩卖，易获利独多"②，市场竞争优势明显。据1928年上海近郊农村的社会调查记载，在法华区，"蔬菜有金丝芥、塌苦菜、芸苔、白菜、雪里蕻、苋菜、菠菜、茄子、甘蓝、辣椒、芹菜、莱菔、慈菇、葱及各种瓜类等，种类繁多，且经营者有温室温床之设备，盖地近上海，蔬菜行销极多，业此者获利较厚故耳"③。此外，法华农村还设有供应上海市场的牛奶厂，只不过，"或范围过小，或受外人牵制，畜产经营颇多阻碍"④。

清末民初之际，受到上海"工业都市"之辐射，法华乡还衍生出种类多样的新式服务性杂业，极大地丰富了"男耕女织"的传统生计。"光绪中叶以后，男工另有种花园、筑马路、做小工、推小车；女工另有做花边、结发网、黏纸锭、帮忙工。生计日多，而专事耕织者，日见其少矣。⑤ 这种变动背后的支配因素，乃是城市化转型下从事工业与农业的劳动力价格受到市场供需结构影响。从事农业者，"刈麦、拔豆、垄地等，昔时每亩二工，今则三四工，人力

---

① 《上海特别市各区农村概况》，原载《社会月刊》第2卷第5—11号（1930年11月至1931年5月），转引自李文海主编：《民国时期社会调查丛编（二编）·乡村社会卷》，福建教育出版社2014年版，第425页。
② 王晖等编：《市政演讲录三集 上海市各区概况》，上海市政府1930年8月印行，第19页。
③ 《上海特别市各区农村概况》，原载《社会月刊》第2卷第5—11号（1930年11月至1931年5月），转引自李文海主编：《民国时期社会调查丛编（二编）·乡村社会卷》，第433页。
④ 《上海特别市各区农村概况》，原载《社会月刊》第2卷第5—11号（1930年11月至1931年5月），转引自李文海主编：《民国时期社会调查丛编（二编）·乡村社会卷》，第426页。
⑤ 民国《法华乡志》卷二《风俗》。

疲而招工耕作者，毫无赢利之可言"①。而帮工者之工值，由清同治年间的五十文，涨到了四百文；"干工一百文，今则八百文，亦随百物腾贵而转移"②。不过，加工业劳动力价格虽日益高昂，但他们实际所赚取的却仍然微薄，尤其是女工。据1918年法华镇的社会调查记载，当时法华一带最普遍的是妇女制纸锭，几乎比户皆有，销往上海，但只可获蝇头之利。"虽曰女工之一，博弈犹贤，然揆之经济原则，则亦远矣。"③

综上所述，随着近代城市化转型的开启，法华镇传统单一的棉布业经济结构因受到洋商冲击与新的工业化因素的影响而重新组合，开始调整为棉、桑、蔬多元种植业并存的格局，并衍生出了服务于上海新都市的工厂加工业。不过，新组合而成的多元经济结构，仍是一种以原料供给、劳力输出为特征的较低产业能级，难以与以活跃的货币流通、灵敏的信息交流、完善的近代交通运输业为基础的近代上海贸易体系展开竞争，导致其从原来相对独立的农村经济中心蜕变为上海市区工业经济的原料供应地。即便如此，这种市镇经济功能的变迁还是有力地促使法华四乡农家越来越多地摆脱闭塞守旧的自然经济范畴，将个体的生产和经营活动融入依托上海都市口岸为载体的资本主义市场体系之中，从而在很大程度上为法华镇走向近代城市化解除了传统经济结构的束缚。

---

① 民国《法华乡志》卷二《风俗》。
② 民国《法华乡志》卷二《风俗》。
③ 瞿宣颖：《法华镇状况概要（社会调查之一）》，《复旦》1918年第7期。

第五章 "华洋之界"的形成：法华地区近代城市化转型的新内涵

从城市化转型的角度上来说，随着上海开埠打开近代化的大门，法华镇在遭遇西方工业文明冲击后，不得不从原先以商业化为主导的"市镇化"过渡到以工业化为动力的"城市化"。城市化动力源与发展路向不同，内涵自然别具新面。在以上海租界新都市为增长极的强力辐射之下，法华地区在土地利用方式与乡村景观变迁、劳动力的城乡转移与产业工人的形成、近代新式教育与文化的兴起、社会治理结构的嬗变、社会风俗观念的文明化等方面，均呈现出截然不同于"原生型"城市化的异质性转型。

这些内涵之变，孤立地看来，都是缓慢的、琐碎的、不成系统的，但聚集起来却构成了一幅从江南水乡市镇转型为"华洋之界"新城区的动态图景，标志着法华地区进入了接近与符合现代城市化标准的新进程。不过，由于这种城市化转型主要不是由于农村经济的重大变革，而是在外部因素的冲击下被动发生的，① 使得法华地区没有被完全纳入到上海经济发展体系中，在逐渐具备近代新都市部分"洋特征"的同时，也大量残存华界的各种传统因素，并在很

---

① 陈国灿：《论江南农村市镇的近代转型》，《浙江学刊》2004年第5期。

大程度仍起着主导作用，从而呈现出由传统走向近代的过渡形态。

第一节　土地利用的非农化与乡村景观变迁

上海开埠以后，存在一个特殊的"双城"或称为"城外城"的现象。即在上海县城外北郊单独划定大片土地，辟为外国居留地，是为近代城市化的发源地，之后逐步扩展至县城西、北郊的大部分地方，发展为租界新都市。就法华所在的上海县城西郊而言，在租界新都市大举西扩之前，这里荒寂僻寥，屋少田稠，人烟稀落，一派原生态的自然村景观。这在晚清文人与来沪西人的笔下不乏相关描述，先看几段清人的印象：

> 沪自西人未至以前，北关最寥落，迤西亦荒凉，人迹罕至。[①]
> 城之北，荒烟蔓草，青冢白杨，其农户烟村，多散处于西、南二境。[②]
> 西北郭前三十里，年年马鬣起新阡。四郊东滨黄浦，其西北南皆冢墓也，可耕者仅十之三四。[③]

相比清人的粗略描述，来沪外国人则以一种异域文化的心态来观察县城周郊景观，并留下了更加细致与写实的文字。如1842—1848年曾长期传教于上海县城以西至松江府城一带的郎怀仁神父这样记道：

---

① 〔清〕王韬：《瀛壖杂志》，上海古籍出版社1989年版，第7页。
② 民国《法华乡志》卷首"序五"。
③ 〔清〕张春华：《沪城岁事衢歌》，载雷梦水等编：《中华竹枝词》，北京古籍出版社1997年版，第1039页。

在你面前只是一片辽阔无际的平原，数以千计的人工开掘的河浜纵横交叉。浜内积着污水，河浜上面架着没有栏杆、三人不能并行的石桥或木桥。除了条条河浜外就是麦田、稻田和棉花田；田野里有坟，有的是土坟墩，有的砖砌的浮厝，有的只用稻草或用芦苇包扎，也有的就是一具白皮棺材，停放在田岸边；讲到居住，有钱人盖的是砖瓦房，地基也比较高，其它则尽是茅草屋，屋顶低矮只到我的肩头，式样千篇一律，此屋彼屋毗接不分，这样就不孤零了，大的村子也就是这样构成的。①

1862年夏，乘坐"千岁丸"号访沪的日本人纳富介次郎对西郊农村的观察与郎怀仁所见大同小异："一出城区就是野外，荒草盖路，棺材纵横，有的死尸用草席一卷到处乱扔……上海的西面都是农村，房屋非常矮小，房顶是用茅草、麦秆、稻草作的，墙是用竹子编的，而且不糊泥。"②

无论是本国人的记忆，还是外国人的观感，开埠前后上海县城西郊景观基本上就是农田连片、河塘遍布、矮屋瓦房、冢墓遍生的印象，被贴上"寥落""荒凉"的标签。这种描述，固然不乏一定的苛责与贬低的成分，多用于对比描述开埠前后的景观反差，主观上为了反衬开埠之后的都市繁华，但就土地利用的方式而言，确实以横塘纵浦的圩田农业用地为主。据1922年法华乡实征田额册统计，全乡各保图下共分8个字圩，"共计田二百十三顷一十八亩九分三厘

---

① ［法］ 史式徽著，天主教上海教区史料译写组译：《江南传教史》第一卷，上海译文出版社1983年版，第125页。
② ［日］纳富介次郎：《上海杂记》，载冯天瑜：《"千岁丸"上海行：日本人1862年的中国观察》，武汉大学出版社2006年版，第309、310、316页。

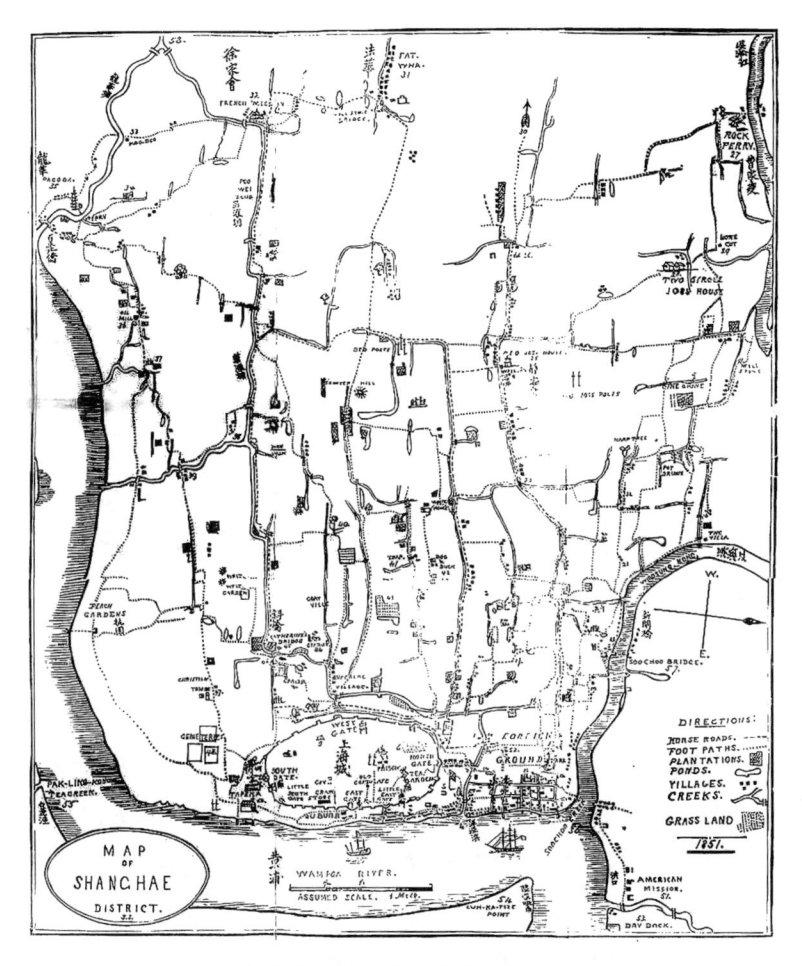

图 5-1 《1852 年上海年鉴与商务指南》(Shanghai almanac for 1852, and commercial guide)刊载的上海开埠初期地图，其中标注有法华镇的位置，拼写为"FAT WHA"

正，合三十九方里四七八"①。具体如表 5-1 所示：

表 5-1　1922 年法华乡各保图圩田面积

保　图	方　位	领村落数	字　圩	田　亩
二十八保一区五、六图	法华东西镇	17（其中五图六村；六图十一村）	五图形字圩六图端字圩	五十三顷一十三亩一分三厘七毫
二十八保二区东七图	法华西南、西北	10	传字圩	二十六顷三十三亩五分一厘
二十八保二区八、九图	法华北	12（其中八图六村；九图七村）	八图虚字圩九图堂字圩	三十顷八亩一分六厘五毫
二十八保二区北十二图	法华东北	21	祸字圩	三十八顷四亩二分六毫
二十八保一区十六图	法华东南	29	表字圩	四十三顷三十八亩四分六厘六毫
二十八保一区东十八图	法华东南	14	恶字圩	二十二顷二十一亩四分四厘六毫

资料来源：民国《法华乡志》卷一《村路》、卷一《田亩》。

　　法华境内的圩田系统开始遭到破坏，土地农作出现危机，始于租界当局以填没河浜作为越界筑路的主要手段。尽管西人筑路时也尽量避开南北纵浦与东西横塘，如从法租界 1900 年越界筑路计划图明显看出：东西向道路与南北向道路，形成垂直交错的网络结构，以便与横塘纵浦的圩田系统相吻合。② 但由于法华境内以南北向的

---

① 民国《法华乡志》卷一《田亩》。
② 牟振宇：《近代上海城市边缘区土地利用方式转变过程研究——基于 GIS 的近代上海法租界个案研究（1898—1914）》，《复旦学报》（社会科学版）2010 年第 4 期。

通潮河浜为主，而工部局主导的越界筑路则多由东向西扩展，这就使南北向的干河最先受到马路网络的分割，严重限制了潮汐流通，至民国初已出现普遍淤塞的严重问题。①

> 西芦浦，即古芦子浦，俗称溇浦，与东芦浦为南北洩泻之干河……上筑马路，如星加坡路、康脑脱路、极司菲尔路、愚园路、长浜路、海格路、福开森路、霞飞路、徐家汇路，下排瓦筒，仅通水线而已。其西南一支流出芦浦桥，合龙华港达浦，今已淤塞。北出肇嘉浜久被填断。
>
> 洛云浜，由东镇迎龙桥、李漎泾进口，至海格路。已排瓦筒填筑，迤东名东泾湾，折北经李家宅、大石桥、程家桥，出吴冲泾。现在东泾湾，已被美商填断。
>
> 虬浦，南由小马家巷、蒋家桥，接吉家浜，迤北过陈武桥，折西沈陈巷，出西上澳塘。今西口已被填断。
>
> 清水浜，南由清水浜桥，接迎潮浜，迤北折西，出西上澳塘。今已填断十余丈。
>
> 蔡漎泾，俗呼蔡洞泾，南出龙华港，北达肇嘉浜……今蔡漎泾北口、土山湾三角地，已填断十余丈。中间被沪杭甬铁路、斜土路筑断，下排瓦筒，仅通流水线而已。②

上述河道之所以在填浜筑路中成为支离破碎的断头浜、死水浜，一方面是因强制填占而被掩埋，另一方面则是由于租界当局在筑路

---

① 吴俊范：《城市空间扩展视野下的近代上海河浜资源利用与环境问题》，《中国历史地理论丛》2007年第3期。
② 民国《法华乡志》卷二《津梁》。

之时均铺设了顺应水流方向的排水沟（即瓦筒），借潮水的涨落来冲刷污水垃圾。比起原先宽阔的河道，这种狭窄的阴沟难以使潮汐顺畅有力地进入，积压已久的污物因得不到及时清理而导致河道淤浅。总之，当河浜被填没或代之以经济、实用的排水通道后，赖水利之便的圩田系统便难以持续，农业生产面临严重危机。

如果说越界筑路从根本上破坏了圩田农业的可持续性，那么越界租地则直接导致土地产权由华人向西人转变，土地利用方式发生非农化转型。学界普遍认为，一旦土地被洋人购置后，便不再从事农业生产，故可视作城市化的开始。① 学界以往对租界城市化空间的研究，多聚焦于越界筑路，视其为租界扩张之前奏，实际上大量的越界租地才更具"蚕食性"②。

西方列强在上海的租地权，源于鸦片战争后中英签订的《南京条约》，1845 年出台的《上海土地章程》中又将"租地"改为"永租"，实际上是默认洋人买卖土地的权力。这一权力的书面体现，就是"道契"。何为"道契"？它是 1847—1927 年间上海道台以及北洋政府时期中央派驻上海的特任官员签发给在沪外侨永租土地的契据，其契纸称为"出租地契"，即把地产使用权转让给外国人，这类文契名为永租，实同买卖，成了外国人在华执业之凭证。③ 因为最初六十多年间，租地契约必须经由上海道台核查钤印，方始生效，故而被称为"上海道契"，英文译为"Shanghai Title Deed"。一份道契产生的流程大致如下：洋商先看中一块地，在与原业主商谈妥购地

---

① 陈蕴茜、吴敏：《殖民主义文化霸权与近代中国风俗变迁——以近代上海公墓为中心的考察》，《江海学刊》2007 年第 6 期。
② 马学强：《近代上海法租界与法册道契》，《社会科学》2008 年第 12 期。
③ 马学强：《从传统到近代　江南城镇土地产权制度研究》，上海社会科学院出版社 2002 年版，第 171 页。

价格后，由原业主交出土地田单，并在地保的证明盖戳下，双方订立永租契。然后洋商呈交该国领事馆审核，经中外双方派出官员共同勘测、绘图，最后由上海道台盖印签发道契，作为土地所有权的执业凭证。道契一式三份，分别标明上、中、下，上契存领事馆，中契存道台，下契由租地人收执。

道契发放的地域范围原本局限于租界之内，但随着租界不断向界外蚕食扩张，许多洋商也开始在界外购置地产，转为道契。然而华界官方却对此不加详查，照例批准发给，直至光绪十五年（1889年），专管洋商租地事宜的上海会丈局成立后，发现已发道契的图分愈推愈远，且因洋商获取道契后，均推收原有田单，"以致该单转辗抵押者，纠葛甚多，案如山积"①。于是，会丈局设法限制，规定凡未经发契的图分，此后一概不予办理。因此，近代上海道契的发放范围，并不是根据租界的面积，而是以发契的实际图分来决定是否续准办理。1925 年 8 月 3 日，《申报》发布上海（浦西地区）租界之外准发道契的实际保图，"俾知洋商道契势力之所及矣"②。范围包括：二十八保五六图、三图、十并十一图、四图、九图、南十二图、北十二图；二十七保北十二图、十一图、十图；二十三保十五图、十六图、正十九图、四图、八图、九图、六图、五图、三图、二十九图。③

在上述准发道契的图保名录中，隶属于法华乡地域范围的有二十八保五六图、八九图、北十二图，这说明洋商道契的势力已经延伸至此。之所以会分布在这几个图分中，是因为有大量的外国马路穿越这一带。不少华人的地皮因租界当局筑路之需而被征购，订立

---

① 民国《法华乡志》卷一《沿革》。
② 《事件　上海道契问题》，《申报》1925 年 8 月 3 日，第 15 版。
③ 《事件　上海道契问题》，《申报》1925 年 8 月 3 日，第 15 版。

永久租契，转换洋商道契，反映出越界筑路与越界租地之间存在彼此交织，颇为微妙的关系。如光绪三十四年（1908年），法租界公董局开筑福开森路时，就购置坐落于二十八保五图的学田，涉及农家共有一百八十余户，转为法册道契1174号，①至1923年全部办结转换手续。又如民国初年，二十八保五图南洋公学附近李公祠对面，也有多处转为道契之地，计有英册道契2850号、美册道契973号、美册道契971号、美册道契974号，共计实地14.858亩，②户主为前南洋公学监督、美国人福开森。1913年，福开森"情愿照原价，不要中费，计规元13 000两"③，让与盛宣怀。1925年10月，二十八保五六图农户金秀春名下的形字圩第551号的半单则田（具体面积不详），因哥伦比亚路的扩建售于工部局，转为英册12331号新契。④1926年1月，二十八保五图农户杨乔氏名下形字圩第297号分地、第314号分地，因法华路的扩建而被筑去1.2亩，遂以市价售于工部局，转为英册道契（具体号数未载）。⑤

因越界筑路与越界租地而立的大量道契地，还只是地块开发从"生地"到"熟地"之变，真正实现土地利用方式的非农化转型，则是由外国地产公司、洋行洋商、外侨、华人买办、政要等大举进驻，购地置产而完成的。早在咸丰十年（1860年），兆丰洋行的英商霍格在太平天国战争期间，以低价购进二十八保八九图曹家渡以西吴家宅的土地千余亩，利用当地的林木景观，建成专供自己郊游度假

---

① 《查明教育局学田之呈复》，《申报》1928年7月7日，第18版。
② 《徐家汇李公祠对面福开森名下道契地清单》，上海图书馆藏盛宣怀档案，档号：051237。
③ 《徐家汇李公祠对面福开森名下道契地清单》，上海图书馆藏盛宣怀档案，档号：051237。
④ 《上海公共租界工部局工务处关于哥伦比亚路扩建的文件》，上海市档案馆藏，卷宗号：U1-14-4261。
⑤ 《上海公共租界工部局工务处关于法华路扩建的文件》，上海市档案馆藏，卷宗号：U1-14-4305。

的私人花园别墅，命名为"兆丰花园"，又称"极司菲尔花园"，是为法华乡境内最早的高档住宅。光绪三十四年（1908年），湖州人、英商上海中和洋行华人经理宋季生在忆定盘路转角愚园路购地十余亩，建独立式假三层西式花园住宅2幢，称作"京兆别墅"。1916年，民国政要梁士诒等在忆定盘路南转角海格路，购新裕泰马棚基址，建成"范园"，展拓至七十余亩，载立通和洋行道契。① "范园"建成后，树木郁葱，芳草芊绵，高耸楼台，宛仿泰西风景。

需特别说明的是，梁士诒建"范园"所立的通和洋行道契，不同于洋商道契，是"一种挂洋商之名而实仍华民之产"② 的道契。其办法是"由挂名之洋商，加立洋文笔据交执，谓之权柄单，连同道契图样，为完全之证据，然后转完年租、粮串，另加常年管理银若干"③。尽管转成这种挂名道契所费甚巨，但仍有不少华人趋之若鹜。原因在于"一以固法律之保护，一以增财产之信用，不得不乞灵于外人，以得喧宾夺主之强权也"④，大有"挟洋自重"的意味。

进入20世纪20年代后，不再是零星的外商、买办、政要购地筑园，而是组织化、规模化的地产公司开始大举进入法华境内租购土地，或自住，或租售营利。其中，最负盛名的当属美商普益地产公司（Asia Realty Company Fed Inc. U. S. A）对哥伦比亚住宅圈（Columbia Circle）的营建。

美商普益地产公司，前身为1914年创办的"普益银公司"，早期地址为南京路15号，后来迁到江西路，经营放款、抵押、理财、遗产管理、财务托管、水火保险等业务，其中以房地产为最主要的

---

① 民国《法华乡志》卷七《园林》。
② 民国《法华乡志》卷一《沿革》。
③ 民国《法华乡志》卷一《沿革》。
④ 民国《法华乡志》卷一《沿革》。

经营项目，设有地产部。1922 年，董事长雷文将普益银公司的地产部独立出来，改组为普益地产公司，在美国注册为公共有限公司，准备大举进军房地产业。1924 年 9 月，直系军阀齐燮元与皖系军阀卢永祥为争夺淞沪地区的管辖权而爆发第一次"江浙战争"，公共租界工部局趁国民政府无暇顾及之际，越界辟建安和寺路（今新华路）和哥伦比亚路（今番禺路）。路刚一筑完，普益地产公司即在法华镇附近的法华路、哥伦比亚路、乔敦路一带置有规模不小的地产，以致这些地方出现了许多刻有"U. S. C. LOT"字样的地界碑。

"U. S. C"的全称为"United States Consulate"，即"美国领事馆"，而"LOT"则是土地分界线之义，"U. S. LOT"就是经美国领事馆注册登记的土地分界线，"LOT"之后还刻有数字，则是这块土地在道契上的编号。从 1926 年工部局工务处对普益地产公司在法华镇一带的地产征赔档案中，可以看出该公司置产之多。如 1926 年工部局扩建哥伦比亚路（今番禺路）之时，发现普益地产公司在该路的"U. S. C. LOT. 3168"有 268 亩地产需要被征赔。① 1926 年工部局扩建法华路（安和寺路）之时，该公司又有"U. S. C. LOT. 3220、3260、3029、3261、3225、3219、3037、3222、3033、3229、3036、3221"共 89.86 亩地产需要让渡出来。② 道契的数字编号越小，说明该土地被"永租"的年代越早。

3 年后，"哥伦比亚圈"Columbia Circle 的开发计划推出，土地被细分成 70 多个美国常见的长方形地块，每个地块的面积一亩至两亩不等。同年，普益房产公司的执行经理匈牙利人休戈•山多尔（Hugo Sandor）找来他的老乡，当时上海最负盛名的匈牙利籍建筑

---

① 《上海公共租界工部局工务处关于哥伦比亚路扩建的文件》，上海市档案馆藏，卷宗号：U1-14-4259。
② 《上海公共租界工部局工务处关于法华路扩建的文件》，上海市档案馆藏，卷宗号：U1-14-4305。

师邬达克担任总设计师，为哥伦比亚住宅圈设计花园别墅。别墅在1929年至1932年间陆续建成，截止到1930年，有21栋别墅以及一栋车库建筑落成。①

从1930年的"哥伦比亚圈"建筑状况使用图中，可以看出总设计师邬达克把别墅分成了10种不同的风格：英式、意式、西班牙式、萨克拉门托式、加利福尼亚式、殖民地式、佛罗里达式、圣地亚哥式、好莱坞式以及英国乡村式。各种不同的风格唤起了来自不同国家、不同地区中产阶级侨民们的乡愁和想象。其中，英国式及

图 5-2 1930年"哥伦比亚圈""普益模范村"鸟瞰图
(加拿大维多利亚大学档案馆藏)

① 罗震光编著，温新华主编：《西区漫步》，上海交通大学出版社2019年版，第78页。

英国乡村式风格的别墅数量在哥伦比亚圈占了最大的比例。这种源于中世纪哥特风格的一种流派，在英国哥特复兴运动中复活的风格，在 20 世纪二三十年代的上海，以至远东的日本都甚为流行。英国乡村式风格的装饰性特征，满足了侨民们身处都市渴望田园的梦想，成为当时沪上上流外侨选择住宅样式的首选。①

若论"哥伦比亚圈"的最精华与出名的部分，当属"外国弄堂"。外国弄堂现被称为"新华新村"，是指今新华路 211 弄和 329 弄组成的 U 字形、互相连通的弄堂。此地原为左家宅张、卢两家及蒋家巷蒋、王两家土地，农田坟滩弥漫，沟浜纵横。土地被普益地

图 5-3　新华路 329 弄 32 号英式花园住宅，建于 1925 年，曾于 1936—1947 年为瑞典驻沪总领事官邸

---

① 《邬达克的家》编委会编：《邬达克的家　番禺路 129 号的前世今生》，上海远东出版社 2015 年版，第 14 页。

产公司收购后，由邬达克设计、柴顺记营造厂施工，建筑有风格各异的花园洋房29幢，如同一个万国住宅博览群，占地面积约3万平方米，平均每幢占地1 000多平方米，绿树婆娑，环境幽静，高端豪华。29幢中的近20幢，后陆续被列为上海市优秀历史建筑。

"哥伦比亚圈"竣工后，销售情况甚佳。据1930年《普益年报》记载：春夏两季，大批买主置购产业，普益地产公司当年的净收益比1929年超165%。从1926—1929年，哥伦比亚路及安和寺路周边的地价整个被带动了起来。① 而从买主的身份来看，基本都是富有的外国侨民。这可从1937年上海字林洋行出版的英文《中国行名

图5‑4 大西路"哥伦比亚村"落成之住宅（1926年）

---

① 《邬达克的家》编委会编：《邬达克的家 番禺路129号的前世今生》，上海远东出版社2015年版，第14页。

录》的"上海街道指南"栏目里收录的"哥伦比亚圈"部分住户名单中可知。

表 5-2　Columbia Circle 部分登记住户情况表（1937 年）

门牌号	登 记 住 户	服　务　单　位	职　务
101	E. M. Geibel	Slandard-Vacum Oil & Co. 美孚洋行	部门经理
109	Anthony B. Butler	China Soap & Co. 英商中国肥皂公司	部门经理
119	Mark L. Moody	Moody, Mark L. 美商马迪汽车公司	老板
131	A. E. Schumacher	The Chase Bank 美国大通银行	总经理
135	W. Rector Smith	DrsIsenman & Smith 依司门医生	医生
139	Mrs Chung Wei Lei	未详	
143	U. S. Harkson	Henningsen Produce & Co. 美商海宁洋行	大班
151	E. W. Poate	Macknie & Co. 英商隆茂洋行	老板
155	Lloyd Bland	Frost, Bland & Co. 英商德康洋行	老板
159	C. J. Melchers	Melchers & Co. 德商美最时洋行	老板

资料来源：*Shanghai Street Directory*，*Hong List of China*（《中国行名录》），上海字林洋行出版，1937 年。

自 1924 年"哥伦比亚圈"启动建设后，高档洋房、别墅与日俱增，加速了土地利用功能向房地产转型，使法华镇东部、南部一带的哥伦比亚路、安和寺路等地，逐渐形成一个特别的城市住宅风貌区。1922—1931年的《海关十年报告》所提到的"十年中,公共租界的西区及西区以外地带,已建造了许多房屋"①,概指这一带。因其"空气新鲜,风景雅致,居住尤为适宜"②,所以,在1930年国民政府拟定的"大上海计划"中,一度明确将法华区定位为住宅区。

除了住宅用地外,这一时期法华土地非农化转型,还有另一个重要方向,就是教育用地。对于教育用地的购置与扩张,华洋势力均有介入,并形成了一定程度的地域分布特色。如法华镇东南二里的徐家汇一带,是明末徐光启以来上海天主教徒密集之区,也是天主教在江南地区的重要据点。以咸丰元年(1851年)天主堂的辟设为发端,天主教会陆续在此购地扩张,构建了体系完备的传教、科学、教育、慈善、新闻等设施网络,形成了上海"拉丁区"文化景观。单就教育用地而言,自道光三十年(1850年)"西学东渐第一校"徐汇公学的诞生,到20世纪20年代,徐家汇围绕蒲肇河(肇家浜与蒲汇塘交汇)东西两侧麇集了8所耶稣会创办的新式男女学校与慈善学堂。(此部分内容详见本章第三节)

又如法华镇以北梵王渡、曹家渡、极司菲尔路濒临苏州河一带,构建的是以圣约翰大学为首的基督教教会学校版图。光绪五年(1879年),美国基督教圣公会以白银6 500两,"购上海西郊梵王渡地约九十亩,造校舍一所,住宅四所"③,成立圣约翰书院。1912年,兆丰公园主人愿以地产让人,经美国圣公会董事许可,该校又以价银14万两购比邻兆丰花园基地70亩。"由是吴家宅湾辖有全

---

① 徐雪筠等译编,张仲礼校订:《上海近代社会经济发展概况(1882—1931)——〈海关十年报告〉译编》,上海社会科学院出版社1985年版,第282页。
② 新中会杂志社编:《上海的将来》,中华书局1934年版,第67页。
③ 《校史》,载圣约翰大学编:《圣约翰大学一览 民国二十三年至二十四年度》(1935年),第4页。

境，三面临江，地占优胜。"① 至此，该校北濒苏州河，"向南始直到极司菲尔路"②。以圣约翰大学购地建校为起点，基督教圣公会还在附近陆续布局了其他小学、女学。1914年，圣约翰大学分设的青年会高、初两等小学校，由原先租赁曹家渡西市房屋改为购地建校。1922年，圣公会在沪杭铁路以西的梵王渡地区购地70亩，扩充圣

图5-5 圣约翰大学校门（1909年）

---

① 民国《法华乡志》卷四《学校》。
② 《校史》，载圣约翰大学编：《圣约翰大学一览 民国二十三年至二十四年度》（1935年），第4页。

马利亚女书院新校舍。①

法华镇东北部白利南路、忆定盘路一带，也是西人教育用地的势力延伸区域。如振恤幼女会，"在卢薛宅东南白利南路。民国初建。西女士教习贫女中西文"②。1912 年，美国基督教传教士傅兰雅在忆定盘路北段购地建盲童学堂。1918 年，基督教监理会在忆定盘路购上虞经润山的建辰园基址，将原在英租界三马路的中西女塾改组迁此，分中、高、初三部。③ 除了教会学校外，还有服务华洋富裕阶层生活方式的特殊学校。如 1922 年底开办于大西路、忆定盘路口的"大西骑马学校"（Lincoln Riding Academy），即林肯骑马学校。

"上海四郊一带，西人野外运动以骑马为最盛。华人固亦有好控御之术者，然终不若西人之普及妇孺。"④ 这就是骑马学校开办的背景。校长为俄罗斯人聂摄夫，"一战"时为俄国陆军大尉，身经百战，体格魁梧而恂恂儒雅。所授骑术，"计分三十五课，自初学步，以至奔驰跳栏，循序而进"⑤。所授学生，自以西人居多，但对华人亦颇可亲。"学费一百二十元，刻为优待华人起见，只收一百元"⑥，华人遂多有加入者。该校创办后 10 年间，内容完备，蓄马计共 200 余匹，"每日前往学习骑术者数十人，毕业而去者都数百人，类皆中西商界及政界闻人"⑦。在 20 世纪 20 年代，该校系沪上规模最大、

---

① 民国《法华乡志》卷四《学校》。
② 民国《法华乡志》卷四《学校》。
③ 民国《法华乡志》卷四《学校》。
④ 《大西骑马学校之梗概》，《申报》1928 年 8 月 7 日，第 15 版。
⑤ 《大西骑马学校之梗概》，《申报》1928 年 8 月 7 日，第 15 版。
⑥ 《大西骑马学校举行毕业礼》，《申报》1928 年 10 月 23 日，第 15 版。
⑦ 《骑马学校优待华人办法》，《申报》1931 年 3 月 22 日，第 16 版。

设备最完善的马校之一，①也间接提升了附近"哥伦比亚圈"的格调，骑马本身的乐趣以及它所体现的高档生活方式，让这一带逐渐成为城市化过程中的时尚之地。

相较之下，法华镇附近农业用地向教育用地转变，则由国人自身主导。南洋公学（即后来的交通大学）即是明例。1922年《法华乡志》称南洋公学，起初假徐家汇民房作为临时校舍开办，后以"杨家库海格路"②作为永久校址。杨家库，与徐家汇的前身徐家库一样，属于二十八保五六图法华镇周边17个村落之一，其与徐家汇、法华镇、南洋公学三者的位置关系如下：

> 徐家汇初名徐家库，明徐文定公居此，因以得名，地处上海城西十二里，其北曰杨家库，西北曰法华镇，本校（南洋公学）校址适介三者之间。③

从光绪二十四年（1898年）开始，南洋公学为筹建校舍、扩张校址，开始陆续向四周圈购民地。先是1898年6月，由盛宣怀个人出资，以法定官价圈购临时校舍西北边土地120亩，耗银8 785.445两。④次年，又添购校南民地20亩，共140亩，作为公学校址。宣统二年（1910年），复购校北民地，设备类工厂；1914年，再购校东南民房，改建宿舍，"其后于校西、校北陆续添置"⑤。至1922

---

① 汪之成：《近代上海俄国侨民生活》，上海辞书出版社2008年版，第449页。
② 民国《法华乡志》卷四《学校》。
③ 《附本校大事记》，《南洋季刊》1926年第1卷第1期，第150页。
④ 盛宣怀：《筹集商捐开办南洋公学折》（1898年），《愚斋存稿》第2卷，第21页。
⑤ 《附本校大事记》，《南洋季刊》1926年第1卷第1期，第150页。

年，改名南洋大学后，校址占地已扩至约 190 亩。① 不过，就所处环境而言，仍与清末时期农田环绕，绿树丛生的江南乡野风光并无二致。"校址四周，环以小溪，溪外皆农田，平畴四望，一碧无际，地势清旷，空气新鲜，又以去上海市远，故甚幽静。"②

图 5-6　1921 年南洋公学周边的江南乡野风光

南洋大学圈购田产，扩张校址，不可避免地会与法华乡乡董、图董、地保进行交涉，尤其是与原住农民结成买卖交易关系。利害相关各方围绕田地议价、补偿、搬迁等，难免出现利益纠葛与博弈，这也是城市化过程中传统农业用地必然经历的"蝶变"。如从 1925 年 11 月开始，南洋大学圈购校西的法华乡民田，坐落于二十八保五图，涉及的业户、田亩、契价各有不同。面积最大的当属于胡纪根、

---

① 《附本校大事记》，《南洋季刊》1926 年第 1 卷第 1 期，第 150 页。
② 《附本校大事记》，《南洋季刊》1926 年第 1 卷第 1 期，第 150 页。

胡金根、胡云根三兄弟，"其田坐落二十八保五图形字圩第一百零六、一百零九、一百十等号"①，已由该图地保陆士堂经手，以每亩田价洋1000元的价格，已立第11228号绝草契一纸，请即转换正契。②又有单户胡汉文，"共则田二亩三分七厘六毫，契价洋二千三百七十六元"③。另有地保陆士堂自家田产8亩，也在此次圈购范围

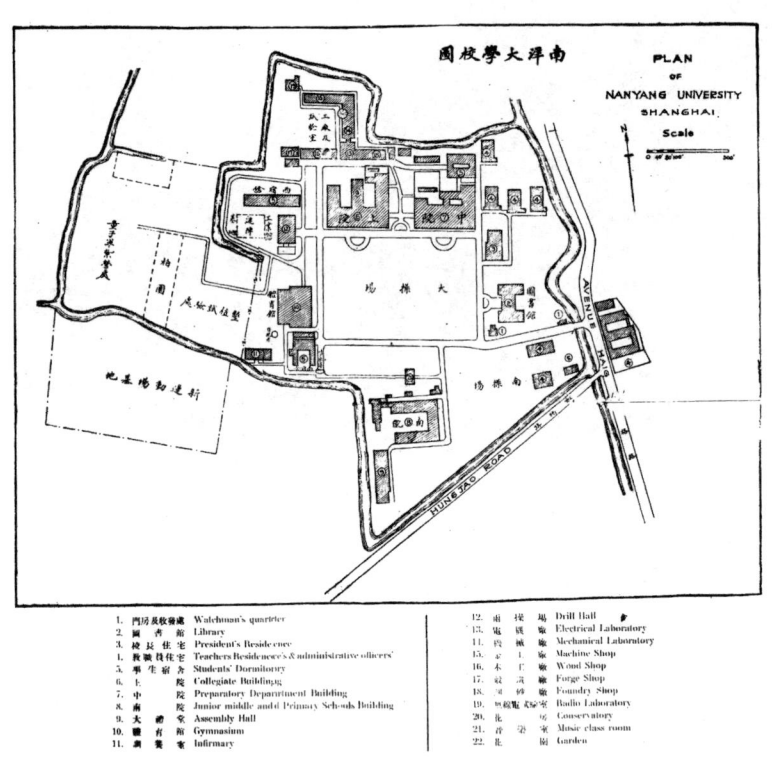

图5-7 南洋大学校舍校址图（1926年）

---

① 《交大圈购校地案之呈复》，《新闻报》1925年12月1日，第2版。
② 《交大圈购校地案之呈复》，《新闻报》1925年12月1日，第2版。
③ 《交大圈购校地案之呈复》，《新闻报》1925年12月1日，第2版。

之内。截至 1926 年 1 月，"计圈地已交契领价者，五十四亩有奇，共付银五万余元"①。

为了免除纠纷，达成互惠，11 月 24 日，法华乡乡董杨洪钊公开召集该图以上各业户、地保陆士堂，齐集乡公所讨论，对南洋大学此次圈购民田发表意见。会上，有业户陆竹卿公开提出，自家之田产，屡次均为官定贱价，乡民吃亏不少，"应请南洋大学酌收吾乡免费学额若干，以资造就，庶几义务权利均匀，以昭公允云云"②。这个以免费学额补偿田产差价的提议，得到席间多人赞同。图董顾安德之子顾鼎山也深以为然，他另外提出，应加大坟墓搬迁的补偿价格。

> 但现在田价日昂，乡民购买坟地，殊觉匪易。此次南洋大学圈购民田，对于搬迁坟墓，应请格外从优，以资体恤。③

无论是要求设立若干免费学额，抑或是要求提高坟地搬迁的价格，都是农业用地性质与产权变动后，农民生计受到一定冲击的利益补偿诉求。但从立场而言，法华乡大多数乡民对南洋大学扩张教育用地还是支持的。"各地主多以属校夙著声誉，且办法又属公允，是以尚无居奇及抗议情事。"④

当然，也有个别业户表示反对意见。如业户胡菊香认为，南洋

---

① 《交通大学校史》撰写组编：《交通大学校史资料选编（第 1 卷）1896—1927》，西安交通大学出版社 1986 年版，第 440 页。
② 《交大圈购校地案之呈复》，《新闻报》1925 年 12 月 1 日，第 2 版。
③ 《交大圈购校地案之呈复》，《新闻报》1925 年 12 月 1 日，第 2 版。
④ 《交通大学校史》撰写组编：《交通大学校史资料选编（第一卷）1896—1927》，西安交通大学出版社 1986 年版，第 440 页。

大学似无急切扩地之缘由,现有校基已足够宏大,"若建筑校舍,则可容学生千余人"①,此外尚有余地百余亩,颇为地广人稀,"其后方操场一区,平时全无该校学生散心其间"②。相较之下,守护校西为数不多之可耕农田,显得更为急迫,"自辟虹桥路迄今,人口日增,乏田可耕,长此以往,何堪设想"③。即使校方能给予相当的补偿价格,"亦不足以补购他方良田"④。

基于这种反对意见的合理性,南洋大学校方以地方公益起见,准允在"除酌量贴给迁坟费外,每亩给价一千元"⑤的基础上,为法华乡民设立有限的免费学额。于1926年9月出台了《南洋大学对于法华乡免费学额之办法》。

一、南洋大学为地方公益起见,特为法华乡居民子弟在本大学之附属小学内设免费学额两名,以示优异。

二、该项免费学生,由法华乡公所于本校附属小学招生日期之前数日,保送前来,与新生一律考试。如考验及格,准予入学插入相当班次,并准其免缴学费宿费两项,至其他各费,仍须照纳。

三、该项免费学生,如有学业成绩不能及格,照章须留级者,其留级期内之学费宿费,亦须照章缴纳。

四、该项免费学额,同时在本校小学肄业者,不得过两名。

---

① 《交大圈购校地案之呈复》,《新闻报》1925年12月1日,第2版。
② 《交大圈购校地案之呈复》,《新闻报》1925年12月1日,第2版。
③ 《交大圈购校地案之呈复》,《新闻报》1925年12月1日,第2版。
④ 《交大圈购校地案之呈复》,《新闻报》1925年12月1日,第2版。
⑤ 《交通大学校史》撰写组编:《交通大学校史资料选编(第一卷)1896—1927》,西安交通大学出版社1986年版,第440页。

五、该项免费学生入学之后，除第二条规定免费外，其他一切均照校章办理。

六、该项免费学生，在本校附属小学毕业而学力充足者，准入本校附属中学，惟各校费用均须全缴。①

随着农业用地向华洋住宅与教育用地转变，法华乡的地价呈现出逐年上涨的态势。如果说在传统农耕社会，"耕作土地价格之高下，一般多依作物成绩为标准"②，那么，当乡土法华日益被组合为上海新都市的一部分时，地价之上升可视为城市化变迁的"晴雨表"。

先来看1923年东南大学农科在江苏沪海道各县各乡的地价调查数据：上海县漕河泾乡以普通地每亩320元居于首位，法华乡以每亩280元屈居第二，洋泾乡以每亩200元位列第三，其余如陆行、闵行、蒲淞等地的地价尚在50—80元之间。③ 1924年"江浙战争"在上海爆发，工部局趁机向公共租界以西地区大规模越界筑路后，法华乡沿路地价陡然上升。

法华乡自英工部局开筑大西路、虹桥路、白利南路之间及虹桥路至蒲汇塘一带之马路，各马路所经过之二十八保三图、五图、六图、东七图、西十八图、北十二图等沿马路基地之价

---

① 《陈士元函稿　抄寄法华乡免费学额办法》（1926年9月），上海交通大学档案馆藏，档号：LS8 - 1342。
② 冯和法编撰：《中国农村经济资料》（上卷），华世出版社1978年印行，第259页。
③ ［日］长野朗著，陆璞译：《中国土地制度研究》，新生命书局1933年版，第127—132页。转引自马学强：《从传统到近代：江南城镇土地产权制度研究》，上海社会科学院出版社2002年版，第414—415页。

格,顿增一倍有余。据各图董保言,于三年前,该处基地每亩在五百元至六百元,去年未筑马路之先,每亩价在八百元至一千元。自筑路以来,则顿增至每亩二千元至二千五百元,且未满每亩一千元之前,出卖者多而买者少,今则反是矣。①

至1927年上海特别市政府成立后,情况又发生了较大变化。出于国人建设自己的"新上海"的考虑,上海特别市将租界周边的部分乡村地区,例如蒲淞乡、法华乡、引翔乡、江湾乡等,改为城市直辖区域,当地的主要经济形式开始由农业向商业、工业、蔬菜种植业等多样化的产业过渡。②这使得上海直辖周郊各区形成了一个明显级差等级圈层。法华区每亩土地价格以最高1200元,最低500元,均价900元高居上海各区(除沪南区、闸北区之外)榜首,并与位居第二的塘桥区(最高1000元,最低150元,均价483元)、第三的彭浦区(最高400元,最低300元,均价335元)拉开巨大级差。③尽管在上海特别市成立之前,这些地区的产业经济已经受到城市发展的带动或影响,但纳入上海特别市的规划范围之后,就更具有了政策上的保障。④这或许是1927年后法华区土地价格居高不下的缘由。

自1923—1927年五年间,法华地区的土地均价竟激增三倍多,这说明地近上海新都市的发达对周郊地价冲击之大。"盖以近于市区,便于营造,以致价格激涨。"⑤不过,据1930年上海近郊的乡

---

① 《法华乡地价日增》,《新闻报》1925年3月10日,第10版。
② 吴俊范:《水乡聚落 太湖以东家园生态史研究》,上海古籍出版社2016年版,第218页。
③ 冯和法编撰:《中国农村经济资料》(上卷),华世出版社1978印行,第260页。
④ 吴俊范:《水乡聚落 太湖以东家园生态史研究》,上海古籍出版社2016年版,第218页。
⑤ 冯和法编撰:《中国农村经济资料》(上卷),华世出版社1978印行,第260页。

村社会调查，法华地价虽高居各区榜首，但田亩租金却较为低廉。"盖（法华）环近市场之耕作土地，早已进为候补之建筑地，效用于农业者，自属浅鲜。是非一般农村所通有，惟交通集中处始有此现象。"① 此外，因越界筑路而形成的便捷发达的道路交通也是法华地价高涨的另一重要原因。"越界筑路之处，地价就因之腾贵。马路一拓，交通因之便捷，水电亦因之伸展，租界警权亦立即到达，租界势力也就随之到达。越界筑路计划一出，此地地价即出现飞涨。"②

土地利用方式的非农化转型，加之毗邻租界新都市的地缘优势，使法华乡在20世纪20年代的地价极昂，"故家有先人遗田数亩，辄称富豪"③。然而，除了法华镇北部、东部、东南部等"越界筑路区"显现出日益洋气的城市景观外，法华古镇一带，无论是居民生活方式，还是住宅建筑样式，仍然是一派传统、古朴的乡土风光。

> 观居民生活之简朴，未有不误为贫瘠之区者也。全镇居民，无虑二万。富家世族往往保存其旧式之建筑。门庐多低小，门之上以小龛藏祖先木主。入门过庭院，始达内室焉，盖与租界中之居室，迥不侔矣。如此者，全镇可数十家。④

由此可见，土地利用方式的非农化转型引发的地价上涨与城乡景观变迁，在法华镇及镇郊地区呈现出不平衡、不充分的差异。

---

① 冯和法编撰：《中国农村经济资料》（上卷），华世出版社1978印行，第288页。
② 张辉：《上海市地价研究》，正中书局1935年版，第47页。
③ 瞿宣颖：《法华镇状况概要（社会调查之一）》，《复旦》1918年第7期。
④ 瞿宣颖：《法华镇状况概要（社会调查之一）》，《复旦》1918年第7期。

第二节 四乡劳动力的转移与产业工人的形成

无论是西方标准的城市化,还是中国本土意义上的城市化,基于农村劳动力转移的人口城市化都是题中之义。近代上海开埠后,法华镇之所以陷入经济结构的动荡危机,一方面固然是由于传统手工棉纺织业不敌洋纱、洋布的倾销,但更重要的是,农户们受到毗邻的租界新都市经济发达的刺激,权衡之下,认识到进城谋事或进厂做工,较之死守纺车和织机更为有利,于是纷纷放弃家庭棉纺织生产,离乡谋生。

> 光绪中叶以后,开拓市场,机厂林立。丁男妇女,赴厂做工。男工另有种花园、筑马路、做小工、推小车;女工另有做花边、结发网、黏纸锭、帮忙工。生计日多,而专事耕织者,日见其少矣。[①]

脱离耕织的乡村男女,无论是临时转为都市杂业工,还是彻底转变为现代工人,都已离乡离土,基本割断与土地的天然联系,投入现代城市经济生活中,从而导致农村劳动力的转移。这就是社会学和人口学所谓的"拉力"(pull),也是人口城市化的重要内涵。值得注意的是,这种劳动力的转移很少是流向法华镇,而是流向法华镇外围的曹家渡、徐家汇等近代新兴市镇。通过 1919 年法华乡各图户数与男女人数的分布统计,可以明显看出这种转移趋势。

---

① 民国《法华乡志》卷二《风俗》。

表 5-3 1919 年法华乡各图的户口调查表

保　图	户数（户）	人数（人）	
		男	女
二十八保五图	601	1 625	1 426
二十八保六图	675	3 079	1 428
二十八保东七图	359	861	815
二十八保八九图	1 490	4 288	3 255
二十八保北十二图	475	1 120	1 263
二十八保十六图	708	1 502	1 549
二十八保东十八图	407	1 076	1 088
总计	4 715	24 375	

资料来源：民国《法华乡志》卷一《户口》。

位于二十八保五图的法华镇，在清乾嘉年间不无夸张地号称"烟户万家"。但据表中的数据显示，到了 1919 年，人口尤其是男丁大量流失。全镇只有 601 户，男丁 1 625 人、妇女 1 426 人，已远远落后于六图的徐家汇镇（675 户，男丁 3 079 人、妇女 1 428 人）。而户数和人数称冠的，当属八九图的曹家渡镇，共有 1 490 户，男丁 4 288 人、妇女 3 255 人，人户总数都几近法华镇的 2.5 倍。

从职业构成来看，徐家汇镇人口庞杂，包括工、农、商、学、手工业者、天主教民等。据 1926 年《中共徐家汇独支报告》显示，整个徐家汇独立支部，"有工厂五，工人约七百人；农村约十，农民约五千人；学校八，学生、教职员、校工约共三千人；各色小商店五、六十家，商人约五百人；天主教区人民约四千人，多业花边雕刻等手工业。连居住草蓬之江北人、黄包车夫以及作坊工匠等，一概估计约共有居民一万三千五百人"①。这虽然反映的是包括徐汇、龙华、法华乡一带的整体情况，但也可大致视为徐家汇一镇人口结构的缩影。

相比徐家汇镇而言，曹家渡镇户数与人口的激增，主要是工业发达衍生了大量就业岗位，吸引了法华四乡劳动力前来做工。早在光绪年间，曹家渡成市即缘于此。"西段开办缫丝厂，东段开办面粉厂，招集男女工作，衣于斯，食于斯，聚居于斯者，不下数千人。由是马路两旁，造房开店，百工居肆而市成矣。"② 到了20世纪20年代末，曹家渡一带，华洋工厂鳞次栉比，"男女之就厂做工者，日见增多，即十余龄之子女亦随父母或邻人而进厂工作，市民生活状态不至于十分困苦者"③。当时，曹家渡境内较大工厂增至8家，资本达270万元，分日班、夜班，昼夜不息，工人接近6 000人。④ 相比徐家汇而言，工业化程度更深，进程更快。

表5-4 1907—1927年曹家渡、梵王渡、徐家汇地区开设的近代工厂一览

工业种类	工厂名称	成立地点	开办年份	资本额	工人数（人）	出产总值或数量
棉织业	达丰染织公司	曹家渡北岸	1913	50万两	230	153万两/年
	义新织布厂	徐家汇谨记桥	1924	5千两	61	5万两/年

---

① 《徐家汇独支报告——关于社会情况和工作状况》（1926年3月30日），载中央档案馆、上海市档案馆：《上海革命历史文件汇集（上海区委各部委文件）一九二五年—一九二七年》，上海群众印刷厂1987年印，第495页。
② 民国《法华乡志》卷一《沿革》。
③ 王晖等编：《市政演讲录三集 上海市各区概况》，上海市政府1930年8月印行，第19页。
④ 刘麟生：《曹家渡调查记》，载《约翰年刊》1921年。

续 表

工业种类	工厂名称	成立地点	开办年份	资本额	工人数（人）	出产总值或数量
棉织业	振泰纺织有限公司	曹家渡西首	1920	80万两	1 110	11 240包纱/年
	溥益纺织公司第二厂	劳勃生路8号	1924	150万两	1 129	16 776包纱/年
丝织业	中华工业厂	曹家渡白利南路400号	1918	39万元	902	93万元/年
	震华电机丝织厂	梵王渡北岸	1922	8万两	203	22万两/年
	纬成公司上海织绸厂	白利南路20号	1924	5万元	378	不详
制革业	中华皮革厂	曹家渡滨北	不详	80万元	100	不详
	上海皮革厂	白利南路59号	1923	14万元	85	90万元/年
缲丝业	永纶	康脑脱路312号	1927	2万两	470	120担/日
	信昌	极司菲尔路161号	1927	5万两	1 200	300担/日
	益昌公记	康脑脱路320号	1927	2万7千两	386	125担/日
漂染印花业	德兴厂	徐家汇	1921	1万两	70	不详
	中华纱线厂	极司菲尔路荣庆里	1921	7千元	36	9万元/年
榨油业	顺余油厂	曹家渡滨北	不详	10万两	140	棉油4万担/年；花饼20万担/年

续 表

工业种类	工厂名称	成立地点	开办年份	资本额	工人数（人）	出产总值或数量
榨油业	生和隆油厂	曹家渡滨北	1915	3万元	300	花生油2万余担/年；花生饼3万余担/年
	茂和昌花生油厂	曹家渡	1920	2万5千元	150	花生油9 400担/年；花生饼17 000担/年
	穗丰油厂	曹家渡	1921	10万元	135	200万元/年；豆油3 000担/年；豆饼60万片/年
调味业	根泰厂	徐家汇谨记桥堍	1922	10万元	42	259 200元/年
烛皂业	五洲固本皂药厂	徐家汇谨记桥南	1921	20万两	233	不详
制纸业	江南制纸公司	曹家渡滨北	1926	40万元	195	40万元/年
麦粉业	立大麦粉公司	曹家渡	1907	20万两	80	125万两/年；3 000包/日

资料来源：上海特别市社会局编：《上海之工业》，中华书局1930年版，第11—98页。

首先，从工业结构来看，重工业几乎没有，基本都以轻工业为主，门类较为齐全、投资规模不大、资金周转快、利润回报高。其次，从地域布局来说，以苏州河畔的曹家渡一带（包括康脑脱路、极司菲尔路、劳勃生路、白利南路等地）最为密集，次之是徐家汇谨记桥与梵王渡地区。再次，从工业主导权来看，多数由外商操纵经营，本土的民族工业难以与之抗衡。

> 沿苏州河有大皮厂数家，多为外人经营。中华皮革厂在曹家渡，为日人所办，专制红底皮，每月产量约50吨……上海皮革厂在梵王渡，为意大利人所办，专制红底皮及鞋面革，其产量较上述二者为少，然其设备及技术则较完备……大隆皮革厂在梵王渡，与上海对峙，其工程师为俄人马某，以制法未臻完善而失败，乃改为东方皮厂，由美籍犹太人某主持，聘德人米某为工程师。①

再如徐家汇谨记桥地区远近驰名的固本肥皂厂，也是由外资所操控。经理为瑞嘉洋行大班瑞嘉氏，总行设在德、美两国，资本亦由德、美两国筹集，上海分厂资本计有50万元。德国工程师有四人，"俱为该国知名之士，于制造肥皂、香水、洋烛等极有经验"②。

相比之下，在"一河二街型"的法华东、西两镇上，新兴的机器工业却极少见到，至民国初年，仍然延续着明清以来以河房、寺庙为空间的商铺经营面貌。据时人观察，当时夹在李淞泾与法华旧街之间的下塘房屋鳞次栉比，"造有低小平房约五十间……惟是下塘房屋都是小本商家，经营商业"③。尽管这种"河房式"商业门类齐全，足供镇上居民生产生活之需，"酒食、丝布、家具、药材、冶

---

① 上海特别市社会局编：《上海之工业》，中华书局1930年版，第48页。
② 汪敬虞编：《中国近代工业史资料》上册，科学出版社1957年版，第311页。
③ 《上海特别市法华区市政委员办事处提议翻建关帝庙、积谷仓房屋业卷》，上海市档案馆藏，卷宗号：Q214-1-1。

工、髹木、木工之肆,靡不具备,日用之物,殆可不假外求"①,但多是小本经营,自给自足,一家数口生计赖以维系尚且不及,绝难提供更多从业岗位以吸纳劳动力。据1929年法华区商人陆聚顺的陈述:"窃商民等世居治下法华西镇而借关帝庙房屋经营小本商业,少者十余年,多者数十年,一家八口都依此而生活。"②唯一吸纳劳力较为可观的营生,是纸锭制作女工。"居民最触目者一事,为妇女之制纸锭,几乎比户皆然。询之,谓贩之上海,可获得蝇头之利。"③只可惜,这种劳力密集型的行业,依赖于薄利多销,各户经营分散,没有形成规模化、集约化的效应。"虽曰女工之一,博弈犹贤。然揆之经济原则,则亦远矣。"④

民国之后,李漎泾河道阻塞,航运不畅,法华旧街狭窄不平,出入不便,以及河房古庙的日益破落倾圮,也是造成法华镇传统商业衰败、劳动力大量外流的"推力"。至1928年,法华乡成为上海特别市政府市辖区之际,镇上市面萧索,几无商业可言,"商业之衰,为各区冠"⑤,不得不拆毁大量危房危庙,新建市房,浚河修路,以图重振市面。

第三节　华洋设学与法华乡教育近代化

在近代江南市镇的城市化进程中,作为一种软文化因素与动力,

---

① 瞿宣颖:《法华镇状况概要(社会调查之一)》,《复旦》1918年第7期。
② 《上海市工务局关于法华镇关庙基地文书》,上海市档案馆藏,卷宗号:Q215-1-8136。
③ 瞿宣颖:《法华镇状况概要(社会调查之一)》,《复旦》1918年第7期。
④ 瞿宣颖:《法华镇状况概要(社会调查之一)》,《复旦》1918年第7期。
⑤ 《上海特别市法华区市政委员办事处提议翻建关帝庙、积谷仓房屋业卷》,上海市档案馆藏,卷宗号:Q214-1-1。

新式教育在营造街区空间、形塑区域文化中心、社会结构方面所起的作用，易于被市场、市政、交通、人口等显性的城市化驱动因素所遮蔽，学界目前对这方面关注不多，只有日本学者佐藤仁史的研究有所涉及，① 不过，他侧重研究学校制度及新式知识分子对市镇与市民"知识化""文明化"的塑造。其实，诚如马学强教授所言："文化教育本身所具有的内生性力量，与推动城镇化进程的其他要素相结合，交织互动，共同参与塑造了所在区域的空间、社会和文化结构。"②

上海开埠后，伴随西学东渐和西制东渐而来的新式教育开始楔入并扎根于城乡之间，"附邑独近"的法华镇得新风时潮之先，自道光以降，即有华洋各方先后在境内设校兴学，西方教会学校"先声夺人"，从晚清以迄民国，教会办学一直占据法华乡教育事业的"半壁天下"，"所有学校大半创自外人，教权旁落，可胜浩叹"③！紧随其后的，是华人绅商捐资兴学亦极盛行，甚至日本东亚同文书院亦曾迁址于此。办学主体多元，类型各异，学校层次由幼稚园到大学，一应俱全，体系完备。

    大学有四。国立者曰交通，私立者曰光华，教会立者曰约

---

① 佐藤仁史以江苏吴江县市镇与农村关系为例，通过探讨近代学校制度如何引进地域社会、成为"新文化"主要接受者的新型知识分子阶层如何掌控地域社会，以及近代教育通过"文明化"所能达到的范围又为何无法波及农村等问题，认为清末民国时期江南地方基层社会在"教育圈"里出现了"非连续性与分裂的情形"，而且由近代教育产生的新式知识分子改变了滨岛敦俊提出的江南社会的三层结构——由乡绅主导的县社会、生员与监生肩负的市镇社会与以富农为中心的"社村"。参见［日］佐藤仁史：《近代中国的乡土意识清末民初江南的地方精英与地域社会》，北京师范大学出版社 2017 年版，第 297 页。
② 马学强：《近代都市扩张中的文化力量——以上海震旦大学街区形成为中心的考察》，《思想与文化》（第十六辑）2015 年第 1 期。
③ 王晖等编：《市政演讲录三集　上海市各区概况》，上海市政府 1930 年 8 月印行，第 21 页。

翰，日本立者曰同文。中学则甚多，最著名者曰交通附中，曰光华附中，曰约翰附中，曰复旦附中，曰徐汇公学，曰青年会中学，曰圣马利亚女学，曰启明女学，曰中西女学，至于小学，则私人所创，教会所办者，衡宇相望，更仆难数。①

这些新式学校因创办者背景、层次能级、办学取径、地域分布各有特色，在法华镇近代转型过程空间功能的更新与文脉机理的演进上扮演着极为重要的角色。

一、教会设学与法华外缘村落文化位势的构建：以徐家汇、梵王渡为例

尽管近代以前法华镇上高密度地集聚了科举望族与商业富户，但新式教育的发轫并不在"成熟"的中心镇区，而是在市镇外缘那些荒僻后发的乡村聚落。其中，法华镇东南方向的徐家汇、北部的梵王渡、曹家渡等村落率先成为来华传教士建校办学之所，这种舍"中心"而就"外缘"的选择，表面上看，与开埠之初英、法等国在上海辟立租界的路数颇有几分相似，实则主要取决于这些村落自明清西学东渐以来就已积筑的宗教文化底蕴以及与此相关的各种要素的培育。最为典型者，莫过于徐家汇。

> 徐家汇，在法华东南二里许，向为沪西荒僻地。清道光二十七年，法人建天主堂，堂之西即明相国徐光故居，其裔孙聚族于斯，初名徐家厍。②

---

① 王晖等编：《市政演讲录三集 上海市各区概况》，上海市政府1930年8月印行，第21页。
② 民国《法华乡志》卷一《沿革》。

虽然徐家汇正式建立天主堂始于鸦片战争之后,但其宗教渊源之深远,可以追溯到晚明的徐光启。徐光启,字子先,号玄扈,松江府上海县人,明万历三十一年(1603年),他在南京受洗,皈依天主教,取名保禄(Paul)。万历三十二年(1604年)甲辰科进士,后官至内阁大学士。万历三十四年(1606年),徐光启劝说73岁的父亲受洗,进而全家入教,其中儿子徐骥也受洗,教名雅各伯(Jacques)。后徐光启之父在京病逝,徐光启回籍丁忧,并正式将天主教引入上海。①"是他引进利玛窦的同会兄弟到他的本城本乡,他城内的住宅便成了附近地区宗教信仰的发源地。"②当地农民在这位著名阁老的影响下,许多都归化信奉了天主教。徐光启逝世后,他的墓地就在徐家汇,墓前排列着纪念他功勋的石人石马,以及象征显赫功名的高大威严的牌坊。墓地附近,有多户徐姓人家散居在那里,还住着几户教友人家。"他们在河浜旁边建了一间小屋,作为他们的小堂。"③清代前期,朝廷一度发布禁令,凡奉外教者不得入朝为官,但这些笃信天主教的徐氏后裔宁可世代布衣,依旧服膺圣教,可见根基之深,以至嘉庆《法华镇志》中有"徐光启文定公孙迁居城南者,代有名人;居厍上者,俱安于农圃矣"④的记载。数百年影响所及,徐家汇一带也就自然成为上海天主教徒较为密集的区域,天主教在江南地区的重点据点——上海教区初步建立。

基于此,鸦片战争后势力重归上海的天主教会首先启动了在徐

---

① 胡道静:《徐家汇的发展》,载上海通社编:《上海研究资料续编》,上海书店出版社1984年版,第720页。
② [法]史式徽著,天主教上海教区史料译写组译:《江南传教史》(第一卷),上海译文出版社1983年版,第8页。
③ [法]史式徽著,天主教上海教区史料译写组译:《江南传教史》(第一卷),上海译文出版社1983年版,第8页。
④ 嘉庆《法华镇志》卷四《科贡》。

图 5-8 清末徐家汇的徐光启墓地

家汇设立宗教区域的计划。以咸丰元年（1851年）天主堂的辟设为发端，天主教会在此陆续新建耶稣会修道院、大小修道院、徐汇公学、徐汇师范、类思小学、藏书楼、天文台、圣教杂志社、圣心报馆、土山湾育婴堂、圣衣院、圣母院、善牧院。① 在传教布道、科教文化、出版印刷、社会慈善等各方面均颇有建树，形成了独特的文化景观。"置身其间，一种尊严肃静之气象，有非笔墨言语可形容者，内容更井井有条，无一不备。"② 徐家汇由此被称为"天主教之策源地，亦中国之模范村"③。

作为宗教文化设施网络中的重要一环，教会学校的成批设立是

---

① 林骆编：《徐汇纪略》"引言"，上海土山湾印书馆1933年铅印本，第5页。
② 陈伯熙编：《上海轶事大观》，上海书店出版社2000年版，第241页。
③ 陈伯熙编：《上海轶事大观》，上海书店出版社2000年版，第241页。

图 5-9　民国初年的徐家汇航摄图

徐家汇这个江南村落文脉演变与机体更新最活跃的因素。据民国《法华乡志》所载，自道光三十年（1850 年）"西学东渐第一校"徐汇公学的诞生，到 20 世纪 20 年代，徐家汇一带麇集了 8 所耶稣会创办的新式男女学校与慈善学堂。

> 徐汇公学，在徐家汇天主堂。道光三十年，法教士南格禄创办。原称圣依纳爵公学，粤匪后开拓建舍，悉遵中国功令，专课诗文。自废科举后，改设中学、高小、预科三部，照学部定制，兼习英法文……毕业后，升入震旦大学院，或送外洋专科肄业。
>
> 类思初等小学校，在天主堂博物院南。为徐汇公学附属，

专收附近通学生。毕业后升入徐汇公学。

启明女校，原在徐家汇圣母院。光绪三十一年，法教士创办。民国五年，因校舍狭隘，另购天钥桥路基址，建筑新校舍迁入。专收教外寄宿女学生，分中、高、初三部。年终试卷送英国阿克斯福尔大学校阅看，颁给毕业文凭。

圣诞女校，在圣母院。法教会设立。专教院中修道贞女。中西文兼习，分中、高、初三部。

崇德女校，在圣母院。法教会设立。专收教中寄宿女学生。修女教授，分高、初两部。

聋哑学堂，在圣母院。法教会设立。有修女专授聋哑女生，口讲笔写。

幼儿园，在圣母院。以修女及保姆等掌之，由启明女学生教以书写、诵读、游戏等课。

慈母堂小学校，在土山湾。法教会设立。专教本堂收养贫苦男学生，略知书算，分习工业。①

从幼儿园到小学再到中学，从聋哑学堂到女子学校，这些由耶稣会所立的新式学校已形成层次等第连贯、师资生源教内自成一系的相对独立完整的系统。从所授的知识技能来看，与传统科举教育逆向而行，中西文兼习，升学深造与谋生技艺并重；从受教育的对象来说，虽以专收教内学生为主，亦不乏专收教外走读生，社会化、国民化程度不低；从分布地域上看，主要围绕蒲肇河（肇家浜与蒲汇塘交汇）东西两侧的天主堂、圣母院、土山湾等教会产业

---

① 民国《法华乡志》卷四《学校》。

集聚之地，虽然这一区域在19世纪末期还未划入法租界，但由于法国当时已取得在上海的保教权，因此，该区域被法国视为一个特殊利益区。①

虽然徐家汇在近代文化转型中先于法华其他村落取得较高的能级与位势，但仅凭近代新式教育的崛起还未能成为整个地域新的"文化中心"。正如学者所言，地域社会的文化中心"必须拥有高于其他地区发展水平与实力的绝对优势，但它又不是悬浮于区域之上的文化孤岛，并对其他地区产生某种主导性影响"②。就学校这一文化载体来说，关键看它在吸引入学上是否具有广泛的集聚功能。

由于耶稣会在徐家汇设学招生主要依靠特定的教友纽带与渠道，其生源范围更多地限于天主教江南教区的七大总铎区，即上海、徐家汇、松江、浦东、苏州、崇明及海门。③尤其对于徐家汇本地教内外家庭有较强的吸引力。就徐汇公学来说，据1923年一份《徐汇公学校友会会员名录》记载，387名校友中来自徐家汇一隅的有80名，约占21%，④主要分布在徐家汇天主堂、主心修院、大修院、孝友里、徐家汇镇、圣母院南首沈家宅、天主堂西徐宅、天钥桥南首王家堂、天钥桥南首饶宅。⑤这个"入学半径"基本以天主堂、圣母院地块为中心，最远只到法华镇东沈家宅一带。⑥

由此或可看出，徐家汇所构建的耶稣会"教育圈"，由于自身的

---

① 蒋杰:《抗战时期上海"虹桥——徐家汇军事区"研究（1937—1940年）》，周武主编:《上海学》第1辑，上海人民出版社2015年版，第258页。
② 林拓:《文化的地理过程分析》，上海书店出版社2004年版，第20页。
③ [法]史式徽著，天主教上海教区史料译写组译:《江南传教史》第一卷，上海译文出版社1983年版，第343—377页。
④ 徐汇公学校友会编:《徐汇公学校友会会报告》第二册，1923年，第70—105页。
⑤ 徐汇公学校友会编:《徐汇公学校友会会报告》第二册，1923年，第70—105页。
⑥ 徐汇公学校友会编:《徐汇公学校友会会报告》第二册，1923年，第101页。

宗教属性所限，未见对法华地区其他村落、市镇的入学人口具有明显的吸引力。据民国《法华乡志》记载，法华镇及毗邻乡村杨家库、何家角、唐子泾、胡家宅等地士绅家庭子弟主要以进入交大附中、南洋中学、民立中学、浦东中学为多。① 1912—1922年间法华地区25名中学毕业生中，只有3名毕业于徐汇公学。② 因此，可以说，近代西方教会在法华镇外缘村落徐家汇一带构建的新式教育空间，虽然在相当程度上重构了法华镇以科举教育为重心的文化版图，但还未达到完全"去中心化"的程度。

与法国天主教在徐家汇广设学校相因应的是，美国基督教圣公会在法华北部濒临吴淞江南岸梵王渡一带所构建的学校系统。有所不同的是，天主教传教士之所以相中徐家汇作为传教设学的大本营，是基于以徐光启为纽带的中国本土士大夫所传承的深厚宗教渊源与西学积淀，用他们自己的话说，是"表示对引进我们旧耶稣神父们到上海的这位伟大的宰相（指徐光启）的缅怀"③，而梵王渡一带之所以进入美国圣公会传教兴学的视野，并没有绵长的宗教文脉传统，而是带有较大的偶然性。考察圣公会名下著名的圣约翰大学为何选址梵王渡办学，即可看出其不同于天主教的另一种文化力量怎样植入并形塑乡村聚落。

梵王渡"在上海城出西北十八里之遥"④，与其东邻的曹家渡一样，本是法华北三里许、吴淞江下游南岸的一处普通义渡。据民国《法华乡志》载，"梵王渡，原名法华渡。该处有范巷宅，俗

---

① 民国《法华乡志》卷四《学校》。
② 民国《法华乡志》卷四《学校》。
③ ［法］史式徽著，天主教上海教区史料译写组译：《江南传教史》第一卷，第114页。
④ 敬三史：《游梵王渡圣约翰书院记》，《画图新报》1893年第14卷第5期。

称范巷渡。南岸前有观音堂,行人待渡,每憩此以避风雨"①。在清同治以前,这里"地甚荒僻,绝少行人"②,所属村落名曰"吴家宅"。在时人眼中,"梵王渡,一乡村也,无高山大川,无奇观伟迹,不足游且不足记也"③。不过,对生活在洋场中的西人来说,该地"虽荒僻而幽雅可观"④,不失为一处理想的郊游之地,"为游娱之一境耳"。

图 5-10 清末民初时期的梵王渡

1860—1862 年,太平军逼近上海,中外会防,租界西人率先辟筑界外军路至此,即麦根路(Markham Road),从新闸至麦根农场(Markham's Farm),循苏州河至极司菲尔路(今万航渡路),再至

---

① 民国《法华乡志》卷二《津梁》。
② 民国《法华乡志》卷一《沿革》。
③ 蝶庐主人编:《消闲大观》第二集第五编《梵王渡游览记》,载娄子匡编:《国立北京大学中国民俗学会 民俗丛书》第 9 辑,东方文化供应社,1970 年,第 59 页。
④ 《游梵王渡圣约翰书院记》,《画图新报》1893 年第 14 卷第 5 期。

法华而与徐家汇路相接。① 其中一段为极司菲尔路，"自静安寺接海格路迤北，曹家渡至梵王渡"②。越界筑路的开启，是为西人在梵王渡一带购地置产之先导。1864年，兆丰洋行大班英国人霍格（James Hogg）兄弟乘时局动荡，购进吴家宅以西极司菲尔路两旁的大片土地，随后在路南修建了一个占地70亩的乡间别墅，③ 习称"兆丰花园"。之后，这块地皮在扩张的同时也几易其主，最终与美国圣公会中国差会在沪"借学传教"发生了天时地利的耦合。

1845年，首任主教文惠廉一行11人抵达上海之初，鉴于信众稀少，教士不足，根基不稳，文惠廉极力主张借教会教育以布道。他认为，唯有教会学校的毕业生，才能真正将基督宗教的福音立基于中国。④ 遂于翌年先在南市董家渡王家码头创办了首所男童寄宿学校。1848年，文惠廉得到上海道台吴健彰的口头允诺，永租吴淞江北岸虹口港以西近黄浦江一带土地作为美侨居留地，是为上海美租界辟设之始，这所男童寄宿学校遂改迁虹口。文惠廉之后，"兴学储才"的传教策略得以较好的延续，费理雅、汤蔼礼、汤真爱、孙玛丽等来华传教士，于1871—1876年间先后在虹口地区设立了十数所教会男女学校。其中就包括圣约翰大学前身的培雅书院（Baird Hall）和度恩书院（Duane Hall）。⑤ 然而，从"借学布道"的初级

---

① 《公共租界越界筑路交涉》，《上海市通志馆期刊》1934年第1期。
② 民国《法华乡志》卷一《马路》。
③ 熊月之：《异质文化交织下的上海都市生活》，上海辞书出版社2008年版，第104页。
④ Lydia M. Fay's letter to Richard B. Duane of the Board, N. Y.（Hong Kew, Shanghai, 26, October 1874）.
⑤ 培雅书院设立于1865年，关于度恩书院设立的时间向有争议，一说是1876年11月，参见俞恩嗣、曾广煃、林步基：《中华圣公会江苏教区九十年历史》，江苏教区议会1935年10月版，第16页；另一说是1866年，参见卜舫济：《圣约翰大学沿革略》，《教育季刊》1925年第1卷第2期，第58页。

学校阶段真正发展到"教育为本"的高等教会学府,并最终落地于梵王渡一带,则要归功于另一位名牧施约瑟。

在圣公会在华传教士中,施约瑟主要以"译经"与"兴学"两项事业显名于世。不过,比译经更具社会影响力的还是他对文惠廉"兴学储才"策略的提升与完善。由于他长年旅迹北京,① 一方面亲睹了清廷平定太平天国后对外政策的缓和转变,另一方面,他的好友丁韪良于1869年荣登京师同文馆总教习,为中国培育外教事务及外语翻译人才,② 这让他意识到圣公会在华传教事业要取得实质性进展,必须有一个"新的转折",这个转折就是在中国建立一所教会大学。③ 1877年3月,施约瑟通过圣公会机关刊物《宣教精神》这样呼吁道:

> 从教会的开始起,教育就一直是传播基督教的一个重要媒介……以我之见,没有教育作为工具,我们在像中国这样的民族中传教的努力,是最徒劳无功的,因为很少有一个异教国家像中国这样文化与国民生活如此密切相关……一所如我们所提议建立的大学,在中国将比在其他任何地方更可能产生也许远远超过我们最乐观期望的结果……我们所提议建立的大学,无疑将成为吸引帝国各地的青年,并把他们置于基督教和基督教

---

① 1862年《北京条约》签订后,施约瑟从上海虹口的教堂奉调赴京充任美国驻华公使的中文翻译,前后居留12年,期间主持翻译了一系列北京官话本的《旧约圣经》《新约圣经》《公祷书》等宗教经籍,成为当时颇负盛名的圣经汉译专家。
② William A. P. Martin, *A Cycle of Cathay* (N.Y.: Fleming H. Revell, 1896), pp. 293 - 294.
③ "Consecration of the Missionary Bishop of Shanghai", *The Spirit of Missions*, Vol. 42 (1877), pp. 665 - 677.

文明的影响之下的最有效的手段。①

1877年10月，施约瑟出任圣公会中国差会第三任主教，获得了统辖在华教务权力，也为其筹建教会大学的理想提供了施展拳脚的舞台。1880年，他以在美国所筹之款，加之出租文惠廉主教早年在虹口所购三块地产的所得进项，正式筹备择地建校。起初，他最属意的城市是北京，因为那里是施约瑟以中国官话翻译圣经借以成名之地，经营多年，根基深厚，甚至一度想将中国差会传教总部由上海迁往北京，以之作为圣公会在华官话教域的枢纽。但此举遭到了上海资深传教士的严重抗议，他们认为一旦迁往北京，教务势必陷入远距离式的领导以及其所可能连带发生的人事纷扰。② 由于教内此前在虹口已创培雅书院和度恩书院，将两校合并便可成为新校的核心，③ 因此最终选定上海。

至于具体地点，为何施约瑟没有选择基础深厚的美租界虹口地区，而是相中了法华北缘极司菲尔路两旁的乡间休闲别墅？绝大多数史料中没有详明内情缘由。不过，民国《法华乡志》中有一条记载应引起注意，即早在光绪五年（1879年），施约瑟曾在梵王渡二十八保八九图吴家宅湾建了一座耶稣堂。④ 施约瑟在此营建教堂，不知是否与后来圣约翰书院有意选址于此有一定关联，不过，这处教堂后来的确成为"约翰大学学生瞻礼之所"⑤。而在当时人看来，

---

① "The Bishop Schereschewsky's Appeal for Funds to Establish a Missionary College in China", *The Spirit of Missions*, Vol.42（1877），pp.307-308.
② 林美玫：《施约瑟主教与圣公会在华传教策略的调适》，《东华人文学报》2002年第4期。
③ F. R. Graves, Recollections 1881-1893 (Shanghai, 1928), pp.24.
④ 民国《法华乡志》卷七《教堂》。
⑤ 民国《法华乡志》卷七《教堂》。

一般多以天时地利的耦合来解释圣约翰书院落户梵王渡。如 1893 年《画图新报》中载敬三史《游梵王渡圣约翰书院记》一文称：

> 梵王渡，在上海城出西北十八里之遥，虽荒僻而幽雅可观，西人爱之，筑马路二条，直达洋场。时美国监督会监督施公约瑟嫌上海培雅书院多庞杂，欲得良地而迁，适西人思还乡里，急欲西行，将伊房屋并余地八十亩货诸人，施公因得备资受之，此事之成，虽施公之力，亦上帝有以玉成之也。①

所谓"伊房屋并余地八十亩"，指的就是当时极司菲尔路的霍格别墅恰有一处广场待售，面积共 84 亩，四周为田舍，环境幽静，旁边辟有马路，距离外滩约 5 英里。如遇特殊情形，可随时避入租界，被视为"租界的延伸"②；且该广场位于梵王渡摆渡处，是太平军之乱时美国人戈登所筑，用以运输兵员及后勤物资，河运往来极为便捷，不失为一理想选择。③ 最终，施约瑟以 6 500 墨银买下此处地产，正式营建"圣约翰书院"。

1879 年圣约翰书院建成后，法华镇北乡的梵王渡、曹家渡以及忆定盘路（今江苏路）一带逐渐成为美国基督新教设校布道的集聚之区。

> 青年会高初两等小学校，圣约翰分设，在曹家渡西市。光绪二十二年，原在法华西镇赁屋，仅办初等。二十四年，迁吴家宅，旋迁曹家渡中市。宣统三年，复赁曹家渡西市房屋，添

---

① 敬三史：《游梵王渡圣约翰书院记》，《画图新报》1893 年第 14 卷第 5 期。
② F. L. H, Pott, "Editorial", The St. John's Echo (July 20, 1899), 上海市档案馆藏, 卷宗号: Q243-1-204。
③ 熊月之、周武主编：《圣约翰大学史》，上海人民出版社 2007 年版，第 7 页。

办高等。民国三年,校长瞿同庆购地建筑新校舍,遂迁入焉。学生毕业后,升入圣约翰大学校。

圣马利亚女书院,在梵王渡。光绪七年,美国圣公会设立,专收教中女学生修道。分中、高、初三部。今在铁路西购地七十亩,筹备建筑新校舍为扩充计。

中西女塾,原在英租界三马路跑马场。美国监理会设立。民国七年,在忆定盘路购上虞经润山建辰园基址,改组迁此。学分中、高、初三部。①

可以看出,以圣约翰书院为龙头,基督新教各差会所设的男女学校或多或少地都与它构成依附关系乃至网络。如青年会高初两等小学校,是圣约翰书院直接分设出来的,学生毕业后可直接升入圣约翰书院。据当时《申报》报道,青年会学校每届头班生约有9—10名可直接升入圣约翰大学,第一名还能得获免学费待遇。② 民国《法华乡志》中亦载,法华镇名绅王丰镐有两子王恩照、王华照,1922年同时毕业于青年会中学后,因程度较高,直接升入圣约翰大学二年级。而当时的圣马利亚女书院培养的毕业生,又有大部分会流向中西女塾充当英语教员,王恩照之妻子丁秀珍就是如此。③

这种校际关系的叠合互动与徐家汇教会学校系统颇有类似之处,表明两地已基本形成文化史家所称的"新式教育空间"。新式教育空间的出现,不是由众多各自为政、互不相干的教育机构拼凑而成,而是一个具有内在的层级结构并具有互动功能的学校网络。④ 从这

---

① 民国《法华乡志》卷四《学校》。
② 《各学校消息汇纪》,《申报》1921年6月25日第14版。
③ 《婚礼志》,《申报》1927年7月29日第18版。
④ 林拓:《文化的地理过程分析》,上海书店出版社2004年版,第20页。

个角度来说，代表天主教背景的徐家汇与代表基督新教系统的梵王渡，在学校体系构建中各自都形成了纵向层级与横向互动的网络。

二、"学区[①]效应"：从村落到新市镇形塑中的文教力量

从文脉机理的演化角度看，无论是徐家汇还是梵王渡，其新式教育空间的形成，仰仗的主要是由外力冲击带来的宗教因素的强势植入与扩张。然而，单纯的宗教文化力量还不足形塑乡村聚落的整体转型，在近代乡村城市化过程中，文教力量离不开与经济因素、市政建设的融合，这可从近代徐家汇的"成市"逻辑中窥见一斑。

尽管徐家汇在道光以降就因大量教会产业的麇集形成了新式文化教育空间，但因一直缺乏经济业态的植入，难以形成"市面"。直至咸丰年间，徐光启裔孙徐景星在东生桥东堍建茅屋三间，开一米铺，成为徐家库向商业聚落过渡的起点。而真正"成市"之契机实缘于太平天国战争造成的流民集聚。"粤匪时，西乡避难于此者，男提女挈，蚁聚蜂屯，视为安乐土，于是天主堂购地数亩，及徐姓、张姓建平房数十间，外则开设店肆，内则安插难民，遂成小市集。"[②] 伴随城市化的深入和天主教堂产业的不断扩张，至20世纪初年，地近法租界的徐家汇开始从普通的商业集市进一步向新型工商市镇演变。而在这一过程中，新式道路的辟筑作为城市化的先导，作用至深且巨。它往往能集聚经济、市政、文教等多股力量到某一特定空间，彼此交织，互相融合，共同促成乡村聚落的城镇化进程。

对徐家汇成镇而言，海格路（今华山路）就起到了这样的作用。

---

① 本节的"学区"概念，泛指因新式学校的集聚而产生经济、文化等复合功能的地域，并非清末新式教育行政管理制度下各县劝学所划定的负责调查学龄儿童及其他推广地方教育事宜的学区，特此说明。
② 民国《法华乡志》卷一《沿革》。

海格路，原名徐家汇路，自徐家汇至静安寺，接大马路，同治三年（1864年），由英工部局筑。① 此路筑成之后，首先为徐家汇导入的是合商、住之用的房地产业。光绪三十四年（1908年），"马路东有巨商张士希购地建孝友里，楼房百余幢；迤东程谨轩、顾象新各建店楼数十间，市面大兴"②。接着是一系列先进市政设施开始楔入海格路法新租界地带并普及。"既而电车行驶矣，邮政设局矣，电灯、路灯、德律风、自来水，次第装接矣。"③ 至1920年，海格路东为法租界，西为天主堂界，再西老屋为乡民界，"日新月异，宛似洋场风景"④。

图 5-11　1925年已初具洋场风景的徐家汇，
中间的大路为贝当路（今衡山路）

---

① 民国《法华乡志》卷一《村路》。
② 民国《法华乡志》卷一《沿革》。
③ 民国《法华乡志》卷一《沿革》。
④ 民国《法华乡志》卷一《沿革》。

工商与房产经济的勃兴，以及市政设施的铺展固然是形塑徐家汇城市景观的强劲推力，不过，在徐家汇成镇的背后还有一股不可忽视的隐性力量，就是由周边新式学校所带来的"生活消费"，而这同样也与海格路的筑通关系密切。海格路南端为徐家汇镇，镇上分布着众多法国天主堂所办的学校，再往南就是土山湾。海格路中段杨家库一带是著名的南洋公学、复旦公学所在地，北段连接静安寺与愚园路，再往西北便是兆丰公园与圣约翰大学。海格路的筑通，加快了沿线学校人员在杨家库—徐家汇—土山湾三个重要节点的频繁流动，极大地激活了这一带"学区"的消费需求，为这三处聚落的成市成镇注入生机与活力。

如徐家汇镇，经常是交大学子采购日常必需生活品的去处，他们只需出海格路正校门，"向南走几百步，就到了徐家汇镇"[1]。每逢新学期开学，徐家汇镇上的商店总会吸引新生前来光顾。民国著名历史学家黎东方曾回忆，1922年他考入交通大学附中的那一天，"同房间的一位同学，带我去徐家汇镇的街上，买毛巾、肥皂、牙刷、无敌牌擦面牙粉，足足花了一块钱"[2]。而当学校临近考试期间，学生多忙于应对而无暇出校，"徐家汇的商况，除洋蜡烛特别旺销外，其余面馆、小食店、书铺子，家家冷静了不少"[3]。除了购物需求外，徐家汇镇附近的工厂、法国人办的学校、天文台也是交大学生课外参观的必选之地。

---

[1] 华立：《南洋环境与南洋学生》，载南洋大学学生会南洋周刊社：《南洋大学学生生活》（1923年），第41页。
[2] 黎东方：《平凡的我——黎东方回忆录1907—1998》，中国工人出版社2011年版，第57页。
[3] 经武：《大考时生活的态度》，载南洋大学学生会南洋周刊社：《南洋大学学生生活》（1923年），第20页。

图 5-12　徐家汇之早市，选自《民国十年级纪念册　交通部上海工业专门学校》(1921 年)

那边有法国人办的徐汇公学和启明女学，管理得很严，不易找见学生们的影迹。此外有天主堂设的一个全国闻名的徐汇天文台，还是前清徐光启时建造的。他每天借给各报的气象报告很详。有时，南洋学生成群结队的去参观，常可得到许多新的智识。此外，还有固本肥皂厂，也是我们足迹常到之处。①

至 20 世纪 20 年代中期，随着海格路"学区效应"的不断显现，

---

① 华立：《南洋环境与南洋学生》，载南洋大学学生会南洋周刊社：《南洋大学学生生活》(1923 年)，第 41 页。

徐家汇镇的商业进一步成熟,"顿增商店二百余家"①。据时人略有夸张的描述,"自交通大学以南,一片电光,似入不夜之城矣"②。而这种住户激增、市面繁荣的状况反过来又刺激了教育需求的增长。当时交大西侧、位于海格路李公祠的复旦公学已将大学部迁往江湾,附中仍留在海格路,却发现"学龄儿童入学乃成一问题,附近虽有小学数处,非因陋就简即供不应求"③。于是,校方决议划附中南宿舍之一部为小学之办公室及各级课室之用。④ 而同时期的交大学生,也明显意识到徐家汇镇上日渐集聚起庞大的"经营小工艺"⑤的伙计与学徒,他们早年多受失学废读之苦,具有接受再教育的强烈需

图5-13 1921年徐家汇义务夜校教职员学生全体合影

① 陈璟浩编著:《寻梦复旦园》,东方出版中心2005年版,第83页。
② 陈璟浩编著:《寻梦复旦园》,东方出版中心2005年版,第83页。
③ 陈璟浩编著:《寻梦复旦园》,东方出版中心2005年版,第83页。
④ 陈璟浩编著:《寻梦复旦园》,东方出版中心2005年版,第83页。
⑤ 《本校学生会徐家汇义务夜校记略》,《交通部上海工业专门学校(南洋公学)民国十年级纪念册》(1921年),上海交通大学档案馆,档号:LS3-362。

求。遂由学生会出面组织,将原先借办在校外的义务夜校迁至徐家汇镇上天钥桥附近,接受镇上工商业家庭子弟报名。结果,学额猛增,由原先二三十人增至百余人,给义务夜校的教学造成不小的压力。

尽管如此,这种"工读互助"的社会改良方式还是使徐家汇镇的文教力量得以借助工商业人口的需求而有相当的扩张,工商业经济的发展也因嵌入"学区因素"而得到有力支撑,显示出市镇与学校之间良好的"相容性"与"互动性"。当时,邹韬奋在调查沪西一带的职业教育状况时就注意到曹家渡镇与徐家汇镇这方面的地利,因而得出"曹家渡一镇(譬如说)便受了约翰大学无量的益处,徐家汇镇便受了南洋大学无量的益处"[①] 的结论。也是基于这一点,"五四运动"以后,以王光祈为首的少年中国学会成员也一致选择徐家汇镇成立"上海工读互助团",作为他们实践空想社会主义新村生活的南方据点。在1920年2月27日"上海工读互助团"筹备会上,一些成员阐明了徐家汇镇合适搞"工学主义"的种种便利:

左舜生说地点以徐家汇一带为好,房价廉而有复旦、南洋等学校在旁,可以解决读的问题。陈宝锷说复旦附近孝友里一带为宜。于是决定筹备包饭、洗衣消费公社,或出租书报等工作。而读的问题,或在复旦旁听,或请人教授法文等课。[②]

与徐家汇成镇机理相比,光绪末年法华境内出现的"杨家库小

[①] 韬奋著,中国韬奋基金会韬奋著作编辑部编:《韬奋全集(1)》,上海人民出版社1995年版,第203页。
[②] 《上海工读互助团之筹备会》,《时事新报》1920年2月29日。

市""土山湾小市"更为明显地受到了"学区因素"的催动。"杨家库小市在南洋公学前,土山湾小市在徐家汇南。"①从所属保图来看,这两处小村落与徐家汇一样,本同属于二十八保五六图法华镇的17个"乡脚"之一,徐家汇在近代成市成镇后,自然对它们有一定的经济辐射效应,但更强劲的动力无疑来自新式学校。

如土山湾,在徐家汇慈母堂南半里许,历年疏浚肇嘉浜时,"在转湾处积土成阜,因名"②。咸丰年间,传教士在此创设慈母堂、育婴堂、"慈母堂小学校",成为天主教在徐家汇慈善事业的重要一环。慈母堂"专收教外贫儿,自七八岁至十一二岁不等,衣之食之,教以工艺美术,大率六年为限。毕业后,或留堂工作,或出外谋生,悉听自便"③。慈母堂小学校"专教本堂收养贫苦男学生,略知书算,分习工业"④。后针对西方教堂大兴土木及其他建筑市场的需求,陆续增设工艺、美术品加工厂或作坊,主要有木工厂、五金厂、中西鞋作、风琴作、图画馆、印刷所、照相馆、机器厂⑤等,所产工艺品精良无匹,销路已逾国门之外,土山湾由此成为近代中国较早养成"工艺美术"人才的传奇之所。这种学校、工艺厂坊的集聚,吸引了大量学徒工人云集于此。据1921年交大学生的见闻,"徐家汇本来是工业地点,附近很有几个工厂,土山湾天主堂办的工厂,内分好几部,工人数比较的更多。附近三角地及堂西一带,就是那许多工人的家庭"⑥。为土山湾的成市提供了充足的消费人口。

---

① 民国《法华乡志》卷一《沿革》。
② 民国《法华乡志》卷七《教堂》。
③ 民国《法华乡志》卷七《教堂》。
④ 民国《法华乡志》卷四《学校》。
⑤ 民国《法华乡志》卷七《教堂》。
⑥ 《本校学生会徐家汇义务夜校纪略》,《交通部上海工业专门学校(南洋公学)民国十年级纪念册》(1921年),上海交通大学档案馆,档号:LS3-362。

至于杨家库小市，更是依托于海格路上南洋公学（交通大学）、复旦公学等校的给养。自清末南洋公学在杨家库创设后，至20世纪二三十年代扩展为交通大学时期，海格路上逐渐衍生出与师生日常需求相匹配的吃、穿、住、教育、医疗等各种服务型业态，"学区消费"现象尤为显著。以下，笔者截取《申报》中关于这一带的部分报道予以反映。

> 法新租界徐家汇海格路南洋公学对门杨姓所开之杂货店，于前晚八点时突来盗匪六人……①
>
> 瑞和洋行礼拜四拍卖上等住宅，准于十一月十一日上午十点钟并下午二点半钟，在海格路六百五十八号（徐家汇路复旦大学相近）洋房内拍卖，串堂、书楼、大菜间、卧房、浴间厨房等……②
>
> 敞人等所开设徐家汇海格路南洋大学北首华记皮鞋店，兹因无意营业，今于本月十五日即将店基、房屋两间门面装修，全部生财一应在内，自愿央中，出盘于毛鸿珠为业……沈丁氏沈德宝沈金龙启。③
>
> 扬州妇人宋殷氏，年廿五岁，前晚在沪西海格路南洋大学对门崇明人陶汤氏所开之竹匠店门前……④
>
> 沪西海格路交通大学大门北首一九一八号门牌青浦人王洪全所开之王洪记箍桶店内，于昨晨零点卅分许，不知如何，突

---

① 《黄昏时之盗案》，《申报》1921年10月19日，第15版。
② 《瑞和洋行礼拜四拍卖上等住宅》，《申报》1922年12月24日，第5版。
③ 《推盘声明》，《申报》1926年7月5日，第8版。
④ 《迷路妇人候认领》，《申报》1930年5月24日，第16版。

然起火……①

店基召顶，地点热闹学校区内，装修完美，月租只十数元，顶费便宜，速向海格路交通大学对面志庆坊十号接洽。②

从海格路交通大学周边业态的性质可以看出，主要以规模较小、分布零散的私人零售店为主，处于较低层次的商业水平，这也是杨家库小市之所以为"小市"的原因。不过，这些沿街店铺因深植于学区需求，经营状况一直比较稳定，尤其是食品店获利之丰，交大学生对此深有感触：

学校的邻近，共有小食店三片，其中资格最老的一片，已在学生身上足足的淘去一万元了！现在盖上一座小小的宅子，租给中学主任李先生做住宅。此外还有书坊店、洗衣作、皮鞋店、成衣铺等，都是与南洋相始终的，也很赚钱。③

就是校外的小店和小摊，也没有一个不生意兴隆的。花生壳啊，甘蔗渣啊，香蕉片啊，陈皮梅的包纸啊，满地都是！所以那顺发店做了十几年生意，已经腰缠万贯，面团团做了小康之家。吾同学每日所消费的金钱，正不晓得有几十元啊！吾们中学同学，年纪又轻，正在喜零食的时候，所以到食物店里去调查一下，吾们中学同学，起码要占一大半。④

---

① 《海格路昨晨大火》，《申报》1934年3月21日，第12版。
② 《店基召顶》，《申报》1935年2月24日，第24版。
③ 南洋大学学生会南洋周刊社：《南洋大学学生生活》(1923年)，第41页。
④ 南洋大学学生会南洋周刊社：《南洋大学学生生活》(1923年)，第72页。

诚如一些学者指出，城市化是指各种不同性质的人口和群体大量集中于特定地域的过程，同时也是各种"社会交流的结节性机关"——商业市场、企业、行政组织、警察、交通、教育等机构形成发展于特定社区空间的过程。① 以此而论，清末民初杨家厍—徐家汇—土山湾一带的"乡村城市化"趋势是显而易见的，这也与光绪《法华镇志》中关于法华镇四周"乡脚"成市的记载是吻合的。只不过，由于经济业态、文化教育和市政规划等要素在三地城市化的过程中耦合程度不均，互有偏重，造成三者在市镇发育规模、功能复合上产生了差异。

三、胜在人和：法华古镇教育转型中的绅商兴学

与徐家汇、梵王渡等外缘村落相比，法华古镇区域的新式教育发展则相对迟缓，始于甲午战败之后。光绪二十三年（1897年），上海招商、电报两局督办、大理寺卿盛宣怀，在毗邻法华东镇的杨家厍创办南洋公学，首开师范院，继而设外院、中院、上院，是为"中国教育有系统之组织，此其见端焉"②，也成为近代华人士绅在法华境内开办新式学校之嚆矢。

此后，时势所趋，竞尚新学，尤其是光绪末年废科举、兴学堂之后，"振兴实学，不尚空文，教育青年，务期普及"③，"凡各州县、各市乡，广设学堂，分大、中、小三级"④。士绅捐资兴学与日俱增，至民国初年，法华镇上及紧邻镇区村落地带已集聚官立、公立、私立21所新式学校，大学、中学、小学无一不备。

---

① 陈亚平：《近代江南城市化市镇的社会结构》，《河北学刊》1993年第5期。
② 赵尔巽：《清史稿》卷82《选举二·学校二》，中华书局1977年标点本，第3125页。
③ 民国《法华乡志》卷4《学校》，第17页。
④ 民国《法华乡志》卷4《学校》，第17页。

图 5-14　南洋公学校门（1898 年），校门桥下为李漎泾

表 5-5　清末民初法华镇士绅创办的新式学校

学校性质	校　名	创办者	创办时间	设 校 地 点
官办	南洋大学（设附属中小学）	盛宣怀	光绪二十三年	杨家库海格路
	复旦公学（附设义务学校）	马相伯	民国十一年	海格路李鸿章祠
公立	南洋义务学校	南洋大学学生会	民国八年	先设在杨家库海格路，后借姚家宅前虹桥路法华乡立第二小学校址
	法华乡立第一小学	王丰镐、李鸿翥、杨鸿藻	光绪三十二年	法华镇积谷仓

续　表

学校性质	校　名	创办者	创办时间	设校地点
公立	法华乡立第二小学	唐文治	宣统二年	原名兴业小学校，在杨家库；1916年移入法华镇翠竹庵；1918年再迁姚家宅前虹桥路
	法华乡立第三小学	李鸿焘	民国十一年	白利南路卢薛宅前
	法华乡立第四小学	不详	民国十一年	小闸东蓬场庙
	淞溪学堂（原名法华义塾）	王丰镐、李鸿焘、杨洪藻等	同治七年设义塾，光绪三十二年改组为淞溪学堂	初设法华寺，旋迁陆宅、李氏祠堂、赞育堂，又迁法华寺
私立	赞育小学校（原名赞育义塾）	吴文涛、黄寿嵩	光绪二十六年	法华镇赞育堂
	正蒙小学校	朱赟等	光绪三十二年	法华镇韦天庙后殿
	东蒙小学校	李鸿焘等	光绪三十二年	法华镇翠竹庵
	杨村小学校	杨洪藻	光绪三十三年	何家角杨氏宗祠
	启蒙小学校	盛日晋	光绪三十三年	诸安浜
	唐子泾小学校	胡人凤	光绪三十三年	唐子泾
	复智高初两等小学校	宋季生妻徐碧仙等	民国四年	忆定盘路转角愚园路

续 表

学校性质	校 名	创办者	创办时间	设校地点
私立	普六小学校	郁屏翰	民国六年	原在法华东镇李公祠北，1919年迁入郁氏山庄外新校舍
	思本小学校	赵锡恩	民国九年	法华东镇
	严氏第二公学	严裕堂	民国十一年	法华乡八九图钱家巷东

资料来源：民国《法华乡志》卷四《学校》，第17—22页；《交通部上海工业专门学校（南洋公学）民国十年级纪念册》（1921年），上海交通大学档案馆藏，档号：LS3-362。

可以看出，士绅群体在法华古镇新式教育体系的构建中有着开创之功。不仅私立学校均为士绅捐资创办，官办与公立学校也大都为士绅首倡。这种由士绅主导江南乡村社会教育改革的权力格局，已被中外学者的相关研究所证实。[1] 若按身份与声望差异，这些士绅可分为"国绅""邑绅""乡绅"三级。

第一类是以南洋大学（即后来的交通大学）的创始人盛宣怀、掌校者唐文治，复旦公学创校人马相伯为代表的"国绅"，他们"亦官亦商亦学"，上得中央政府与地方实力派督抚支持，下有教育幕僚与生徒集团以为佐助。如盛宣怀手创之南洋公学凭借"名卿巨儒提倡与上，船电两局挹注于下"[2]；马相伯肇建复旦公学亦"得上海官

---

[1] 如有学者围绕兴办学堂、地方自治等问题，强调政府由于自身力量的局限性而不得不依赖地方士绅，从而导致绅权的扩张。参见徐茂明、胡勇军：《清末兴学与常熟士绅的权力嬗递——以〈徐兆玮日记〉为中心》，《史林》2015年第6期。

[2] 朱有瓛主编：《中国近代学制史料第一辑》下册，华东师范大学出版社1986年版，第829页。

绅学商界之捐款赞助，始克成立"①。因此，这两所高等学校自从在法华境内立基之始，办学格局、能级与资源就非泛泛可比。

第二类是以郁屏翰、赵锡恩、严裕堂等为代表的"沪上邑绅"。这类士绅早年多受新式教育洗礼，且"以绅入商"，长期经营洋务实业，财力雄厚，老成硕望，对于地方公益事业夙具热心，② 尤其将兴学办教视为晚清科举废后"一个最具文化象征符号的权威来源"③，捐资倡办，不遗余力。这类士绅在上海城乡多处均设学兴教，担任学董，法华镇不过是其整个新式教育构架中的一部分。典型者如郁屏翰，即郁怀智，幼年肄业于上海广方言馆，以棉布业起家，后任上海总商会董事。显达后"热心教育，仗义疏财，实所难能"④，曾创办旦华学堂及普字义学7所，另资助"中美、育材、崇实、沦智、蓬莱、法华、启智、花业、七铺、三育、东区、小天竺、群学会等各小学校，及女子蚕业学校、女子工艺学校、农业试验场、竞化女子师范学校、中等学校、中华职业学校等，自光绪三十三年（1907年）至民国七年（1918年），计共捐银6 999两，币2 409元"⑤，在沪上官商学各界赢得了极大的文化声望。

第三类是王丰镐、杨洪藻、李鸿纛、胡人凤等法华本籍的士绅。如王丰镐，字省三，号木堂，法华西镇人。京师同文馆出身，善晓西文，"有志于用世"⑥，曾以翻译兼随员身份陪薛福成出使英国、法国、意大利、比利时四国，多所赞助。归国后，佐理盛宣怀办矿

---

① 《复旦公学宣统二年下学期一览表》，复旦大学档案馆藏，档号：ZH0101-4。
② 《邑绅追思郁屏翰》，《民国日报》1918年12月20日。
③ 许纪霖：《近代上海城市"权力的文化网络"中的文化精英》，《复旦学报》（社会科学版）2012年第6期。
④ 《郁屏翰兴学碑亭落成》，《时报》1920年12月6日。
⑤ 《郁屏翰兴学碑亭落成》，《时报》1920年12月6日。
⑥ 吕思勉：《王省三先生小传》，《光华大学半月刊》1933年第2卷第4期。

政,兴实业,咸有成绩。光绪二十八年(1902年)中举,后"仕横滨总领事、出洋参赞员、浙江交涉使,保列经济特科,民国特派浙江交涉员"①。王氏以耆绅名宦之望兼擅实业之利,出入中西,视野开阔,对于社会事业尤力为赞助。②清末"新政"改立学堂时,他纠合邑绅沈戟仪等人至法华镇王家楼、新桥等处设立私塾改良会,③位于法华镇积谷仓的乡立第一小学校,即由王丰镐发起,就法华义塾迁地改组而成,名凇溪学堂。④1925年"五卅"惨案之后,圣约翰大学部分学生因受侮而退学,谋设新校以自立而不得,王丰镐慨捐法华镇大西路私田百亩,以为校基,是为光华大学。再如乡绅杨鸿藻,字秋孙,急公好义,手创事业极富,曾任普益地产公司经理,亦为光华大学捐地筑舍。⑤

图 5-15　法华乡绅杨鸿藻,选自《光华年刊》1933年第 8 期

除了士绅之外,捐资助学群体中也不乏法华镇上一些新式商人、买办的参与。如包定鳌,字赞卿,法华西镇人,"祖父开信昌香店,家道中落。习西语充洋商买办以致骤富,好施与,开办凇溪学堂,捐数百金"⑥。何云麟,字清泉,法

---

① 民国《法华乡志》卷四《科贡》。
② 《校闻》,《光华大学半月刊》1933 年第 2 卷第 4 期。
③ 《法华镇设立私塾改良会记略》,《时报》1905 年 7 月 28 日,第 6 版。
④ 民国《法华乡志》卷四《学校》。
⑤ 《杨鸿藻先生》,《光华年刊》1933 年第 8 期。
⑥ 民国《法华乡志》卷五《名臣》。

华东镇人,习贾为生。"光绪丙午,本镇开办淞溪学校,慨助百金,凡遇公益,皆量力仪助焉。"① 虽然商人与买办群体并不直接创校,但他们能积极投资助学,使法华教育近代化进程有了更为厚实的物质基础。

"国绅""邑绅""乡绅"虽然在办学视野、资源、能级互有差异,但在推进法华古镇教育转型过程中并非全然各自为政,而是时有交集互动,显现出较强的"人和"。如1920年上海县绅赵锡恩在法华东镇捐办思本小学后,始终得到南洋大学教员的襄助,包括教材教法、科目补习、师资输送。每届举行毕业典礼与学艺会时,南洋大学校长凌鸿勋、附属小学主任沈叔逵、法华耆绅王丰镐、乡佐胡人凤等都作为受邀代表,到场祝辞颁奖。②

值得注意的是,法华本镇士绅在境内设学不比"国绅"与"邑绅"是单独辟地,另起炉灶,而多依托境内旧有的韦天庙、翠竹庵、积谷仓、赞育堂等作为载体,掀起"公产兴学"的热潮。如韦天庙,始建于明代隆庆年间,基址3亩2分9厘1毫。③ 至清光绪三十一年(1905年),大部分寺殿已被僧侣典卖,庙亦将圮,香火难继。"里人李鸿模、张光豫、杨洪钧、戴仁、朱赟等,修葺后殿,设正蒙小学,禀准以庙屋为校舍"④,并合力捐洋600元,以赎被典卖之寺殿。而寺殿业主徐光训、王镇寰等受捐资兴学之感召,全不收受典卖之资,捐助学堂以资经费,"于是庙业尽归学堂管理"⑤。再如积谷仓,设

---

① 民国《法华乡志》卷五《名臣》。
② 《思本学校》,《申报》1922年7月12日,第16版;《思本小学举行毕业式》,《申报》1925年7月26日,第9版。
③ 民国《法华乡志》卷七《寺观》。
④ 民国《法华乡志》卷七《寺观》。
⑤ 民国《法华乡志》卷七《寺观》。

于同治十三年（1874年），由上海积谷仓总董王承基购置李姓大楼及平房22间而立，随屋基地6亩1分7厘，①属于县城级别的公产，主要用于储谷备荒，平抑粮价。光绪十八年（1892年），"移并常平仓，从此遂无粒谷"②。1914年，法华乡经董杨洪钧呈请上海县知事"援闵行仓例，由本乡承买，充乡立第一国民校舍，计价洋一千八百元"③。

相比新辟校基，"公产兴学"固然是本镇士绅配置新式教育要素成本较低、效率较高的方式，但所办学校多系"乡立"小学，重在延续明清以来江南乡村私塾传统，以吸纳周边农家子弟为主，"规模自不能举城市小学同日而语"④，也自然无法对法华古镇的近代化产生强劲的能量。不过，这种取径并非"国绅""县绅"轻易可以复制，因为这些"公产"虽然产权归公，具有公共性与开放性，但经年损毁，功能弱化之后，多系乡绅捐资修葺或重建，支配权实则在其掌控之中，外部势力一般难以染指。而且，从这些"公产"的支配者族姓来看，李、杨、朱、黄、陆、张等家族士绅重复出现，具有高度的叠合性，它的背后实际上是明清时期法华本乡士绅望族主导地方公共事务的权力格局在近代的延续与强化。相较法华"外乡"士绅来说，本地乡绅在领导学务权上显然更具运行成本低、存在合法性强、民众认同度高的独特优势。

比较清末民初华洋各方在法华地区创办的新式学校，可以发现一种生发性与形塑性极强的异质教育力量开始介入镇、乡空间布局与文化结构的整合。其中，以天主教耶稣会在法华镇外缘村落徐家汇、土山湾一带，以及华人士绅在杨家库交通大学周边构建的"教

---

① 民国《法华乡志》卷一《建置》。
② 民国《法华乡志》卷一《建置》。
③ 民国《法华乡志》卷一《建置》。
④ 《思本小学举行毕业式》，《申报》1925年7月26日，第9版。

育圈"最具代表性。表面上看，这个"教育圈"的选址呈现出鲜明的"乡土化"取径。但其实，这种"乡土化"取径迥异于以科举为依托的传统耕读文化，它因渗杂着西方的工业主义、知识理性与殖民文化于一体而具有强烈的"反乡土性"，是推动乡村都市化进程的重要力量。尤其是徐家汇、土山湾、杨家库等新式学校密集的村落，文化教育凭借独有的"学区效应"，与市政建设、经济因素相合相容，深度形塑了乡村市镇化并使之逐渐演变为现代新街区。

反观法华古镇，尽管在新士绅文化权势的主导下也兴起了"公产兴学"的热潮，但所办学校规模有限，能级偏低，分布零散，且多被视为传统私塾在清末科举废除之后的一种延续与补充，未形成强大的地域整合力，导致所在区域整体文化取向更多地停留在传统乡村，而不是工业都市一边。① 由此可知，由于教育力量主导方的差异，其生发、聚散、流动功能自有其内在的机理，对镇乡关系的空间形塑并不是"平均有力"，而是有所选择的。这也说明，近代以来，江南城乡关系中所呈现出的不确定和流动性，比被我们凝固起来的"社会经济结构"要生动复杂得多。正如学者吴滔所言，我们只有将经济、社会、文化等静止的要素还原到流动、鲜活的地方历史过程中去，才能揭示这种过程中的种种复杂关系。②

四、新式教育驱动下法华士绅家族的"城市化"：以王丰镐家族为中心的考察

在法华镇近代转型过程中，新式教育作为一种柔性的文化力量，

---

① 包伟民主编：《江南市镇及其近代命运：1840—1949》，知识出版社1998年版，第257页。
② 吴滔：《清代江南市镇与农村关系的空间透视——以苏州地区为中心》，上海古籍出版社2010版，第271—272页。

虽然参与了乡村聚落城镇化空间形态与经济机理的形塑过程，但所施加的影响往往是间接性渗透，难以独立存在。不过，对于个体或群体的"人"的现代性获得来说，则是一个无法绕过的决定性因素。美国社会学家英克尔斯研究发现，"在决定个人现代性的水平上，教育是一个非常强有力的直接的和独立的因素。教育等级每升高一层，现代人的比例就有实质性的增加。学校作为一种社会组织及社会化场所，学生们在那不仅学到知识与技能，而且学到了新的态度与价值，发展了新的行动倾向"①。这种由新式教育的驱动而引发人群的知识结构、职业定位、价值取向的现代化塑造，是清末民初法华镇城市化转型中的重要内涵。

沿承明代以来崇文重教、诗书传家之风习，法华镇"自科举废而科学兴，青年子弟毕业于中学、毕业于大学及出洋游学者，较他乡为多"②。民国《法华乡志》卷四《学校》曾对1922年法华境内受过中学以上教育人士进行统计，共有留学经历者13人，及各类专门学堂毕（肄）业生26人，中学毕业生7人，③其中绝大部分还是父子相承，兄弟相继，呈现出比较浓厚的"家族"色彩。

> 王明照，字荩章，浙江交涉使丰镐长子。光绪二十九年，南洋公学头班英文第二人毕业。比国岗省大学校铁路专科最优等第二人毕业，得路桥工程师硕士位。
>
> 王彝照，明照弟。留英尔立勤德大学院毕业，得工科硕士位；孟鸠斯德篮格许电机厂实习毕业，兼习飞机专科。

---

① ［美］阿列克斯·英格尔斯、戴维·H.史密斯著，顾昕译：《从传统人到现代人——六个发展中国家的个人变化》，中国人民大学出版社1992年版，第205页。
② 民国《法华乡志》卷二《风俗》。
③ 民国《法华乡志》卷四《学校》。

王乙照，明照弟。留英尔立勤德大学院毕业，得工科硕士位；孟鸠斯德篮格许电机厂实习毕业。现任上海电机厂总工程师。

王德照，明照弟。民国三年，浦东中学校最优等毕业；留美纽约哥伦比亚大学校，肄业。

王福照，明照弟，改名光。圣约翰大学校中学毕业，留美维省陆军大学校，肄业。

王恩照，明照弟。民国十一年，上海青年会中学毕业。

王华照，明照弟。民国十一年，上海青年会中学毕业。

金祥凤，字丹仪，西镇人。民国四年，北洋大学土木科毕业，得工科学士位。现任上海水泥工程师。

金汤，祥凤弟，字镜清。民国八年，交通部工业专门学校土木科毕业，得工科学士位；九年，派赴美国康耐而大学校，土木科毕业，得工科硕士位。现任南洋建筑公司工程师。

黄庆森，字梦贤，西镇人。苏州陆军学堂步兵科毕业。宣统三年，赴部试验中等，授职协军校。

黄曦，庆森弟，字思九。宣统元年，陆军第四中学堂毕业。

杨树恒，字月庵，何家角人。民国六年，省立水产学校渔捞科毕业。

杨树丰，树恒弟，字稔秋。民国七年，上海民立中学毕业。

杨树人，字适存，何家角人。民国十二年，浦东中学校毕业。

杨树藩，字燧圻，何家角人。民国十年，直隶交通部邮电专门学校毕业。现任交通部电政司翻译员。①

---

① 民国《法华乡志》卷四《学校》；民国《法华乡志》卷五《名臣》。

显而易见的是，在新式教育形塑法华镇士绅家族的谱系中，以王丰镐家族最为突兀显赫。这支族姓自称源于太原琅琊王氏，至迟于乾嘉年间迁至法华西镇。自王丰镐曾祖王德周至父亲王景道三代，但并无功名显扬。直至王丰镐这一系，已遭逢国门洞开之世变。王丰镐，原名企曾，号省三，又字木堂，生于清咸丰八年（1858年），九岁时入旧塾发蒙。光绪六年（1880年），已具旧学根底，"写作冠侪辈"①的王丰镐应岁试补博士弟子员，入上海县学。在面临前程抉择的关键之际，父亲王景道命其习医。他认为："儒者不办家人生产，不如学医可以方技自活。"②但族叔王子善认为他天资敏捷，"但性资过于活动，作事恐无恒心"③，与医道不甚相近，建议他弃医专攻西文。"若学西文，则大而外务大臣、出使钦差与夫参赞领事，何难探囊取得？即小而洋行买办、通译等，亦可温饱无忧。"④王丰镐颇为认同，曾自念"大丈夫昂藏七尺身，当以匡济天下，奚沾沾八口为！而值环海大通之日，世变方亟，习一经，只以安常处顺，苟非习知四国之为，不足以通经致用"⑤。遂入当时英国传教士慕维廉在城外麦家圈所设的洋文学校肄业。光绪十三年（1887年），北游京师，考入同文馆，"兼治欧罗巴文字，究中外之务，以经世自诡"⑥。此后，他以西学时务之熟稔，先后获得晚清洋务名臣廖寿恒、薛福成、盛宣怀、戴鸿慈、端方、蔡钧等人的赏拔，得以襄赞

---

① 王企曾纂修：《省庐大事记年录（不分卷）》，民国十六年油印本。
② 钱基博：《光华大学创办人王省三先生传》，《光华大学廿二周六三纪念特刊》（1947年），第8页。
③ 王企曾纂修：《省庐大事记年录（不分卷）》，民国十六年油印本。
④ 王企曾纂修：《省庐大事记年录（不分卷）》，民国十六年油印本。
⑤ 钱基博：《光华大学创办人王省三先生传》，《光华大学廿二周六三纪念特刊》（1947年），第8页。
⑥ 《王省三先生墓志铭》（1933年），张寿镛、张芝联编：《约园著作选辑》，中华书局1995年版，第245页。

外交、矿政、铁路、警政等诸多洋务，先后担任薛福成出使欧洲的翻译兼随员、驻日参赞、清末五大臣出洋考察参赞、署理浙江交涉使等，"事迹炳然、口碑载道"①。他一生三次出洋，足迹广涉欧美，"游历至十五国"②，曾入伦敦格怀大学肄业，又于光绪二十八年（1902年）中举，出入中西之间，深汲旧学新知之长，眼界开阔，成为法华望族中较早完成从传统士绅到新知识精英蜕变的第一代。

图5-16 法华乡绅王丰镐，选自《光华年刊》1926年第1期

诚如学者指出，教育制度的兴衰和机制，必然会导致知识阶层的殖变以及深层次文化的嬗变。③ 随着清末科举制度的废除与新式学校大行其道，自王丰镐以下的家族子弟纷纷进入学堂，以求"出旧入新"。王丰镐原配发妻孙氏早卒，生嫡长子临照、次子明照。后娶费氏为继室，两人共育5子：德照、荣照、福照（又名光）、恩照、华照；④ 另有侧室高氏所生庶子2人：彝照、乙照。九子之中，除王临照、王荣照早夭外，其余皆具上海新式学校乃至海外留学的教育背景，"咸有学行，能世其家"⑤。近代知识

---

① 《耆绅王省三先生定期开吊》，《申报》1934年1月31日。
② 《王丰镐事略》，上海图书馆藏盛宣怀档案，档号：116701。
③ 任吉东：《城市化视阈下的近代华北城乡关系（1860—1937）：以京津冀为中心》，天津社会科学院出版社2013年版，第153页。
④ 吕思勉：《王省三先生小传》，《光华大学半月刊》1933年第2卷第4期。
⑤ 吕思勉：《王省三先生小传》，《光华大学半月刊》1933年第2卷第4期。

人赖于两种渠道产生：一是从传统读书人（士绅）接受近代西学新知后蜕变而来；二是从新式学堂学生接受西学新知培养而出。① 对王丰镐本人来说，显然属于前者，而就王丰镐之子而言，明显属于后者。不过，细致考究王氏诸子就读的新式学校、留学国别、学科专业、职业去向，都与王丰镐"开风气之先"的新知识、洋阅历，以及他在新旧教育圈中所构筑的广泛的人际关系网络有着千丝万缕的联系。

先来看王氏子弟与上海新式学校的衔接。二子王明照毕业于南洋公学，源于王丰镐曾为盛宣怀得力的实业幕僚，助其收回汉阳、大冶铁矿厂，勘采皖赣煤矿，颇著勋劳，深得盛氏垂青。1910年12月16日，王丰镐在致盛宣怀函中曾坦言："我儿肄业南洋公学，早为大人所识拔。"② 三子王德照所肄业的浦东中学，与王丰镐亦有渊源。浦东中学首任校长黄炎培与王丰镐为光绪二十八年（1902年）壬寅科上海县"同年"举人，同批中式的知名者，还有江苏仪征刘师培、安徽歙县徐谦③等。至于六子王恩照、七子王华照，均从梵王渡圣约翰大学二年级中途转入光华大学毕业，"实左右先生以有造于光华大学者焉"④。

以往论者对王丰镐捐地助办光华大学而名噪一时的史实多有述及，但并未深刻揭示王氏办学初衷之缘起。一般认为他是基于寻常的公益热忱，以及恩照、华照二子亦陷入圣约翰退学风潮而产生"爱屋及乌"之心。其实不然，据王丰镐本人称：

---

① 左玉河：《科举废除与新知识阶层的兴起》，《江海学刊》2019年第1期。
② 《王丰镐致盛宣怀函》（1910年12月16日），上海图书馆藏盛宣怀档案，档号：086893。
③ 《王省三轶事》，《申报》1934年2月17日，第20版。
④ 钱基博：《光华大学创办人王省三先生传》，《光华大学廿二周六三纪念特刊》（1947年），第10页。

图 5-17　1904 年南洋公学留学比利时部分学生合影（前排左一为王明照）

图 5-18　王华照光华大学商学士毕业照，选自《光华年刊》1927 年第 2 期

窃叹吾国系独立自主国家。教育之事，本不应该仰人鼻息，受人奇辱。昔年仰察外交形势，早唱收回教育权，以增进国民国家观念之说……鄙人一介寒儒，雅不敢矜奇立异，愿效古人毁家兴学平难之意。①

很明显，王丰镐欲借光华之创办，力倡教育权收归国有，很大程度上是由于他出身京师同文馆，以参赞、译员、领事之职"治国际交涉事多年"②，痛感折冲樽俎，挽回国权之难，遂由弱国外交之辱思及教育之痛。王氏曾言："我随节欧洲，横大西洋以抵美，足迹无不之，几见有国人不能自教其子弟，而拱手受成于外国人如我国者！"③好友张寿镛在解读他的办学心迹时亦称："百年大计，莫如教育，教育之权，操之于人，此而不救，虽有一二外交能手，何稗于国？"④可以说，如果没有西学新知的铺垫与外交阅历的刺激，王丰镐"树华人自办教育之先河"⑤的壮举未尝不是无本之木。

再从留学国别与深造专业来看，王氏诸子的选择亦不乏受到父亲的影响。七子之中，留学美国哥伦比亚大学者最多，为王德照、王恩照、王华照3人；留学华盛顿大学者1人，为王福照；留学欧洲者有比利时岗省大学的王明照，英国尔立勤德大学院的王彝照、王乙照。这些留学的国别，多是王丰镐昔日充任外交随员出洋游历之地，或是作为盛宣怀的"洋务委员"⑥结识欧美等国工程师后所

---

① 《王省三先生暨费夫人捐助校址小史》，《光华年刊》1926年第1期。
② 《王省三先生暨费夫人捐助校址小史》，《光华年刊》1926年第1期。
③ 钱基博：《王省三昭德之碑文》，《光华大学半月刊》1933年第2卷第4期。
④ 张寿镛：《王省三先生诔》，《光华大学半月刊》1933年第2卷第4期。
⑤ 《耆绅王省三作古》，《申报》1933年11月25日，第10版。
⑥ 王企曾纂修：《省庐大事记年录（不分卷）》，民国十六年油印本。

得知。所习专业方面，多偏向实用性、专业性较强的工程科、商科、军事科、英文科，且错位发展，避免同质化。如王明照习铁路科，王彝照、王乙照习电机、飞机专科，王德照习外语，王福照炮兵科与商科并重，王恩照习文科，王华照习商科。这种差异化的设计，既与王丰镐耳濡目染欧美强国工商文明、人才竞争形成的教育认知有关，又得益于他长期佐理洋务实业所积攒的社会资源。

如王明照南洋公学毕业后，被派往比利时岗省大学校肄习铁路专科，即缘起于光绪二十三年（1897年）王丰镐在盛宣怀授意之下，"在京与美国工程师杰埤子及比国公使随议京汉铁路合同"①。换言之，王明照择习铁路，是纳入到盛氏整体的路政与实业框架之内予以考虑的。宣统二年（1910年）秋，学成归国的王明照又蒙盛宣怀力荐于南洋公学（时名邮传部上海高等实业学堂）监督唐文治，聘为土木科教习。后自觉"舍实验而讲课程"② 非其所长，遂再由王丰镐推荐给开徐铁路总办阮子衡任工程师，因阮子衡与王丰镐昔年同为京师同文馆肄业，"朝夕相亲，同乡至好"③。五子王福照，1925年在美国阜蒙省诺卫枢陆军大学骑兵科毕业，得军官学士衔，④王丰镐以当今世界大势"兵战与商战并重"⑤ 劝之，王福照"奉其乃翁之命，转入美京乔治华盛顿大学专习商科"⑥，1926年获得商科硕士学位。

高学历的留学教育，不仅造就了王氏子弟现代化的专业素养与

① 王企曾纂修：《省庐大事记年录（不分卷）》，民国十六年油印本。
② 《王丰镐致盛宣怀函》（1910年12月16日），上海图书馆藏盛宣怀档案，档号：086893。
③ 《王丰镐致盛宣怀函》（1910年12月16日），上海图书馆藏盛宣怀档案，档号：086893。
④ 《留美生王福照回国》，《申报》1926年9月8日，第11版。
⑤ 《留美生王福照回国》，《申报》1926年9月8日，第11版。
⑥ 《留美生王福照回国》，《申报》1926年9月8日，第11版。

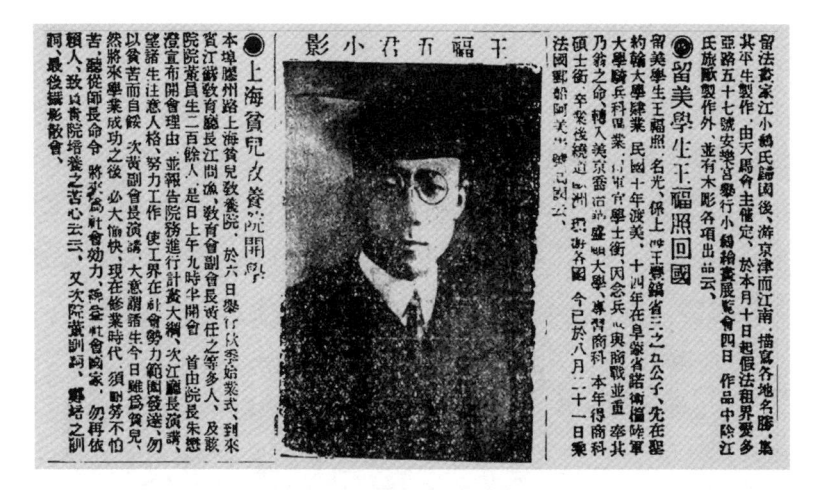

第五章 "华洋之界"的形成：法华地区近代城市化转型的新内涵　277

图 5-19　留美学生王福照回国，《新闻报》1926 年 9 月 8 日，第 10 版

全球性视野，而且还催生出与知识层次相匹配的新式婚姻，这也是新式教育形塑个人与家族"现代性"身份的重要标识。典型者如王恩照的妻子丁秀珍，系出江苏武进"孟河医派"名医丁甘仁之孙女，"为圣玛丽女学毕业生，曾任中西女塾英语教员"①。而王恩照在赴哥伦比亚大学深造之前，曾肄业于圣约翰大学，他们俩之所以能结识婚配，与圣马利亚女书院、中西女塾、圣约翰大学同属美国基督教女学的"纽带作用"密不可分。这种纽带作用表现在两校教会文化同出一脉，时常举行恳亲会、游艺会，为人员交往提供了交际互动的空间。仅举一例。1923 年 5 月 18 日《申报》记载，梵王渡圣约翰大学与圣玛利亚女校之同学会将于六月二日共同举行恳亲会，地点设在圣约翰。"凡二校同学之家属均得与会，届时除备有赠品、纪念品及各种游艺会外，另有一赛婴会，凡四岁以内之婴孩，均可

---

① 《婚礼志》，《申报》1927 年 7 月 29 日，第 18 版。

赴赛。"① 圣玛利亚女校还经常邀请圣约翰大学校长卜舫济的夫人作为各种赛事的评判员，可见亲缘关系之密切。

图 5-20　王华照与胡新女士新婚伉影，选自《中国摄影学会画报》1927 年第 91 期

诚如上述，王氏家族在知识结构、职业获得、婚姻关系乃至社会分层方面的变革，与新式教育因素的嵌入与形塑紧密相连。不过，这还只是静态意义上的形塑，新式教育最具"革命性"的形塑功能，还在于它加速了乡村精英向城市单向流动，形成不少学者所谓的士绅或知识分子"城市化潮流"。正如费正清主编的《剑桥中国晚清史》认为，晚清乡绅城市化的原因是"由于最活跃的分子进城去求学或发财"②。据桑兵的研究，这股潮流在 19 世纪末 20 世纪初废科

---

① 《约翰与玛利亚将共开恳亲会》，《申报》1923 年 5 月 18 日，第 18 版。
② ［美］费正清，［美］刘广京编；中国社会科学院历史研究所编译室译：《剑桥中国晚清史 1800—1911》（下卷），中国社会科学出版社 1985 年版，第 634 页。

举时即已初具规模。当时城市化的知识分子还主要是旧日士绅中的一部分,当新知识分子群体成长起来后,城市化才成为一种普遍现象。① 以此观照王丰镐家族,这种现象同样存在。

咸丰八年(1858年),王丰镐出生于法华西镇包家香店小木桥南首老宅。② 原属于江南城乡之间的"镇居"家族。咸丰十年(1860年),太平军重创江浙一带,逼近上海,是为"庚申之劫"。为避兵燹,王家逐渐由"镇居"转向"城居",首次移家新闸路仁济里对面;同治元年(1862年)再移上海县城老北门内川心街积善寺斜对面屠姓屋,屋后即城内之城濠。③ 选择居于城濠附近,固然是出于环境相对安全的考虑,但还有一个重要因素也不容忽视,即积善寺旁有一所"崇正北官塾",是上海道台应宝时在县城东南西北各门所创设的四所

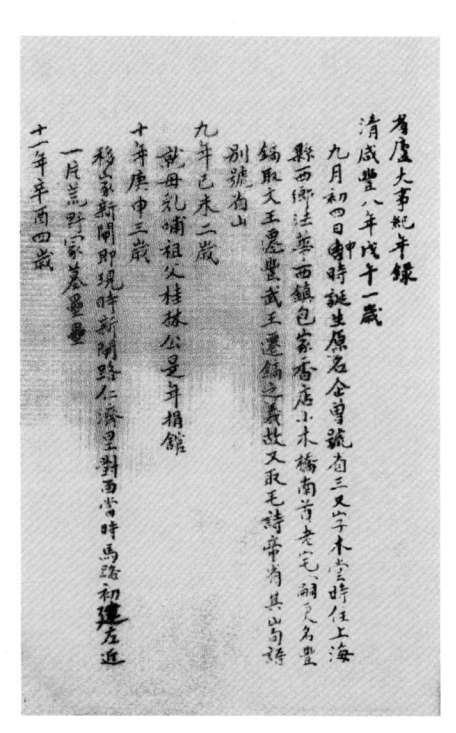

图 5 - 21　王丰镐撰修的《省庐大事记年录》(1927 年)记载自己出生于法华西镇

---

① 王奇生:《革命与反革命　社会文化视野下的民国政治》,社会科学文献出版社 2010 年版,第 329 页。
② 王企曾纂修:《省庐大事记年录(不分卷)》,民国十六年油印本。
③ 王企曾纂修:《省庐大事记年录(不分卷)》,民国十六年油印本。

官塾之一。作为科举取士制度下县邑一级优质的官立教育机构，它对上海各乡的读书人具有较强的吸引力，王丰镐在此共肄习5年，所有生活的重心都围绕通儒经、攻括帖、设帐授徒而展开，所师从的塾师如沈镜蓉、刘眉孙、赵晋荣，基本都来自上海本城或本乡。可以说，表面上业已"城居"的王丰镐其实仍然延续着以科举为内核的乡村耕读文化，是一种肉体"城居"而文化心理仍未离乡的状态。换言之，此时王丰镐的身上还未尽显城乡文化"一体化"或"同一性"关系的破裂。

不过，光绪四年（1878年）王丰镐在应府县试时，遭遇到一次"冒籍"攻讦风波。据王丰镐自述：

> （余）县试列前茅，有乔、唐二人，忘其名，心怀妒忌，扬言余非法华西镇人，系冒籍赴府试。时数友共雇一舟，舟中谈及乔、唐攻击事，同舟有蒋君福淦等谈及余老宅在法华西镇包家香店南首，祖墓亦在镇西北华家桥地方，十墓骈列，何得谓非西乡人？①

此次风波，最终得力于王丰镐族叔、县学生王子善的"作保"而平息。尽管乔、唐二人的攻讦之辞后来不攻自破，但从侧面也反映出王家"城居"之后与法华镇产生了疏离，某种程度上表明王丰镐在城乡身份问题上出现了"认同危机"。

王丰镐真正融入士绅"城市化"潮流，始于光绪十三年（1887年）考入京师同文馆，全面接触西学之后。尤其是他结识薛福成、

---

① 王企曾纂修：《省庐大事记年录（不分卷）》，民国十六年油印本。

盛宣怀等众多洋务名臣后,得以出洋,后又历官浙江交涉使、代行淞沪商埠督办、湖北邮包税局局长等职。其关注的焦点也不再局限于法华镇乃至上海一地的社会秩序与行政事务,其活动场域开始从地方性社会延伸到全国性舞台。在这一过程中,王丰镐依托城市场域"集中财富、名位、权力这些稀缺社会资源的巨大优势"①,完成了知识结构、职业分工、生活方式、价值观念等多方面的"城市化"。尤可注意的是,他发迹之后,先后在法华镇大西路、法租界贝勒路爱多亚路、福煦路等地购置多处房产,②但他基本上不居住在法华本境与法租界,甚至都很少入城服侍慰问双亲。当时《申报》在披露他的轶事时称:"家固在城中,其考亦素寒微,所居湫隘,恒终岁不入城,谓此狗窦耳,故晨昏定省,实阙如焉。"③就连他去世后,也不回法华镇本籍安葬,而是运棺返回其任浙江交涉使时所在的杭州,由其哲嗣"建圹于杭州石虎山"④。凡此种种,或可视为"后科举时代"新士绅眼中城乡关系发生异变的风向标。正如一些学者所指出,进入20世纪后,由于教育的"城市化"趋向,传统时代中国城乡之间具有"同一性"的"无差别的统一"关系开始裂解,"对立性"关系逐渐形成。⑤

然而,作为由传统士绅过渡为近代新知识精英的第一代,王丰镐的"城市化"转型又算不上彻底。从民国《法华乡志》中诸多记载中,他"城居"之后尤其是光绪二十八年(1902年)取得举人功

---

① 王奇生:《革命与反革命 社会文化视野下的民国政治》,社会科学文献出版社2010年版,第328页。
② 《王省三析产记》,《福尔摩斯》1933年8月31日。
③ 《王省三轶事》,《申报》1934年2月17日,第20版。
④ 《邑绅王省三遗骸今日运扺安葬》,《新闻报》1935年1月18日,第15版。
⑤ 赵泉民:《从"无差别的统一"到"对抗性"形成——基于新式教育兴起看20世纪初期中国城乡关系演变》,《江苏社会科学》2007年第3期。

名后，仍然深度介入法华镇新学教育兴办、浚河修桥、市政设施建设等地方公共事务之中，在新旧士绅阶层中具有相当的话语权，这说明他身上的"乡土之链"并无完全斩断。

相较于王丰镐，王氏诸子的"城市化"转型则较为彻底。他们接受新学教育之时，作为士绅安身立命的科举制度已经废除，断绝了法定的上升仕进之途，而通过新式教育获得的"新知识""新技能"又与传统乡镇社会格格不入，只得向更高层级的城市单向流动，并在那里寻求自己的生存与发展的机会与空间。如王德照留洋回国后，被浙江都督卢永祥委任为洋文秘书；① 王华照回国后，就任上海县财政局局长。② 王彝照、王乙照两人，留英尔立勤德大学院毕业，得工科硕士位后，任上海电机厂总工程师。③ 他们因常年离乡，一直过着西化色彩浓厚的城市生活方式，对法华本乡很难再有文化心理认同，这也是《法华乡志》中几乎没有王氏诸子关注与介入乡间社会事务记载的原因。

就社会新阶层的形塑而言，华洋双方主导的新式教育都极大地促成了法华士绅群体的"城市化"转型。从王丰镐家族的个案来看，这种转型的逻辑起点就是"由新式学堂的兴起而知有新知识的兴起，由新知识的兴起而知有知识阶级的蜕变"④，但这种蜕变的深远影响，绝不仅仅限于知识精英本身职业分工、生活方式、价值观念的趋新，更在于它引发了城乡之间知识与人才分布重心的历史性改变，从而在很大程度上肢解了城乡一体的文化结构。这种城乡文化生态结构的失衡与蜕化有利有弊，诚如有学者所言，"这种状况不利于知

---

① 《杭州》，《申报》1923年9月13日，第10版。
② 《县财局长王华照昨补习宣誓就职礼》，《新闻报》1931年9月8日，第15版。
③ 民国《法华乡志》卷四《学校》。
④ 何一民：《转型时期的社会新群体》，四川大学出版社1992年版，第45页。

识精英与农村社会大众的沟通和联系，不利于农村经济和文化的发展。然而，对于近代中国的有限人才资源的集中，促进城市社会的整合，具有积极的意义"①。

第四节　权力格局新秩序：地方自治下的绅治、官治与新式社会组织

毋庸讳言，江南市镇研究自兴起以来，成果多集中于社会经济史范畴，议题主要聚焦于商业经济以及由此引致的生产关系变迁，而涉及市镇的权力关系与行政管理——或称为市镇政治史研究则并不多见。直到近年来，学者们逐步突破了市镇研究中追逐商业性的窠臼，转而从更为广阔的权力关系角度入手来透视明清江南市镇的发展。② 其实，对于近代江南市镇变迁而言，权力结构的演替，以及由此带来的地方调控机制、社会组织方式的转型，是其中无法绕开的重要内涵。受西方"国家社会"二元关系理论的影响，史学界长期流行一种关于传统中国基层社会治理的"双轨制"观点，认为明清以来"皇权不下县"，即只在县级设置行政机构，县以下基本由具有文化权威合法性的乡绅控制。这种并行统治的格局，施坚雅分

---

① 余子明：《从乡村到都市：晚清绅士群体的城市化》，《史学月刊》2002年第8期。
② 胡恒：《明清市镇中的"国家"存在——一个问题史的回溯》，载刘昶、陆文宝主编：《水乡江南历史与文化论集》，上海古籍出版社2014年版，第171页。关于江南市镇权力结构与社会秩序、行政管理模式与动态的研究，参见赵世瑜、孙冰：《市镇权力关系与江南社会变迁——以近世浙江湖州双林镇为例》，《近代史研究》2003年第2期；韩慧莉：《从蔡氏家族兴起看近世双林市镇权力关系》，《浙江档案》2008年第4期。张海英：《明清江南市镇的行政管理》，《学术月刊》2008年第7期；张海英：《"国权"："下县"与"不下县"之间——析明清政府对江南市镇的管理》，《清华大学学报（哲学社会科学版）》，2017年第1期。

别称之为"正式的行政等级结构"与"非正式权力结构"①，杜赞奇则称后者为"权力的文化网络"②。对于"商业机能凌驾于行政机能"的江南市镇来说，这种"行政控制弱，精英权力强"的现象似乎表现得尤为明显，所谓"市镇统于州、县，例无设官"③的说法，即是明证。换言之，乡绅和宗族才是传统市镇社会权力结构的中坚力量。州县长官要依靠与士绅胥吏等地方头面人物的密切合作，来实行对乡镇地区的治理。④这在乾嘉年间法华镇士绅家族通过构建文人交游圈、婚姻圈、民生保障圈等非制度性的权力关系网络以支配市镇公共事务一节，已得到充分印证。

不过，这并不意味着江南市镇可以完全独立于"国家"序列之外。据张海英对明清江南市镇行政管理所作的系列研究发现，除了严密而发达的乡里和保甲制度外，"国权"还通过设置巡检司管理，或设府厅级官员驻镇，或委派县丞、主簿管理，以及公益、文教事业"民办官助"的管理⑤等灵活多样的行政管理模式参与市镇管理。如前所述，乾隆九年（1744年），吴淞巡检司署移驻法华镇，负责稽查人口，擒捕盗贼，维持治安，就是国家权力下延市镇的重要官

---

① ［美］施坚雅著，史建云、徐秀丽译：《中国农村的市场和社会结构》，中国社会科学出版社1998年版，第55页。
② "权力的文化网络"这一命题，是美国学者杜赞奇在《文化权力与国家：1900—1942年的华北农村》一书中所提出来的。"文化网络"，由乡村社会中多种组织体系以及塑造权力运作的各种规范构成，它包括宗族、市场等方面形成的等级组织。这些组织既有以地域为基础的强制义务的团体（如某些庙会），又有自愿组成的联合体（如水会和商会），还包括非正式的人际关系网，如血缘关系、庇护人与被庇护人、传教者与信徒等关系。参见［美］杜赞奇著，王福明译：《文化权力与国家：1900—1942年的华北农村》，江苏人民出版社1996年版，第14页。
③ 嘉庆《南翔镇志》卷四《职官》。
④ ［美］费正清、［美］刘广京主编，中国社会科学院历史研究所编译室译：《剑桥中国晚清史（1800—1911年）》（上卷），中国社会科学出版社1985年版，第24页。
⑤ 张海英：《"国权"："下县"与"不下县"之间——析明清政府对江南市镇的管理》，《清华大学学报（哲学社会科学版）》，2017年第1期。

方机构，属于对国家行政机构不在县下设治的突破。

只不过，由于吴淞巡检司署自遭遇咸丰三年（1853年）小刀会起义焚毁后，便在法华镇上丧失了固定的驻办处，其行使国家权力的能力已大为弱化，最终于辛亥鼎革之后被裁汰。同时，随着晚清保甲制与里甲制日趋松弛，步入近代以后的法华镇"行政控制弱，精英权力强"的格局得以延续与强化，权力结构也由"官绅合治"转变为"绅治为主"。而在这一过程中，因太平天国战争而设的"法华局"起到了承上启下的关键作用。

前文已述，传统时期法华镇的科第主要为朱、李、陆、王、张姓所包揽，至清咸丰年间，作为沪西"门户"的法华镇，先后遭到小刀会起义与太平天国战争兵燹。于是，先有士绅陆进、郑德锺"倡练义勇，保卫地方"[1]，后在全县各保图谕办团练，共设20个"局"，各局团集义勇，"每图三十名，无事归耕，有警出战，分班操演，轮流驻防"[2]，"法华局"为其一，设于法华寺后，由乡间士绅、武生总董其事。由此，法华绅权在近代以降得以继续扩张。据民国《法华乡志》所载，"法华局"历年司董（或称局董）有陆进、黄尔思、杨基、黄崇基、张桂、杨锡鉴、张桢、李鸿模、刘光润、张光豫。[3] 除了原先几大旧姓外，杨氏[4]、黄氏[5]是咸同以后以军功起家

---

[1] 民国《法华乡志》卷三《兵燹》。
[2] 民国《法华乡志》卷三《兵燹》。
[3] 民国《法华乡志》卷一《建置》。
[4] 杨氏家族以杨基、杨坚兄弟之军功而崛起。杨基，字庆华，号蔚亭，何家角人。自幼习拳勇，尤善枪法，咸同年间，与其弟杨坚"倡办团练，转战数年，所向有功，大吏交相荐擢，奖九品职衔，尽先选用"；杨坚也以督率义勇助剿，忠义有胆识，不避艰险，"累保五品蓝翎，以同知用"。参见民国《法华乡志》卷五《通德》。
[5] 黄氏家族之崛起，以黄尔思为始。黄尔思，字棣华，西镇人。早孤，事母孝。咸同间，以办团奖蓝翎五品衔。力行慈善，祈延母寿。同治八年，与里人李曾裕等，筹建赞育堂，襄助之力居多。参见民国《法华乡志》卷五《通德》。

的"新贵"族姓。

"法华局"这种临时性质的军事建置,待承平之后非但并未撤销,还附设赞育堂,"专办水利、荒政、保甲、清乡及一切公益事宜"①。至光绪三十二年(1906年),廷议变法,"废科兴学"之后,"法华局"因承担起总揽学务的新职能,"局改为区,谓之法华区"②,成为上海县全境26个"学区"之一。与之相对应的,是法华局"局董"之名改称"学董"。"学董"由上海县劝学所选举,"第一次称议员,嗣后改称学董"③。名称虽然改头换面,但"学董"人选仍与"法华局"历年司董高度重合。从1906年10月起,至宣统三年(1911年),法华乡成立自治公所,实行地方自治,先后担任学董(议员)的有:

> 王丰镐,光绪三十二年,被选议长。
>
> 胡人凤,光绪三十二年,被选议员;三十三年、三十四年,宣统元年、二年、三年,被选学董。
>
> 张光豫,光绪三十二年,被选议员。
>
> 杨洪钧,光绪三十二年,被选议员;宣统三年,被选学董。
>
> 黄炽,光绪三十三年、三十四年,宣统元年、二年、三年,被选学董。
>
> 朱赟,光绪三十三年、三十四年,宣统元年、二年、三年,被选学董。
>
> 杨鸿藻,光绪三十三年、三十四年,宣统元年、二年、三

---

① 民国《法华乡志》卷一《建置》。
② 民国《法华乡志》卷一《沿革》。
③ 民国《法华乡志》卷四《学校》。

年，被选学董。

李鸿模，宣统二年，被选学董。①

可见，清末民初过渡之际，法华新旧士绅借由"法华局"局董到"法华区"学董的职能转型，成功实现了"绅权"与"绅治"的延续不坠。而"学董"之名，在之后的民国初年法华乡地方自治运动中又演化为"乡董""乡佐""经董"等名号，实质上是"换汤不换药"，仍是绅权主导的权力结构继续得到循沿与巩固。以至于瞿宣颖在1918年法华镇调查报告中说："（该镇）民国以来，地方行政，实由自治经董，间接接受县公署之支配，然自治实未举办，一乡之事，蹈常习故而已。"②

不过，有所不同的是，明清时期的"乡村绅治"③只是国家政权默许的"非正式权力结构"，而民国初年地方自治框架内的城镇乡"绅治"则被赋予了制度与法律意义上的合法性。

清末民初的地方自治运动，缘始于清廷为应对国内排满革命风起云涌与国际列强武力瓜分中国而不得不实行的"新政"。光绪三十四年（1908年）在中央成立资政院，令各省设立谘议局。同年，借鉴日本的"市町村制"，正式出台《府厅州县地方自治章程》《城镇乡地方自治章程》，自上而下，使地方自治成为清廷的一项基本国策，有力地促成了全国范围内地方自治运动的高涨。其中，城镇乡层面的基层自治被视为"预备立宪"之基石，尤为重要与急切。《城镇乡地方自治章程》开宗明义："地方自治为立宪之根本，城镇乡又

---

① 民国《法华乡志》卷四《学校》。
② 瞿宣颖：《法华镇状况概要（社会调查之一）》，《复旦》1918年第7期。
③ 吴理财：《民主化与中国乡村社会转型》，《天津社会科学》1999年第4期。

为自治之初基,诚非首先开办不可。"①

依据该章程,法华镇于宣统元年(1909年)改镇建乡,因丁口不满5万,故称"法华乡"。宣统三年(1911年)正月,法华乡以原先抵御太平军而建的法华局附设的赞育堂②房屋为自治常设机关,正式宣告成立自治公所。自治公所之中,还有仿行"三权分立"的机构设置。如据章程规定,凡乡一级,需设议事会、乡董两种自治职位(有些乡还设乡佐一职,辅助乡董)。议事会是立法机关,且有监察乡董、乡佐执行事务之权。"开四季常会,议决各案,呈由地方官核准,移交乡董、乡佐执行。"③ 而乡董、乡佐的职权,则为执行议事会议决之事项与地方官府委任办理之事务,并负责筹备议事会的选举及召开。

1911年3月,法华乡议事会在积谷仓成立。因当时全乡丁口数为18 452人,"丁口不满二万者,选举议员十二名。以十二名互选议长二名"④。这12名议员,分别是胡人凤、黄炽、杨洪钊、杨洪桂、朱赞、杨洪钧、杨树源、李鸿鬻、何福祥、王士霖、张文治、金成义。12名议员中,又互选出朱赞为议长,杨洪钧为副议长,黄炽为乡董、杨洪钊为乡佐。如前所述,这些人基本都是清末光绪、宣统年间"局董""学董"的延续。需指出的是,他们观念中的地方自治,与官府的定位是有所差异的。在他们看来,地方自治应凸显士绅主导地方公共事务之权,不受或少受官治之制约。所谓"以地

---

① 总政编查馆编:《城镇乡地方自治章程》,商务印书馆宣统三年(1911年)版,第1页。
② 赞育堂位于法华西镇同仁里,是专门从事施棺、掩埋、救火、惜字、施药、恤贫诸善举的善堂,因《城镇乡地方自治章程》规定,自治公所可酌就本地公产房屋或庙宇为之,故成为法华乡自治公所的机关驻地。赞育堂还附设有保赤分局,使之专门从事"育婴"工作。
③ 民国《法华乡志》卷一《公产》。
④ 民国《法华乡志》卷一《公产》。

方之公民，筹地方之公费，任地方之公事"①。

而官方出台的《城镇乡地方自治章程》规定："地方自治以专办地方公益事宜，辅佐官治为主。按照定章，由地方公选合格绅民，受地方官监督办理。"②所谓地方公益事宜，是将国家行政排除在范围之外的，主要体现在市政建设方面，包括"（一）学务；（二）卫生；（三）道路工程；（四）农工商务；（五）善举；（六）公共营业；（七）因办理自治事宜筹集款项等事；（八）其他因本地方习惯，向归绅董办理，素无弊端之各事"③。所谓"辅佐官治"，说明官治仍是核心，地方自治只是起到弥补官治的作用，且要受地方官监督办理。这种监督之权，甚至大到"有申请督抚解散议事会、董事会，及撤销自治职员之权"④。换言之，"绅治为主"的地方自治格局，虽被赋予了制度合法性，但它在"官治"面前并不稳定。这在民国初年法华乡自治运动的权力格局更替上不乏明显的体现。

1911年，法华乡自治公所成立，选举产生第一届议事会、乡董、乡佐成员后，很快就遭遇了辛亥上海光复之役，这场短暂而伤亡极小的革命虽然没有造成沪上时局大动荡，但鼎革之后，纪元新开，政权更迭也势在必行。上海县城在以陈其美为首的沪军都督府的主政下，自治运动开始由城公所转为市政厅主导。乡镇一级虽总体保持了自治公所的架构，但对内部成员进行了改选。1912年7月，法华乡根据议事会议员每年须改选半数的规定，选举产生了第二届乡公所自治机构，由议长杨洪钧、副议长张国衡、乡董李鸿焘、

---

① 《论地方自治宜先行于都市》，《东方杂志》1906年第3卷第9期。
② 总政编查馆编：《城镇乡地方自治章程》，商务印书馆宣统三年（1911年）版。
③ 故宫博物馆明清档案部编：《清末筹备立宪档案史料》下册，中华书局1979年版，第728—729页。
④ 钱端升等著：《民国政制史（下）》，上海人民出版社2008年版，第686页。

乡佐胡人凤主理乡务。① 但时隔一年之后，又遭变故。1913年，陈其美辞去沪军都督一职后，上海华界地方落入袁世凯委派的上海镇守使郑汝成之手，为准备恢复帝制，袁世凯于1914年3月下令停办地方自治。于是，上海南市、闸北两市政厅重由官方接收，并分别改称为上海工巡捐总局、闸北工巡捐分局。而此时的法华乡自治公所也被迫解散，奉令改称"法华乡经董办事处"，直至1924年，这个经董办事处都隶属于上海县知事公署名下。

与自治公所时期议员、议长由选举产生不同，经董办事处的"经董"是由上海县知事直接委任的。如1914年3月自治停办后，知事洪锡范委任上海县四市十五乡的经董，遵循就地取材原则，为法华乡的杨洪钧。至1918年8月，杨洪钧退职。9月，知事沈宝昌又委任法华乡李鸿翥出任经董一职。尽管委任的人选，诸如杨洪钧、李鸿翥等，仍循沿素有的地望原则，由本乡士绅出任，但已无合法自治之名，经董办事处性质上属于"官治"的派出机构。

不过，袁世凯政府时期丧失自治之名的法华乡，还仍延续着某种自治之实。正如这一时期上海县城一样，虽然取消了市政厅，但新生的上海工巡捐总局却仍扮演着"隐形自治"②的角色。直至1923年10月，在全国联省自治浪潮的推动与上海士绅的积极倡导之下，上海地方自治运动又得以恢复。1924年"江浙战争"结束

---

① 民国《法华乡志》卷一《公产》。
② 所谓隐形，是指在当时全国政治背景下，军队对社会的涉入程度非常深，通过军事力量对民事和行政的干预，实现中央加强集权的需要，从而使自治名目失去了存在的市场。但是，袁世凯政府主要针对的是自治会培养出反政府的力量中心来，却并不反对自治机构在地方建设中所起的作用，即自治给地方社会带来的利益，并非行政命令愿意抹杀的。时任江苏省长的韩国钧就曾明确表示"县市乡自治机关，奉令停办。凡地方已兴办之学堂、公益各项事宜，自应慎选公正绅士及自治中贤达之员分别委任办理，督率进行，款仍照发"。参见周松青：《上海地方自治研究》，上海社会科学出版社2005年版，第195页。

后，南市的沪南工巡捐局改组为上海市公所，而法华乡也于1924年7月恢复自治公所，选杨洪钊为乡董，黄寿祺为乡佐。① 此后，直到1927年7月上海特别市政府成立，法华乡被列为行政直辖的17个"区"之一，体制序列上终结了独立自主的自治状态。

从自治公所到经董办事处，再回到自治公所，法华乡地方自治进程虽然迂回反复，始终面临体制异化的危机，与真正意义上的地方自治差距较远，但这种地方政治结构的变更仍有相当意义：一是自清末新政以迄民国，法华镇持续了数十年的基层自治实践，毕竟在法律上、制度上给予地方自治以合法性，是建立地方秩序新格局的一个标志。即便基层社区仍由地方士绅等势力控制，但现在他们毕竟是通过合法性这一资源的利用而控制生活。这一合法性的努力正是统治结构走向现代的一个标志。② 二是法华乡地方自治推进过程中，虽然绅治与官治之间存在张力，屡有反复，但以法华镇为中心组织地方行政机构，实行地方自治的原则基本确定。这意味着传统"中间市场"体系中的市镇在这一过程中变成了地方行政的中心，成为国家地方行政的基础。③ 此种"城市型"行政实体的出现，对于现代城市化而言是积极的。诚如靳润成所言："城镇区域应该从传统地域型行政区（如省、府、州、县、乡等）网络中分离出来，使城市型行政区这种新的政区得到了萌生的必要条件……第一次把城镇区域视作一个整体，并允单独设置具有某些地方政权性质的管理机构，迈出了城乡分治的关键一步。"④

---

① 民国《上海县志》卷二《政治下·乡自治》，民国二十五年铅印本。
② 包伟民主编：《江南市镇及其近代命运：1840—1949》，知识出版社1998年版，第211页。
③ 包伟民主编：《江南市镇及其近代命运：1840—1949》，知识出版社1998年版，第211页。
④ 靳润成：《从城镇分割到城市自治——论中国城市行政管理体制近代化的重要标志》，《天津师大学报》1998年第4期。

清末民初法华乡持续了数十年的自治运动，还催生出了新式公益组织与社会团体，赋予了地方事务治理能力"现代化"的别样内涵。有学者认为，近代市民社会团体在近代城市化过程中发挥了十分重要的作用，充当了官府与广大市民之间的中介。①

以法华乡农会为例。首先，民国初年，"实业救国"思潮风行一时。"农商部刊行《实业浅说》，实业厅刊行《实业月志》，颁发各市乡，劝导改良种植，增进农产，振兴实业为主义。"② 在此背景下，法华乡于1913年7月成立了农会，首任会长由乡公所乡佐胡人凤出任。农会成立后，其运作管理及其活动呈现出规范化、制度化的趋向。如"凡遇雨、雪及各种栽植、畜牧，填表呈报"③。又如在疏浚李漎泾河道，助力法华乡农田水利建设方面，1915年曾由法华乡议事会议决捞浅成案，"经董杨洪钧与农会会长胡人凤会同呈请办理，有案可稽，载入法华乡志"④。1925年，会长胡人凤以"年老多病，精力衰颓，万不能于栉风沐雨之中，从事奔走"⑤，特推举农会副会长杨树源出任"勷办员"，并将推举勷办人员作为之后开浚李漎泾的常态化安排，"庶与民国四年捞浅成案，名实相符"⑥。这种注重制度化、规范化的运作方式，是近代社会变迁在公益事业中的反映。

其次，在新乡绅先进观念与方法的引领下，法华乡某些公益事业运作突破了传统公益组织"救济一时之贫"的局限，产生了旨在

---

① 梁波：《市民社会团体在近代城市化过程中的作用探析》，《黑龙江社会科学》2002年第3期。
② 民国《法华乡志》卷一《建置》。
③ 民国《法华乡志》卷一《建置》。
④ 《开浚李漎泾河推举勷办员》，《新闻报》1925年3月13日，第2版。
⑤ 《开浚李漎泾河推举勷办员》，《新闻报》1925年3月13日，第2版。
⑥ 《开浚李漎泾河推举勷办员》，《新闻报》1925年3月13日，第2版。

促进社会自立自强，振兴地方元气的价值取向。如在改良农作物品种、培育家庭新兴副业方面，农会会员、寓居法华东镇的县绅郁怀智，堪称典范。他眼见法华乡棉种不良，细纱纺织难供世用，以致利权外溢，乃设"棉种改良社"，"取美利坚棉子试种之，译刊植棉新法诸书"①，广为分送，启迪乡农种植，为提倡实业之先声。又如法华乡民向来不重蚕桑，郁怀智"以蚕桑利溥，躬自植桑、育蚕，以倡率之。且以桑赠人，劝人种植"②。

公益养老组织的运作也颇与城市接轨。1918年7月，"年终恤贫会"在法华乡二十八保十六图成立，创办人为该图图董兼农会会长胡人凤。他捐洋300元，定额救济20人，呈县备案，采取"存典生息"这种接近现代金融手段作为经营方式，"每届年终收息，摊给本图中极贫之鳏、寡、孤、独及病废无依者，聊资卒岁"③。

再次，作为近代新式社会团体的商会也在清末民初的法华乡孕育而生。如布业公会，宣统二年（1910年）在义成庄成立，为本镇布业私人团体。"公推会长何清泉，旋故，续举李春孙。各布庄认缴年捐，汇集成数，除拨充学费外，共余洋二百元，存泰和布庄，作基本金。"④作为民间商人力量的代表，布业公会也深度参与了公益事业建设。如民国初年法华乡不少路桥的兴修重建工程，名义上均为乡公所出面主持，但经费多来自各布庄商号的集资与绅商的捐助。据1912—1914年法华乡公所收支款项表显示，瑞泰号、合茂号、义兴号等18家布业商号与高燕亭、张瑞庭、卓伯新等10位士绅曾为重建法华东镇大木桥，共捐大洋243元；包赞卿、王省山、何桂芳

---

① 民国《法华乡志》卷八《墟墓义冢》。
② 民国《法华乡志》卷八《墟墓义冢》。
③ 民国《法华乡志》卷一《建置》。
④ 民国《法华乡志》卷一《建置》。

等 15 名士绅与新裕公司、金恒盛号、李宁记号等 15 家布业商号，也为翻修街道、桥梁，共捐大洋 282 元。① 若从"市民社会"意义层面来说，商会力量的崛起并参与法华乡政建设，是近代农村市镇社会自律性提高的表征。

综上所述，清末民初法华乡公益组织的发展变化，一方面表明了士绅、商人与地方政权一起更广泛地参与社会，干预、影响市镇的社会生活，这是社会自主性增强的表现；另一方面，诚如学者所言，规范化与制度化是社会组织从传统走向现代的重要标志，② 法华乡公益组织在规范化、制度化方面的运作虽较简略，但所体现出的现代理性因素不应忽视。

第五节　风俗教化的新变：以《乔氏宗谱》中的家规礼法为中心

美国芝加哥学派的 R.E.帕克在《城市社会学》中曾指出："城市，它是一种心理状态，是各种礼俗和传统构成的整体，是这些礼俗中所包含，并随传统而流传的那些统一思想和感情所构成的整体。换言之，城市绝非简单的物质现象，绝非简单的人工构筑物。城市已同其居民们的各种重要活动密切地联系在一起，它是自然的产物，而尤其是人类属性的产物。"③ 由此类推，市镇社会同样也有其自身的精神情感和心理状态。而风俗教化正是折射这种精神情感和心理状态的一面明镜。

---

① 上海法华乡公所辑：《上海法华乡公所报告》，"收支类"，民国三年铅印本。
② 包伟民主编：《江南市镇及其近代命运：1840—1949》，知识出版社 1998 年版，第 220 页。
③ [美] R.E.帕克等著，宋俊玲等译：《城市社会学——芝加哥学派城市研究文集》，华夏出版社 1987 年版，第 1 页。

风俗是社会群体在日常生活中历代相沿积久、约定俗成的风尚、礼仪、习惯的总和。风俗和教化是密切联系的两个概念，① 风俗是教化的基本内容。教化的目的是树立良好的风俗。风俗教化不仅是中国传统社会文化建设的基本内容与实现社会治理的重要方式，而且更是近代城乡分治以后衡量区域社会"文明指数"的重要参照标准之一。民国《法华乡志》曾言："近则城乡分治，此疆彼界，各自为乡。其区域中所有文明数据，一为人才、二为风教、三为建筑、四为古迹，综此数端，演成一乡之体格。"② 透过风俗教化，能揭示出社会群体深层次的价值观念与文化心理。当风俗教化所根植的社会政治、经济、文化、心理结构出现震荡，发生变化时，风俗教化也不可避免地要趋新求变。

风俗教化之变，是一个内涵极广的论题，涉及人们社会生活的方方面面。为避免陷入空洞与散泛，本节特选取法华乔氏宗族宗谱中所载的家规礼法作为微观切口，进行个案考察。一是基于家族礼规是风俗教化的具象映现，礼规条文的调整改动，是透视风俗教化变迁的一个极佳视角。二是自明末迁入法华西境东上澳塘南原高封桥的乔氏家族，时段上跨越了从传统到近代，所居之地又亲历了从乡野到城市的景观变迁，故可视作解读城市化演进中法华镇风俗教化变迁的理想对象。

乾嘉年间的法华镇，尽管已有"城西首镇"的鼎盛气象，但作为感应城市化最为敏锐的社会风尚却仍袭"乡土之旧"。农民尚耕勤

---

① 两者间的密切关系可以通过"风"在古代典籍中的训释反映出来。"风"，在中国古代即指风俗和风气，《古今韵会举要·东韵》："风，风俗也。"风也指教（育）化、感化，《广韵·东韵》："风，教也"。《古今韵会举要·东韵》："风，上行下效谓之风。"又训："风，王者之声教也。"

② 民国《法华乡志》，"序五"。

织,士商敦礼尚节,女子本分守内,无野游之风,是一个向为君子称道的"仁里"。据嘉庆《法华镇志》记载:

> 法华人物朴茂,不事雕饰。士尚气节,农勤耕织,商贾务本安分,向称仁里。家居必具衣冠,亲友朝暮见必拱揖。时谓之法华喏嘲足恭也,然而君子称之。士重廉耻,读书不与外事,赋税遵时完纳。近时漕白陋规,从无一人染指者。女子守内雅洁,虽佳节无游寺烧香之风。①

对于男耕女织、崇俭务朴的乡土生活,《乔氏宗谱》卷二《世范》中有更详细的描述:"吾乡别无他利,惟以耕织为常业,当置腴田数十亩为恒业,非大故不得轻废,亦不得滥置。"② "男勤耕读,妇勤女红,须至夜分,黎明即起,若晏安怠惰,终非自植之道。"③又如衣食服用方面,告诫子孙,"但不令饥寒,不使污秽足矣。毋得过为珍羞绮丽,以靡财用,且非保家永久之计也"④。再如日常读物、言谈举止、出行交往、妇女德行方面,都有一系列礼教意味森严、儒家道德伦理浓厚的教化。

> 淫书淫画,不许购藏借阅,以启邪淫之渐,有则亟应焚毁,以绝祸本。(如我昔日所焚玉蜻蜓、红楼梦、醉蒲团、倭袍三笑、西厢等类)盖子弟情欲已开,识力未定,不见书画,犹恐易触邪缘。况朝夕展玩,引其情窦,将有精气消磨,年寿短促,

---

① 嘉庆《法华镇志》卷二《风俗》。
② 乔先格主修:《乔氏宗谱》卷二《世范》,民国二十一年铅印本。
③ 乔先格主修:《乔氏宗谱》卷二《世范》。
④ 乔先格主修:《乔氏宗谱》卷二《世范》。

疾病连绵，丧身乏嗣者，是宜痛哉也。至天文图谶、幻符秘记，国有明型，亦宜戒绝，庶免自取罪戾。①

内言不出，外言不入，所以别嫌微、杜非辟也。今凡家人男子十岁以上者，不得入内，女子八岁以上者不得出外。其于婚丧燕会时，宜燃大炬于庭中，以防混杂。平时门禁，尤必严锁钥，以时出入。

妇人之行，不出闺门。凡为乔氏之妇者，决不得干预外政，其有夫亡外适者，谱削其名，女子毋得入学读书，吟诗作赋。②

曾有学者指出，在某种意义上，江南乡镇是传统礼俗最忠实的信仰者与实践者，在维护风化与纲纪等方面，它们比北方的政治中心往往更加顽固不化。③ 不过，无论是勤俭朴素之风，还是谨守礼教之道，都是法华望族"世守耕读"所派生的产物。这种生产生活方式也是家族昌荣、门祚延绵的重要保障。乔氏一族曾在族谱中明确言道：

吾族世守耕读，又业医术。凡吾子孙，先教之读书，倘资禀凡庸，不能有成，则令之业医或令力田务本，庶不坠先绪，以延门祚。④

若子弟之材可达到者，宜博访名师，善为磨琢。先尚器识，不重浮文，庶他日忠君爱国，显亲扬名，为宗族之光也。⑤

---

① 乔先格主修：《乔氏宗谱》卷二《家则》。
② 乔先格主修：《乔氏宗谱》卷二《世范》。
③ 李正爱：《江南城乡的精神生活差别》，《中国社会科学报》2010年3月11日，第18版。
④ 乔先格主修：《乔氏宗谱》卷二《世范》。
⑤ 乔先格主修：《乔氏宗谱》卷二《家则》。

而背离耕读传统，或沦为士农工商医之外的其他"依附性"身份，在乔氏家族内是要遭到鄙弃的。"誓不许为仆隶、优伶，亦不许为僧道、吏胥。有犯者，会族众痛戒逐出，待其自新，方齿于族。"①违反三纲五常，有伤社会风化的恶习，更是在族规家法禁革之列。"其有不孝、不仁、不义，及学习非为赌博者、盗窃者、酗酒者、争斗者、刁诘好讼者、暴横乡里，合族摈之，终身不齿。"②这种守正斥邪、扬善抑恶的家族价值观导向，有利于稳定维系农耕时期法华"仁里"形象。

然而，鸦片战争后，上海开埠通商，坚船利炮挟洋货奇技纷至沓来，距县城仅12里的法华镇，率先感知西风洋雨之吹拂，社会风尚悄然为之一变。首先是受到鸦片泛滥后吸毒恶习的冲击。"吾邑自道光壬寅通商以来，鸦片弛禁，烟馆日繁，忘其毒而食之，每易染瘾，为贼为盗，于是滥觞，丧身辱先，莫此为甚。"③对此，乔氏家族庄重训诫子弟："我子弟有犯者，必责，责而不悛者，屏之，至若雪茄、香烟、板烟等类，亦宜一概禁绝，违者必惩。"④其次，洋火、洋油在法华镇日益流行，颇为新奇，但乔氏族人出于对异域之物的不了解与不信任，采取排拒态度。"至若洋火洋油等类，亦以不用为是。"⑤尽管香烟、洋火被纳入乔氏家族之"禁物"而遭到极力抵制，但由此亦可知"仁里"之风面临动摇之危机，移风易教在所难免。

继此之后，太平天国运动又是法华社会"礼崩乐坏"的重要分

---

① 乔先格主修：《乔氏宗谱》卷二《世范》。
② 乔先格主修：《乔氏宗谱》卷二《世范》。
③ 乔先格主修：《乔氏宗谱》卷二《家则》。
④ 乔先格主修：《乔氏宗谱》卷二《家则》。
⑤ 乔先格主修：《乔氏宗谱》卷二《家则》。

水岭。"自咸丰庚申之变后,礼俗趋于简略,服用习尚侈靡。"① 礼俗由繁趋简,主要体现为丧庆之事的举办上。乾嘉之际,"丧庆事,狃于积习,支应之繁,每因脱节遭谴。有力者亦常秘而不举,寿者辄托辞远避,出殡恒于深夜,俗号偷丧。非不欲尽礼,实势不得行也"②。至太平军被平定后,尤其是法华镇周边邻近英法租界的村落徐家汇、静安寺一带成市成镇后,红白节俗,删繁就简,"无论丧庆,已一洗从前恶习矣"③。

服饰穿戴方面,受"城市化"之影响,毗邻租界的法华镇人开始由原先只求暖和耐久,不图绮丽,发展为追求浮奢新奇的"租界化之趋势"④。尤其是乡间妇女服饰,逐渐与道德礼教的象征意义脱钩,自由、随性、大胆的穿着屡见不鲜,被传统士大夫视之为"陋俗"。"乡间妇女,亦效时装,不缠足者,比比皆是。居家脱裤,出必系裙。惟暑天赤膊见客者,恬不为耻,此种陋俗,卒难骤改。"⑤服饰穿戴的"反传统"现象,寓意着近代以降江南市镇生活的"去道德"与"去教化"之趋势。

对于这种"陋俗"日盛,法华传统世家大族颇为隐忧。乔氏家族就在《家则》中极力批判西洋服饰的丑陋怪状,开导子弟拒斥奢风靡俗,对于穿戴西洋服饰者,坚决予以销毁,表现出誓死坚守传统服饰礼俗的抵抗姿态。

> 吾乡(法华乡)密迩租界,以红紫怪异为新奇,习俗移人,

---

① 民国《法华乡志》卷二《风俗》。
② 嘉庆《法华镇志》卷二《风俗》。
③ 民国《法华乡志》卷二《风俗》。
④ 王晖等编:《市政演讲录三集 上海市各区概况》,上海市政府1930年8月印行,第18页。
⑤ 民国《法华乡志》卷二《风俗》。

贤者不免，须时时为子弟开导，庶不惑于靡俗。至若窄袖、密钮、革履、皮冠，尤为恶者，有效此者，焚之裂之，又围巾（纡回颈上者）形如虺蜴饭单，（覆于胸前，以避垢污者），类同奴婢，虽时俗所尚，我家妇女亦不许用。①

服饰风俗的"由俭朴趋向靡奇"，尽管已折射出法华社会文化心理由"乡土性"向"都市化"过渡的倾向，但尚未撼动根基。直至清末民初英法租界向法华乡大肆扩张，越界筑路，租地建屋，曹家渡、徐家汇、梵王渡等地纷纷设立工厂后，法华乡民安土重迁的根本观念才真正被动摇。男子纷纷走出家门，投入新式工厂做工，昔日只在家"刺绣织纴、井臼饮馔"的妇女，也冲破了"守内"之思想禁锢，踊跃争做女工，成为一时风气。"一闻有人招雇女工，遂觉勃然以兴，全家相庆……利之所在，人争趋之。于是相与联袂随裾，或行逐队以去……无论小家碧玉、半老徐娘，均各有鼓舞，踊跃之心，说项钻求，惟恐不能入选。"②

妇女这种近乎狂热的离乡务工风气，引起了法华乡绅宗族的警惕与反对，他们认为，妇女在外抛头露面，出入无忌，有伤闺门女训，男女不顾性别大防，群聚于工厂，更极易发生淫邪之事，败坏优良家风与社会正气。所以，在乔氏一族的"家则"之中，就明文严令妇女入厂做工，斥之为"奸盗淫邪"问题之由来。"盖以丝纱二厂，男女谑笑傲，油头粉面，朝出暮归，为奸盗之囮媒，淫邪之径路也。"③为了阻止妇女离家做工，乔氏家族试图以男权进行压制，

---

① 乔先格主修：《乔氏宗谱》卷二《家则》。
② 《论妇女作工宜设善章》，《申报》1988年4月1日，第1版。
③ 乔先格主修：《乔氏宗谱》卷二《家则》。

要求为父兄者要担负起规劝训诫之责。"凡为父兄者，心志宜坚，不听其去，又当时时告诫，总以在家勤习女工，纺织为本，违者斥责。"①

与禁止妇女离家做工一样，"妇女不许入校读书"② 也是民国年间乔氏家族新增的"家则"。在乔氏家族观念中，妇女入学只是沾染"嬉戏玩弄、暴寒作辍之新法"③，女学之兴必将抛弃传统女红，甚至破坏"男女之大防"，大伤社会风化。正如《家则》中所言：

> 心志未定，知识渐移之成年，不先之礼仪从德，刺绣织纴，而使之出入无忌，男女无嫌沦于禽兽之途，优（犹）入蛮貊之乡，……吾宁使人嗤为陈腐，不愿妇女渐染新奇，其尚慎旃念之。④

通过考察法华乔氏家族因应近代以来城市化变迁而新立的一系列《家则》《世范》，可以明显看出法华社会农耕时期的风俗教化正遭遇以西方工业化为内核的都市文明的巨大冲击与挑战。以往牢固、神圣的旧传统逐渐衰落，显得力不从心，而重利轻礼的工商主义、摩登时尚的"物欲"追求、女权主义等"都市化"新潮流、新观念、新思想大行其道，并大有取代乡村社会旧传统之架势。正如马克思所说："这是资产阶级时代不同于过去时代的地方。一切固定的古老的关系以及与之相适应的元素被尊崇的观念和见解都被消除了，一切新形成的关系等不到固定下来就陈旧了，一切固定的东西都烟消

---

① 乔先格主修：《乔氏宗谱》卷二《家则》。
② 乔先格主修：《乔氏宗谱》卷二《家则》。
③ 乔先格主修：《乔氏宗谱》卷二《家则》。
④ 乔先格主修：《乔氏宗谱》卷二《家则》。

云散了,一切神圣的东西都被亵渎了。人们终于不得不用冷静的眼光来看他们的生活地位、他们的相互关系。"①

不过,我们也不能对这种风俗教化的"城市化"转型程度估计得过高,比起政治体制的革新与经济结构的重组,这种衍变更要受制于巨大的社会群体心理惯习,显得十分持重与缓慢,总体格局仍是传统因素占据着主导地位。就如包伟民在《江南市镇及其近代命运:1840—1949》中的分析:"代表近代思想的文化因素只是在传统体系中打入了几枚异己的楔子而已,尽管这几枚楔子将会对传统体系产生难以估量的破坏作用。"②

---

① 马克思、恩格斯著,中共中央马克思恩格斯列宁斯大林著作编译局编译:《马克思恩格斯选集》第1卷,人民出版社2012年版,第403页。
② 包伟民主编:《江南市镇及其近代命运:1840—1949》,知识出版社1998年版,第257页。

第六章 "华洋之界"的城市化问题与社会治理

步入近代以后,法华地区日益被租界的越界筑路与越界租地所包围,成为租界势力笼罩之中的"华洋之界"。这种特殊的地缘格局,使得该地区的城市化发展路径自然区别于同时期的其他江南市镇,同时也不可避免地"染"上了"准租界"才有的城市化问题。如作为城市化先导与动脉的新式道路,主要是由公共租界工部局主导的越界筑路,虽然客观上成了推进法华地区城市交通发展的杠杆,但由于它是带有殖民主义霸权与"西方文明优越论"意味的路政,必然激发华人社会基于民族主义、个人主义,以及传统与近代之辩的多重抗争,从而使法华地区的越界筑路交涉案成为集中西主权、制度、文化冲突于一体的畸形城市化问题。

又如在租界新都市扩张背景下,象征儒家宗法文化与中国社会乡土情结的公墓、义冢,也在法华乡遭遇到了畸形城市化空间扩张的挑战。在公墓、义冢的存废变迁过程中,外来与本土、传统与近代、殖民主义与民族主义等因素彼此纠缠,使华人在应对这种殡葬危机时,充满了抵拒、冲突、反省、接受、同化的特征,折射出近代中西文化交融过程中复杂而多元的内涵。还比如法华地区近代城市化转型主要倚重于外部租界都市的辐射渗透,而非出于自身经济发展水平的内在趋势,造成其缺乏与租界新都市相匹配的城市化治理能力和调节机制。因此，在城市化进程中出现了诸多社会秩序的异化现象，具体表现为烟、赌、盗、杀等治安问题严重失范，但这也反过来倒逼近代警察制度取代传统巡检机构，促使基层社会治理能力逐渐走向近代化。

凡此以上种种，无不表明作为"华洋之界"的江南市镇，法华地区在应对城市化问题与现代性成长过程中，既要适应时代变化，又顽强地保留旧有文化基因，呈现出复合而多元的内涵。

第一节 殖民性、民族性与近代性之间："华洋之界"的越界筑路交涉案

1922年6月，上海县视学员、法华镇人朱赟在为《法华乡志》作序时，以洞悉近代化、城市化趋势的敏锐视野，指出法华乡正逐渐跳出乡土集镇的囿限，努力朝着现代都市气象而迈进。用他本人的话说，就是从前清闭关自守时代"黑子弹丸，无关轻重"[①]的普通江南市集，成长为一个依托通商要埠，毗连租界新都市，拥有户口二万有余的华洋交界区，坚信"苟得其人而佐理之，未始不可为模范区也"[②]。但另一方面，作为一名深怀忧国之忱、爱乡之心的桑梓士绅，朱赟又十分清醒地意识到，法华乡的城市化变迁是建立在西方强势的殖民主义基础之上的畸形近代化，夹杂着一种道义有亏的霸权侵略。他还特别以租界当局在法华境内频繁地越界筑路为例，一针见血地指出法华乡在国家主权与人民自由方面所付出的"代价"。

---

① 民国《法华乡志》"序四"。
② 民国《法华乡志》"序四"。

> 乡中之马路，外人日思增辟，而因以为利者，竟甘为虎作伥，以致主权随路权而俱去，而乡之范围日以小，乡之交涉日以繁，乡之人民且日失其自由而冥然罔觉。①

为此，朱赞尤其赞赏"乡居久且熟掌故"的乡绅胡人凤在续编《法华乡志》时，除了能悉心研究法华乡农田、水利、自治诸要政之外，"对于外人之擅自筑路及侵害主权之处，俱能洞若观火，而笔之于书"②，借以警醒乡人在越界筑路的华洋交涉中力保国家主权与地方建设的自主性，激发乡人起而抵制殖民主义势力的渗透与控制。

朱赞的见解与呼吁，实际上代表了当时绝大多数士绅与民众的共同心声。他揭露出越界筑路是法华地区在近代城市化进程中不同于其他江南市镇的"痛点"。自1845年上海开辟首个英租界以后，西方殖民者在租界内逐步取得行政、立法、司法、警务等特权，租界俨然成为"国中之国"，至19世纪末，以租界为主体的近代上海都市的面貌已初具规模。但殖民者并不满足于设置与扩张租界地盘，为了继续蚕食华界领土，当交涉扩大租界面积的要求不能达到满足时，转而采取在界外大肆筑路的方法变相地来达到目的，这就是"越界筑路"。越界筑路通常被视为租界扩张之前奏，租界当局"以之为先声，继之以扩界，相辅而行"③。有人曾这样描述这一先行方法的过程：外人先在看中的租界之外的一些地方收买土地，"然后悄悄地修造一条马路把大块地方包围起来"，以后，在这个区域内再修筑起一些支道，互相贯通，接着派出警察前去这些马路巡逻，这样

---

① 民国《法华乡志》"序四"。
② 民国《法华乡志》"序四"。
③ 张仲礼主编：《近代上海城市研究》，上海人民出版社1990年版，第228页。

"不声不响地",马路和马路通过的地区都归入租界警察的管辖之下了,于是"几乎未被人所察觉,租界的界限渐渐在向外推展"①。

如前章所述,租界当局的"越界筑路"活动始于1860年,经1900年和1911年两次大规模筑路高潮,至1925年基本结束。考其时间节点,都正值中国时局动荡之际(1860年太平天国运动、1900年八国联军侵华、1911年辛亥革命、1925年江浙战争),原因都与清廷为维持封建统治,祈求殖民主义者支持有关。②而观租界当局历次筑路的主要方向,不难发现都集中于上海西郊地区。其中,真正有意图、有准备地向沪西法华乡地界筑路,始自于1899年公共租界完成最后一次扩张界址后。是时,公共租界西界的势力范围已达西芦浦,并吞静安寺,直接接壤甚至部分延伸至法华乡所在的二十八保地区。但这仍满足不了工部局的扩张欲望,遂于1900年设立清丈局,"丈量租界界线外周围一英里的地面,以备趁机侵越"③。由于此时清廷对于沪西界外丈量阻碍较少,工部局即于该年度在界外动工筑了一条劳勃生路,与当年的极司菲尔路相连接。此端一开,以后工部局越界筑路的要求越发频繁,也愈难阻止。④

据档案文献记载,自1900—1925年间,以法华为主体的沪西地区先后发生多起越界筑路主权交涉案。相较而言,清末时期的越界筑路属于初期阶段,规模小、频次少,没有广泛地激发起官民群体性的警醒与防范,多由当地士绅单方面在华洋之间代为交涉,以保

---

① [美]威罗贝著,王绍坊译:《外人在华特权和利益》,生活·读书·新知三联书店1957年版,第324页。
② 张仲礼主编:《近代上海城市研究》,上海人民出版社1990年版,第228页。
③ 席涤尘:《公共租界越界筑路交涉》,《上海市通志馆期刊》1935年第2卷第4期,第1292页。
④ 席涤尘:《公共租界越界筑路交涉》,《上海市通志馆期刊》1935年第2卷第4期,第1292页。

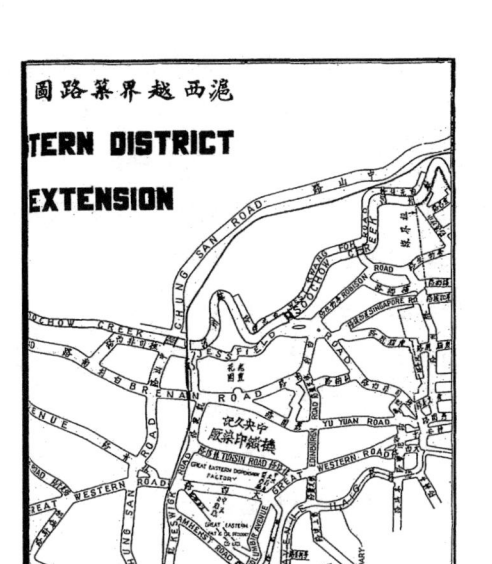

第六章 "华洋之界"的城市化问题与社会治理　307

图 6-1 "沪西越界筑路图"（涉及法华乡、曹家渡、梵王渡地区），
选自《上海市行号路图录》，福利营业公司 1939 年版

主权。如《申报》1909 年 2 月 12 日报道，法华乡一带前有洋人购买民地，拟筑马路，"经该处绅士王丰镐等禀陈沪道转致西官禁阻在案"①。不久，士绅查悉洋人在二十八保三图、西七图、十八图等处所立筑路界石仍未拔除，遂又集议办法。一方面，议定以后倘有外人私购民地，各地保不得盖戳，并须禀报县衙，以便阻止；另一方面，禀请地方官，示谕乡民毋许贪利私售，各图绅董仍公举数人，

---

① 《本埠新闻绅董保全主权之计划》，《申报》1909 年 2 月 12 日，第 18 版。

随时密查。"如有洋人购地情事,即由该绅等禀官禁阻,以保主权。"① 可见,在早期越界筑路交涉中,尚不具备深厚广泛的民众基础,处于主动地位的是"先知先觉"的士绅阶层。

民国以后,随着越界筑路日趋频繁普及,路权警权沦丧危机加剧,对中国主权的威胁与侵犯程度不断加深,终于刺激广大民众民族主义意识空前高涨,法华乡先后爆发三起声势浩大、耸动华洋视听的越界筑路交涉案:"续筑愚园路交涉案""大西路交涉案""虹桥路一带交涉案",尽管最终未能阻断租界当局的筑路,但华洋各方围绕主权与私利所展开的博弈,却引发了中国人反抗殖民主义霸权与对这种"畸形"城市化的理性反思。

一、"人必自侮而后人侮之":续筑愚园路交涉案

1912年12月,法华乡二十八保北十二图北半图地保张显美向乡董李鸿焘报告,称英工部局突然于上月间在北十二图内已筑成的愚园路、忆定盘路之西续筑马路,并在路两侧擅立石界。次年4月,又据该图姚家角24位村民联名函称,工部局筑路时擅自将姚家角宅后的姚家浜全部填塞。这条河浜"不但农田籍以灌溉,居民更资汲饮"②,一旦填塞,"实于农田水利大受损害"③。为"苏民命而保主权",该处乡民全体出动,阻止工部局派出的筑路工人,"与西人龃龉,同赴静安寺捕房申诉"④,险些酿成流血事件。

鉴于事态严重,李鸿焘即刻呈文上海县知事吴馨,他根据自己

---

① 《本埠新闻绅董保全主权之计划》,《申报》1909年2月12日,第18版。
② "西人越界续筑愚园路交涉案",上海法华乡公所辑:《上海法华乡公所报告》,1914年铅印本,第2页。
③ "西人越界续筑愚园路交涉案",上海法华乡公所辑:《上海法华乡公所报告》,第2页。
④ "西人越界续筑愚园路交涉案",上海法华乡公所辑:《上海法华乡公所报告》,第2页。

的实地调查，认为此浜确系公产，既未出售，又非租界，工部局强行填筑，有碍主权，举动野蛮，扰害民生。① 吴馨又转呈江苏省交涉使陈贻范，陈贻范援引租界章程照会英总领事：

> 即按租界章程第六款而言，让出公用之地，须执业者应允，方可施行。又新定租界章程第五条，不论何条河道，如欲填塞，须先与地方官商议，今姚家浜地非租界，该处居民复禀告地方官，以有碍水利，求无填塞，函请商阻前来，则贵总领事须按照约章，体察民意，速饬工部局不得再行加工填筑。②

经官民同心力阻，工部局才不得不暂停筑路填浜。然而，仅过了8个月，工部局又再一次在姚家浜续筑道路，李鸿耆在继续按上述报告程序进行交涉的同时，开始思索问题的复杂性。"英工部局既允停止工作，交涉未妥，何肯再事孟浪……现在停久忽动，是否西人越界强填硬筑，抑有人从中私允？"③ 即令该图地保张显美详加查实内因，不久，地保回复："查得此案有姚兰堂、姚关和、姚阿年、姚刘胜四人，亲至英工部局私允且有领洋六百元之说，姚芥山并未到场。"④ 为求慎重起见，法华乡公所派人亲访核实，发现果真与地保所述无异。原来带头挺身抗阻的姚氏一族中，部分族人贪图工部局所允厚利，利令智昏，竟将公有产权性质的姚家浜私相授受。而作为宅长的姚芥山虽未参与，但亦难逃监督不严之干系。为维护公益而保主权，法华乡议会议决，呈请上海县知事迅即对姚兰堂、姚

---

① "西人越界续筑愚园路交涉案"，上海法华乡公所辑：《上海法华乡公所报告》，第2页。
② "西人越界续筑愚园路交涉案"，上海法华乡公所辑：《上海法华乡公所报告》，第3页。
③ "西人越界续筑愚园路交涉案"，上海法华乡公所辑：《上海法华乡公所报告》，第3页。
④ "西人越界续筑愚园路交涉案"，上海法华乡公所辑：《上海法华乡公所报告》，第3页。

关和、姚阿年、姚刘圣四人收押严讯,以儆效尤。

在给付姚氏族人洋银之后,工部局便"名正言顺"地宣称"今筑路之地皮,该局已得完全所有权,业经酬报该地以前主者,是于未工作之前已得其允诺且地图地契,均盖有本乡议会会长及地保之图记"①。这种说法,对华界官方来说是极其荒谬的。因为姚家浜及既有的官路本属于地方公产,工部局居然言之凿凿地称该地为以前私人业主所有,并在筑路之前已得到他们的许可。如果其暗指的业主是姚氏族人,那么他们并不握有公产执业契据,又凭什么能轻易地将公产私卖给洋人呢?

至于工部局宣称所获的地图契据上已盖有法华乡议会会长及地保的图记,乡董李鸿焘认为更是瞎编乱造。"查敝乡议会只有正副议长,从无会长之名,现议长杨洪钧于上年八月被选,为人守正不阿,于西人越界筑路、丧失主权,深恶痛疾"②而该图现任地保张显美,更是品行正派、爱乡情切之人。他曾当众表示"未识工部局之门,更未擅盖图记。如实有私盖情事,愿甘重办"③。基于此,法华乡公所认为,欲避免华洋矛盾进一步激化,工部局须交出载有"乡议事会议长姓名、盖章、年月日、图记式样、地保何人"④的地契原件,以凭彻查。

然而,尽管工部局续筑道路的"合法"理由漏洞百出,但其中确也有触动华界官民警惕与反思的问题,这就是长期以来直接掌握乡民日常房屋、地产、钱粮事务管理的地保丧权误民。或许像张显

---

① 席涤尘:《公共租界越界筑路交涉》,《上海市通志馆期刊》1935年第2卷第4期,第1327页。
② "西人越界续筑愚园路交涉案",上海法华乡公所辑:《上海法华乡公所报告》,第3页。
③ "西人越界续筑愚园路交涉案",上海法华乡公所辑:《上海法华乡公所报告》,第3页。
④ "西人越界续筑愚园路交涉案",上海法华乡公所辑:《上海法华乡公所报告》,第4页。

美这样的个别地保，奉公守法，品德正派，但改变不了整个地保制度流弊丛生的事实。

地保之制，由来已久。自咸丰三年（1853年）上海清丈以后，乡以下的图一级，设图董一人，总管全图事务。地保（图保，一称"轮捆"或"捆业"）一人或数人，视地域之大小、合格人数之多寡、愿任与不愿任而定。先推举图内田地较多的业主编为若干捆，每捆至多10人，立有捆单，然后由地方当局根据捆单中人委任。每人任期一年，轮流承值，俗称"值年地保"。具体承担图内田地、房屋买卖的盖戳作证、忙漕粮串的催征和派送、田屋纠纷诉讼的调解以及窃盗、命案事件的报验掩埋等职责。地方官府之所以设置地保来管理这些事务，"因其对于当地风俗情形与各业主所有之土地界限，以及历来有无纠葛，均能深切明悉"①。

地保制度在维持基层安稳及调停争议方面一度颇有成效，但在上海开埠、划定租界以前，一图之中稍有资财者，多视地保一职为畏途，不愿承值。这不仅仅是因为地保的收入没有公款的划拨，只能在土地房屋交易过程中征收微薄的手续费，更重要的是，若本图业主外出不在或有税粮拖欠的，地保必须为之代缴，否则在县衙几次严比下得拘捕入狱，直至缴清才获释放。② 因此，往往有大批地保为之破产丧家。许多已任地保还曾掀起一股"设代理人以免除自己的责任的风气"③。

然而，随着上海划定租界之后，昔日职繁利微、避之唯恐不及的地保之职却成了乡民趋之若鹜的对象。究其原因，是租界当局越

---

① 陈炎林编著：《上海地产大全》，《民国丛书》第3编，上海书店出版社1991年版，第62页。
② 姚炯：《旧上海的地保》，施福康主编：《上海社会大观》，上海书店出版社2000年版，第184页。
③ ［日］田中忠夫著，汪馥泉译：《中国农业经济研究》，大东书局1934年版，第102页。

界筑路与越界租地大行其道之后,以华人的原执业田单转为洋商道契为手续的田地买卖愈发盛行,这为地保的角色凸显与趁势牟利带来了绝佳的机会。因其所握有的上海县署衙发给的地保图戳是办理华洋之间地产、房产所有权转移唯一合法有效的凭证。"田单等在交割时,卖契上非由当地值年地保到场盖戳证明,不得作为有效,其他如田单凭证遗失等情,亦非经其证明不可。"① 对此,晚清沪上士绅亦早知地保盖戳之害。

> 窃查上海租界日见扩充,几无限制。凡洋人谋廓租界,必先私买民地,开马路。迨马路造成,左近之地皆入其势力圈矣……原其得买民地之由,一由于地贩之图利,一由于业主之贪利。盖非地保盖戳,则不能转换道契,不换道契则不能筑路,以成其势力圈。②

仰仗着这种把持"处分本图土地之极大权力",一些无良地保得以施展手腕,大肆敛财。如对于河浜、义冢等执业契据掌握在地保手中的公地,他们主要通过结识殷实地主或洋商,向其私下兜售。而若遇有年久失主之地,声明遗失单契,补给新证,据为己有之产。"至于河边涨滩,或年久公路及小浜等,非由其盖戳证明,不能以作荒地,声请升科。"③ 此外,对于华人业主售于工部局的私有地皮,地保除了能征收产权转移的手续费外,还往往能牟取额外的收益。因为工部局筑路所征的土地,"不论界内界外,均不收受田单,且不

---

① 陈炎林编著:《上海地产大全》,《民国丛书》第3编,上海书店出版社1991年版,第62页。
② 《浦东绅士李锺钰等上沪道禀》,《申报》1907年5月9日,第4版。
③ 陈炎林编著:《上海地产大全》,《民国丛书》第3编,上海书店出版社1991年版,第62页。

推收粮额，每年忙漕，均由原业户赔纳"①。而在发放原业户征地费时，又是由地保经手的。这样一来，地保送款上门时，往往通过哄骗各业户，收取田单，据为己有，筑路筑去部分，伪称筑去全部。②而地保将田单留作别用，于是流弊层出不穷：

> 有将骗来田单抵押借款者；有移花接木、朦转永远租契者；有指鹿为马，冒认邻田为自产者。稍不偿愿，提起诉讼，有单有粮，表面似理直而气壮也，侥来之物，金钱在所不惜也。结果往往胜诉而归，以曲作直，受其害者，倾家荡产，甚有含冤莫白，牺牲生命者。③

凭借"手段之刻，心计之毒"，这些地保从"窭人子"而成富家翁者，不可胜数，尤其在转换永租契繁盛之秋，"其所得之公私收纳，更属可观"④。以致地保的名声越来越坏，日渐被社会目之为奸恶的"地蠹""虎伥"。其中也有个别奉公守法之人，不免为地保二字所累。⑤而官方对基层的产权交易，只求手续无误，税费无缺，其他一切不遑深究，甚至某些牵涉地产交易利益的官员与地保上下其手，勾结分赃，使原本就流弊丛生的地保制度为祸甚巨。

这种人祸，其实在上述所说的二十八保北十二图的续筑愚园路交涉案中就已经发生了。1912 年 11 月，工部局之所以敢贸然填塞

---

① 王晖等编：《市政演讲录三集　上海市各区概况》，上海市政府 1930 年 8 月印行，第 27 页。
② 姚炯：《旧上海的地保》，施福康主编：《上海社会大观》，上海书店出版社 2000 年版，第 184 页。
③ 王晖等编：《市政演讲录三集　上海市各区概况》，上海市政府 1930 年 8 月印行，第 27 页。
④ 陈炎林编著：《上海地产大全》，《民国丛书》第 3 编，上海书店出版社 1991 年版，第 62 页。
⑤ 姚炯：《旧上海的地保》，施福康主编：《上海社会大观》，上海书店出版社 2000 年版，第 184 页。

图 6-2　"地保不法",选自《神州日报》1910 年 10 月 7 日,第 9 版

姚家浜,改阔与盗卖既有官路,就是北十二图前任地保兼马路董事王一清,勾结在任的马路董事徐芝兰及八九图无赖数人,"冒充十二图、八九图现年地保而领丈,继而立据盖戳"①。据法华乡公所调查,王一清在旧任期间,就已经有盖戳卖路的犯罪前科,被人控告有案,乃不知悔改,"复敢化名信仁,冒充地保,勾串徐芝兰等,为虎作伥,尤为罪大恶极,国法难容"②。1912 年 2 月 13 日,《申报》

---

① "西人越界续筑愚园路交涉案",上海法华乡公所辑:《上海法华乡公所报告》,第 2 页。
② "西人越界续筑愚园路交涉案",上海法华乡公所辑:《上海法华乡公所报告》,第 2 页。

也有一则法华乡地保陈凤山与临近的蒲淞市地保金纪门，为谋筑路私利，哄骗乡民卖地，甘心充当外人爪牙的报道：

> 二十八保三图地保金纪门、二十八保十八图地保陈凤山，唆使图中各业户将田卖于外人，以便筑路，直达佘山。业经上海县吴知事访悉，将金、陈二人提案严讯收押，候究在案。兹悉吴知事业已委派科员于前日至西乡法华镇迤北一带，调查各乡民售去田亩若干，每亩得价若干，及金、陈二地保所得中费几何，暗中得贿多少，分别查明复候核办矣。①

在法华正义士绅眼中，奸恶地保盖戳卖地，是亲者痛，仇者快的内贼行为，令人不胜唏嘘。"西人之越界筑路，根源于地保盖戳卖路，地保不盖卖路之戳，西人虽欲筑路，亦无从施其强权。历观往事，莫之或爽，所谓人必自侮而后人侮，木必先腐而后蛀生也。"②

如果说无良地保的非法盖戳是法华乡地权丧失的最后一环，那么私人业主热衷于卖地于租界当局，则是地权流落的肇始之因。据时人见闻，对于越界筑路，区域内的地主及租户，"莫不喜形于色，大有招之使来，兴筑恨晚之慨"③，究其原因，无外乎利之驱使。概括起来，约有以下数端：一是工部局直接许诺的让路费。"以为一经筑路，工部局势必给与让路费，为数可观。"④ 二是越界筑路之后间接的地价暴涨。"筑路之后，该处及邻近之地价，顿可增加数倍而成

---

① 《地保为外人效力续志》，《申报》1913年2月13日，第7版。
② "西人越界续筑愚园路交涉案"，上海法华乡公所辑：《上海法华乡公所报告》，第3页。
③ "西人越界续筑愚园路交涉案"，上海法华乡公所辑：《上海法华乡公所报告》，第3页。
④ "西人越界续筑愚园路交涉案"，上海法华乡公所辑：《上海法华乡公所报告》，第3页。

奇货。"① 如《新闻报》1925 年 3 月 10 日报道,法华乡自英工部局开筑大西路、虹桥路、白利南路之间,及虹桥路至蒲汇塘一带之马路,各马路所经过的二十八保三图、五图、六图、东七图、西十八图、北十二图等沿马路基地之价格,顿增一倍有余。据各图董保所言,1922 年,该处基地每亩在 500—600 元,1924 年未筑马路之先,每亩价格在 800—1 000 元;而自筑路以来,则顿增至每亩 2 000—2 500 元。② 三是路政近代化给沿路居民带来的先进市政,属于城市化的公众福利。"街道增宽,交通便利,营业势必随之发达,且租界内之水电等亦能连带设备,便利尤多。"③

所谓"利之所趋,行之所至",即使是代表本乡集体意志的法华乡自治公所,对于这种自愿售地与工部局的个人行为也无法有效制止。"其在所有地内,无论有何兴作,均为其固有之权利,即使强为干涉,恐亦难于收效。"④ 这也是为何说越界筑路会造成华洋之间的民族主义冲突,更是畸形城市化背景下引发华人社会内部利益分歧与力量分化的重要诱因。

二、大西路交涉案:华人主动筑路计划的破产

自 1913 年"二次革命"之后,公共租界工部局羽翼丰满,"官厅方面更无力阻挡,工部局亦食筑路前言"⑤,气焰日趋嚣张。即便是在法华乡"非准发道契图分",越界筑路也开始发生。1922 年 11

---

① "西人越界续筑愚园路交涉案",上海法华乡公所辑:《上海法华乡公所报告》,第 4 页。
② 《法华乡地价日增》,《新闻报》1925 年 3 月 10 日,第 10 版。
③ 陈炎林编著:《上海地产大全》,《民国丛书》第 3 编,上海书店出版社 1991 年版,第 56—57 页。
④ 《上海县知事公署布告第 58 号》,上海市档案馆藏,卷宗号:U1-14-3914。
⑤ 席涤尘:《公共租界越界筑路交涉》,《上海市通志馆期刊》1935 年第 2 卷第 4 期,第 1328 页。

月，工部局"未经吾国政府之批准，亦未于事前通知产权人"[1]，骤然在忆定盘路迤西竖立界石，擅自延筑大西路（今延安西路），将该地所有地亩圈入路线界内。是时，因惧怕遭到产权人反抗，工部局还拨有武装警察在该地四周昼夜巡逻，[2] 乡民们赤手空拳，虽颇思奋起抵抗，但念及稍涉鲁莽，足以酿成国际重大交涉，"故愿隐忍须臾，冀图法律上之救济"[3]。

11月7日，法华乡经董李鸿焘特亲赴工部局，就此事提出责问，该筑路工程师密司表面上许允，停工缓办，不料事后言行相违，依然我行我素。11月20日，李鸿焘又呈报上海县知事，转请江苏特派交涉员严行交涉阻止："据二十八保北十二图董保徐毓骥、盛良美，二十八保东七图董杨书勤先后来称，英工部局近忽派人在图中，将从前所订、未曾开筑之马路线，加阔一丈，竖立石界，约计占地阔七十尺光景，度彼计划，有欲工作之势。"[4] 这里所指的从前已订、未曾开筑的路线，是工部局于1910年越界筑成长浜路（即今江苏路以东的延安西路一段）后，计划接着此路往西续筑，延伸至霍必兰路。这一段即为大西路，只是当时没有立即着手，直到1922年才正式开筑。

新筑的大西路必须跨越北十二图，通往东七图，即从"准发道契图分"至纯华界区域，这引起了所属图董与居民的群起反对，力斥工部局"贸然竖界筑路，绝不顾地系华界，蔑视国土，轻视民权，是可忍孰不可忍"[5]！为坚决抵制此次越界筑路，李鸿焘曾邀各图图

---

[1] 《越界建筑大西路之查复》，《申报》1926年10月8日，第9版。
[2] 《越界建筑大西路之查复》，《申报》1926年10月8日，第9版。
[3] 《越界建筑大西路之查复》，《申报》1926年10月8日，第9版。
[4] 《沪南工巡捐局关于法华乡越界筑路卷》，上海市档案馆藏，卷宗号：Q205-1-127。
[5] 《沪南工巡捐局关于法华乡越界筑路卷》，上海市档案馆藏，卷宗号：Q205-1-127。

董、地保集议对策，众人一致认为，首先应在内部求得团结一致，相互约定拒收征地费。当时，"所有该地方单，现仍在乡民等手中"①，工部局曾屡次饬人前来，请乡民前往领取每亩一百两的地价，但始终遭到拒绝。其次，必须由华人自主掌握筑路权。"应请官厅转行（沪南）工巡捐局测度路线，需费若干，如何筹措，工巡捐局一面能集若干，再由绅商农民协力辅助。"② 上海县知事公署收到李鸿焘呈报的方案后，认为此法扼要可行，再转呈沪南工巡捐局。然而，经该局派测绘人员亲往勘验后，回复县公署：

> 大西路之线，东接长浜路，西讫虹桥路与霍必兰路之交点，中贯法华镇港，与沪杭铁路成十字交叉形。其地虽属华界，惟大西路之四周已有越界筑成之路，东为忆定盘路，北为勃林纳路，西北为霍必兰路，由正西迤南至法新租界，为虹桥路，东南为法新租界之海格路。综查该地四周，除东南迤南一隅毗连之海格路为法新租界外，其他各面均属英工部局越界所筑之路，将法华乡全境包围。③

也就是说，大西路虽地处华界，但其四周早已被租界当局越界所筑的各条马路重重包围。如果华人欲自筑中间的大西路，势必无法绕过周边越界已成之路，这就必然遭到来自租界当局的掣肘而难以开展。对此，工巡捐局认为此事解决之点不在大西路本身，而在四面越界已筑各路的完全管领权之隶属。"如果各该已成之路，前曾

---

① 《越界建筑大西路之查复》，《申报》1926 年 10 月 8 日，第 9 版。
② 《沪南工巡捐局关于法华乡越界筑路卷》，上海市档案馆藏，卷宗号：Q205-1-127。
③ 《沪南工巡捐局关于法华乡越界筑路卷》，上海市档案馆藏，卷宗号：Q205-1-127。

明定条文或系援引适用,不能收回,则是吾国对于法华乡之管辖权,业已完全丧迭。"① 而对于华界官方欲通过法律途径来彻查以往越界筑路的非法依据,工部局根本无需担心,因为依据《上海洋泾浜北首租界章程》第六款的规定,② 工部局是有权在界外购地筑路,编成街道的。这就意味着华人无法在法律框架内收回大西路四周的路权与地权,自筑大西路的计划自然宣告破产。

于是,在暂停两个星期后,工部局开始在华界方面的一致反对下,强筑大西路。1923 年 1 月 5 日,据法华镇派出所李映堂报称,大西路现有工人 30 余名,在陆家嘴地方复行工作。据在场的筑路工人称,是奉英工部局总工程师米士哈巴之命来筑。时任淞沪警察厅徐家汇二区三分驻所署员的刘启贤,曾亲率长警驰往阻止,对工人婉言开导,命其暂停工作,听候解决。哪知工人们非但置若罔闻,反而于 1 月 10 日忽增至 300 余人,在大西路中段建筑桥梁,倚仗人多势众,一味强横,不听理喻,仍行工作。

为避免发生暴力冲突,切实有效地捍卫主权,淞沪护军使何丰林认为,一方面仍要饬令署员随时查核,妥为禁阻;另一方面训令沪南工巡捐局长莫锡纶,将此次越界开筑大西路的案件两次转呈江苏特派交涉员,希其迅速与工部局严重交涉,克期解决。③ 但这种交涉,多属徒然无功,除了能对筑路进程稍有阻滞延长外,并无多

---

① 《沪南工巡捐局关于法华乡越界筑路卷》,上海市档案馆藏,卷宗号:Q205-1-127。
② 早在工部局接管早期军路后,便想到要寻求界外道路接管的"合理"法律诠释,以及今后开展越界筑路计划的权力依据,于是陆续于 1866 年、1869 年两次擅自修改《上海土地章程》,新增"准其〔工部局〕购买租界以外接连之地,相隔之地,或照两下言明情愿接受西人或中国人之地,以便编成街道及建造公花园,为大众游玩怡性适情之处,所有购买、建造与常年修理等费,准由公局在第九款抽收捐项内随时支付,但此等街道、公园专为公用,与租界以内居住之人同沾利益"。参见王铁崖编:《中外旧约章汇编》第 1 册,生活・读书・新知三联书店 1957 年版,第 293 页。
③ 《沪南工巡捐局关于法华乡越界筑路卷》,上海市档案馆藏,卷宗号:Q205-1-127。

大效果。1923 年，工部局延长大西路这一段还是筑成，且附带开筑了开纳路①（今武定西路）。

三、虹桥路一带交涉案：从私利到公权的民众意识觉醒

1924 年 9—10 月，盘踞江苏的直系军阀齐燮元与镇守浙江的皖系军阀卢永祥为争夺上海控制权，爆发了"江浙战争"。沪西地区深受兵燹波及，战祸酷烈，当时的法华镇属于卢永祥的势力范围，境内遭罹两次兵灾，村落房屋、衣被食粮焚毁惨重。"计二十八保东十八图、十六图、六图、东七图，蔓延五十余村，约计一千余户，损失达三十余万金。"②值此戎马仓皇、人心浮动之乱局，工部局趁火打劫，展开变相的势力扩张。先是以"麦根路车站适当军事冲突之地"③、"恐乱兵侵入租界"④为由，在法华镇及沿沪杭铁道接轨处，派出英国海军陆战队及万国商团团员，荷枪巡逻，如入无人之境。在侵入华界时，英兵还在镇中竖立英国海军旗，镇东西两侧装设军用电话，一至晚上，所有镇上出入要道，用铁丝木架阻止交通。⑤最不可思议的是，法华镇上原驻有淞沪警察厅巡士，竟被英兵阻止站岗，一律逐去。

当时，法华乡民多以为英人派兵驻镇只是战时的临时代守，加之"正苦战线内炮火交加，得外人之来屏卫，当然欢迎之不暇"⑥，故官厅方面亦未予交涉。岂料，这种"越界设防"竟然是工部局再

---

① 席涤尘：《公共租界越界筑路交涉》，《上海通志馆期刊》1935 年第 2 卷第 4 期，第 1331 页。
② 《法华乡董请赈兵灾之呈文》，《申报》1925 年 3 月 3 日，第 14 版。
③ 《英人乘机扩充租界　法华乡擅自筑路》，《益世报》1925 年 4 月 27 日。
④ 《沪上外人势力大扩张》，《晨报》1924 年 11 月 21 日。
⑤ 《法华乡筑路交涉之省令》，《申报》1924 年 11 月 6 日，第 10 版。
⑥ 《英人乘机扩充租界　法华乡擅自筑路》，《益世报》1925 年 4 月 27 日。

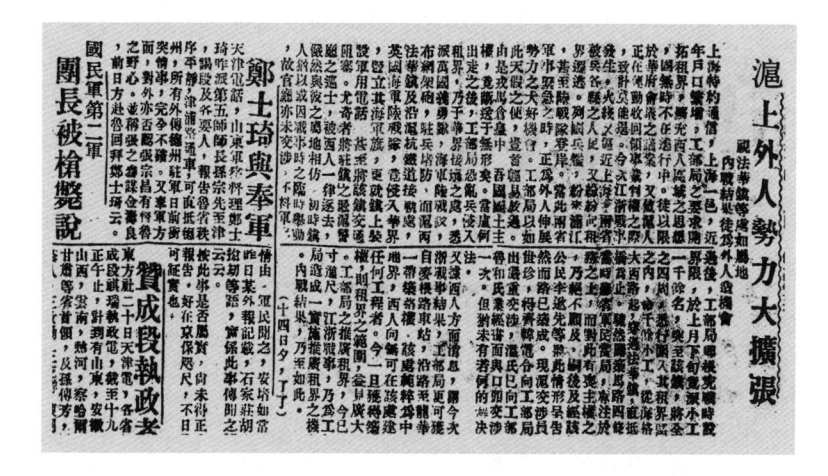

图 6-3 《晨报》1924 年 11 月 21 日报道，江浙战争期间，"外人势力大扩张，视法华镇等处如属地"

次越界筑路之先声。自 11 月 20 日开始，工部局竟雇集工人约计千名，突至法华镇，将全镇之四周悉数围入其租界治区之内。"命千余小工，从海格路、大西路起，穿过法华镇，直抵虹桥路为止，骤然开筑马路四条"①，约三五里、七八里不等，分别是"一自忆定盘路至三泾庙，一自虹桥路至三泾庙，一自大西路至虹桥路，一自大西路至北新泾镇"②。当时，江苏省民情调查员曾至法华乡调查兵灾状况，有当地乡民李逯先强烈控诉："有外人擅自在大西路虹桥一带，划筑大路路基四条，损害农作，限期迁移房屋坟墓，流泪痛哭者有之，间有激烈之徒，声称身家性命所关，不能不出以自卫抵抗。"③

---

① 《沪上外人势力大扩张》，《晨报》1924 年 11 月 21 日。
② 《调查：外人越界筑路新交涉》，《道路月刊》1924 年第 12 卷第 1 期。
③ 娄东、傅焕光编辑：《江苏兵灾调查纪实》，江苏兵灾各县善后联合会民国十三年十二月发行。

值得注意的是，李逊先的个人控诉，不仅有感性层面上家园被毁的"小我"声讨，更有基于国际主权及地方自治意义上的理性思考，可以视为民间普通乡民不甘沦为西方殖民主义霸权附庸的觉醒意识。

> 窃思法华镇四周，完全华界，西人万无筑路之理。以交通论，东有海格路，南有虹桥路，西有华伦路，北有大西路，纵横交错，四通八达，亦无筑马路之必要。乃英工部局不请地方官长示，自由筑路，不特违背条约，且为世界公理所不许。公民等为国土计，为主权计，一发千钧，稍纵即逝，为敢联名呈请省长，迅予严重交涉，已筑者恢复原状，未筑者立予停工。实为公便。①

面对群情激愤的乡民，民情调查员竭力解劝，又晓以外交利害，允诺立即代呈电文至江苏省长公署，转饬江苏交涉使与英领事严重交涉。然而，江苏省军民当局一心专注于军、财二政，"对此损失土地主权之事，反而置若罔闻"②。工部局得此机会，遂于1925年2月在二十八保十六图蒲汇塘西南一带四十余里空旷之地，一律派工程人员竖立标桩，架插旗帜。如果说前一年趁战乱而越界筑路"姑为尝试之心"，那么此次便毫无顾忌了。自2月11日起，工部局工程师从虹桥路东口，沿沪杭铁路朝南，经蒲汇塘河滨，转折西北，至蒲淞市航空站北，经过十六图、十八图、十九图地方，延长有十余里，开筑虹桥路之南支路。据工部局自称，这条十余里的线路，相

---

① 《法华乡筑路交涉之省令》，《申报》1924年11月6日，第10版。
② 《英人乘机扩充租界　法华乡擅自筑路》，《益世报》1925年4月27日。

当于"获得自麦根路车站沿路至龙华之一带筑路权"①。该处纯为华界,向无西人所建筑任何工程,一旦获得筑路权,则租界范围势必扩大。这也是时论所谓"江浙战事乃为工部局造成一实施推广租界之机会"②。

当地乡民,对于工部局竖桩插界,间或开沟,"因妨碍水利农田,或须掘坟,或须拆屋"③,挺身反对,群情汹涌。他们不再指望官方政府流于形式的交涉,而是直接采取非常手段,将工部局在上述路段所立的界桩、木标纷纷拔除。此后,事态进一步升级扩大,尽管有上海县议会、淞沪警察厅、江苏省公署,以及政绅各界纷纷介入交涉,甚至曾以武力短暂阻止工人动工,但最终还是交涉无效,无法阻遏工部局变相扩张。这里,对华界当局一遇越界筑路,动辄层级上报的交涉办法稍作引申。当时,就有舆论抨击过这种耗费时间,收效甚微的外交弊政:

> 数其交涉经过,由地方呈县,而省而交涉员,而领事团,而工部局,计一文所需时间,至少亦须七八十日。当该文再由工部局而领事团,而交涉员,而省,而县,及于地方,又须七八十日,往返一次,经五六月,若再据以驳复,或另筹交涉办法,而越界之路,已可通行汽车矣。④

这种极易延宕的交涉弊端,直到1930年后才逐步由上海特别市

---

① 《沪上外人势力大扩张》,《晨报》1924年11月21日。
② 《沪上外人势力大扩张》,《晨报》1924年11月21日。
③ 上海社会科学院历史研究所编:《五四运动史料》第1卷,上海人民出版社1986年版,第511页。
④ 上海社会科学院历史研究所编:《五四运动史料》第1卷,第515页。

政府纠正，主张采用"最快方法，或电话、或派员到局、或普通书面，不拘形式"① 来及时捍卫主权。

自此次虹桥路交涉案之后，反对越界筑路的群众基础更趋广泛，由沪西乡民扩展至整个华界的绅、商、学各方，由个体抗争转为组织社会团体抗争。如1925年2月27日，由苏民自决会、常州旅沪工商乡谊会、平民自治会各团体已在曹家渡成立的"国民保土会"，经开会议决，一面组织演讲团宣讲越界筑路之利害，一面致电政府从速交涉。1925年5月8日，上海留日学会、商帮协会、中等以上各校教职员联合会、沪南公团联合会、留欧同志会、林荫路商会6公团，集体专电上陈北京外交部，"乞一面向外团严重抗议，一面饬驻沪陈交涉员暨常警厅长速行交涉制止，以杜野心而保主权"②。1925年5月24日，南市中华路学生少年宣讲队队员陆文韶、范大璋、陈贤本等八九人赴沪西越界筑路地区，宣讲越界筑路的危害以及抵制之法，并化妆演出讽刺剧《地皮虫》，抨击租界当局强盗行径，听者约计二千数百余人，均为动容，掌声如雷。③

1924—1925年，华界方面反越界筑路之强硬、人数之众多、声势之浩大，是前两次交涉案中所不曾见到的，这与"五卅运动"前后民众反帝爱国意识的空前觉醒有密切的关系。虽然最终还是未能阻遏工部局的越界筑路进程，但就如同收回会审公廨一样，"制止越界筑路"开始成为上海人民最为强烈的外交要求之一。1925年6月7日五卅交涉期间，上海工商学联合会的宣言所提出的十三项正式

---

① 《上海特别市法华区市政委员办事处关于工部局越界修建桥梁、道路、电杆卷》，上海市档案馆藏，卷宗号：Q214-1-24。
② 上海社会科学院历史研究所编：《五四运动史料》第1卷，第513页。
③ 上海社会科学院历史研究所编：《五四运动史料》第1卷，第513页。

条件中，第九条就是关于制止越界筑路的，明确要求："工部局不得越租界范围外建筑马路，其已筑成者，由中国政府无条件收回管理。"① 而各界无数团体在罢工、罢课、罢市的宣言、声明、通电中，也都一致地激烈抗议租界当局的越界筑路活动。正是这种强大的反帝形势与深入人心的主权意识的觉醒，使越界筑路此后在上海人民的严密监视与坚决抵制之下基本走到了尽头。

回顾三次越界筑路交涉案，可以说，作为"华洋之界"的法华乡是租界当局与华人社会发生矛盾冲突最为激烈与广泛之地。这种冲突既来自民间，又出自官方；既发生在征地筑路之际，又出现在道路管理之中；既有彰显民族大义的主权捍卫，又杂糅着个人主义的私利图谋；它采取的形式，既有非暴力抵制，也有暴力的抗争。过去，人们把这种冲突统称为"中国人民反对殖民统治的斗争"。这种说法固然不错，但未免过于笼统。其实，若深究越界筑路背后的历史，工部局与华人的冲突起因是多方面的。

首先，工部局在筑路过程中"以邻为壑"，只顾西人自身利益的做法是引起冲突的一大原因。如 1913 年 6 月，工部局开筑马路一条，从周家桥至虹桥路之华伦路（即霍必兰路），此路跨过法华乡西澳塘河道，工部局却不建桥梁，只设阴沟，造成"远近乡民因其有碍水利，群起反对"②。后经法华乡绅王丰镐出面协调，与工部局商妥，请将河边泥墩拆去，改筑桥梁，"以慰乡民之望，不致反对"③。又如 1925 年 1 月 3 日，英工部局在法华镇一带突然大辟马路，"有

---

① 上海社会科学院历史研究所编：《五四运动史料》第 2 卷，第 1105 页。
② 《王丰镐保全西乡水利》，《申报》1913 年 6 月 25 日，第 10 版。
③ 《王丰镐保全西乡水利》，《申报》1913 年 6 月 25 日，第 10 版。

大西路南面岐出路线一条，横贯法华镇直达虹桥路"①，因有大量乡民的田园庐墓悉在路线之内，法华乡民夏光亚等鉴于"衣食住居之所托，身家性命所攸关"②，联名具呈上海县知事公署设法制止，免致暴动。

图6-4 《申报》1913年6月25日报道，法华乡绅王丰镐为保全西乡水利，与工部局进行筑路交涉

其次，工部局企图扩大殖民统治权力，强化它的"国中之国"，也往往导致冲突。如1904年11月，工部局派工程师至法华镇，经由程家桥、高家湾一路，插立标竿，直到青浦县境七宝镇一带，最

---

① 《乡民夏光亚等请阻越界筑路》，《申报》1925年1月4日，第14版。
② 《乡民夏光亚等请阻越界筑路》，《申报》1925年1月4日，第14版。

终欲通至佘山。且以单方面无中生有的理由掩盖其殖民扩张的企图："筑路系属有益之举，中国现下正在改良，不可再惑于风水之见，且洋工程师勘路插标至青浦县境，彼处乡民均愿筑成此路，务请不必阻止。"① 然而，上海道台袁树勋认为，"查中英约章第十二条载明，洋商不得在内地筑造马路……此次开筑，殊与约章相背"②，未予允准，遂起交涉。

再次，华洋之间巨大的经济实力差距，也是造成华界方面丧失路权自主，诱发双方冲突的潜在因素。1925年3月25日，华界官厅从租界方面得到一种关于越界筑路原因的说法，工部局愿将界外所筑的愚园路、大西路、忆定盘路、虹桥路等各马路一并归还，并不取偿。但条件是"归还以后，华人养护各该路之工程，务须使外人满意，至少亦须如现有状态"③。获此消息后，华界官厅方面曾考虑组织一个"沪西路政局"，负责管理收回各路。然而，当计算完工部局提出的巨额养路费用后，只得恨恨作罢。据华界官厅称："以该项养路办法，每三年须重砌二次，每次方十英尺之工程，代价约银六七十两，而随时之修饰在外，统计养路经费，为数甚巨。目前既无的款，实觉措手为难，议遂搁置。"④

上述这些冲突，归根结底，源于工部局路政的殖民性质。但是工部局的路政又是近代化的路政，它在进行殖民剥削的同时，也移

---

① 席涤尘：《公共租界越界筑路交涉》，《上海市通志馆期刊》1935年第2卷第4期，第1293页。
② 席涤尘：《公共租界越界筑路交涉》，《上海市通志馆期刊》1935年第2卷第4期，第1293页。
③ 《调查：上海最近之路政：查勘沪西越筑各路原因之一说》，《道路月刊》1926年第17卷第1期。
④ 《调查：上海最近之路政：查勘沪西越筑各路原因之一说》，《道路月刊》1926年第17卷第1期。

植了西方国家的交通手段和路政管理方法。这对囿于传统生活习惯的华人社会来说，无疑会引起不适应，产生抗拒，从而形成另外一种中西之间的新旧文化与制度冲突。而这种冲突比前者更广泛、更深刻。如在新式马路管理中，华人"终不肯与车马分途"，甚至认为"马车可行，人岂不能行"。挑担小贩依旧满街停歇，"嘱令避让不从"。小车、人力车夫拦路兜生意，或停车瞌睡，而一些马车夫更认为"恃主人势力"即可不守规则。① 因而，华人与巡捕的冲突"殆无虚日"。

又比如1914年3月，法华乡前乡董黄炽在呈江苏省行政公署文中称，工部局在境内所筑的各条新式马路，虽然纵横交错，宽敞洁净，行人称便，但按工部局所制定的道路法规条例，"如解犯人或马步巡带械，行经马路，均视为违章"②。这就与法华乡自治公所设定的自治范围"实有窒碍不便之处"。在乡董黄炽看来，法华乡的民团与巡警，与徐家汇、曹家渡联络一气，相互巡逻，是为保卫租界以外马路与公共治安而设。工部局理应变通办理，"准其解犯，马巡持枪戎服等人，无分昼夜"③。

由于租界的特殊历史环境，工部局与华人在越界筑路上的这两种冲突往往是糅合在一起的，且都是以反抗殖民主义扩张的形式出现。可以说，无论是高扬民族主义的主权抗争，还是基于个人主义的私利博弈，往往会掩盖中西文化与制度的新旧之争。正如有学者所言，华人的民族情感既是反抗工部局殖民统治的强大动力，又成了保护华人社会千年陋习的深厚土壤。④ 最为典型的例子就是工

---

① 袁燮铭：《上海：中西交汇里的历史变迁》，上海辞书出版社2007年版，第28页。
② 《上海县法华乡前乡董黄炽呈省行政公署文》，《申报》1914年3月22日，第11版。
③ 《上海县法华乡前乡董黄炽呈省行政公署文》，《申报》1914年3月22日，第11版。
④ 袁燮铭：《上海：中西交汇里的历史变迁》，上海辞书出版社2007年版，第30页。

部局每次越界筑路，所派遣的都是中国劳工，这种"华人代理型"的筑路方式很大程度上减少了越界筑路的阻力，避免了华洋冲突的恶化。诚如时人所言：

> 由于筑路的都是我们同胞的劳工，他们整日填石子，放沙子，浇柏油，使飞尘的路变为平滑了，利于交通多多，好像是我们自己政府当局雇来修造的，所以大家都很帮忙，而且很觉愉快，极愿早日落成。若是中国个个有血气，宁可穷到饿死，宁可苟且求活，不代外人来抢自己的权利，到了真真的一个个黄发碧眼儿，亲自出马建造时，恐怕大众一定不会一无声息，坐以待毙吧？至少总有一点恶感留在心头，觉得非禁止不可。①

不得不说，工部局与华人社会在越界筑路的冲突上是颇具复杂性与多面性的，而这种复杂多歧的特征，也正是近代中西双方政治文明、制度惯习、文化传统结构性差异的鲜明反映。

第二节 城市化扩张中的殡葬危机及其应对：以家墓、义冢为中心

上海开埠后，随着租界城市空间不断向乡村地区汹涌强劲地扩张，乡村聚落所依存的江南水乡环境、农耕生产生活方式、风俗习惯正一点一滴地从物质形态上被瓦解。在这种以"渗透""蚕

---

① 罗坚一：《越界筑路感言》，《复旦》1929年第3期，第8页。

食""并吞"为方式的城市化扩张中,牵动华人心理与风俗习惯最为敏感动荡的,当属极具风水意义、凝聚传统丧葬文化情结的墓冢问题。诚如有学者所言,殡葬制作为与国人日常生活关系密切的社会习俗制度,在近代西方文明的浸润下亦出现前所未有的变迁。① 通过考察近代城市化背景下西方殖民者在墓冢问题上与华人的冲突,以及在此危机应对下华人如何改革传统墓制,发展新式公墓,可以揭示西方城市文明对于近代中国人日常生活及观念转变的影响。

在清人的记忆中,开埠前后上海县城周郊景观几乎是与"野草冢墓遍生""杳无人烟"等语句画上等号的。所谓"四郊东滨黄浦,其西北南皆冢墓也,可耕者仅十之三四"②。"沪自西人未至以前,北关最寥落,迤西亦荒凉,人迹罕至。"③ 民国《上海县续志》卷三《义冢》一项中,也列出了有清一代上海义冢的数目及位置,若逐一以地图来确认,可知义冢是环绕在县城的周围,但在面向黄浦江、商业繁盛的东郊数量较少,而北郊与西郊较多,较新的坟冢尤其集中在南郊。④ 作为上海县城西郊的中心聚落,法华一带自然也是墓冢密集之处。民国《法华乡志》卷八《墟墓义冢》中记载的墟墓,分为三种类型:法华本境人而葬于本境者 36 处,法华本境人而葬于外境者 25 处,非法华本境人而葬于境内者 19 处。⑤

---

① 陈蕴茜、吴敏:《殖民主义文化霸权与近代中国风俗变迁——以近代上海公墓为中心的考察》,《江海学刊》2007 年第 6 期。
② [清]张春华:《沪城岁事衢歌》,载雷梦水等编:《中华竹枝词》第 2 册,北京古籍出版社 1997 年版,第 1039 页。
③ [清]王韬:《瀛壖杂志》,上海古籍出版社 1989 年版,第 7 页。
④ [日]夫马进著,伍跃、杨文信、张学锋译:《中国善会善堂史研究》,商务印书馆 2005 年版,第 621 页。
⑤ 民国《法华乡志》卷八《墟墓义冢》。

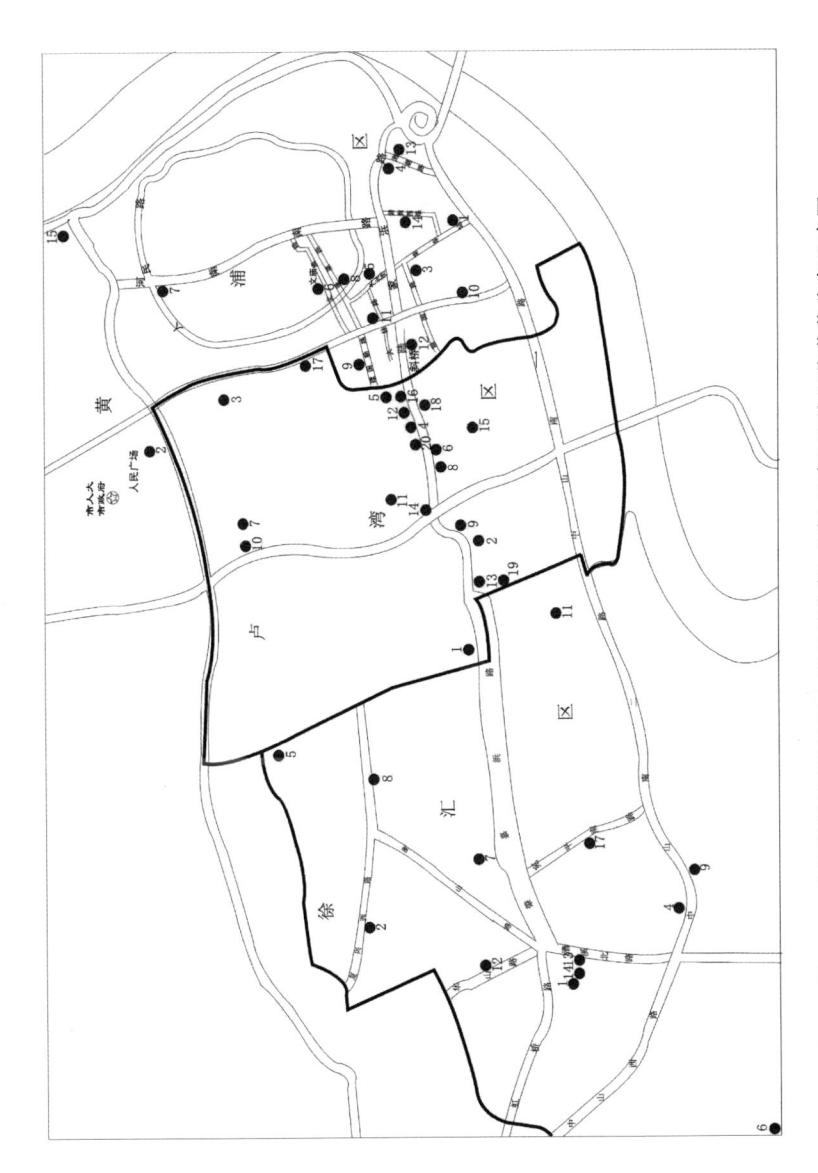

第六章 "华洋之界"的城市化问题与社会治理　331

图 6-5　今肇嘉浜路（涉及原上海县城南郊、北郊、西郊）沿线明代墓葬分布示意图（数字表示墓葬考古发掘时间先后）。叶舟提供

从这些墓主的身份来看，大多数都来自明清仕宦或因子孙仕宦而受封荫的家族。如"明刑部主事石英中墓，在石家宅。明武英殿中书舍人艾大有墓，在艾家宅。明鸿胪寺何子升墓，在观音寺西。清员外郎钱慎愚墓，在二十八保八九图堂字圩。清赠文林郎陆南英墓，子举人锺秀、孙举人旦华祔，在法华寺南即南园基"①。其中，家墓较为集中、规模较大的当属法华西镇李氏家族与王氏家族。民国《法华李氏宗谱》、民国《王氏世谱》中载有家族重要人物的墓图，"并详载其地里、保图、坐向、昭穆，俾使后之人阅图可考"②。

表6-1　1919年法华李氏家族与王氏家族在乡墓冢分布

家族名称	墓主姓氏	埋葬地点	保图	圩号	坐向	左昭右穆
李氏家族	斐仲公	法华镇西北潘家库	二十八保九图	堂字圩526号	壬山丙向	
	翀云公	徐家汇南	二十八保东十八图	恶字圩	癸山丁向	昭为安吉公之墓
	石太孺人	法华镇东南	二十八保五图	形字圩233号	壬山丙向	
	云亭公	法华镇南	二十八保五图	形字圩		
	松涛公	法华镇东北	二十八保五图	形字圩472号		
	树屏公	法华镇	二十八保五图	形字圩	壬山丙向	

① 民国《法华乡志》卷八《墟墓义冢》。
② 李鸿翥等纂：《法华李氏宗谱》卷三《世墓》，民国八年木活字本。

续　表

家族名称	墓主姓氏	埋葬地点	保　图	圩　号	坐　向	左昭右穆
李氏家族	莲夫公	徐家汇西南庄家宅西首	二十八保东十八图		亥山卯向	昭为秋泉公
	秋泉公	法华镇南	二十八保五图	形字圩	癸山丁向	
	梦严公	法华镇东北三官堂后	二十八保北十二图	习字圩138号	干山巽向	
	子成公	法华镇后	二十八保五图	形字圩467号	亥山已向	
王氏家族	月川公	吴冲泾南	二十八保五图	形字圩657号	壬山丙向	昭为良才公，穆为少川公
	孔昭公	陶家宅西	二十八保东七图	传字圩641号	壬山丙向	昭为其相公，穆为开周公
	载扬公	法华东镇南	二十八保五图	形字圩130号	癸山午丁向	
	锡畴公	法华东镇南	二十八保五图	形字圩67号	壬山丙向	昭为静方公，穆为德孚公
	沛亭公	侯家宅西	二十八保五图	形字圩474号	甲山庚向	
	浩升公	张塘桥东南	二十八保东七图	传字圩527、528号内	甲山庚向	昭为浩升公，穆为文佑公
	仲良公	余青桥北	二十八保东七图	传字圩512号	癸山丁向	穆为滇如公

续 表

家族名称	墓主姓氏	埋葬地点	保 图	圩 号	坐 向	左昭右穆
王氏家族	俊明公	法华镇之油车桥南首	二十八保五图	形字圩348号内	乙山辛向	
	深甫公	法华镇南陈家巷	二十八保十六图	表字圩500号	甲山庚向，迁改午山子向	昭为深甫公，次穆为菊坡公
	启贤公		二十八保东七图	传字圩529号内	辛山乙向	穆为称良公
	绣圃公	法华镇之香花桥直南	二十八保五图	形字圩299号内	壬山丙向	
	大隆公	余青桥浜北	二十八保东七图	传字圩内		
	箕山公	法华镇西市北首港之西岸	二十八保东七图	传字圩553号	癸山丁向	昭为戟门公，穆为萼和公
	道南公	童家宅之西	二十八保十六图	表字圩512号内	干山巽向	昭为大村公，穆为寿卿公
	维周公	童家宅之前	二十八保十六图	表字圩487号	壬山丙向	昭为维公公，穆为旭堂公

资料来源：李鸿羲等纂：《法华李氏宗谱》卷三《世墓》，民国八年木活字本；王坤曾撰：《王氏世谱》卷三《世墓图》，1919年抄本，第4—19页。以上均藏于上海图书馆。

除了家族所有的墓地之外，法华境内还存有为数不少的义冢。与前者不同的是，义冢主要由士绅、家族、会馆公所或慈善机构出面义助，专用来掩埋因贫、病、冻、饿而死的无家无主者。民国

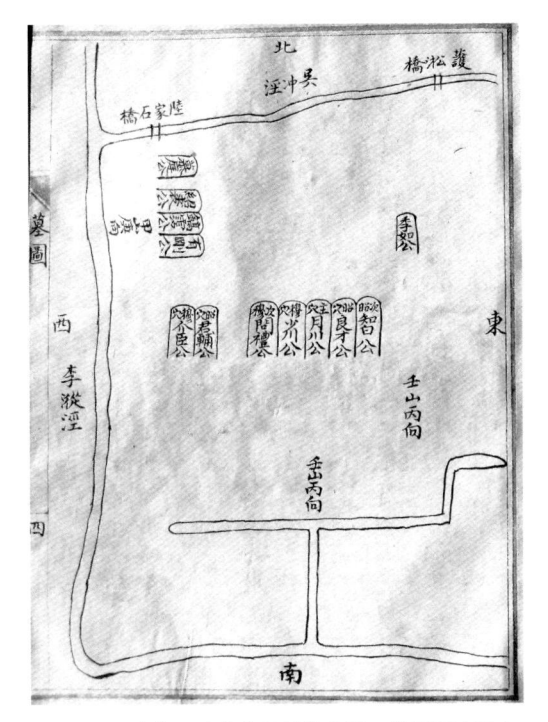

图 6-6　法华王氏家族月川公墓图，位于吴冲泾南二十八保五图形字圩

《法华乡志》卷八《义冢》记载境内共有义冢 12 处，既有士绅为本族族人所捐，也有同业同乡团体所设，还有的是专门从事救济事业的善会善堂之善举，这些义冢性质上都属于地方公产。

南义冢，在二十八保五图法华寺前香花桥东北出李漎泾，二百八十一号，四分正。免科。

沪北仁济堂义冢，在光绪季年，购二十八保五图法华寺后，六百六号，唐安成户，田一亩九分三厘二毫。

二十八保十六图义冢，一在柿子湾门前，一百六十七号，二分正。一在柿子湾东泥巷，二百四号，一分五厘。一在龙头浜，五百二十五号，一分六厘一毫。一在陈家浜，五百六十号，二分正。一在马家巷门前胡家坟，五百九十五号，一分五厘。一在沈陈巷门前陶家坟，七百三十三号，六分四厘六毫。一在西上澳塘北干浜金家坟，八百五号，一分三厘。以上七号均免科。一在小闸东，一千三百十五号，户杨洪吉、杨圣华，共田一亩五分，未免科，为东蓬场庙城隍出巡祭坛处。

二十八保东七图义冢，一在潘家厍西，六百五十六号，二分一厘四毫。一在三泾庙南，六百七十八号，三分四厘四毫。为三泾庙城隍出巡祭坛处。均免科。

王氏族冢，在二十八保东十八图，乾隆间贡生王坤培捐置。听无嗣族人丛葬。

顾氏义冢，在二十八保东十八图，四百三十四号，一亩八分四厘五毫。同治初邑人顾茂捐置。查该地并未丛葬，而界石、粮串均系顾氏义冢，凿凿有证。

徐氏义冢，在二十八保六图雾淋浜，第八十四八十五号，徐翠严户，田六分一厘二毫。同治初徐景星捐置。

雪义堂义冢，在二十八保十六图白龙潭地方，八百六十八号，杨继昌户，田一亩九分正。民国初邑人夏秋堂筹捐购置。

香雪堂义冢，在二十八保十六图马良浜，八亩六分六厘。民国五年鲜肉业置，并建殡房。

四明公所义冢，在二十八保十六图和尚桥东，十一亩五分八厘六毫。民国六年置。

涌泉材会义冢，在二十八保东七图观音寺西，十三亩六分八毫。民国九年静安寺同人捐置,并建客舍。①

从儒家人伦情感的角度来说,兴建义冢,让贫难者死后能够入土为安,有所依归,是莫大的功德善举。政府对此也十分支持,常常豁免义冢的钱粮,以示褒励。然而,随着上海开埠后,英法等国纷纷辟设租界,越界筑路,扩张城市空间,华人塚舍何去何从的问题日益凸显,并逐渐演化为中外冲突的焦点之一。其中比较激烈的有:1874年和1898年法公董局以开筑马路、有碍卫生以及兴建学校为由,先后制造两次"四明公所血案";1922年,法公董局扩建中法学校,欲收购毗邻的同仁辅元堂义冢所引起的民间团体抗议等。

其实,按照当时中国政府与外国缔结的租界章程,保证华人墓地之主权是极为明确的,② 但西方殖民者一方面对于中国殡葬习俗中所表现出的乡土意识和入土为安、祖先崇拜观念等,感到难以理解,普遍认为其中"浸透着迷信观念"③,斥之为"不文明";另一方面,正面临日益突出的人地矛盾的租界当局,为了城市空间利用能最大化地服务于工业化与城市化,自然主张将最具价值的生存空间让给生者。因此,他们在谋求城市化扩张时,多数情况下无视中国丧葬习俗,或任意掘起坟墓,或直接向坟墓的所有者施加压力,在仍然无法得逞的情况下,则再向中国当局施加压力,迫使他们迁

---

① 民国《法华乡志》卷八《墟墓义冢》。
② 中国政府早在《上海英法美租界租地章程》(1854年)中就明确规定:"外国人坟茔租地内,如有华民坟墓未经该民依允,则不能迁移,可以按时来前祭扫,但嗣后界内不准再停棺材。"而《上海洋泾浜北首租界章程》专门列出《坟墓》一款:"西人所租地内如有中国原业户坟墓,非与商允,不得擅行迁去。所未迁之坟墓,亦准原业主随时前往视察,届期祭扫。总之,租界以内不准再行于地基上埋棺厝柩。"后来的《上海新定虹口租界章程》又规定"凡筑路不能穿过义冢"。参见商务印书馆编译所:《国际条约大全》下编,商务印书馆1925年增订版,第7、11、13页。
③ 何天爵著,鞠方安译:《真正的中国佬》,光明日报出版社1998年版,第106页。

移。事实上，租界新都市很多都是建立在掘起或破坏坟墓的基础之上的。法华乔氏家族对此曾言："租界扩矣，榛莽之场，一变而为繁华世界，今日崇楼杰阁，昔日之废冢荒邱也。"① 而华人墓地因西人"开马路、造洋房"而遭到"发冢碎棺，骨抛遍野，不胜数，亦不忍数也"②的惨剧，不绝于耳。《申报》对此这样记载，"通商以来，沪城西北门外之塚墓，被逼迁葬者，不知几千万家，虽孝子慈孙，亦无可奈"③。

租界新都市的扩张，在华洋交界的法华乡同样造成了华人的"殡葬危机"。无论是洋商购地，抑或越界筑路，都难以例外地要以牺牲华界家墓与亦冢为代价。其中，迁徙腾挪是最为常见与平和的方式。民国《法华乡志》卷八《墟墓义冢》开篇便道："本乡东北境开辟租界后，迁葬者多。"④ 如张氏义冢，坐落于二十八保九图曹家渡东，第四十一号，共计二亩七分正，为乾隆年间法华镇监生张德基捐置。而到了1922年，该地"北出老吴淞江涨滩，中间筑极司菲尔路，外两面丈见，实存四亩一分九厘三毫"⑤，由果育堂将棺迁徙，辟作市场。⑥ 又如二十八保北十二图义冢，坐落祸字圩沈家宅后，第八百四十四号，丈见九分五厘四毫，北临愚园路。工部局嫌其有碍卫生，迭次交涉，"因将棺木尽迁北义冢，作为公地。民国十年呈请印谕增粮。十一年呈准，变卖添购第三校基"⑦。

比迁徙更为粗暴，更具侵略性的破坏，还有掘毁墓冢。这样一

---

① 乔先格主修：《乔氏宗谱》卷二《坟茔树石记》。
② 〔清〕毛祥麟：《墨馀录》，上海古籍出版社1985年版，第138页。
③ 《义塚出租辨》，《申报》1878年4月8日，第5版。
④ 民国《法华乡志》卷八《墟墓义冢》。
⑤ 民国《法华乡志》卷八《墟墓义冢》。
⑥ 民国《法华乡志》卷八《墟墓义冢》。
⑦ 民国《法华乡志》卷八《墟墓义冢》。

来，就更严重挫伤了华人传统文化心理底线与感情，甚至酿成暴力性的民变。如宣统三年（1911年），英工部局越界开筑霍必兰路，强行拆毁了二十八保三图大金家巷的"明赠刑部主事石泉墓"，将朱漆棺木抛于邻坟顶上，一度与石家后人剑拔弩张，"经绅士王丰镐与局交涉，允购墓前余地安瘗，以妥幽灵"①。1913年4月10日，工部局西人率领数百小工在二十八保北十二图姚家浜强行填塞筑路，"该浜之东有义冢一角，亦被掘棺筑路，棺木十余具，抛弃路旁，甚为可惨"②，从而造成"舆情万难帖服，暴动势所难免"，该处居民全体出阻，与西人龃龉，同赴静安寺捕房申诉。

除了那些自愿协商迁葬之外，法华乡民为了尽量保护先人墓冢在租界扩张的强劲势头中不遭到破坏，也做了一些颇具个性化的努力。如当地的乔氏族人认为，欲谋坟家的保全之策，"舍树石界限外，别无久远良法"③。也就是说，必须先认准祖宗邱陇所在，采取立石圈界的方法，作为识别的记号。此种办法，主要针对的是"有代远年湮，漫无稽考，子孙不加察，而先垅为人所平者"④。光绪二十二年（1896年）清明节之际，乔氏族人曾鸠工庀材，不辞劳苦，在所属墓冢都竖立了石碑，分布在二十七保东七图的四座，属于法华乡地界；分布在二十八保三、四图的三座，属于法华乡西邻的蒲淞市境。

　　二十八保东七图树石四：乔与平公墓，墓凡三穴；乔祖三

---

① 民国《法华乡志》卷八《墟墓义冢》。
② "西人越界续筑愚园路交涉案"，载上海法华公所辑：《上海法华公所报告》，1914年铅印本，第3页。
③ 乔先格主修：《乔氏宗谱》卷二《坟茔树石记》。
④ 乔先格主修：《乔氏宗谱》卷二《坟茔树石记》。

公墓，墓凡三穴；乔楚公公墓，墓凡一穴；乔兰太太墓，墓凡一穴（以上俱在陈家巷后月湖池）。

二十八保四图树石一：乔南臣公墓，墓凡三穴（在后宅同善桥南原沥北浜）。

二十八保三图树石二：乔伯祥公墓，墓凡三穴（在穿溪浜南原）；乔芝山公墓，墓凡三穴（在上澳塘南原，今迁马清浜）。①

立石圈界虽能廓清产权所属，有利于应对租界当局征地筑路、强制拆墓时据理力争，但若是家族内部出现不肖子孙昧于巨利，私下盗卖冢地，那么仅凭立石标识是无法阻止的。针对当时法华乡出现"租界日辟，亩值万金，盗卖抵押，施及邱坟"②的危机，乔氏族人独辟蹊径，对祖宗祠宇、坟茔基址、号亩采取"立户做单、泐石树祠"之法，标明永久不许售卖，"使不肖者知所警惕也"③。乔氏家墓立户做单共有五座，家祠基址一所，保图号亩，并列如下：

一、马清浜墓，地名十亩头，在二十八保三图一千五百十号内。始祖芝山公迁，墓计三颗并一颗；南英公迁，墓同上；六祖迁，墓同上；良士公墓三颗；树敏公墓二颗。

二、玉湖池墓，在陈家巷北、新沟浜南，二十八保东七图四百六十三号内。与平公墓三颗，祖三公墓同上，楚婆婆夫墓一颗，兰太太墓同上。

三、木杆桥墓，在林肯路穿基浜南，二十八保三图九十三

---

① 乔先格主修：《乔氏宗谱》卷二《坟茔树石记》。
② 乔先格主修：《乔氏宗谱》卷二《坟茔树石记》。
③ 乔先格主修：《乔氏宗谱》卷二《祠坟基址泐石记后》。

号内。伯祥公墓三颗。

四、高封桥墓,在东上澳塘北,二十八保三图一千五百十五号内。圣鸣公墓三颗并一,泰山公墓一颗,仲贤昆季墓二颗并一。

五、家祠东四亩头致堂生圹,在高封桥东上澳塘南原,二十八保三图五十一号内。致堂生圹三颗。

六、乔氏家祠,在高封桥东上澳塘南原,生圹傍西,二十八保三图四十八九二号间。①

相比之下,属于地方公产的义冢,更有被唯利是图、监守自盗的权力人私卖之虞。此种公产危机,因无良好的制度设计可以未雨绸缪,在当时只能有赖于维护社会公义与地方公共体利益的法华士绅之监督。如《申报》1916 年 8 月 30 日报道,法华乡西北的曹家渡义冢,坐落二十八保八九图并北十二图,两界内共有地三亩许。②之前由官产处指为官产,意图召买,经法华乡经董杨洪钧等出面反对,并禀请江苏省行政公署阻止,得到核准。一方面,饬令官产处勿得干预,另一方面,饬令上海县沈知事妥为保存义冢。沈知事奉文后,为防地保勾结洋人私卖,曾饬传八九图地保陈显堂、北十二图地保盛良谷到案,当堂面谕,"将来如有发生盗卖情事,惟该保等是问"③。

无论是立石圈界,还是立户做单,实际上已透露出地处"华洋之界"的法华地区的传统殡葬方式与习俗已经很难在西方主导的城

---

① 乔先格主修:《乔氏宗谱》卷二《祠坟基址泐石记后》。
② 《义冢幸得保存》,《申报》1916 年 8 月 30 日,第 10 版。
③ 《义冢幸得保存》,《申报》1916 年 8 月 30 日,第 10 版。

市化扩张中"独善其身"。面对强势的殖民文化，中国人在排斥抵触的同时，也开始意识到传统墓地不利于近代市政建设的开展，确实有改革的必要。而租界公墓的兴起，则为华界公墓的建设提供了示范样本。在此背景下，部分有识之士开始对传统墓地及葬俗之弊端进行了反思和批判，从而为近代上海华人公墓的兴起奠定了思想基础。

据当时开明人士的省思，传统墓制至少有三方面的弊端：一是造成土地资源的极大浪费，成为经济发展的一大障碍。关于这方面，当时不乏深刻之认识：

> 中国人稠地宅，尺土寸金，江浙膏腴，尤为可宝。而居民每筑一墓，需地数分至数亩不等，此犹指寻常葬户言耳。若夫达官贵绅，豪商巨族，遍栽树木，广浚沟渠，绰楔崇闳，墓门幽邃，是则需地之多，竟有非数十亩或百余亩不可者。从此广田自荒，不耕不凿，坐是地失其利，人耗其材，可慨孰甚于此。假令一邑之中，添筑此等新墓一二，所寻常之墓百余所，已须耗地数十亩或百余亩。一邑如是，他邑未必不然；一年如是，积数十年以至百年，恐四乡几有墓满之患，而菽、麦、禾、麻、树艺岁减，菜、蔬、瓜、果，种植有妨，保无有食物奇昂、农工气沮之一日。呜呼！以纷营窀穸之故，而此风不杀，忍令塚中枯骨贻累后世生民，魂魄有知能无抱憾？①

二是国人的墓葬观念惑于久盛不衰的风水之说，形成根深蒂固的

---

① 民国《法华乡志》卷八《墟墓义冢》。

丧葬陋习。凡遇殡葬，必请堪舆先生前来择吉壤、选良辰，甚至不惜重金求购风水宝地。又常有丧家因一时找不到风水宝地，竟长期停柩不葬。1907年，沪上士绅李维清曾批评国人"拘风水之说，牢不可破，每有葬事，审慎择地，必求所谓牛眠之地者，以至暴露日久，枯骨飘零"①。上海华人公墓的首创者经润山对此亦深有讥评：

  中国惑于青鸟家言，谓葬地宜谋吉壤，庶卜丁财两旺，富贵千年，于是亲死之后，往往停棺不葬，沾沾于觅穴寻龙。为地师者，相其阴阳，度其流泉，苟云此地可用，地主必故昂其值，不厌欲壑不止。亦有地师与地主表里于奸，玩丧家于股掌者。②

  三是随着上海开埠通商与资本主义工商业的发展，社会贫富差距日益拉大，常有世家子弟因家道中落，穷困潦倒，"兴嗟始而典质衣物，使祖宗汗颜；继而变卖房产，使祖宗饮泣；终则售鬻坟茔，使祖宗罹暴骨翻尸之苦"③。尤其是城市化扩张，致使地价飞涨，坟地价格日昂，"地价一昂，则地贩虎视于前，得主鲸吞于后，竟至此坟不卖不已，不拆不已"④。这样一来，不少家族中屡屡出现为图钱财而宁愿背负不仁不孝之骂名去刨棺发冢的悲剧，致使社会风气日趋恶劣败坏。法华乔氏家族有鉴于此，特在宗谱中向子孙提出殷殷期望："惟愿后人时时以祖宗为念，勿怠勿忘、勿为利动、勿为势迫，勿以祖宗远而任令侵削，勿以族属疏而莫之检饬，则祖宗之遗

---

① 〔清〕李维清：《上海乡土志》第三十二课《冢墓》，1907年上海易制堂本。
② 民国《法华乡志》卷八《墟墓义冢》。
③ 民国《法华乡志》卷八《墟墓义冢》。
④ 民国《法华乡志》卷八《墟墓义冢》。

骸，不致委弃体魄，可以安妥。"①

总之，随着近代上海城市化进程的推进，民众的丧葬观念也经历了由传统到现代的嬗变，传统的墓制改革势在必行。在此形势下，1909年10月，在上海经营地产的浙江上虞人经润山率先在法华乡徐家汇虹桥路一带购地20亩，仿效西式公墓制度，首开中国人建立公墓之先河，取名"薤露园"，寓意人生短暂，犹如薤上之露水，"侵晓即晞"。1913年该公墓开始兴工，次年完工，四周建有围墙，园内计有墓穴千余个。②

不久，经润山去世。1916年，沪宁、沪杭铁路两路局决定将沪宁和沪杭铁路接轨，而该工程要穿越"薤露园"。于是，该园被两路局征用。1917年，经润山的妻子汪国贞将原"薤露园"往西迁移，至二十八保西十八图购地重建，"计地五十五亩五分八厘九毫。有大礼堂、诵经堂、来宾休息室"③，颇具西式风格。鉴于当时上海租界内的外国公墓近于满员，所剩的空穴售价极为昂贵，汪国贞决定改变经营策略，规定归葬者"不囿国籍、不析宗教"④，中西士女皆可葬此，更名为"万国坟山"⑤，亦称"万国公墓"。万国公墓是距离上海市区最近的华人公墓，许多外国人及上海的巨商相继购建万国公墓墓穴，使之很快成为当时上海仅次于外国公墓的上等公墓。1922年，由于入葬人数日众，汪国贞女士在东侧添购10余亩土地进行扩建。⑥

---

① 乔先格主修：《乔氏宗谱》卷二《坟茔树石记》。
② 民国《法华乡志》卷八《墟墓义冢》。
③ 民国《法华乡志》卷八《墟墓义冢》。
④ 桂笙：《万国公墓记序》，《小说月报》1918年第9卷第6号。
⑤ 民国《法华乡志》卷八《墟墓义冢》。
⑥ 民国《法华乡志》卷八《墟墓义冢》。

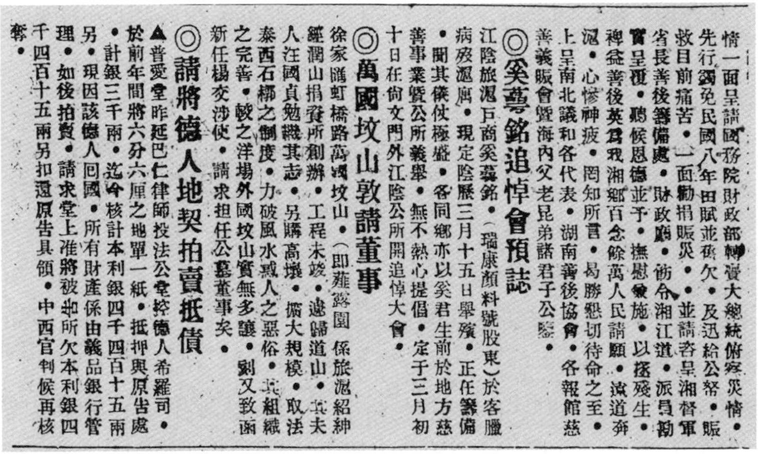

情一面呈請國務院財政部轉呈大總統俯察災情•先行豁免民國八年田賦並積欠•及迅給公帑•賑救目前痛苦•一面勸捐賑災•並請咨呈湘督軍省長善後籌備處•財政廳•飭令湘江道•派員勘實呈覆•聽候恩德並予•撫慰兼施•以拯殘生•禆益善後英霖戒湘鄉百念餘萬人民請願•流道奔淚•心慘神疲•罔知所言•曷勝懇切待命之至•上呈南北議和各代表•湖南善後協會•各報館慈善義賑會暨海內父老昆弟諸君子公鑒•

◎奚蓉銘追悼會預誌

江陰旅滬巨商奚蓉銘•（瑞康顏料號股東）於客臘病歿滬寓•現定陰歷三月十五日舉殯•正在籌備•聞其儀仗極盛•各同鄉亦以奚君生前於地方慈善事業贊公所義舉•無不熱心提倡•定于三月初十日在尙文門外江陰公所開追悼大會•

◎萬國坟山敦請董事

徐家匯虹橋路萬國坟山•（即薤露園）係旅滬紹紳經潤山捐資所創辦•工程未竣•遽歸道山•其夫人汪國貞勉繼其志•另購高壤•擴大規模•取法泰西石槨之制度•力破風水惑人之惡俗•其組織之完善•較之洋場外國坟山實無多讓•劉又致函新任楊交涉使•請求担任公墓董事矣•

◎請將德人地契拍賣抵債

▲普愛堂昨延巴仁律師投法公堂控德人希羅司•於前年間將六分六厘之地單一紙•抵押與原告處•計銀三千兩•迄今核計本利銀四千四百十五兩另•現因該德人回國•所有財產係由義品銀行管理•如後拍賣•請求堂上准將被告所欠本利銀四千四百十五兩另扣還原告具領•中西官判候再核奪•

图 6-7 《民国日报》1919 年 3 月 26 日报道，万国坟山（薤露园）敦请董事，“取法泰西石埬之制度，力破风水惑人之恶俗”

作为首个成功经营的华人公墓，万国公墓不仅在外国公墓不接受华人入葬的情势下使华人获得了同等权力，更重要的是，它开始打破根深蒂固的封建族葬制度，促使国人改变旧有的丧葬观念与心理陋习，对于移风易俗与文化变革深具“近代化”意义。诚如有学者所言，儒家文化有着强烈的血缘、地缘归属感，墓地一般以家族、宗族为单位进行区分。而公墓制将不同血缘、地缘的人葬于一处，穴位完全由价格决定，实际上模糊了人的传统的、先赋性的角色和身份，代之以现代的、非先赋性的身份和地位，这是注重等级分层、宗族血缘的传统心理所不能接受的。① 此外，华人公墓建设还是城市化发展和市民意识觉醒的产物。从地产商人经润山在法华乡创办“薤露园”到其妻扩展为“万国公墓”，其背后实际上折射的是华人

① 艾萍：《双轨制下民国公墓制的创建——以上海为个案》，《华中师范大学学报》（人文社会科学版）2012 年第 3 期。

公墓建设中的民间参与，反映了近代上海都市社会力量的活跃和公共性的增长。①

第三节 社会失序与治理：烟、赌、盗、杀等治安问题

美国的中国学研究名家魏斐德先生曾著有一部上海史经典力作 *The Shanghai Badlands*（中译名《上海歹土》），研究的是"孤岛"时期，即1937—1941年，日本侵略军、汪伪傀儡政权、外国租界当局、国民党政府等各种势力交织纠缠在一起，既并存共管，又互相警惕、冲突与牵制，形成复杂而又紧张的关系。而位于公共租界以西、原本是华洋交叉管理的越界筑路区（静安寺、曹家渡一带），在此背景下成为黄、赌、毒等"不正当行业"兴旺横行之地，同时还是暗杀、绑票等政治恐怖事件频繁发生的魔窟，被当时的人们称之为"歹土"（Badland）。

这块沪西越界筑路区，大致范围东起静安寺，西至白利南路（今长宁路），北边沿极司菲尔路（今万航渡路）延伸到曹家渡三官塘桥（今江苏路桥），南边则与法租界为邻，沿大西路（今延安西路）向西伸延到凯旋路，②与法华镇周边多有地理重合之处。整个"孤岛"时期，《申报》《新闻报》也将法华地区归为"歹土"，对这一带烟、毒、赌、盗、杀等治安失序问题进行过大量报道。兹举数例如下：

> 沪西法华镇，位在英法两租界海格路之西，原系市府徐汇

---

① 李彬彬：《国家与社会视域下的上海公墓建设（1909—1937）》，《社会科学研究》2014年第6期。
② 苏智良主编，姚霏、江文君副主编：《上海城区史》，学林出版社2011年版，第529页。

警察所管辖。自国军西移后，一切治安问题，由交通大学内之伪警察所派警，前往维持。该镇四周，均系越界筑路，因交通上之便利，人口骤增，而临时所搭之木房，不下二千余间。现在该镇因特殊关系，烟赌花会领照公开，地棍流氓，咸集于此，因赌轻生，时有所闻，法华一片干净土成为万恶之渊薮。有为青年，宜注意及之。①

昨晚七时二十五分，沪西哥伦比亚路附近法华乡法华小学附近某乡民家，突有盗匪数名，前往行劫。当时该屋主人曾起反抗，竟被匪徒开枪击毙，并伤另一十岁男孩，匪徒当场逃逸，该处伪警等咸不敢追缉。②

沪西法华镇，近来盗风甚炽，西市七九七号永隆杂货店，突于前晨二时，被盗撞破牌门，入内搜劫，损失约值数百元之衣饰。又东首成昌米店等，于白日被劫法币百余元，又东镇庙桥块医生冯拯民家，亦于夜半被劫衣饰四五百元。东首一六三号张姓家，被贼掘洞而入，窃去衣物二百余元，现该镇居民均惴惴自危。③

沪西法华镇，自"特务团"开驻以来，经拘捕当地不良份子，共十有余名，嗣后每日四出搜捕烟窟及白面窠，均被罚款释放。现该项部队，更向民家任意搜索，昨日该镇敦惠路至候家宅一段住户商肆，无一幸免，致一般居民咸起惊恐云。④

其实，如果拉长时段来看，"孤岛"时期法华镇所在的沪西地区

---

① 《法华畸形发达》，《申报》1938年10月17日，第12版。
② 《法华乡盗匪杀人》，《申报》1938年11月9日，第10版。
③ 《法华镇盗风甚炽》，《新闻报》1939年3月16日，第16版。
④ 《法华镇迭遭搜查》，《新闻报》1939年9月15日，第19版。

之所以成为城市犯罪与恐怖活动猖獗的"歹土",并不完全是复杂特殊时局下华、洋、日多方政治势力角逐博弈所衍生的一时怪胎,而是"其来有自"的历史难题。这就需要从"前世"来梳理与揭示这一问题产生演变之经过。

自康乾年间法华成市成镇以来,尽管法华镇已成为县城西路往来之孔道,商旅辐辏,人烟稠密,但本质上仍是江南乡村社会,务本安分,彬彬文教,号称"仁里",少有盗匪为患。直至上海开埠,五方杂处,尤其是19世纪70年代租界西扩与越界筑路之后,法华一带治安失序问题的报道开始逐渐增多。《申报》最早的报道是1877年7月16日匪徒抢劫门店银钱的"法华盗案"。

> 本月初二夜,本埠西郊外法华镇之某杂货店,为匪徒行劫,攫去银钱等物约百余件。闻其进内之时,用石破门,约十余人,手持凶器,颇形凶猛,人咸畏而避之,故幸未受伤,刻下已报县查缉云。①

此后,类似这种看似偶然的犯罪案件,直至民国年间都时有发生,从未中断。而且除了劫盗之外,还涉及赌博、烟毒、斗殴、凶杀等多方面的治安危机,社会秩序呈现出严重失范状态。试看1887—1927年《申报》《新闻报》《时报》的相关报道。

(一)聚赌之风

> 日前有法华镇杨壬二董函致上海县,称镇有小茶坊主人高

---

① 《法华盗案》,《申报》1877年7月16日,第3版。

延仁聚赌抽头，请为查禁。裴大令饬差将高拿案，前晚经帮审委员陈伯葵明府升堂讯究，高坚称开茶馆度日，不敢聚赌，明府饬将高掌嘴二十下，令具不敢犯赌切结，从宽释放。①

前报载法华镇故董之子王鹤生，纠同附近各文童武生至虹桥镇，约同顾姓在丁贵山家抽头集赌一节兹悉。该处赌风甚炽，所纠武生王亦云、丁月亭并乡富顾润庵及无赖唐秀、丁聘山等，俱在柜经理各事。所有赌帐由房主丁贵三经管，唐友卿则在柜看洋，另有文童陈翰卿者，坐分干洋，往赌各人，如蜂如蚁，其柜面与沪北虹口老赌柜相仿佛。该镇地保得有赌规，并惧该武生等之势，不敢喝阻，是以若辈通宵达旦，顾忌毫无。②

本邑西乡徐家汇相近二十八保十九图庄家宅地方，地保庄某之父名勤香者，近竟大开赌场，抽头渔利，现已由处居民告知教堂，公禀到县，请为提究禁阻矣。③

(二) 斗殴凶杀

昨报法华镇人姚步瀛被僧人击破头颅，役县呼冤一案。是晚，叶司马升坐花厅提讯，姚诉称武生在治下法华镇开设豆腐店，因房屋窄小，将柴草寄仔比邻俞天君庙中，被住持僧松林取去，向伊索取，口出恶言，继又持门闩向武生额角猛击，以致受伤，司马饬仵作验得，左额角果有木器伤皮破血流，遂谕令回去自行医治，候提僧松林到案，讯供究办。④

---

① 《掌责了事》，《申报》1887年11月5日，第3版。
② 《法华大赌》，《新闻报》1894年2月21日，第3版。
③ 《禀禁止聚赌》，《申报》1907年3月6日，第17版。
④ 《上海县署琐案》，《申报》1894年10月19日，第9版。

本年一月九日,据二十八保东七图地保陆鉴卿状称,窃保于昨日上午,因收取钱粮,由法华镇西市经过。见王新记花园门口有一男子卧地,已不能言语,确已路毙僵卧。并有该处王新记花园园役目见。该尸年约三十左右,身穿元色布短袄,无裤赤足。当即派人看管。一面立即赴法华巡警局报告……得该无名男尸委系生前因伤身死,并经本厅限令该图地保缉凶解究。①

西乡法华镇虹桥路长漏沟内,昨晨发现一无名男尸,深受刀伤,尸旁岸上遗有铁盘一把,菜刀一柄,鞋子一双,棉袄一件,竹管二个,为巡逻巡警查见。报告北新泾警署,令饬二十八保十七图地保褚莲舟查五家属,投报上海地方检察厅,禀请相验,车检察长谕伤静候往验。②

沪西徐家汇西法华乡地方,前日下午有一男子,年约三十余岁,倒在地上,头部受刀伤甚剧,血流遍体。当由岗警瞥见,向之诘问,已不能言语,立即车送海格路红十字会医院医治,而脑部已碎,无法救治,延至午夜一时,因伤重身死,当即报告六区二所。昨饬地保张友仁投地方法院报验,下午由杨检察官等莅院验明,委系因利斧斫伤致死,拍照由堂收殓候查,传家属并缉凶究办。③

(三)盗匪行劫

本邑西乡法华镇农民李小毛,前晚二句余钟,被盗百余人

---

① 《限缉法华镇无名男尸正凶》,《民国日报》1921年2月19日,第11版。
② 《法华乡发现无名男尸》,《申报》1923年10月30日,第15版。
③ 《法华乡之受伤男子》,《申报》1929年11月8日,第16版。

各持刀械入内，劫去银洋、衣饰等物而逸，当由邻人奔告英界静安寺捕房及法界罗家湾捕房，并本镇巡防局兜拿，未获。①

法华镇体操会前请制造局给领后膛枪二十枝，子药二千颗，迄未领到，护照不便往领。兹该镇董事函致县令，谓近届冬令，窃案叠出，本月初五夜市南朱炳荣家又遭盗劫，盗党皆持枪械，断非徒手所能抵御。②

西乡法华镇迤东二里许，有农民王姓家，薄有积蓄，前晚十一时许，有暴徒五六人，各持军火器械，撞门入内行劫。该处乡民闻警，立时鸣锣号召大众，分投巡逻，巡警闻警，亦赶来帮助兜弩，各匪乃夺门奔逃。内有一直隶人徐光林，奔跑稍迟，为警追获，押送徐家汇二区三分驻所，即在徐身畔抄出勃郎林手枪一支，子弹四粒。③

前日（二十日）下午五时半左右，法华镇西突有身穿蓝布长衫、灰布棉袍，形似散兵之盗匪四人，各执手枪，操北方口音，先后拦入义昌杂货号，及庙桥南块李源兴糕店、万椿酱园等七家，共抢去一百数十元。临走时，并鸣枪示威，及至巡警赶到，该盗等已扬长而去。④

据乡民陆洪基、张阿四派佃户潘金克来团报称，行经法华镇北大西路，遇匪拦路，将两人圈往潘金克家中，请速救护等语。当经团员杨正林、邱树生、胡新德，及已故团员马基承等，驰赴潘家，匪已远飏……后沿马路东行，至李漎泾马路桥之口，瞥见桥东树园旁，隐有身穿大衣者二人，乃上前盘诘，该匪等

---

① 《法华镇盗劫骇闻》，《申报》1908年4月2日，第18版。
② 《法华体操会请领枪支》，《申报》1908年12月14日，第19版。
③ 《法华镇劫案未遂》，《申报》1923年1月5日，第15版。
④ 《法华镇西之劫案》，《申报》1924年11月24日，第15版。

突出手枪开放，团员马基承连中两弹，抬送红字会，不及救治，立刻毙命。①

沪西法华乡东镇海格路口同兴发水果食物店，于前晚八时许，突来盗匪五六人，各执手枪，蜂拥入店，共劫去钞洋四五十元，临行复开枪数响，流弹击中行人做茶担生意之某甲，足部受伤。讵将及十时，法华镇后面田园村吴姓家，又告盗警，盗匪亦五六人，破扉直入，并将事主吴敬文连击三枪，一中头部，一中臀部，一正中腹，弹尚留中，劫去若干未详，吴伤甚重，该两案发生后，法华乡保卫团下令紧急出防，布岗巡逻，并严缉盗匪究办。②

（四）无赖违犯禁烟令、盘剥商家等其他恶行

上海禁烟局长严君以本邑四乡自禁烟发明以来，而一般乡愚无知，坚不戒除，仍有私吸情事，业经严君查得西乡法华乡、徐家汇等处，竟有该处土棍，违犯禁令，在彼私设灯吃等事。若不严行查禁，殊与禁烟前途有碍，已于昨日饬派调查员四名，分别赴该处，自乡公所及警区会同巡警，挨户严行搜查矣。③

乡董沈少模等禀控土棍朱甸山、朱阿二父子，在法华镇横行，打毁茶食店，奉县署帮审德明府提讯朱父子，同供三十保二图共有三捆，地保胡玉成专办刑名，所有钱粮，有小的父子帮办，余语含混，判交保俟，查明再行核办。④

---

① 《法华乡保卫团之呼吁》，《申报》1925年3月6日，第14版。
② 《法华镇发生盗劫伤人案两起》，《新闻报》1925年11月14日，第2版。
③ 《法华乡烟毒未除》，《时报》1913年3月1日，第8版。
④ 《法华司之姑息养奸》，《神州日报》1909年9月17日，第7版。

尽管以上各类犯罪案件性质、案情均有不同，但犯罪主体则来自几个相对固定的人群。一是武生出身的"团勇"子弟，他们早年因奉令"办团练"抵御小刀会与太平军而崛起，"每图三十名，无事归耕，有警出战，分班操演，轮流驻防"①。兵戈平息之后，他们不务正业，浸淫赌博，恃强滋事，因有军功之威相袭，在法华镇上有一定的势力。时人多谓"该武生等恃一衿为护符，胆敢在镇市抽头聚赌，不畏官长访拿，可谓目无法纪"②。二是北洋军阀混战时期从外部流入法华镇的游兵散勇，变身盗匪，勒索地方，重点抢劫法华镇街市各商户财物，甚至杀伤人命。从相关记载称他们中有"操北方口音"③者且多持有枪械武器，可知来自长江以北军阀部队士兵的可能性较大。三是一些品行低劣之地保，自甘堕落，或聚赌抽头以渔利，或盘剥钱粮以自肥。四是无业游民沦为恶棍无赖者，他们游手好闲，多以聚集茶坊茶肆为名，行私下聚赌吸烟之实。据1909年3月22日《新闻报》报道，包括法华乡在内的上海西乡多名学董联名呈请知县，取缔乡村各茶馆，理由是茶馆为游民大本营，是滋生社会公害的祸根，荼毒地方风气的元凶。

> 窃以地方风气之坏，患在游民，而乡村茶馆实为制造游民之厂。谕各图地保将乡村茶姑勒令闭歇，方冀逐渐肃清……游手好闲之徒藉以叙赌抽头，打架肇祸，且当此严禁烟间之际，犹且借茶肆为名，其实深房邃室，私自开灯，是以一村有茶肆，引坏一村子弟，一乡有茶肆，引坏一乡子弟，陋习相沿，深堪

---

① 民国《法华乡志》卷三《兵燹》。
② 《法华大赌》，《新闻报》1894年2月21日，第3版。
③ 《法华镇西之劫案》，《申报》1924年11月24日，第15版。

发指。抑且宵小窝藏，出没靡常，贻害地方，实非浅鲜。董等为地方自治起见，公同筹议，拟自四月初一日为始，除镇市茶馆不计外，凡乡村各茶馆，勒令一体闭歇。庶几国无游民，则生者自众。①

以上几类社会群体的异化，虽然是造成清末民初法华镇社会秩序失范的直接祸患，但实质上与近代城市化快速推进的背景下法华镇人口流动、地缘格局、行政治理等方面缺乏良性调解与整合机制有关。

首先，自20世纪初以降，法华镇东北、东南地带逐渐与公共租界、法租界新都市接壤，城市化不断步伐加快，工厂企业次第开设，吸引了大量被自然经济抛弃的苏北农村人口。他们多从家乡划小木船从吴淞江进入上海，起先以船为家，当木船破旧腐烂，无法使用后，就上岸用茅草、木棍搭建成草棚简屋，成为"棚户"。这些"棚户"人家在法华镇、徐家汇也多有分布。1927年12月8日《新闻报》曾报道，"沪西法华镇东市一带，有江北客民搭置草棚居住，为数甚多。该项客民，藉拉车、做工活命者，虽属不少，而游手好闲，不务正业者，亦居多数"②。这一现象与1926年3月中共徐家汇独立党支部（包括徐汇、龙华、法华乡一带）的社会调查报告也大致符合。据该报告显示，整个地域范围内的工人、农民、学校师生校工、各色小商店商人、天主教民约计13 200人，"连居住草蓬之江北人、黄包车夫以及作坊工匠等，一概估计约共有居民一万三千五

---

① 《西乡五联区学董胡人凤顾镜清等禀上海县文》（请谕禁乡村茶馆事），《新闻报》1909年3月22日，第19版。
② 《法华乡团警驱逐游民》，《新闻报》1927年12月8日，第14版。

百人"①。

　　侨居法华地区的客民日益增多，五方杂处，良莠不齐，经常会出现盗窃事件，"市民种植之农产物往往为所窃夺"②。尤其是那些占比绝大多数的无业游民，往往是严重影响社会稳定的一大威胁。据1930年法华区市政概况介绍，"近年以来，无知青年不务正业、相率入帮（俗称拜老头子），恶风所煽，不可收拾，此则社会之忧，更非国家之福"③。为防止内部黑社会势力与外部兵匪勾结为患，肩负保境安民之责的法华乡团勇，从一开始就对于这些客民及其所搭设的草棚强制拆除驱赶。"法华乡保卫团六区公安局为防止勾结外匪入境起见，各派团警驱逐该客民一律出境，并将所搭草棚拆除云。"④

　　其次，在租界新都市的强力辐射与城市化日益推进的背景下，法华镇的地缘格局也从传统时代"城乡一体化"下的上海县城附郭，逐渐转变为清末"城乡分治，此疆彼界，各自为乡"⑤背景下租界新都市的城郊地带。相较而言，"附郭"时期的法华镇，"与上海相离不甚遥远，况尚有法华司常川驻镇"⑥，属于县邑行政体系之垂直延伸，对于治安乱象，可随时饬差到镇查禁，以及时刹绝歪风。然而，当城乡分治后，法华镇日益被组合为上海租界新都市的外缘部分，这里不再受"县治之分任"⑦的吴淞巡检司之统摄，而是成为

---

① 中央档案馆、上海市档案馆编：《上海革命历史文件汇集（上海区委各部委文件）一九二五年——一九二七年》，上海群众印刷厂1987年印，第495页。
② 王晖等编：《市政演讲录三集　上海市各区概况》，上海市政府1930年8月印行，第29页。
③ 王晖等编：《市政演讲录三集　上海市各区概况》，上海市政府1930年8月印行，第18页。
④ 《法华乡团警驱逐游民》，《新闻报》1927年12月8日，第14版。
⑤ 民国《法华乡志》，"序五"。
⑥ 《法华大赌》，《新闻报》1894年2月21日，第3版。
⑦ 民国《法华乡志》卷三《职官》。

一个自我管理的"无主"地带。它既不像公共租界、法租界那样由欧洲人掌控，也不像虹口那样由日本人直接管理，① 它地处上海市区的边缘，颇有"天高皇帝远"之状。这就使该地的治安管理常在华洋官方的视线之外，有"鞭长莫及"的尴尬。如1926年3月中共徐家汇独立支部的社会调查称，法华乡新兴市镇徐家汇属法租界和华界交界之地，"因为离闹市太远，所以警察巡捕无甚压迫；对于我们的活动，因此种特殊情形，自然不会有很一制（致）的进攻"②。这也是民国初年地处上海西乡的法华乡治安失灵、案情迭起的地缘因素。

再次，自清末开始，固定驻守法华的吴淞巡检司逐渐陈旧腐化，陋规盛行，权威丧失，其治安管理能力已难以适应法华镇日益复杂的社会变动，终于民国成立后遭到裁撤。

在1909年《城镇乡自治章程》出台前，法华镇的治安管理职能由吴淞巡检司行使，该机构主要负责稽查往来奸匪及私贩、盐枭、逃亡军民罪囚，"并引私绕越之人，责以捕逮警逻之事，驻防要害，以护卫村民"③。自雍正十一年（1733年）吴淞巡检司移官署于法华镇，迄至宣统三年（1911年）部议裁汰，178年间共产生79任巡检司官。这些人中，"克尽厥职者，固不乏人，而不守官箴者，亦复不尠"④。尤其是到清末，《新闻报》《神州日报》屡屡出现法华巡检司司官、兵差等勒索陋规、知法犯法、纵容包庇的劣迹报道。

如1908年1月7日《新闻报》报道上海道台蔡钧访闻法华司巡

---

① 芮传明：《战时恐怖主义与城市犯罪——〈上海歹土〉解读》，《史林》2003年第3期。
② 中央档案馆、上海市档案馆：《上海革命历史文件汇集（上海区委各部委文件）一九二五年——九二七年》，上海群众印刷厂1987年印，第495页。
③ 民国《法华乡志》卷三《兵防》。
④ 民国《法华乡志》卷三《职官》。

检杜某"有滥用刑讯,收受陋规,纵客开灯,卖吃鸦片各情"①,特札饬上海县令李某密查禀办。1909年11月底至12月初,法华司又出现因差役不法而遭撤任的案件。是时,法华司门丁邱楚卿、弓兵李阿三、司差毛小弟,伙同地保沈悦堂等,因向陈公馆讹诈不遂,遂串同法华司巡检严善圻,诬指陈公馆容留来历不明妇女,擅行提案。陈公馆不服,遂向上海道台蔡钧上控,上海县令田某奉蔡钧之命,谕饬法华司署,将门丁邱楚卿等相关人员交案审讯,但法华司多日未见照办,田县令只得派差前往,将邱楚卿及弓兵李阿三一并拿获。然而,在路过徐家汇镇之际,恰与法华司巡检严善圻途中相遇,想不到,严巡检竟上前将邱楚卿一干人等截夺而去,之后匿不交出。②

对于法华司官中途截夺犯人的行径,当时舆论一片哗然,认为它犯了偏袒纵容之罪,非但蛮横,而且愚蠢。"门丁弓兵之有罪无罪,未经审讯而遽出而拦截,是不啻示以情虚而坐实其罪也。是不啻曰彼等之罪,吾实纵容之,吾故袒护之也。纵容之罪小,袒护之罪大。截犯则又加一等,然则法华司岂非至愚?"③之后,田县令再次禀陈上海道台蔡钧,蔡钧"以严虽无知情故纵实据而不洽舆情,亦所难免"④,先将巡检严善圻撤任,以主簿麦桑徽暂行代理。同时,饬令田县令继续拘提在逃逸犯,从严训办。但除了拿获弓兵李阿三之外,被严善圻包庇的家丁邱楚卿,一直迟迟难以拘提到案。⑤

与严善圻伙同部下讹索陋规被状告一样,1910年2月,新任法

---

① 《委查法华司杜巡检劣迹》,《新闻报》1908年1月7日,第18版。
② 《法华司中途截犯之奇闻》,《新闻报》1909年11月30日,第18版。
③ 《沪事谈屑》,《新闻报》1909年12月1日,第18版。
④ 《法华司撤任》,《神州日报》1909年12月5日,第7版。
⑤ 《法华司因案撤任记详》,《新闻报》1909年12月5日,第18版。

华司巡检贺某也在上任不久就遭到乡人俞复村的指控。在投书道台衙门的呈控书中，俞复村称前任司官严善圻撤任后，新任的贺司官实则是严之亲戚，两人向来同声共气。贺某听从严某嘱托，将在逃劣差陈祥收为己用，拔充头目，狼狈为奸，仍按照严某所定的陋规进行强索。所谓的陋规，指的是图内乡民遇有婚娶丧葬之事，"勒令先赴司署具报，硬索报费洋十元八元及数十元不等，不遂不休，若不举报传，地保勒索"①。而乡人俞复村因迁葬坟墓，未往报告贺司官，贺司官遂向地保寻事，诬指匿报，派出差头陈祥，要拘传地保到署衙究办。碰巧地保在县办粮，遂将地保之父沈显春拘署收押，并索陋规费洋六十元。②地保无奈，只得先贿送洋十元，希望能将其父先行释放，然而却遭到拒绝。

这种"巧立报费，任情勒索"③的现象反复出现，完全违背了巡检司保护乡民人身财产安全的初衷，已与司官个人的品行道德没有必然联系，而是已成为一种难以革除的制度性陋规。更进一步表明法华巡检司此时已丧失民心的是，该巡检司在处理民间寻常讼词时，"不问曲直，但以贿之轻重为断，乡民怨声载道"④。其实，为了防止法华巡检司出现"以断讼收贿"之弊，在清同治年间，江苏巡抚丁日昌曾下令巡检司署"不准佐杂擅受民词，凡赴任者，先行具结备查，违者处议"⑤。岂料，功令虽严，仍不免事烦民扰，法华巡检司还是不可避免地充当了受词断讼的职能，这也为其陋规的形成与机能的退化埋下伏笔。至宣统初年，部议裁汰法华巡检司，未

---

① 《禀控法华司之劣迹》，《神州日报》1910年2月4日，第7版。
② 《法华司被人指控》，《新闻报》1910年2月4日，第18版。
③ 《法华司被人指控》，《新闻报》1910年2月4日，第18版。
④ 《法华司被人指控》，《新闻报》1910年2月4日，第18版。
⑤ 民国《法华乡志》卷三《职官》。

经实行，民国成立后，不复设焉。

巡检司制度濒临破产之际，维护法华镇地方社会秩序的重任开始落到新生的地方保卫团与警察机构身上。诚如包伟民所言，从清末新政开始，中央政府一直在努力建立县政权以下乡镇的行政体系，以使国家行政权力能深入农村地方，衔接国家政权与社会之间的关系。① 其中，建立地方保卫团，设立地方警察制度就是一种新尝试。

法华乡保卫团是绅商自主发起筹建的维持地方治安的民间武装组织，发端于光绪三十四年（1908年）的体育会。据当时《申报》报道"法华体育会成立"的消息称：

> 法华为上海西乡首镇，素尚武风。刻由本镇绅商组织一体育会，先于上月开会，公推吴淞司严君善圻为监督，用普通选举法公举学董杨鸿藻为会长，学董朱赟、黄炽，商董何福祥、金永吉为会董，兼任干事。杨洪钧、戴仁为评议员。又公请江苏陆军毕业生黄庆森、杨洪梅为司令员，已于八月十一日开操。②

体育会成立之时，吴淞巡检司还未裁撤，公推其担任监督，实际上是由法华镇学、商各界绅董主事，共邀集会员30余名。"在赞育堂筹捐开办，专习兵式体操"③，故又称为"法华体操会"。在每年冬防挨班出巡之际，体育会在征得府宪的同意下，备价向江南制造局请领枪支。④ 辛亥鼎革后，体育会改名民团，又名保卫团，武

---

① 包伟民主编：《江南市镇及其近代命运：1840—1949》，知识出版社1998年版，第212页。
② 《法华体育会成立》，《申报》1908年9月23日，第18版。
③ 民国《法华乡志》卷一《建置》。
④ 《法华体操会请领枪支》，《申报》1908年12月14日，第19版。

器装备开始由冬防所需改为常态化运作。由法华乡公所呈准上海县知事,"价购指挥刀一柄、后膛枪二十支、子弹二千颗,及衣帽、皮鞋、徽章、旗帜等,按期操练。延黄曦为团长、杨洪梅副之"①。

保卫团团部中心设在法华镇,分队五:"一徐家汇、一曹家渡、一钱家巷、一三泾庙、一何家角"②,形成相互巡守扼防之势,在对外保境安民,对内缉匪捕盗方面发挥重要作用。如1913年7月"二次革命"之际,松江总司令钮永建率队围攻上海制造局,至日晖港开战时,炮火弥天,流弹四射,远及10余里。"徐家汇迤南乡民,掘隧道藏身,有用湿毦铺桌上,躲于下,以避流弹。"③ 一时间,避难居民,昼夜不绝,扶老携幼,男啼女哭,"法华街道,几为之塞"④。为此,乡董李鸿鬻招集保卫团,"遂邀民团二十名、商界二十名、学生二十名,分班轮防,以资保护"⑤。

相较之下,缉匪捕盗更为凶险惨烈,法华保卫团团员在与盗匪搏斗过程中,时有命案发生。

1925年2月2日夜,乡民陆洪基、张阿四,派佃户潘金克来法华乡保卫团报称,陆、张两人在行经法华镇北大西路时,遇匪拦路,将两人圈往潘金克家中,请速救护。保卫团随即派出团员杨正林、邱树生、胡新德,以及马基承,分队驰赴潘家营救,但此时匪已远撤,陆、张两人获救。然而,当马基承分队回部时,道经李漎泾马路桥,"见二匪迎面来,马君奋前查询,突被狙击,胸中二弹,立时

---

① 民国《法华乡志》卷一《建置》。
② 王晖等编:《市政演讲录三集 上海市各区概况》,上海市政府1930年8月印行,第30页。
③ 民国《法华乡志》卷三《兵燹》。
④ 民国《法华乡志》卷三《兵燹》。
⑤ 民国《法华乡志》卷三《兵燹》。

殒命"①。马基承，系法华乡陈家巷人，性慷爽，好义勇，遇事无畏，向来以经营布业为生，曾任久大昌布号浦东庄经理，历充法华乡商团及民团团员。保卫团成立后，"返里充任团员，昼夜出防，精勤不懈"②。此次因公遇害，年仅40岁，凶手盗匪，唤作冯锡培，也被保卫团击伤倒毙于公共租界大西路，经静安寺捕房验尸，得知此人原籍苏州，向居城内，作案前不久才迁至公共租界无锡路无锡里。③ 很有可能是为生计困顿所迫而铤而走险，沦为盗匪。

保卫团虽由法华绅商发起创设，配备武器，有一定的民间财力支持，但毕竟人数有限，且属于义务巡防，归根到底属于组织较为松散的自治性质团体，与真正意义上的正规化警政还不可相提并论。法华境内最早出现近代警察机构是在光绪三十二年（1906年）的徐家汇。

> 徐家汇警察，光绪三十二年，就兵房改设淞沪警察二区第三分驻所。民国九年，天主堂建新舍，在后木桥东迁入……巡查界限：东至租界，东南至日晖港、新桥一带，南至小闸南二十六保，西至东上澳塘，北至法华北侯家宅、陶家宅。④

徐家汇巡警局成立之初，计署员1员、巡官1员、巡长5名、巡士50名。警力充足，治安效绩显著。当时，虹桥路一带宵小横行，巡警局署员余炳文率巡士，"分段夜匿田间，拿获盗匪不止一

---

① 《法华保卫团定期追悼马承基》，《申报》1925年2月28日，第14版。
② 《法华保卫团定期追悼马承基》，《申报》1925年2月28日，第14版。
③ 《法华乡保卫因公遇害三纪》，《申报》1925年2月6日，第14版。
④ 民国《法华乡志》卷三《警察》。

起，地方赖以安谧"①。更可道者，在1913年"二次革命"期间，由余炳文率领的徐家汇巡警局巡士数十名及马路洋兵，在肇嘉浜各桥扼守，以致溃兵、土匪不能越雷池一步。②

起初，法华镇并无单独的警察机构之设置，是法华乡公所眼见徐家汇成立巡警之后，宵小束手，地方安宁，大获其利，遂以法华镇地居冲要、客民繁多为由，向淞沪警察厅申请从徐家汇所在的二区第三分驻所选派巡长一名，巡士十名，在法华镇成立派出所。这一请求不久便获准，1914年，"警察乃由淞沪警察厅派来，共十许人，驻积谷仓内"③。唯恐居民未及周知，法华镇派出所还特地贴出告示，晓谕众人："尔等须知，此次添设派出所，专为保护尔等生命财产，维持地方安宁秩序而设，实于地方有安危之关系。"④

然而，此后很长一段时间内，法华镇的巡警始终也仅有十余名，这与该镇户口繁多、客民杂居、治安形势复杂多变的形势严重不匹配。尤其是冬防期间，"奸宄易于生心"⑤，警力不足往往成为各类犯罪案件频频爆发的一大主因。为了消弭祸患，法华乡董提出了三种解决之道：一是"速起而自卫"，加强保卫团力量；二是"要求警所添派长警巡逻，以资防范"⑥；三是呈请淞沪警察厅派游巡队到法华乡驻防，藉资保护。从成本控制与可操作性而言，以第三种方法能切实弥补地方辽阔、本地警力不足的短板，起到"地方绥靖，匪类敛迹"⑦的效果。

---

① 民国《法华乡志》卷三《警察》。
② 民国《法华乡志》卷三《兵燹》。
③ 瞿宣颖：《法华镇状况概要（社会调查之一）》，《复旦》1918年第7期。
④ 《示谕法华人民添设巡警派出所以资保护文》，《警务丛报》1913年第10期。
⑤ 《法华镇西之劫案》，《申报》1924年11月24日，第15版。
⑥ 《法华镇西之劫案》，《申报》1924年11月24日，第15版。
⑦ 《法华乡董请留游巡队驻防》，《申报》1924年2月29日，第15版。

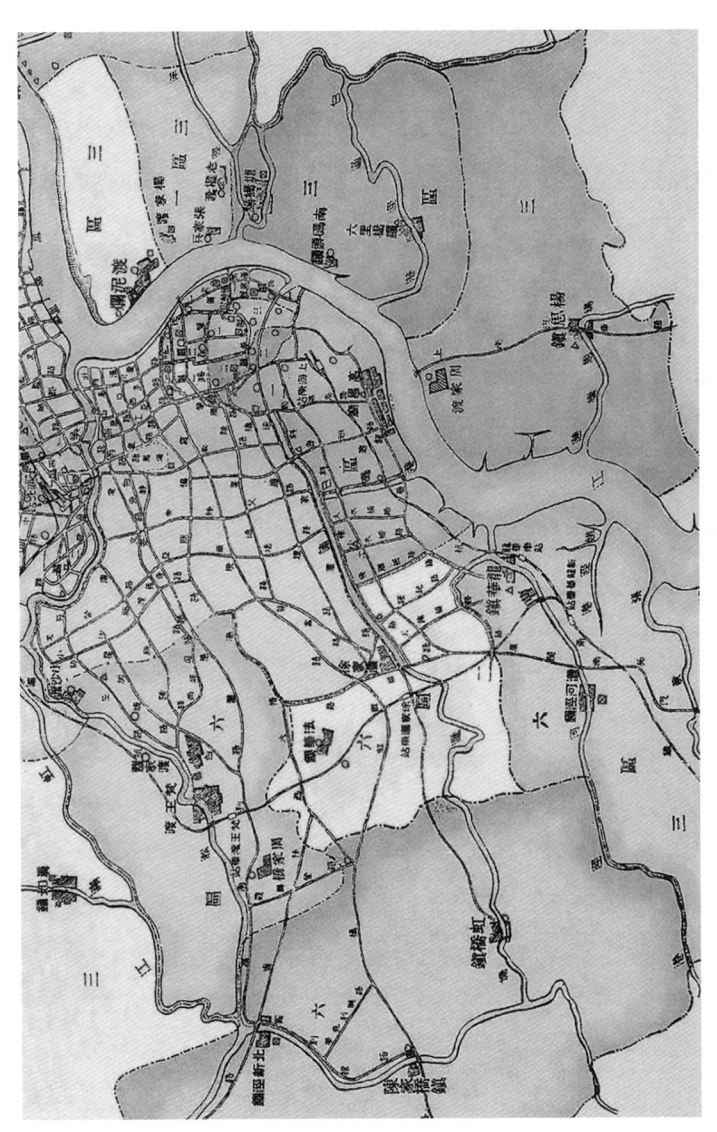

第六章 "华洋之界"的城市化问题与社会治理 363

图 6-8 1928 年上海特别市公安局警区图中标注的"曹家渡""梵王渡"与"法华镇""徐家汇"警政权属不同

与法华镇同处最低警政层级的，还有1912年设立的曹家渡派出所。不过，它不是由徐家汇二区第三分驻所而设，而是从属于淞沪警察厅在北新泾所设的四区第四分驻所。换言之，曹家渡、徐家汇两地虽同处法华乡，但其警政系统却互不同属。1925年，随着沪西越界筑路地区的华洋警权之争日趋激烈，曹家渡因处于筑路密集区域而受到重视，淞沪警察厅第六区总署便设于此。1927年7月，淞沪警察厅改为上海特别市公安局后，又在第六区总署下设置徐家汇警察分署，其下又设谨记桥、土山湾、虹桥路、法华镇、何家角5个派出所，[1] 尽管警力尚显单薄，办公空间多借用破落的谷仓、寺庙，且在实际中甚少或者还未来得及体现其"现代性"的作用，但现代警察制度在法华镇的最终建立，毕竟增强了国家政权控制基层社会的力量，而治理能力的强化实是市镇城市化的必要前提。

---

[1] 王晖等编：《市政演讲录三集 上海市各区概况》，上海市政府1930年8月印行，第29页。

结　语

本书以城市化为主题,长时段考察了明清至民国时期上海法华地区(以法华镇为中心,兼及周边的曹家渡、徐家汇、静安寺等聚落)如何从"城西首镇"演化转型为"华洋之界"的进程。行文至尾,一个无法绕开且引发学理深思的"压轴性"问题直面而来,必须予以回应,那就是截至1927年进入"国家建设"模式前,法华镇究竟是否或者说在多大程度上完成了近代城市化转型?这种转型成败的因素与逻辑,对思考传统江南市镇的近代命运与当代走向具有何种"范式"意义上的启示?

第一节　近代法华镇城市化转型成败探讨

在既往的上海城市史研究中,也有相关学者的成果涉及此议题并尝试回答这个问题。如苏智良主编的《上海城区史》一书中,单设有沪西地区曹家渡、徐家汇、静安寺等城区变迁个案研究,其中就涉及与法华镇近代转型的比较分析,提出了"衰落说"的观点。即法华镇步入近代后,外有租界越界筑路对"水乡"交通的功能破坏,市面又遭受太平军等多次战乱洗劫,内有原属曹家渡、徐家汇等"后起之秀"的市镇相继崛起,它们有着比法华更为优越的水路交通条件,更有近代工业化发展动力的支撑,从而使夹在中间的法华镇相形见绌,衰落成为必然趋势。①

另一种观点是"融合说",由郑祖安提出。他认为,法华镇在上海百年城市巨变中的确备受摧残和打击,失去了传统时代的繁盛和活力,而静安寺、曹家渡、徐家汇3个市镇则得天时地利之优,后来居上。但是当近代上海核心城区大举向西蔓延和扩拓后,无论是衰落的法华古镇,还是勃兴的新兴市镇,都无法抗拒城市化席卷的大势,最终都被其包融化解。"以前农村社会中那种独立的市镇形态被完全打破,不需也不能再加以持续。旧市镇和周围地区,一起融合组成为上海新城区的一部分。"②

与"融合说"相似,可归为一类的还有刘石吉的"卫星市镇"说。他认为:"十九世纪中叶后,由于通商口岸及现代水路交通的接引,法华镇市场范围渐与上海商埠连结,从此洋纱厂、织布厂、染织厂林立,规模日大而生计日多,而终以卫星市镇的地位而成为上海市区的一部分,口岸经济的影响在此表现得最为深刻。"③

从表面上来看,"融合说"与"卫星市镇说"清晰地揭示了法华镇与上海新都市之间的关系,明确了近代法华镇已成功完成城市化转型,相较于笼统的"衰落说"更具实证性与解释力。然而,由于"融合说"与"卫星市镇说"两种观点,或是从曹家渡、徐家汇个案研究中"反向推导"出来的,或是将法华镇视为江南市镇"整体性"研究的一个注脚而得出的,都没有直接建立在"精细化"研究法华镇的基础上。因此,所得结论难免产生"隔靴搔痒"或"后见之明"

---

① 苏智良主编:《上海城区史》,学林出版社2011年版,第635页。
② 郑祖安:《百年上海城》,学林出版社1999年版,第31页。
③ 刘石吉:《明清时代江南市镇研究》,中国社会科学出版社1987年版,第29页。

之感。

其实，要尽量准确客观地回答法华镇城市化转型的成败问题，并非易事。尽管学术界有大致公认的现代城市化衡量标准，即须以人口、经济、土地等指标性因素进行考量，尤其是以城镇人口占城乡总人口比重来判定城镇化水平高低，更是经济学、人口学科奉若经典的量化方法。然而，对于清末民国的法华乡而言，且不说这些数据指标用于分析当时的城市化水平是否适宜，单要搜集这几项细部资料，也相当困难。因此，笔者认为，为避免得出"后见之明"的结论，还须回到民国历史场景与情境中，以当时人对法华镇的真切观感、记录与评价中构建其城市化与否的认知。先来看1918年11月曾在法华镇做社会调查的复旦学子瞿宣颖的现身说法：

> 由上海市循霞飞路西行，达其极点，则得复旦大学，其侧有石径。蜿蜒傍小溪，可二三里，由南达北，乡村矮屋，鳞次栉比，行旅络绎，百货具备，游其中者，恍若置身腹省一小乡镇，截然与比邻之欧西式村落相反，历史上有名之法华镇，此其是矣。
>
> 法华为上海最大乡镇，距租界才数武，而人物风土，尚保有旧观未变。良由其有历史上之来历，洵足为本国式乡村之代表。
>
> 法华以近租界故，地价极昂，故家有先人遗田数亩，辄称富豪，但观居民生活之简朴，未有不误为贫瘠之区者也。①

从瞿宣颖的描述来看，尽管法华镇距上海租界新都市近在咫尺，

---

① 瞿宣颖：《法华镇状况概要（社会调查之一）》，《复旦》1918年第7期。

地价腾贵，以田称富，但整个市镇明确被时人定位为保持华界旧观的"乡村"。不论是聚落规模、建筑景观，还是风土民俗、居民生活，都弥散出朴素的乡土气息，这与租界新都市的洋房、高楼、宽阔平坦的马路，以及先进的邮政、消防等公共设施形成鲜明的对比，甚至与当时已现"洋场风景"的徐家汇也相去甚远。

这种始终没有融入都市并呈现城乡二元对立意味的状态，一直持续到20世纪三四十年代，仍是如此。1936年5月31日，一批沪上文人去法华访古，他们写道："向北走到了法华镇，狭窄的道路和矮小的房屋，在都市里住久了的我们并不感到如何的兴趣。"[①] 可见，此时人们眼中的法华镇是被排斥在都市之外的。而至20世纪40年代末，法华镇仍无公用电话、自来水，一旦发生火灾，"救火车是非到漫天通红不会来的"；街道是石块砌叠成的，崎岖不平，房屋"一半是具有百年以上历史的破旧的瓦房子，一半是木板架搭起来的板屋"[②]。

以上种种显示，在近代上海租界新都市大扩展的形势下，法华镇尽管处于租界新都市之比邻，深受以西方工业化为背景的城市文明的辐射与包围，但始终未能融入其中，完成城市化转型。相比法华镇所属村落曹家渡、徐家汇、静安寺等地异军突起，成为近代新城区，这种兴衰消长之间的置位，新与旧的交替，传统与现代的较量，值得学者深入分析其中内在的深层原因与逻辑。这将不仅有助于明晰法华地区城市化的演进脉络，也可管窥上海乃至江南传统市镇近代化变迁的机制。

---

① 《法华访古记》，载上海通社编：《旧上海史料汇编（下）》，北京图书馆出版社1998年版，第14页。
② 《新民晚报》1946年9月4日，转引自苏智良主编，姚霏、江文君副主编：《上海城区史》，学林出版社2011年版，第531页。

第二节 "内外双循环结构": 法华地区城市化盛衰机制解析

诚如刘石吉指出的那样,19世纪中叶之前江南市镇的兴起与繁荣,绝非西方工业革命后那种城市化的起点,其发展实质是一种"传统内变迁"(change within tradition),是有中国传统特色的,她走的是与西方不同的道路。① 法华镇同样也是如此。清乾嘉年间,法华镇之所以成长为"城西首镇",形成仅次于上海县邑的高级商业聚落形态,本质上取决于"内外双循环结构"的良性运转,即内部根植于四乡以小农家庭为主的棉布业商品化发展,并与农村社会长期稳定地维系着互生共长的良性城乡结构;而就外循环而言,法华镇所在的上海县城西郊尤其是濒临吴淞江的市镇体系,在清代属于以运河城市苏州为中心的贸易腹地与市场子系统,其所受到的来自上海县城的经济辐射力远不及苏州府城。② 相较于近代上海开埠后口岸经济因素楔入市镇,明清时期融入苏松地区市场系统的"外循环",本质上仍然是一种"内变迁"。虽然它在市场层级上高于"市镇—乡村"这种"内循环",但就商业引力的性质而言,两个循环系统是同质的。也正是这种同质共生、良性互动的"内外双循环结构",成为传统时期法华镇"原生型"城市化的主要赋能力量。

然而,时至上海开埠后,以西方机器工业为动力、以资本主义

---

① 刘石吉:《小城镇大问题:江南市镇研究的回顾与展望》,载章开沅主编:《近代史学刊》(第2辑),华中师范大学出版社2005年版,第1—10页。罗婧:《江南市镇网络与交往力 以盛泽经济、社会变迁为中心 1368—1950》,上海人民出版社2010年版,第291页。
② 参见拙文《从寺庙聚落到"城西首镇":清代上海法华镇"原生型"城市化研究》,《中国经济史研究》2019年第1期。

工商业为龙头的近代口岸城市横空出世，亦有学者称之为"港埠都市"，① 并称它与传统中国"古都型"的城市迥异，与明清市镇的形成演变过程也大异其趣。② 在这种由租界外力主导的近代城市化模式开启后，法华镇原生型城市化所仰赖的"内外双循环结构"开始遭遇冲击破坏，最终趋于消解。

就"内循环"而言，首先是法华镇四乡以小农家庭为主的棉布业生产结构趋于动摇。表现有三：一是开埠通商所带来的机制洋纱、洋布的倾销，导致农家土纱、土布业的滞销，使核心产业濒临没落甚至破产。民国《法华乡志》云："近世西法盛行轧花、弹花、纺纱、织布，均尚机器，女红之生计穷矣。"③ 1930年上海市政府对该地的概况调查中，也提及棉布业之萧条。"从前乡间农妇向以纺织为业，近则机声久辍，已归淘汰，盖洋布充斥，土布滞销，终日勤动，得不偿失，惰者遂宁辍业，勤者亦恃帮忙工而生活矣。"④ 二是受上海工商业大都市庞大人口需求的刺激与牵引，法华四乡衍生出豆麦、蔬菜、花草等多元化种植业，使传统棉花种植不再"一强独尊"。"乡村农户，每家占地约四五亩，以一二亩种菜，三四亩种棉麦、蚕豆等。"⑤ 更具解构性的是，法华蔬菜、花卉种植业性质上不属于"市镇—乡村"的"内循环"，而是作为城郊农产品生产基地直接供给上海，被纳入到口岸都市的资本主义市场体系。"经营蔬菜花卉者，有温床温室之设备，盖地近上海，业此者获利较厚故也。惟蔬

---

① 刘石吉：《小城镇大问题：江南市镇研究的回顾与展望》，载章开沅主编：《近代史学刊（第2辑）》，华中师范大学出版社2005年版，第10页。
② 刘石吉：《小城镇大问题：江南市镇研究的回顾与展望》，载章开沅主编：《近代史学刊（第2辑）》，华中师范大学出版社2005年版，第1—10页。
③ 民国《法华乡志》卷三《土产》。
④ 王晖等编：《市政演讲录三集　上海市各区概况》，上海市政府印行，1930年，第19页。
⑤ 《本市各区农村概括调查摘要》，《申报》1928年10月10日，第40版。

菜出卖，多经菜行之手，牛乳厂系外人经营，农家所产牛乳、售诸牛乳厂、受检验后，方可出卖。"① 换言之，法华蔬菜花卉种植业与畜牧品加工业的产生，使法华镇丧失了"内循环"的独立性，从明清独立的农村经济中心蜕变为近代上海市区工业经济的原料供应地。三是维系与保障法华四乡棉纺织商品流通集散的发达"水乡"交通，在租界当局多次越界筑路的切割与越界租地的蚕食下走向衰落。旧桥被拆除，中小水路被填埋，原有以水路为中心的道路网络被破坏，尤其是攸关法华镇市面命脉的李漎泾，水利与航运功能严重衰退，已不足以支撑起法华镇作为"城西首镇"与四乡农村，与太湖流域更高一级经济中心地的商贸循环；而新的陆路交通体系在华界缺乏足够的财力、物力支撑下又难以建立，因此，1930年法华区自身反思商市萧索的原因时，也说有二："河流阻塞、航运不通，一也。街道狭小，出入不便，二也。欲兴市面，浚河修路实为当务之急。"②

其次，作为法华镇传统支柱产业的棉纺织业日益陷入凋敝，而与之毗邻的上海租界新都市的经济中心机能却急剧膨胀，一消一长之间，必然吸引市镇商业资金大量集中至租界新都市。如传统时代以法华镇为中转集散地从事贸易的商人，至民国初年，越来越倾向于赴上海投资设厂，导致镇内"市面萧索，几无商业可言"③，大型的商店几乎没有，多为小型的酒食、丝布、家具、药材、冶工、木工等生活日用店铺，"然都系小本经营，不过谋锱铢之利而已"④。其中，经售香烛、元宝、裏纸等敬神斋鬼所用物品者近半，到处充斥着贫穷与迷信。与商业资金薄弱对应的是法华镇职业结构"农多

---

① 《本市各区农村概括调查摘要》，《申报》1928年10月10日，第40版。
② 王晖等编：《市政演讲录三集 上海市各区概况》，上海市政府印行，1930年，第20页。
③ 王晖等编：《市政演讲录三集 上海市各区概况》，上海市政府印行，1930年，第20页。
④ 王晖等编：《市政演讲录三集 上海市各区概况》，上海市政府印行，1930年，第20页。

商少",至 1930 年以前,"居民职业,多数业农,工次之,商又次之"①。资金与商人的匮乏,让近代法华镇失去了自身启动工业化的可能,"内循环"的进一步发展自然困难重重。

再次,"内循环"危机还表现为,上海租界新都市作为近代城市化新"增长极"出现后,法华镇与外围村落"中心—边缘"结构发生了逆转与异化。最典型者,莫如曹家渡、徐家汇、静安寺。这三地在太平天国战争时期,租界在此越界筑路之前,原属法华镇荒僻之"乡脚",孤悬西郊,人迹罕至。然在公共租界与法租界不断向沪西扩张的过程中,它们因距离租界最近而被激发活力。先得越界筑路与洋商教会租地之便,被率先纳入到现代城市地理学上所谓的"交通走廊区",继而再得新式交通、产业、市政、教育能量辐射之先,纷纷后来居上,一跃成为活力无限、功能先进的新兴市镇,如:徐家汇成为法国天主教在沪的"拉丁区",静安寺则定位为租界的"后花园",曹家渡为移植上海租界新都市的"工业生产区"。这种城市化发展路径与机理,就与明清江南市镇以小农家庭手工业商品化为基础的"原生型"城市化截然不同,可以称之为租界新都市辐射型、拉动型的"被城市化"模式。

这种"被城市化"模式的产生,对于法华镇与曹家渡、徐家汇、静安寺原先"中心—边缘"的结构关系来说,已不仅仅是一种异质化、离心化的因素,更是破坏性的挑战与解构力量。最为典型的反映在法华四乡农村剩余劳动力,不再集中转移到古老的法华镇谋求生计,而是纷纷流至曹家渡、徐家汇工厂做工。1919 年法华全乡人户调查时,法华镇只有 601 户,男丁 1 625 人、妇女 1 426 人,已远

---

① 《附录:法华区之财政状况》,《上海财政》1930 年 10 月,第 1 期。

落后于徐家汇镇（675户，男丁3 079人、妇女1 428人），更无法与工业发达的曹家渡相提并论（1 490户，男丁4 288人、妇女3 255人），① 其人户总数几近法华镇的2.5倍。至1928年，法华全乡总户数与人数猛增至4 715户，24 375人，② 据当时的《申报》报道，原因正在于"惟近来如曹家渡一带，工厂兴盛，男女工人寄居于此者，日增月盛，与八年所调查者，想多出数倍矣"③。

而就法华镇高素质人口而言，也发生了向涵盖新学校、新知识空间的徐家汇、曹家渡、梵王渡单向流动的趋势。如法华镇颇负盛名的王丰镐家族诸子，分别进入交通大学、光华大学、圣约翰大学接受新式教育，进而出洋留学，转型成为现代城市新职业人群。而他们因职业分工、生活方式、价值观念的趋新，已再难融入认同仍处于传统状态的法华本乡，这就是不少学者所指的士绅或知识分子"城市化潮流"。它使法华镇在丧失农村经济中心地位的同时，在文化生态上也出现日益"空心化"与"荒漠化"现象，这也是近代以后江南市镇"城乡一体"文化结构断裂的表征。

法华镇在近代遭遇的种种"内循环"危机，必然也引起"外循环"结构的变革。包伟民在《江南市镇及其近代命运》一书中分析近代农村市镇结构调整，就涉及这个问题。他指出，传统的以州县阶层结构为基础，以运河城市苏州为中心的江南农村市场结构，逐步转变成了以上海等近代都市为中心、阶层更为简单化的市场结构，这就是说，江南农村地区中间市场一般都与上海这样的近代都市建立了直接的贸易联系。④ 从事城市历史地理研究的学者张晓红、牟

---

① 民国《法华乡志》卷一《户口》。
② 《本市各区农村概括调查摘要》，《申报》1928年10月10日，第40版。
③ 《本市各区农村概括调查摘要》，《申报》1928年10月10日，第40版。
④ 包伟民主编：《江南市镇及其近代命运：1840—1949》，知识出版社1998年版，第71页。

振宇,更进一步深化了包伟民的观点,指出近代上海新兴的许多市镇,其空间格局不再以传统上海县城为中心、区域中心市镇为节点构成空间网络结构,而是以租界城市建成区为中心形成圈层结构。① 这一确论也同样适合分析法华地区的市镇。

作为明清时期上海棉布业巨镇之一,法华镇对外依附的是以苏松为中心的太湖流域市场系统,但随着上海开埠,强势的口岸经济引发了前所未有的巨大对外贸易能量,激活了它的地缘禀赋,使之开始重塑传统江南地区的经济版图与城市格局,由原先一座边缘性的江南滨海县城一举取代苏州和杭州,成为江南新的中心城市。在此背景下,江南市镇、农村逐渐成为上海广袤而又丰饶的经济腹地,法华镇也难逃沦为上海工业经济原料供应地的命运。

然而,同样是受到上海口岸经济的牵引与辐射,法华镇与徐家汇、曹家渡的"外循环"程度却并不均匀,所表现出来的城市化转型效果自然也非一致。徐家汇、曹家渡等地原为乡村聚落,资源匮乏,并无经济能级,口岸经济对它所施加的影响,更多的是单一辐射输出而非从中集聚吸收,这也是它们能够后发先至,迅速成市成镇的原因。而法华镇则大不相同,由于它自乾嘉以来就是城西地区首屈一指的棉布业巨镇,资源禀赋优越、经济能级较高、文化底蕴深厚,所以,口岸经济对它的"极化效应"② 非常明显。也就是说,租界新都市从法华镇源源不断地吸纳了社会经济资源,破坏其原有

---

① 张晓红、牟振宇:《城市化与乡村聚落的空间过程——开埠后上海东北部地区聚落变迁》,载《复旦学报》(社会科学版) 2008 年第 6 期。
② 极化效应是经济地理学或区域经济学中的一个重要概念,最早是由美国经济学家 A. 赫希曼 1958 年在《经济发展战略》中提出来的,是指增长极的推动产业吸引和拉动周围的相关要素和经济活动不断趋向增长极,从而加快增长极自身成长的现象。极化效应在城市化的过程和城市群集带的形成过程中起着极为重要的作用,因而加大了地区生产分布与城市分布的不平衡。参见尹世用等主编:《市场经济百科全书》,四川人民出版社 1993 年版,第 1353 页。

的社会经济发展轨道，造成市镇的社会经济衰落。这一点，在安涛研究明清以来金山县朱泾镇经济社会转型时也得到了证实。所以，比较一致的结论是"经济中心与其周边地区的互动是有条件和选择性的，其主要不是取决于距离的远近，而是取决于两者之间社会经济发展的关联度及其自身的发展条件"①。

更值得注意的是，成熟老化的市镇社会经济基础与形态，反过来也成为法华镇新陈代谢沉重的"历史包袱"，使它在近代城市化转型进程中始终被长期历史积淀而形成的结构性积习所制约，这样一来，对城市化具有决定性影响的工业化因素就难以渗入市镇内部。如民国时期法华东西两镇上的旧式街道、桥梁老化破损甚巨，商品与人员流通严重受阻。又如自明清以来借河房、寺庙而开展的商铺经营传统一直保留到近代，致使土地利用方式得不到更新，新式工厂难以进驻开设。这些老传统与旧积习，都在很大程度上制约了城市化的进程、节奏与程度。

第三节　江南市镇两类城市化模式的利弊与启示

通过解析"内外双循环结构"的困境，本书回答了法华镇之所以未能完成近代城市化转型的同时，也使一个关于江南市镇近代命运的宏观性议题浮出了水面并有了解答的可能，即传统市镇在步入近代社会后，为何消弱甚至丧失了独立发展成为大城市的可能，而是出现了一种异化为都市附属城镇的趋势？再引申一下，就是有些学者提出的，中国明清以来的市镇发展并没有像发达国家那样成为

---

① 安涛：《中心与边缘：明清以来江南市镇经济社会转型研究——以金山县市镇为中心的考察》，上海人民出版社 2010 年版，第 273 页。

城市化发展的一个过渡阶段，市镇广泛而密集的分布反而成为中国城乡结构的一大特点。①

从法华镇的个案来看，其深层原因在于本土内生的"原生型"城市化模式与外力推引辐射的"被城市化"模式，在彼此抗衡中既难以衔接融合，又无法完全取代对方。"原生型"城市化模式尽管总体上趋于没落，但正如包伟民所言，这种长期以来所形成的寓工于农的家庭生产结构，在社会转型过程中显示了顽强的生命力，在某种意义上或者可以说更显示了其创造力，因此在"工业化"这个看似共性的外表之下，内里结构仍因民族历史传统而有着自己的特征。② 而外力推引辐射的"被城市化"模式，尽管强势崛起，汹涌如潮，是近代以后江南城市发展的主流走向，然而它毕竟是"后发外生型"的，是城市对农村的扩张，而非农村内发的结果，③ 自然也很难在短时间内替代本土的"原生型"城市化模式。这样一来，两种城市化模式夹杂错位，使城市化进程呈现出传统与近代交织并存"半截子"或者称为"半市半乡"④ 状态。进而日益影响到传统中国"一体化"的良性城乡结构，最终演变成一种二元结构的城市化道路，这也是当今中国城乡二元结构体制由来的历史因缘。

就城乡关系的视角而言，江南市镇这两种城市化模式各有利弊，值得总结吸收。"原生型"城市化本质上是"乡村城市化"，缺点在于城乡关系必须依赖于分散的、小农家庭化的手工业的商品化发展，

---

① 傅春晖：《明清以来的市镇：中国城镇化发展的历史因缘》，《社会》2020年第1期。
② 包伟民：《杂学谓博：江南市镇考察忆旧》，载王家范主编：《明清江南史研究三十年1978—2008》，上海古籍出版社2010年版，第92页。
③ 范虹珏：《明清时期太湖地区的市镇发展与劳动力转移——城镇化的视角》，《中国农史》2015年第2期。
④ 刘士林：《江南文化理论》，上海人民出版社2019年版，第141页。

不利于更多的农村人口向城镇流动,因而大规模的城市化浪潮不能出现,只能在小规模、低水平的基础上缓慢进行。① 但这种城市化的优点也较为明显,即它不是城市社会在农村地区的简单复制,也不是城市取代乡村导致城乡差异的消失,而是农村社会基于自身特点形成与城市文明本质上相似、水平上接近的发展形态,是城乡之间在彼此整合的基础上走向一体的过程。② 因此,城乡关系是相对均衡和谐的,城乡之间、乡村之间、村镇之间的互动与互补性较强。尤其是产业态势上有较大的一体性,在经济、市场、商业网络诸层面,构成了一个层次丰富、产业样态多元、水运网络发达、谋生渠道丰富、城乡关系密切的大"市场",经常超越行政管理的框架。

而外力推引辐射的"被城市化",尽管具有超强的位势、能级与辐射能力,但却是在西方列强的坚船利炮和西方现代文化的侵略和影响下展开的,具有很强的殖民色彩,极易造成城乡差距扩大而分化失衡,并产生一系列的社会失序问题。正如1930年法华区总结自身市政管理问题时称,"本区最感痛苦之事,莫如受越界筑路之包围,天主堂之牵制,遇事掣肘,应付为难"③。"至如曹家渡之电气、自来水,均由英租界供给,徐家汇之房屋土地均为天主堂所有,利权不免外溢,管理尤感困难。地邻租界,中外具瞻,长此因循,不特贻笑外人,且失市民信仰,似宜尽先整理,以保主权。"④ 凡此种种,都说明了作为西方殖民势力扩张衍生物的城市化,对近代江南

---

① 乔志强、陈亚平:《江南市镇原生型城市化及其近代际遇》,《山西大学学报》(哲学社会科学版)1994年第4期。
② 陈国灿:《关于明清江南市镇研究的几个问题》,载王家范主编:《明清江南史研究三十年(1978—2008)》,第425页。
③ 王晖等编:《市政演讲录三集 上海市各区概况》,上海市政府印行,1930年,第36页。
④ 王晖等编:《市政演讲录三集 上海市各区概况》,上海市政府印行,1930年,第20—21页。

市镇的转型很大程度上也是客观上充当了历史不自觉的工具，必然是不稳定的、暂时的。只有建立在属于自身主权的工业基础上的城市化，才能带来城市稳定、持续的发展。

破除城乡二元结构，坚持城乡融合发展，以城乡一体化为导向推进城乡结构转型，是"中国式现代化"必须解决的历史难题。带着法华镇城市化研究的历史启示回归现实，可以说，依循"农村城市化"逻辑发展小城镇，一度对我国的城镇化进程及道路选择起到了巨大的推动作用，但考虑到未来城乡结构变化的发展趋势，小城镇战略仍然可以是城镇化推进的一种补充形式，但是却难以成为我国的更高层次且以质量为主的城镇化道路选择。[①] 中国新型城镇化建设，必须选择大都市和大中城市带动为主、以发展小城市和农村小镇为辅的城市化模式，确立"八大城市集群"即大城市"拉动型"的城市化主流模式，使中国城市化走上健康快速之路。

[①] 陆杰华、韩承明：《论小城镇与我国的城镇化发展道路》，《社会建设》2013年第1期。

参考文献

一、正史、官书、地方志籍、家谱、碑刻资料

1. 〔清〕张廷玉等撰:《明史》,中华书局2000年版。
2. 赵尔巽等撰:《清史稿》,中华书局1977年版。
3. 〔唐〕李吉甫:《元和郡县图志》,中华书局1983年版。
4. 〔宋〕杨潜撰:《绍熙云间志》,嘉庆十九年刊本。
5. 〔明〕郭经修,唐锦编纂:《上海志》,弘治十七年刻本。
6. 〔明〕颜洪范修,张之象等纂:万历《上海县志》,万历十六年刻本。
7. 〔清〕史彩修,叶映榴等纂:康熙《上海县志》,康熙二十二年刻本。
8. 〔清〕李文耀修,谈起行等纂:乾隆《上海县志》,乾隆十五年刻本。
9. 〔清〕范廷杰修,皇甫枢等纂:乾隆《上海县志》,乾隆四十九年刻本。
10. 〔清〕尹继善等修,黄之隽等纂:《江南通志》,乾隆元年刻本。
11. 〔清〕王大同修,李林松纂:嘉庆《上海县志》,嘉庆十九年刻本。
12. 〔清〕宋如林等修,孙星衍等纂:《松江府志》,嘉庆二十二年

刊本。

13. 〔清〕应宝时等修，俞樾等纂：《上海县志》，同治十年刊本。

14. 吴馨、江家峻修，姚文枬纂：《民国上海县志》，民国二十五年铅印本。

15. 吴馨等修，姚文枬等纂：《上海县续志》，民国七年南园志局刻本。

16. 杨逸纂：《上海市自治志》，民国四年刊本。

17. 陈传德修，黄世祚主纂：《嘉定县续志》，民国十九年铅印本。

18. 〔清〕张承先著，程攸熙增订：嘉庆《南翔镇志》，民国十二年刊本。

19. 〔清〕王锺编录：嘉庆《法华镇志》，收入"上海乡镇旧志丛书"，上海社会科学院 2005 年版。

20. 〔清〕王锺编录，金祥凤补抄：光绪《法华镇志》，收入"上海乡镇旧志丛书"。

21. 〔清〕王锺编录，〔民国〕胡人凤续辑：《法华乡志》，收入"上海乡镇旧志丛书"。

22. 〔清〕唐锡瑞纂：《二十六保志》，收入"上海乡镇旧志丛书"。

23. 〔清〕秦立纂：《淞南志》，收入"上海乡镇旧志丛书"。

24. 《长宁区志》编纂委员会编：《长宁区志》，上海社会科学院出版社 1999 年版。

25. 上海长宁区人民政府编：《长宁区地名志》，学林出版社 1988 年版。

26. 上海市普陀区人民政府编：《普陀区地名志》，学林出版社 1988 年版。

27. 顾炳权主编：《上海市浦东新区地名志》，华东理工大学出版社

1994 年版。

28. 周明伟、唐振常主编：《上海外事志》，上海社会科学院出版社1999 年版。

29. 上海市地方志办公室编著：《上海名镇志》，上海社会科学院出版社 2003 年版。

30. 孙金富主编：《上海宗教志》，上海社会科学院出版社 2001 年版。

31. 《淞溪李氏族谱》，光绪七年印本，美国哈佛大学汉和图书馆珍藏。

32. 李鸿鬺等纂：《法华李氏宗谱》，民国八年木活字本，上海图书馆馆藏。

33. 乔先格主修：《乔氏宗谱》，民国二十一年铅印本，上海图书馆馆藏。

34. 曹鸿修：《曹氏宗谱：不分卷》（上海），民国二十一年石印填补合璧本，上海图书馆馆藏。

35. 王坤曾撰：《王氏世谱》，民国八年抄本，上海图书馆馆藏。

36. 王企曾纂修：《省庐大事记年录（不分卷）》，民国十六年油印本，上海图书馆馆藏。

37. 上海博物馆图书资料室编：《上海碑刻资料选辑》，上海人民出版社 1980 年版。

38. 柴志光、潘明权主编：《上海佛教碑刻文献集》，上海古籍出版社 2004 年版。

二、文集、笔记、日记、回忆录

1. 〔唐〕陆广微：《吴地记》，江苏古籍出版社 1999 年版。

2. 〔宋〕朱长文：《吴郡图经续记》，江苏古籍出版社 1999 年版。

3. 〔元〕贡师泰：《玩斋集》，收入《影印文渊阁四库全书》，上海古籍出版社 2003 年版。

4. 〔明〕朱豹：《朱福州集》，收入《四库全书存目丛书》，齐鲁书社 1997 年影印版。

5. 〔明〕徐光启：《增订徐文定公集》，徐家汇天主堂藏书楼藏，1933 年。

6. 〔清〕顾祖禹撰：《读史方舆纪要》，上海书店出版社 1998 年版。

7. 〔清〕吴伟业：《梅村家藏稿》，宣统三年武进董氏诵芬室刊本。

8. 〔清〕郑光祖：《一斑录》，道光二十五年刊本。

9. 〔清〕褚华：《木棉谱》，收入《上海掌故丛书》，上海通社民国二十四年刊印本。

10. 〔清〕张春华：《沪城岁事歌衢》，收入《上海掌故丛书》，上海通社民国二十四年刊印本。

11. 〔清〕叶梦珠：《阅世编》，上海古籍出版社 1981 年版。

12. 〔清〕姚廷遴：《历年记》，上海人民出版社 1982 年版。

13. 〔清〕徐珂编撰：《清稗类钞》，中华书局 1984 年版。

14. 〔清〕钱泳：《履园丛话》，中华书局 1979 年版。

15. 〔清〕杨光辅：《淞南乐府》，中华书局 1991 年版。

16. 〔清〕王云：《云间第宅志》，收入《丛书集成初编》，商务印书馆 1937 年版。

17. 〔清〕乐钧·俞樾著；陈戌国点校：《耳食录·耳邮》，岳麓书社 1986 年版。

18. 〔清〕藜床卧读生辑：《绘图上海杂记》，光绪三十一年上海文宝书局石印本。

19. 〔清〕藜床卧读生：《新辑上海夷场景致》，光绪二十年上海管可寿斋石印本。

20. 〔清〕钱勖:《吴中平寇记》,收入《四库未收书辑刊》,北京出版社 2000 年版。

21. 〔清〕王韬:《瀛壖杂志》,上海古籍出版社 1989 年版。

22. 〔清〕毛祥麟:《墨馀录》,上海古籍出版社 1985 年版。

23. 〔清〕葛元煦:《沪游杂记》,上海古籍出版社 1989 年版。

24. 〔清〕黄式权:《淞南梦影录》,上海古籍出版社 1989 年版。

25. 〔清〕胡祥翰:《上海小志》,上海古籍出版社 1989 年版。

26. 〔清〕李维清:《上海乡土志》,上海古籍出版社 1989 年版。

27. 〔清〕包世臣:《安吴四种》,收入沈云龙主编:《近代中国史料丛刊》,文海出版社 1966 年版。

28. 〔清〕曹晟:《夷患备尝记》附《事略附记》,上海古籍出版社 1989 年版。

29. 〔清〕王韬:《漫游随录》,湖南人民出版社 1982 年版。

30. 〔清〕寄云山人:《江南铁泪图》,学生书局 1969 年版。

31. 郁慕侠:《上海鳞爪》,上海书店出版社 1998 年版。

32. 郁慕侠:《上海鳞爪续集》,上海报馆出版部 1935 年版。

33. 上海人民出版社编:《清代日记汇抄》,上海人民出版社 1982 年版。

34. 上海市文献委员会编:《上海胜迹略》,民国三十七年铅印本。

35. 陈荣广编:《老上海》,上海泰东图书局 1919 年版。

36. 施福康主编:《上海社会大观》,上海书店出版社 2000 版。

37. 陈伯熙编著:《上海轶事大观》,上海书店出版社据上海泰东书局 1924 年版整理,2000 年版。

38. 雷梦水等编:《中华竹枝词》,北京古籍出版社 1997 年版。

39. 韬奋著，中国韬奋基金会韬奋著作编辑部编：《韬奋全集》，上海人民出版社 1995 年版。
40. 中共中央马克思恩格斯列宁斯大林著作编译局译：《马克思恩格斯全集》，人民出版社 1979 年版。
41. 张寿镛、张芝联编：《约园著作选辑》，中华书局 1995 年版。
42. 上海市文物保管委员会编：《徐光启著译集》，上海古籍出版社 1983 年版。
43. 黎东方：《平凡的我——黎东方回忆录 1907—1998》，中国工人出版社 2011 年版。

三、档案文书

（一）上海市档案馆藏法华地区档案

1. 《上海市公用局供给法华镇自来水案》，卷宗号：Q5－3－2170。
2. 《上海市工务局关于法华港路文》，卷宗号：Q215－1－9199。
3. 《上海市工务局有关法华西镇停车场文书》，卷宗号：Q215－1－8252。
4. 《上海市工务局关于法华镇关庙基地文书》，卷宗号：Q215－1－8136。
5. 《法华区提议工务局事项意见书》，卷宗号：Q214－1－1
6. 《上海市公用局关于法华区农会及张云龙请求给水案》，卷宗号：Q5－3－2255。
7. 《上海公共租界工部局工务处关于哥伦比亚路的扩建》，卷宗号：U1－14－4261。
8. 《上海公共租界工部局工务处关于法华路的扩建》，卷宗号：U1－14－4305。

9. 《上海公共租界工部局总办处关于安和寺（法华）路延长和余地事》，卷宗号：U1-3-2760。

10. 《沪南工巡捐局关于法华乡越界筑路卷》，卷宗号：Q205-1-127。

11. 《因工部局在中国地界内购地筑路一事，中国居民及当局提出的抗议及函件往来》，卷宗号：U1-14-3914。

12. 《上海特别市法华区市政委员办事处提议翻建关帝庙、积谷仓房屋业卷》，卷宗号：Q214-1-1。

13. 《上海特别市法华区市政委员办事处关于工部局越界修建桥梁、道路、电杆卷》，上海市档案馆藏，卷宗号：Q214-1-24。

14. Suggestion for Substitution of name Sunset Avenue for above Road（1928），卷宗号：U1-3-2760。

15. Unregistered land leased by Mrs. Tenny（1924），卷宗号：U1-3-2760。

16. The St. John's Echo（July 20，1899），卷宗号：Q243-1-204。

（二）上海交通大学档案馆馆藏、复旦大学档案馆馆藏、上海图书馆藏盛宣怀档案

1. 《交大地界问题（法租界）交涉与外交部的来住函件》（1918年），档号：LS3-207。

2. 《陈士元函稿 抄寄法华乡免费学额办法》（1926年），档号：LS8-1342。

3. 《交通部上海工业专门学校（南洋公学）民国十年级纪念册》（1921年），档号：LS3-362。

4. 《复旦公学宣统二年下学期一览表》（1910年），档号：ZH0101-4。

5. 《王丰镐事略》，上海图书馆藏盛宣怀档案，档号：116701。
6. 《王丰镐致盛宣怀函》（1910年10月31日），上海图书馆藏盛宣怀档案，档号：0869。
7. 《王丰镐致盛宣怀函》（1910年12月16日），上海图书馆藏盛宣怀档案，档号：086893。
8. 《王丰镐致盛宣怀函》（1910年12月28日），上海图书馆藏盛宣怀档案，档号：086893。
9. 《王明照讣告》（1912年11月），上海图书馆藏盛宣怀档案，档号：083638-1。
10. 《徐家汇李公祠对面福开森名下道契地清单》，上海图书馆藏盛宣怀档案，档号：051237。

四、报纸杂志

The North-China Daily News（《字林西报》《北华捷报》）《申报》《新闻报》《时报》《民国日报》《晨报》《时事新报》《益世报》《民呼日报》《神州日报》《警务丛报》《上海市公报》《上海特别市市政公报》《南洋旬报》《画图新报》《小说月报》《南洋大学学生生活》《南洋季刊》《复旦》《光华年刊》《光华大学半月刊》《光华大学廿二周六三纪念特刊》《约翰年刊》《上海通志馆期刊》《道路月刊》《国立"中央研究院"社会科学研究所专刊》《星期评论》《时代（上海）》《上海财政》《上海县教育月刊》《紫罗兰》《福尔摩斯》

五、调查报告、资料汇编、史料丛书

1. 上海法华乡公所辑：《上海法华乡公所报告》，民国三年铅印本。

2. 上海特别市政府秘书处编:《市政演讲录初集》,上海特别市政府秘书处 1928 年 9 月印行。

3. 王晖等编:《市政演讲录三集 上海市各区概况》,上海市政府 1930 年 8 月印行。

4. 娄东、傅焕光编辑:《江苏兵灾调查纪实》,江苏兵灾各县善后联合会 1924 年 12 月发行。

5. 汪敬虞编:《中国近代工业史资料》,科学出版社 1957 年版。

6. 彭泽益编:《中国近代手工业史资料》,生活·读书·新知三联书店 1957 年版。

7. 冯和法编撰:《中国农村经济资料》,华世出版社 1978 年印行。

8. 徐雪钧等译编:《上海近代社会经济发展概况（1882—1931）——〈海关十年报告〉译编》,上海社会科学院出版社 1985 年版。

9. 谢国桢选编:《明代社会经济史料选编》,福建人民出版社 2004 年版。

10. 李文海主编:《民国时期社会调查丛编（二编）·乡村社会卷》,福建教育出版社 2014 年版。

11. 上海特别市社会局编:《上海之工业》,中华书局 1930 年版。

12. 费唐撰,工部局华文处译述:《费唐法官研究上海公共租界情形报告书》,1931 年版。

13. 陈炎林编著:《上海地产大全》,收入《民国丛书》,上海书店出版社 1991 年版。

14. 娄子匡编:《国立北京大学中国民俗学会民俗丛书》,东方文化供应社 1970 年版。

15. 冯天瑜:《"千岁丸"上海行：日本人 1862 年的中国观察》,武汉大学 2006 年版。

16. 王铁崖编：《中外旧约章汇编》，生活·读书·新知三联书店 1957 年版。
17. 故宫博物院明清档案部编：《清末筹备立宪档案史料》，中华书局 1979 年版。
18. 徐秀丽编：《中国近代乡村自治法规选编》，中华书局 2004 年版。
19. 上海通社编：《上海研究资料》，上海书店出版社 1984 年版。
20. 上海通社编：《上海研究资料续编》，上海书店出版社 1984 年版。
21. 上海通社编：《旧上海史料汇编》，图书馆出版社 1998 年版。
22. 上海市政协文史资料委员会编：《上海文史资料存稿汇编　市政交通》，上海古籍出版社 2001 年版。
23. 本书编委会编：《20 世纪上海文史资料文库》，上海书店出版社 1999 年版。
24. 全国政协文史资料委员会编：《文史资料存稿选编·经济》，中国文史出版社 2002 年版。
25. 圣约翰大学编：《圣约翰大学一览　民国二十三年至二十四年度》（1935 年）。
26. 《交通大学校史》撰写组编：《交通大学校史资料选编（第一卷）1896—1927》，西安交通大学出版社 1986 年版。
27. 陈璟浩编著：《寻梦复旦园》，东方出版中心 2005 年版。
28. 林骎编：《徐汇纪略》，上海土山湾印书馆 1933 年铅印本。
29. 徐汇公学校友会编：《徐汇公学校友会报告》，1923 年。
30. 朱有瓛主编：《中国近代学制史料第一辑》，华东师范大学出版社 1986 年版。
31. 中央档案馆、上海市档案馆编：《上海革命历史文件汇集（上海区委各部委文件）一九二五年——九二七年》，上海群众印刷厂 1987 年印。

32. 上海社会科学院历史研究所编：《太平军在上海——北华捷报选译》，上海人民出版社 1983 年版。
33. 上海社会科学院历史研究所编：《五卅运动史料》，上海人民出版社 2005 年版。

六、近人研究专著
（一）国内著作
1. 费孝通：《社会学的探索》，天津人民出版社 1984 年版。
2. 费孝通：《生育制度》，商务印书馆 1999 年版。
3. 余英时：《士与中国文化》，上海人民出版社 1996 年版。
4. 许学强、朱剑如编著：《现代城市地理学》，中国建筑工业出版社 1988 年版。
5. 高佩义：《中外城市化比较研究》，南开大学出版社 1991 年版。
6. 崔功豪：《中国城镇发展研究》，中国建筑工业出版社 1992 年版。
7. 隗瀛涛主编：《中国近代不同类型城市综合研究》，四川大学出版社 1998 年版。
8. 刘传江：《中国城市化的制度安排与创新》，武汉大学出版社 1999 年版。
9. 王瑞成：《在乡村和城市之间：人的城市化史》，四川大学出版社 2001 年版。
10. 成德宁：《城市化与经济发展——理论、模式与政策》，科学出版社 2005 年版。
11. 杨忠伟、范凌云：《中国大都市郊区化》，化学工业出版社 2006

年版。

12. 赵冈:《中国城市发展史论集》,新星出版社 2006 年版。
13. 郭世佑、邱巍:《突破重围中国早期现代化研究》,河南大学出版社 2010 年版。
14. 任吉东:《城市化视阈下的近代华北城乡关系(1860—1937)以京津冀为中心》,天津社会科学院出版社 2013 年版。
15. 刘石吉:《明清时代江南市镇研究》,中国社会科学出版社 1987 年版。
16. 刘石吉主编:《民生的开拓》,联经出版事业公司 1989 年版。
17. 刘石吉:《小城镇大问题:江南市镇研究的回顾与展望》,载章开沅主编:《近代史学刊(第 2 辑)》,华中师范大学出版社 2005 年版。
18. 樊树志:《明清江南市镇探微》,复旦大学出版社 1990 年版。
19. 樊树志:《江南市镇:传统的变革》,复旦大学出版社 2005 年版。
20. 樊树志:《江南市镇的早期城市化》,中华书局 2023 年版。
21. 段本洛、单强:《近代江南农村》,江苏人民出版社 1994 年版。
22. 吴仁安:《明清时期上海地区的著姓望族》,上海人民出版社 1997 年版。
23. 小田:《江南乡镇社会的近代转型》,中国商业出版社 1997 年版。
24. 包伟民主编:《江南市镇及其近代命运》,知识出版社 1998 年版。
25. 陈晓燕、包伟民:《江南市镇——传统历史文化聚焦》,同济大学出版社 2003 年版。
26. 李伯重:《江南的早期工业化》,社会科学文献出版社 2000 年版。
27. 马学强:《从传统到近代:江南城镇土地产权制度研究》,上海社会科学院出版社 2002 年版。

28. 张海英:《明清江南商品流通与市场体系》,华东师范大学出版社 2002 年版。

29. 任放:《传统市镇的近代转型 1860—1936 以长江中下游地区为中心》,华中师范大学出版社 2003 年版。

30. 陈国灿:《江南农村城市化历史研究》,中国社会科学出版社 2004 年版。

31. 梅新林、陈国灿主编:《江南城市化进程与文化转型研究》,浙江大学出版社 2005 年版。

32. 李伏明:《制度、伦理与经济发展明清上海地区社会经济研究(1500—1840)》,中国文史出版社 2005 年版。

33. 王卫平:《明清时期江南城市史研究:以苏州为中心》,人民出版社 1999 年版。

34. 王卫平:《中日地方志与江南区域史研究》,苏州大学出版社 2014 年版。

35. 吴滔:《清代江南市镇与农村关系的空间透视:以苏州地区为中心》,上海古籍出版社 2010 年版。

36. 徐侠:《清代松江府文学世家述考(上)》,生活·读书·新知三联书店 2013 年版。

37. 张根福、冯贤亮、岳钦韬著:《太湖流域人口与生态环境的变迁及社会影响研究(1851—2005)》,复旦大学出版社 2014 年版。

38. 江伟涛:《近代江南城镇化水平新探——史料、方法和视角》,社会科学文献出版社 2017 年版。

39. 冯贤亮:《近世江南的城乡社会》,复旦大学出版社 2021 年版。

40. 戴鞍钢:《港口·城市·腹地——上海与长江流域经济关系的历史考察(1843—1913)》,上海社会科学院出版社 2019 年版。

41. 安涛:《中心与边缘:明清以来江南市镇经济社会转型研究——以金山县市镇为中心的考察》,上海人民出版社 2010 年版。
42. 罗婧:《江南市镇网络与交往力 以盛泽经济、社会变迁为中心 1368—1950》,上海人民出版社 2010 年版。
43. 王家范主编:《明清江南史研究三十年 1978—2008》,上海古籍出版社 2010 年版。
44. 王家范:《明清江南史丛稿》,生活·读书·新知三联书店 2018 年版。
45. 范金民:《江南社会经济史研究入门》,复旦大学出版社 2012 年版。
46. 陈锋主编:《明清以来长江流域社会发展史论》,武汉大学出版社 2005 年版。
47. 刘昶、陆文宝主编:《水乡江南历史与文化论集》,上海古籍出版社 2014 年版。
48. 张国义:《学术寻踪:明清以来江南社会经济史研究概览 1978—2013 年》,上海人民出版社 2015 年版。
49. 张辉:《上海市地价研究》,正中书局 1935 年版。
50. 刘大均:《上海工业化研究》,商务印书馆 1940 年版。
51. 徐公肃、丘瑾璋:《上海公共租界制度》,上海人民出版社 1980 年版。
52. 蒯世勋:《上海公共租界史稿》,上海人民出版社 1980 年版。
53. 吴贵芳主编:《上海风物志》,上海文化出版社 1982 年版。
54. 程潞主编:《上海市经济地理》,新华出版社 1988 年版。
55. 祝鹏:《上海市地理沿革》,学林出版社 1989 年版。
56. 唐振常主编:《上海史》,上海人民出版社 1989 年版。

57. 杨文渊主编：《上海公路史》，人民交通出版社1989年版。
58. 张仲礼主编：《近代上海城市研究》，上海人民出版社1999年版。
59. 张忠民：《上海：从开发走向开放（1368—1842）》，云南人民出版社1990年版。
60. 褚绍唐：《上海历史地理》，华东师范大学出版社1996年版。
61. 周振鹤：《上海历史地图集》，上海人民出版社1999年版。
62. 郑祖安：《百年上海城》，学林出版社1999年版。
63. 马学强：《上海通史》第2卷《古代》，上海人民出版社1999年版。
64. 林峰、张青华、马学强主编：《千年龙华：上海西南一个区域的变迁》，学林出版社2006年版。
65. 马学强主编：《打浦桥：上海一个街区的成长》，上海社会科学院出版社2019年版。
66. 周武、吴桂龙：《上海通史》第5卷《晚清社会》，上海人民出版社1999年版。
67. 熊月之、袁燮铭：《上海通史》第3卷《晚清政治》，上海人民出版社1999年版。
68. 熊月之：《异质文化交织下的上海都市生活》，上海辞书出版社2008年版。
69. 周松青：《上海地方自治研究》，上海社会科学院出版社2005年版。
70. 袁燮铭：《上海：中西交汇里的历史变迁》，上海辞书出版社2007年版。
71. 苏智良主编：《上海城区史》，学林出版社2011年版。
72. 张伟群：《四明别墅对照记——上海一条弄堂诸史》，中央编译出版社 2013 年版。

73. 曹树基：《中国人口史》，复旦大学出版社 2001 年版。

74. 金其铭：《农村聚落地理》，科学出版社 1988 年版。

75. 魏嵩山：《太湖流域开发探源》，江西教育出版社 1993 年版。

76. 吴俊范：《水乡聚落 太湖以东家园生态史研究》，上海古籍出版社 2016 年版。

77. 汪之成：《近代上海俄国侨民生活》，上海辞书出版社 2008 年版。

78. 何一民：《转型时期的社会新群体》，四川大学出版社 1992 年版。

79. 钱端升等著：《民国政制史》，上海人民出版社 2008 年版。

80. 王奇生：《革命与反革命 社会文化视野下的民国政治》，社会科学文献出版社 2010 年版。

81. 冯天瑜：《中华文化生成史》，武汉大学出版社 2013 年版。

82. 林拓：《文化的地理过程分析》，上海书店出版社 2004 年版。

83. 刘士林：《江南文化理论》，上海人民出版社 2019 年版。

84. 王健主编：《中国史理论前沿》，上海社会科学院出版社 2016 年版。

（二）外国译著、外文文献

1. ［美］威罗贝：《外人在华特权和利益》，王绍坊译，生活·读书·新知三联书店 1957 年版。

2. ［美］R. E. 帕克等：《城市社会学——芝加哥学派城市研究文集》，宋俊玲等译，华夏出版社 1987 年版。

3. ［美］施坚雅：《中国农村的市场和社会结构》，史建云、徐秀丽译，中国社会科学出版社 1998 年版。

4. ［美］施坚雅主编：《中华帝国晚期的城市》，叶光庭等译，中华书局 2000 年版。

5. [美]刘易斯·芒福德:《城市发展史——起源、演变和前景》,宋俊岭、倪文彦译,中国建筑工业出版社 2004 年版。

6. [美]费正清、刘广京编:《剑桥中国晚清史 1800—1911》(下卷),中国社会科学院历史研究所编译室译,中国社会科学出版社 1985 年版。

7. [美]黄宗智:《长江三角洲小农家庭和乡村发展》(中译本),中华书局 1992 年版。

8. [美]黄宗智:《中国农村的过密化与现代化:规范认识危机及出路》,上海社会科学院出版社 1992 年版。

9. [美]杜赞奇:《文化权力与国家:1900—1942 年的华北农村》,王福明译,江苏人民出版社 1996 年版。

10. [美]霍塞:《出卖上海滩》,赵裔译,上海书店出版社 2000 年版。

11. [美]阿列克斯·英格尔斯、戴维·H. 史密斯:《从传统人到现代人——六个发展中国家的个人变化》,顾昕译,中国人民大学出版社 1992 年版。

12. [美]艾尔曼:《经学、政治和宗族——中华帝国晚期常州今文学派研究》,赵刚译,江苏人民出版社 1998 年版。

13. [法]史式徽:《江南传教史》,天主教上海教区史料译写组译,上海译文出版社 1983 年版。

14. [法]梅朋、傅立德:《上海法租界史》,倪静兰译,上海译文出版社 1983 年版。

15. [美]罗兹·墨菲:《上海——现代中国的钥匙》,上海社会科学院历史研究所译,上海人民出版社 1986 年版。

16. [法]安克强:《1927—1937 年的上海——市政权、地方性和现代化》,张培德、辛文锋、肖庆璋译,上海古籍出版社 2004 年版。

17. [日] 田中忠夫:《中国农业经济研究》,汪馥泉译,大东书局 1934 年版。

18. [日] 夫马进:《中国善会善堂史研究》,伍跃、杨文信、张学锋译,商务印书馆 2005 年版。

19. [日] 滨岛敦俊:《明清江南农村社会与民间信仰》,朱海滨译,厦门大学出版社 2008 年版。

20. [日] 佐藤仁史:《近代中国的乡土意识清末民初江南的地方精英与地域社会》,北京师范大学出版社 2017 年版。

21. [日] 川胜守:《明清江南市镇社会史研究》,汲古书院 1999 年版。

22. *Shanghai Almanac for 1852,and Commercial Guide*(《上海年鉴(1852)》),Printed at the "Herald" office,SHANCHAI,1851.

23. Robert Fortune:*Two Visits to the Tea Countries of China and the British Tea Plantations in the Himalaya*,London,1853.

24. Walter Henry Medhurst:*General Description of Shanghai and its Environs,Extracted from Native Authorities*,Printed at the Mission,1850.

25. *Souvenir de Zi-Ka-Wei*,Printed at T'ou-se-we,Shanghai,1926.

26. *Who's Who in China*(*Biographies of China*,《中国名人录》),Published by The China Weekly Review(Shanghai),1925.

27. *Shanghai: from Market Town to Treaty Prot*,1074 – 1858,Compiled by Linda Cooke Johnson,Printed at Stanford University,1995.

七、期刊论文

1. 全汉升：《中国庙市之史的考察》，《食货》1934 年第 1 卷第 2 期。

2. 王文楚：《上海市大陆地区城镇的形成与发展》，《历史地理》第 3 辑，上海人民出版社 1983 年版。

3. 王家范：《明清江南市镇结构及历史价值初探》，《华东师范大学学报》（哲社版）1984 年第 1 期。

4. 陈忠平：《明清时期江南市镇的布号与布庄》，《江淮论坛》1986 年第 5 期。

5. 樊树志：《市镇与乡村的城市化》，《学术月刊》1987 年第 1 期。

6. 吴仁安：《明清上海地区城镇的勃兴及盛衰存废变迁》，《中国经济史研究》1992 年第 3 期。

7. 赵冈：《从宏观角度来看中国的城市史》，《历史研究》1993 年第 1 期。

8. 戴鞍钢：《近代上海崛起与周围农村经济的变化》，《上海研究论丛》第 8 辑，上海社会科学院出版社 1993 年版。

9. ［日］高桥孝助：《上海都市化的扩大与周边农村——1920 年前的上海县法华乡》，《上海研究论丛》第 8 辑，上海社会科学院出版社 1993 年版。

10. 乔志强、陈亚平：《江南市镇原生型城市化及其近代际遇》，《山西大学学报》（哲学社会科学版）1994 年第 4 期。

11. 罗苏文：《论 1895 年—1927 年上海都市郊区市镇的变化》，《史林》1994 年第 4 期。

12. 王瑞成：《近世转型时期的城市化——中国城市史学基本问题初探》，《史学理论研究》1996 年第 4 期。

13. 单强：《近代江南乡镇市场研究》，《近代史研究》1998年第6期。
14. 孙海泉：《上海辐射与苏南市镇城镇化的动因简析》，《徐州师范大学学报》(哲社版)1999年第4期。
15. 孙海泉：《上海开埠后苏南市镇城镇化的考察指标与指标考察》，《江海学刊》2000年第3期。
16. 李伯重：《工业发展与城市变化——明中叶至清中叶的苏州(上)》，《清史研究》2001年第3期。
17. 任放：《二十世纪明清市镇经济研究》，《历史研究》2001年第5期。
18. 范金民：《江南市镇史研究的走向》，《史学月刊》2004年第8期。
19. 陈国灿：《论江南农村市镇的近代转型》，《浙江学刊》2004年第5期。
20. 刘石吉：《小城镇大问题：江南市镇研究的回顾和展望》，载章开沅主编：《近代史学刊》2005年第2辑。
21. 吴滔：《明清江南市镇与农村关系史研究概说》，《中国农史》2005年第2期。
22. 吴滔：《从"因寺名镇"到"因寺成镇"——南翔镇"三大古刹"的布局与聚落历史》，《历史研究》2012年第1期。
23. 巫仁恕：《明清江南市镇志的园第书写与文化建构》，载郑培凯编：《九州学林》2007年第5卷4期。
24. 张海英：《明清江南市镇的行政管理》，《学术月刊》2008年第7期。
25. 张海英：《"国权"："下县"与"不下县"之间——析明清政府对

江南市镇的管理》，《清华大学学报》（哲学社会科学版）2017 年第 1 期。

26. 徐峰：《试论近代江南市镇的城市化》，《兰州学刊》2008 年第 2 期。

27. 冯贤亮、林涓：《民国江南城镇的现代化变革与生活状态》，《学术月刊》2012 年第 10 期。

28. 冯贤亮：《上海繁华：民国江南城镇的社会变化与人生追求》，《中国社会历史评论》2013 年第 1 期。

29. 戴鞍钢：《上海开埠与江南城镇格局演变》，《社会科学》2014 年第 1 期。

30. 马学强：《上海古村落变迁研究》，载《传统中国研究集刊》（第 5 辑），上海人民出版社 2008 年版。

31. 马学强：《近代都市扩张中的文化力量——以上海震旦大学街区形成为中心的考察》，《思想与文化》（第十六辑）2015 年第 1 期。

32. 范虹珏：《明清时期太湖地区的市镇发展与劳动力转移——城镇化的视角》，《中国农史》2015 年第 2 期。

33. 张乐峰：《城市化与基层政区的归属——以近代上海七宝、莘庄两镇为例》，载《历史地理》第 33 辑，上海人民出版社 2016 年版。

34. 张乐峰：《城市化与近代以来诸翟镇的归属纷争》，《史林》2017 年第 6 期。

35. 胡端：《从佛寺聚落到城西首镇：清代上海法华镇原生型城市化研究》，《中国经济史研究》2019 年第 1 期。

36. 胡端：《江南市镇与乡村关系变迁中的教育形塑与文化权势——

以清至民国上海法华地区为例》，《史林》2019 年第 6 期。

37. 赵方祺：《清中叶至民国初法华镇水陆格局的发展与演变》，载上海师范大学古籍整理研究所编：《中国传统文化与典籍论丛》，甘肃人民出版社 2014 年版。

38. 钟翀：《江南地区聚落——城镇历史形态演化的发生学考察》，《上海城市管理》2019 年第 4 期。

39. 杨茜：《明代江南市镇中的"主姓"家族与地域认同》，《历史研究》2020 年第 2 期。

40. 吴俊范：《民国时期上海周边市镇的城市化演进》，《中州学刊》2020 年第 4 期。

41. 傅春晖：《明清以来的市镇：中国城镇化发展的历史因缘》，《社会》2020 年第 1 期。

42. 陈琍：《上海道契所保存的历史记忆——以〈上海道契〉英册 1—300 号道契为例》，《史林》2007 年第 2 期。

43. 马学强：《近代上海法租界与法册道契》，《社会科学》2008 年第 12 期。

44. 马学强：《权力、空间与近代街区内部构造：上海马思南路街区研究》，《史林》2012 年第 5 期。

45. 陈蕴茜：《空间维度下的中国城市史研究》，《学术月刊》2009 年第 10 期。

46. 张晓虹：《城市化与上海地区市镇空间结构的演变——以 1870—1937 年真如、罗店为例》，《历史地理》2007 年第 1 期。

47. 张晓红、牟振宇：《城市化与乡村聚落的空间过程——开埠后上海东北部地区聚落变迁》，《复旦学报》（社会科学版）2008 年第 6 期。

48. 张晓红、孙涛：《城市空间的生成——以近代上海江湾五角场地区的城市化为例》，《地理科学》2011 年第 10 期。

49. 牟振宇：《近代上海城市边缘区土地利用方式转变过程研究——基于 GIS 的近代上海法租界个案研究（1898—1914）》，《复旦学报》（社会科学版）2010 年第 4 期。

50. 吴俊范：《城市空间扩展视野下的近代上海河浜资源利用与环境问题》，《中国历史地理论丛》2007 年第 3 期。

51. 余子明：《从乡村到都市：晚清绅士群体的城市化》，《史学月刊》2002 年第 8 期。

52. 赵泉民：《从"无差别的统一"到"对抗性"形成——基于新式教育兴起看 20 世纪初期中国城乡关系演变》，《江苏社会科学》2007 年第 3 期。

53. 许纪霖：《近代上海城市"权力的文化网络"中的文化精英》，《复旦学报》（社会科学版）2012 年第 6 期。

54. 左玉河：《科举废除与新知识阶层的兴起》，《江海学刊》2019 年第 1 期。

55. 梁波：《市民社会团体在近代城市化过程中的作用探析》，《黑龙江社会科学》2002 年第 3 期。

56. 芮传明：《战时恐怖主义与城市犯罪——〈上海歹土〉解读》，《史林》2003 年第 3 期。

57. 郝秉键：《日本史学界的明清"绅士论"》，《清史研究》2004 年第 4 期。

58. 陈蕴茜、吴敏：《殖民主义文化霸权与近代中国风俗变迁——以近代上海公墓为中心的考察》，《江海学刊》2007 年第 6 期。

59. 艾萍：《双轨制下民国公墓制的创建——以上海为个案》，《华中师范大学学报》（人文社会科学版）2012 年第 3 期。

60. 李彬彬：《国家与社会视域下的上海公墓建设（1909—1937）》，《社会科学研究》2014 年第 6 期。

61. 孙立平：《后方外生型现代化模式剖析》，《中国社会科学》1991 年第 2 期。

62. 靳润成：《从城镇分割到城市自治——论中国城市行政管理体制近代化的重要标志》，《天津师大学报》1998 年第 4 期。

63. 陈映芳：《传统中国再认识——乡土中国、城镇及城乡关系》，《开放时代》2007 年第 6 期。

64. 卢汉超：《非城非乡、亦城亦乡、半城半乡——论中国城乡关系中的小城镇》，《史林》2009 年第 5 期。

65. 陆杰华、韩承明：《论小城镇与我国的城镇化发展道路》，《社会建设》2013 年第 1 期。

图表目录索引

表 2-1	明代法华境内部分创村"主姓"一览	102
表 2-2	清康熙、雍正、乾隆、嘉庆、道光五朝法华李氏部分族人的功名盛况	108
表 2-3	明清两代法华镇科第功名人数统计	110
表 2-4	清代法华镇进士、举人、贡生的家族分布状况	113
表 3-1	太平天国战争后法华镇周边村落的成市状况	147
表 4-1	1900—1925 年英工部局、法公董局在法华境内越界筑路一览	159
表 4-2	1913—1919 年法华乡华界自筑道路一览	180
表 5-1	1922 年法华乡各保图圩田面积	208
表 5-2	Columbia Circle 部分登记住户情况表（1937 年）	218
表 5-3	1919 年法华乡各图的户口调查表	231
表 5-4	1907—1927 年曹家渡、梵王渡、徐家汇地区开设的近代工厂一览	232
表 5-5	清末民初法华镇士绅创办的新式学校	261
表 6-1	1919 年法华李氏家族与王氏家族在乡墓冢分布	332

图片目录索引

图 1-1　嘉庆《上海县志》卷二《水利》记载的县城西乡部分
　　　　河道 ·· 45
图 1-2　同治《上海县志》卷首"上海县北境水道图"涉及的
　　　　西乡水网 ·· 47
图 1-3　嘉庆《上海县志》卷一《图说》"水道图"中标注的
　　　　李漎泾位置 ·· 49
图 1-4　法华寺拟意图，选自《长宁区地名志》 ············· 52
图 1-5　康熙《上海县志》关于法华禅寺的记载 ············· 53
图 1-6　嘉庆《上海县志》卷首"上海县全境图"中对法华镇周
　　　　边寺庙密集分布状况有所反映 ························ 56
图 1-7　乾隆《上海县志》全境图中已标注有"法华寺"位置
　　　　·· 60
图 1-8　康熙《上海县志》卷一《镇市》"新增市镇"首次记载
　　　　"法华市" ·· 65
图 1-9　乾隆《上海县志》卷一《镇市》记载法华镇为上海县
　　　　八镇之一 ·· 66
图 1-10　嘉庆《上海县志》所附"乡保区图图" ············ 68
图 1-11　法华镇在上海浦西乡保区图图（部分）中的位置 ······ 69

图 1-12　嘉庆《上海县志》卷一《乡保》中记载二十八保"领图十四"，五六图为法华镇 …… 69

图 2-1　嘉庆十九年（1814年）法华镇在城西市镇网络中的区位示意图 …… 74

图 2-2　同治年间法华镇在上海县西乡与太湖流域水路网络中所处的位置 …… 77

图 2-3　嘉庆年间法华镇"一河二街型"结构图 …… 87

图 2-4　光绪《淞溪（法华）李氏族谱》记载的始祖"少塘公"李大光 …… 104

图 2-5　光绪《淞溪（法华）李氏族谱》记载的始迁法华镇之四世祖李泓 …… 106

图 2-6　明清时期法华镇主要族姓婚姻关系网 …… 124

图 3-1　法华寺遗址旧照（拍摄年代不详，选自《长宁区志》） …… 134

图 3-2　李淞泾徐家汇段风景（1921年） …… 143

图 3-3　捞浅后的李淞泾上船只如织（1924年） …… 144

图 3-4　19世纪末徐家汇与土山湾之间的农村风光，图左侧为基督教修士村庄 …… 148

图 4-1　1902年绘制的法语上海地形地貌图中标注的法华镇，拼写为"FA FO" …… 157

图 4-2　1914年公共租界、法租界、法华乡的地缘形势图 …… 158

图 4-3　1922年法华乡全境图反映的租界越界筑路状况，选自民国《法华乡志》卷首总图 …… 163

图 4-4　徐家汇有轨电车开通，选自《南洋大学年刊》（1923年） …… 166

图 4-5　1918 年上海邮务区图中的法华、曹家渡、徐家汇支局 ································· 173

图 4-6　徐家汇邮局，选自《南洋　大学年刊》(1923 年) ································· 174

图 4-7　《上海法华乡公所报告》(1914 年) 关于使用河工、修筑街道桥梁的经费收支 ································· 183

图 4-8　20 世纪 20 年代的梵王渡火车站 ················· 187

图 4-9　徐家汇车站，选自《南洋大学年刊》(1923 年) ····· 188

图 4-10　民国《法华乡志》绘制的二十八保五六图图（法华镇区域）。图中可见法华东西二镇上木桥密集分布 ································· 190

图 5-1　《1852 年上海年鉴与商务指南》(*Shanghai almanac for 1852, and commercial guide*) 刊载的上海开埠初期地图，其中标注有法华镇的位置，拼写为"FAT WHA" ································· 207

图 5-2　1930 年"哥伦比亚圈""普益模范村"鸟瞰图（加拿大维多利亚大学档案馆藏） ················· 215

图 5-3　新华路 329 弄 32 号英式花园住宅，建于 1925 年，曾于 1936—1947 年为瑞典驻沪总领事官邸 ········· 216

图 5-4　大西路"哥伦比亚村"落成之住宅 (1926 年) ······· 217

图 5-5　圣约翰大学校门 (1909 年) ····················· 220

图 5-6　1921 年南洋公学周边的江南乡野风光 ············· 223

图 5-7　南洋大学校舍校址图 (1926 年) ··················· 224

图 5-8　清末徐家汇的徐光启墓地 ······················· 240

图 5-9　民国初年的徐家汇航摄图 ······················· 241

图 5-10	清末民初时期的梵王渡 ··················· 245
图 5-11	1925 年已初具洋场风景的徐家汇,中间的大路为贝当路(今衡山路) ··················· 252
图 5-12	徐家汇之早市,选自《民国十年级纪念册 交通部上海工业专门学校》(1921 年) ··················· 254
图 5-13	1921 年徐家汇义务夜校教职员学生全体合影 ··· 255
图 5-14	南洋公学校门(1898 年),校门桥下为李漎泾 ··· 261
图 5-15	法华乡绅杨鸿藻,选自《光华年刊》1933 年第 8 期 ··················· 265
图 5-16	法华乡绅王丰镐,选自《光华年刊》1926 年第 1 期 ··················· 272
图 5-17	1904 年南洋公学留学比利时部分学生合影(前排左一为王明照) ··················· 274
图 5-18	王华照光华大学商学士毕业照,选自《光华年刊》1927 年第 2 期 ··················· 274
图 5-19	留美学生王福照回国,《新闻报》1926 年 9 月 8 日,第 10 版 ··················· 277
图 5-20	王华照与胡新女士新婚伉影,选自《中国摄影学会画报》1927 年第 91 期 ··················· 278
图 5-21	王丰镐撰修的《省庐大事记年录》(1927 年)记载自己出生于法华西镇 ··················· 279
图 6-1	"沪西越界筑路图"(涉及法华乡、曹家渡、梵王渡地区),选自《上海市行号路图录》,福利营业公司 1939 年版 ··················· 307
图 6-2	"地保不法",选自《神州日报》1910 年 10 月 7 日,

第 9 版 ·· 314

图 6-3 《晨报》1924 年 11 月 21 日报道，江浙战争期间，"外人势力大扩张，视法华镇等处如属地" ················ 321

图 6-4 《申报》1913 年 6 月 25 日报道，法华乡绅王丰镐为保全西乡水利，与工部局进行筑路交涉 ················ 326

图 6-5 今肇嘉浜路（涉及原上海县城南郊、北郊、西郊）沿线明代墓葬分布示意图（数字表示墓葬考古发掘时间先后）。叶舟提供 ······························ 331

图 6-6 法华王氏家族月川公墓图，位于吴冲泾南二十八保五图形字圩 ··· 335

图 6-7 《民国日报》1919 年 3 月 26 日报道，万国坟山（薤露园）敦请董事，"取法泰西石塈之制度，力破风水惑人之恶俗" ··· 345

图 6-8 1928 年上海特别市公安局警区图中标注的"曹家渡""梵王渡"与"法华镇""徐家汇"警政权属不同 ······ 363

后 记

当录入这部书稿正文的最后一个字时,不禁心潮起伏涌动,紧绷已久的学术神经总算可以松弛卸去,转而能以感性随心的状态来写这篇后记了。然而,从严谨的理性世界霎时切换到感性"频道",一时之间,却又不知从何说起。《列子·说符》云:"见出以知入,观往以知来";也许"知其所来,识其所在,明其将往"是最能表达个人情感体悟的后记书写方式之一。

拙著是由硕士毕业论文修改而成的,正如我选择以法华地区城市化为题那样,"城市化"其实又何尝不是自己一路走来心路历程的真实写照呢?我来自浙西山城淳安,到"魔都"上海自幼就是我求学谋业心驰神往之地。2008年从郑州大学中文系毕业后,为了弥补当年与心爱的历史学失之交臂的遗憾,考入上海社会科学院历史研究所,选择与自己乡缘关系密切的"明清江南史"作为研究生攻读方向。

是时,上海社会科学院历史研究所为上海史、江南史研究重镇,硕学名家云集,学术氛围浓厚,所内诸多前辈师长的道德文章,足为后生之楷模。而我自觉不敏,却幸运地忝列于马学强教授门下。马师主要从事中国城市史、江南区域史、人文遗产等研究,学养湛深,成果丰硕。每次师生交谈,不仅感受到和蔼可亲,如沐春风之师德，更被其视野开阔，思维敏锐，论断新颖所折服，常令人有激情澎湃、豁然开朗之感。他曾不止一次启发我，江南史要实现进一步推陈出新，需有"从传统到近代"的贯通视野与现代性的关怀；深入肌理、触摸纹路的细部研究；样态多元、价值独特的地域范本，三者缺一不可。再者，他建议，作为初入门槛的研究生，在硕士论文的选题上要有一定的梯度进阶为佳，一般先治经济史，以洞悉社会整体结构与制度运行规律，之后再涉足社会史、文化史、思想史，方有坚实的底气与基础。承马师以上诸多启迪教诲，才有了长时段研究法华地区城市化进程之选题。

在撰写毕业论文期间，马师在一手文献的搜集与阅读上严格要求，悉心指导，时时叩问。记得那三年，是跑上海市档案馆、上海图书馆最勤快、最忙碌，也最令人怀念的纯粹读书时光。一个包、一瓶水，不带手机，一天下来，眼干舌燥、精疲力竭，但也常为发现一手核心史料而大喜过望，累感顿消。为了达到"绝知此事要躬行"之效，马师还带我多次作江南田野考察，后参加江南名镇、名校、名人望族等研究课题，足迹更遍布浙北、浙东、浙南、苏南，以及上海的一些市镇、街区、学校，现实体验与文献解读的相互印证，不断激发问题意识，让我在较短时间内初识了江南史的研究路径，心里充满了感恩之情。而这三年的艰辛努力，也算得到了回报。在师门弟子之中，我的这篇毕业论文有幸首次荣获2012年上海市研究生优秀成果（学位论文）奖。

2011年研究生毕业后，或许是这篇论文冥冥中赐予的地域缘分，让我顺利进入与法华地区关系密切的上海交通大学，从事大学史与高校党史研究工作。虽然这与江南史、城市史并非直接相关，但由于交大地处徐家汇，又有法华校区之渊源，以及近代法华镇不少望族与包括交大在内的新式教育体系有着千丝万缕的关系，由此又自然衍生出一些研究兴趣与岗位工作能够结合的学术生长点。如江南名人望族与新式教育研究、近代上海校城关系研究，等等。凡此种种，说明了我的"法华"情缘还在继续……这让我在工作十年之后，重燃初心，决定将当年这篇硕士论文精心完善，付梓出版。

岁月不居，时节如流，不知不觉已过10年。一方面，学界关于江南史与城市史的新视野、新方法、新成果如雨后春笋般涌现，学术门槛"水涨船高"，对本书的精益求精带来较大的挑战；另一方面，近年来的历史学科"数字化趋势"方兴未艾，各类史料数据库相继被开发并公诸同好，10年前难找的资料，10年后可以一键获取，这为笔者修改完善此书提供了极大的便利。特别是在修改过程中，本书的部分章节得以形成论文，先后发表于《中国经济史研究》《史林》等核心期刊，反响良好，也坚定了我的学术自信。当然，这10年也将我从青年带入了中年，这并非坏事，因为史学研究者的学术洞察力和文字驾驭能力需要岁月的打磨沉淀，这也让我庆幸此前没有为了职称、评奖之类的功名，贸然将不成熟的文字公之于众。

文章千古事，得失寸心知。拙著是我研究江南史的处女作，谈不上精深厚重，也未必详实完备，但无论如何，它一定是我学术道路上一个坚实的起点。在即将出版之际，还是想对除马师之外曾经帮助过我的师长、学友表达诚挚的谢意。在论文评审与答辩期间，唐力行、虞万里、王振忠、池桢、陈磊、何方昱等老师，都曾提出非常重要的建议，对论文的修改完善有莫大帮助。此外，还要感谢范金民、邱澎生、陈业新、王健、叶舟、欧七斤、邹怡、蒋宝麟、牟振宇、周保民、任轶、陈凌、彭晓亮、岳钦韬、周琢、李东鹏、李家涛、龚浩、刘源等师友，在本书资料搜集、撰写、修正等环节给予的助力，与他们结下的情谊与论文本身一样重要，值得永远珍视。还要特别感谢本书责编、我的师姐蓝天，以及资深摄影师鲍世望老友为本书出版、修图所作的细致工作。

时间飞逝，在踏入工作岗位的这十年里，我完成了多重身份的转变。从一个两手空空、一文不名的穷学生到现在双子成行，生活安定，这一切离不开妻子徐秋芳的默默付出。她操持家务，抚育孩子，无限度地给予支持与理解，让我有时间修改书稿，更让我在学术上有了不断精进的信心与可能，感受到砥砺前行的力量。

最后，还要真心说句套话。由于本人水平有限，错漏之处难免，加之主体框架早年成文，虽然经过历年缝补，不密不周之处仍然明显，也恳请学界各位同仁和读者斧正。学术之途漫漫，对未来充满期待！

胡　端

2023 年 2 月 21 日晚于上海交通大学文博楼